포우스트모던 미국소설론과 작품세계 2

언어 상상력 자아창조

역사의 격동기에
한때 유배지였던
제주도에서 태어나
큰 뜻을 가졌으나
좌절과 고난의 삶을
살다 타계하신 부모님
고창무(1905-1982)와
김이환(1909-1993)에게
그리고
삶의 반려자 차정원
두 딸 원렬 원실에게
깊이 감사하고 사랑하는
마음으로

포우스트모던 미국소설론과 작품세계 2

언어 상상력 자아창조

고지문 지음

전남대학교출판부

머리말

이 책은 저자가 졸저, *포우스트모던 미국소설론과 작품세계: 언어 상상력 자아창조*(서울: 신아사, 2005)의 머리말에서 언급한 대로 1940년 이전에 출생한 리쳐드 브로티건, 이쉬미얼 리드, 스탠리 앨킨, 왈터 애비쉬, 윌리엄 케니디, 돈 디릴로우의 작품을 고찰한 6편의 논문에다 죤 바스와 토머스 핀쳔의 세 작품씩을 논의한 6개의 글을 추가한 위 저서의 속편이다. 저자는 포우스트모던 소설이 나의, 우리의, 다른 나라 사람들의 적극적, 긍정적, 초월적, 창조적 실존하이 입문서라고 확신하기 때문에, 이 연구에 깊은 관심과 열정을 쏟는다. 모든 국가와 사회의 사람들은 정치적, 경제적, 종교적 신념, 독선, 아집 그리고 편견 때문에 분열되어 적대관계에 있다. 이 적대관계를 완화하고 해소하는데 포우스트모던 미국소설이 중요한 역할을 할 수 있을 것으로 보인다. 포우스트모던 미국소설가들은 세상과 인간사는 제행무상이다고 전제하고, 실존에서 변화무쌍, 불확실성, 불확정성, 유연성 그리고 융통성의 절대적 중요성과 필요성을 강조하기 때문이다. 또 그들은 개인의 자아탐구와 실현 의지와 실천, 가능성과 잠재력의 부단한 계발과 발휘욕구충족 그리고 공동체의식의 확장을 역설하기 때문이다. 이 뿐만 아니라 다르게 사고하고 반대하는 사람들과 사물을 있는 그대로 인정하고 수용하라고 그들은 호소하기 때문이다. 그러나 정직하고 선량한 사람들은 이런 강조, 역설 그리고 호소를 바탕으로 실존하려고 하지만, 본의 아니게 외부사정과 압력으로 인해 자아상실, 극심한 소외감 그리고 극한상황에 빠진다. 포우스트모던 미국소설가들은 절망적인 사람들에게 상상력을 바탕으로 언어가 창조한 별세계에서 상실감, 소외감 그리고 극한상황을 극복하는 돌파구를 제시하여, 현실에서 자아를 탐구하고 실현하면서 함께 위기를 돌파하려는 활력을 불어넣는다. 이렇게 하여 소설가들은 그들에게 다시 적극적, 긍정적, 창조적 실존의 계기를 마련해준다. 이 계기가 나의, 우리의, 다른 나라 사람들의 실존학에 입문하게 한다. 그래서 저자는 포우스트모던 미국소설의 매력과 위력은 독자가 상상적으로나마 암울한 현실의 한계와 제약을 극복할 수 있다는 자신감에 고취되어 주체적 자아, 자유스런 삶 그리고 열린사회를 창조하려는 의지와 실천력을 발휘할 수 있도록 하는데 있다고 강조한다.

이 책은 영어인명과 지명을 우리말로 올바르게 표기했다. 따라서 이 표기가 위 저서, *최근미국여성소설론과 작품세계: 굴레에서 자유로*(서울: 신아사, 1999), *최근미국소설론과 작품세계: 삶 예술 자아실현*(서울: 신아사, 2000), *최근미국소설의 핵심주제: 사랑 자유 정의*(서울: 신아사, 2001), *최근미국소설의 연구방법: 주체적 자아, 자유스런 삶 그리고 열린사회의 창조를 바탕으로*(서울: 글월 마로니, 2003)에, 또 논문들이 게재된 학술지에 표기된 것과 다른 경우가 상당히 많다. 영어인명과 지명이 저서들에서는 저자의 게으름과 무지로, 학술지에서는 편집자의 요구로 잘못 표기되었다. 이 책에 수록된 11편의 논문은 다음 학술지에 게재되었다. "예측 불허의 자아를 넘어서: *떠도는 오퍼러호*를 근거로"는 *영미문화* 11권3호(2011)에, "순진과 고집불통의 자아를 넘어서: *연초무역상*을 근거로"는 *용봉인문논총* 36집(2010)에, "편견과 아집의 자아를 넘어서: *염소-소년 쟈일즈*를 근거로"는 *용봉인문논총* 38집(2011)에, "각성과 의식개혁 강조: *미국에서 송어낚기*를 근거로"는 *영어영문학21* 22권2호(2009)에, "다문화주의의 신봉과 전파: *멈보우 점보우*를 근거로"는 *다문화사회연구* 2권2호(2009)에, "생명력 예찬과 실존목적 탐구: *죠지 밀즈*를 근거로"는 *영어영문학21* 22권1호(2009)에, "답습과 이념보다는 도전과 탐구정신: *독일의 정체*를 근거로"는 *영어영문학21* 22권4호(2009)에, "전인적 실존의지의 구현: *섬꼬리풀*을 근거로"는 *人文科學論文集*(대전대학교 인문과학연구소) 42 · 43집

(2007)에, “실존목적 왜곡과 상실의 극복: 토마스 핀천의 *브이(V.)*를 중심으로”는 *용봉인문논총* 40집(2012)에, “편집증에서 판단중지로: *제49호 품목의 경매*를 근거로”는 *영미문화* 12권 3호(2012)에, 그리고 “소설은 깨달음과 의식개혁의 원동력: *요란한 잡음*을 근거로”는 *美國學* 29집(2006)에 게재했다. 위 논문집들의 발행인에게 깊이 감사한다. “인정, 수용 그리고 공존: *메이선과 딕선*을 근거로”는 학술지에 게재하지 않았다.

저자는 부덕한 소치로 논문을 집필하면서 소설을 논의할 동료와 후학들이 없어 매우 아쉽고 답답했다. 혼자 작품을 읽고 사색하면서 제대로 이해하고 글을 쓰고 있는가에 대해 회의한 적이 많았다. 이럴 때마다 삶의 반려자 차정원이 읽고 저자에게 많은 조언을 해 주었다. 이 조언이 큰 격려, 도움 그리고 활력이 되었다. 또한 광주중앙여자고등학교 교감 강의섭 박사가 바쁜 학교업무의 와중에도 과거에 맺었던 사제관계 때문에 다섯 편의 논문 — “편견과 아집의 자아를 넘어서,” “각성과 의식개혁 강조,” “답습과 이념보다는 도전과 탐구정신,” “실존목적 왜곡과 상실의 극복,” 그리고 “편집증에서 판단 중지로” —을 읽기 편하게 수정해주었다. 강박사의 노고는 저자에게 축복이었다. 논문 집필에 필요한 서적들을 구입하고 논문들을 복사해준 두 딸 원렬, 원실의 협조는 저자에게 큰 도움이었다. 이들에게 깊이 감사하는 마음으로 이 책을 헌정한다.

2013년 10월

고지문

Contents

1

죤 바스:
예측불허의 자아를 넘어서

I

죤 바스(John Barth, 1930-)는 "포우스트모던 [미국] 소설가들 중에서 가장 탁월하고 유능한 인재이다"[1]는 격찬을 받고 있다. 그도 죤 혹스(John Hawkes), 레이먼드 페더만(Raymond Federman), 윌리엄 에이취. 개스(William H. Gass), 스탠리 엘킨(Stanley Elkin), 커트 보니거트(Kurt Vonnegut, Jr.), 토머스 핀천(Thomas Pynchon), 로버트 쿠버(Robert Coover), 도늘드 바털미(Donald Barthelme), 그리고 이쉬미얼 리드(Ishmael Reed)와 함께 사실주의와 모더니즘 소설의 창작철학과 기법을 부정한다. 다시 말하면 이 작가들은 "소설을 이론적으로 전복시켜, 소설[창작]을 플롵과 주인공의 진부한 사실주의적 활용 그리고 박진감의 강조나 일상생활의 본질[묘사]의 영역으로부터 이탈시켜 소설을 직접 창작하는 행위로 전환시킨다."[2] 그런데 바스는 창작기법에서 동료작가들과 상당한

---

1. John W. Aldridge, *The American Novel and the Way We Live Now*(New York: Oxford University Press, 1983), 121.

2. Stan Fogel and Gordon Slethaug, *Understanding John Barth*(Columbia: University of South Carolina Press, 1990), 1.

이견을 드러낸다. 그는 그들이 천덕꾸러기로 내팽개친 전통소설을 빈사 상태에 빠진 쓸모없게 된 작품과 형식으로 간주하면서도, "이 소설을 상상력과 창의력이 넘치는 일련의 이야기들로 꾸며 소생시켰다."[3] 그는 사회의 경이적인 변화와 발전에 따른 인간 의식의 급격한 전환과 확장에 부응하지도, 더욱이 조금도 도움이 되지 못하는 전통소설을 부정하지 않고 보완하여 현대인의 구미와 욕구를 충족시킬 수 있는 방안 모색에 전념했다. 그래서 그는 처녀작, *떠도는 오퍼러호(號)*(*The Floating Opera*, 1956, 개정판 1967)를 비교적 사실주의소설[4]로 창작했다고 공언하면서도, 그 진수인 인과관계, 일관성, 연속성, 그리고 고정불변의 신념과 진리를 무시하는 포우스트모던 소설 기법으로 창작했다. 그가 이 소설에서 창조한 주인공들은 실존에서 당위적으로 인정, 수용되었던 생활규범과 철학을 부정하는 돌발적 행위를 서슴없이 하는 예측불허의 변덕쟁이들이다. 그들은 포우스트모던 소설의 전형적인 등장인물들이다. 이 논문은 바스의 소설창작철학과 기법 그리고 그 기법의 특이성(그와 동료작가들과의 이견)을 규명하고, *떠도는 오퍼러호*를 분석, 고찰한다.

바스의 소설창작철학과 기법의 바탕은 소설가로서의 자기 정의에 있다. 그는 자기를 이렇게 정의한다: "나는 직업이 소설가이기 때문에, 나 자신의 진리관을 [시사하면] 기질적으로 플레이터니스트(Platonist)이기보다는 훨씬 더 애리스터틸리언(Aristotelian)이고, 더욱이 인간 그리고 그의 행위와 창조의 견지를 피력하면 실재론자(實在論者)라기보다는 오히려 유명론자(唯名論者)이다."[5] 그는 유명론자의 입장에서 소설을 정의하고, 소설가의 사명을 부과한다. 그의 정의에 따르면, "소설은 본질적으로 [작가의] (우주관을 반영할지라도) 우주관이 아니고 우주 그 자체이다." 그의 주장 — "소설은 우주 그 자체이다" —은 어느 작가도 세계를 자신의 선입관의 제

3. Arthur D. Casciato, "John Barth," in *Dictionary of Literary Biography, Vol. 2*, ed. Jeffrey Helterman and Richard Layman(Detroit: Gale, 1978), 23.

4. John Barth, *Further Fridays*(Boston: Little, Brown, 1995), 264.

5. 앞책, 113.

약과 한정의 와중에서 인식하려 해서는 안되고, 무아의 경지에서 있는 그대로 응시, 수용하려고 최선을 다해야 한다는 창작철학의 강조이다. 그러므로 "소설가는 궁극적으로 관찰자, 모방자, 혹은 영혼의 정화자가 아니고 우주의 창조자, 즉 조물주이다." 다시 말하면 소설가의 사명은 우주에 대한 이해, 설명, 통제, 그리고 지배에 있지 않고, "우주를 하나님이 창조한 세계보다도 더욱더 질서정연하고 의미심장하며 아름답고 재미있게 만드는"[6]데 있다. 그런데 바스는 역설하기를, 이런 우주 창조는 전통소설이 시도했던 무엇에 관한 이야기의 완결로 이루어지지 않는다. 그러므로 소설가는 어떤 의도도 목적도 없이 오로지 상상력과 언어구사로 이야기를 말하려는 시도와 과정에서 우주를 창조해야 한다. 왜냐하면 "이야기 말하기는 하나님이 그것을 있는 그대로 있게 하라! 고 명하는 말씀을 하신 방식과 유사한 방법으로 우주를 창조하기"[7] 때문이다. 요컨대 바스의 창작철학은 "소설은 우주 그 자체이다"는 주장에 그 바탕을 두고 있으며, 기법은 우주 창조를 다양한 이야기로 교묘하게 말하는 여러 방법들에 의존한다.

바스의 이런 주장 — 소설은 우주이고, 소설 창작은 우주창조이다 —은 쉽게 긍정, 수용되지 않는다. 더욱이 이런 주장이 일단 어떤 조건이나 형태로 긍정, 수용되더라도, 우주 이해와 창조방법에 대한 의견은 첨예하게 대립, 양분된다. 전통소설의 우주 이해는 전적으로 고전물리학의 요체인 고정불변, 확실성, 객관성, 그리고 절대성에 크게 의존한다. 따라서 전통소설의 우주창조는 이 요체를 뒷받침하는 인과관계, 일관성, 연속성 그리고 닫힌 귀결로 완성된다. 반면에 포우스트모던 소설은 현대물리학의 정수인 변화성, 애매모호성, 주관성 그리고 상대성을 우주이해의 근간으로 절대시한다. 그러므로 포우스트모던 소설의 우주창조는 비논리적 관계, 전위, 단절, 모순, 회의론, 변절, 그리고 열린 세계를 전제로 하여 이루어진다. 오늘날 우리는 현대물리학의 절대적 영향을 받으면서 생존하기 때문에, 우리

---

6. John Barth, *The Friday Book*(New York: Putnam's, 1984), 29, 17.

7. Jac Tharpe, *John Barth: The Comic Sublimity of Paradox*(Carbondale: Southern Illinois University Press, 1974), 13.

실존은 분명하고 확실한 의식보다는 오히려 무의식세계의 본능과 욕구, 변화무쌍, 자유, 개체성, 그리고 독립성에 그 바탕을 두고 있다. 게다가 우리는 부지불식간에 직면할지도 모르는 파멸에 대한 불안과 공포 그리고 혼란과 무질서의 와중에서도 본능적 욕구충족, 자립의지, 잠재력 발휘, 그리고 황홀경을 갈망한다. 그런데 사실주의와 모더니즘소설은 우리의 이런 의식을 상상할 수도, 표현할 수도 없었다. 마치 등잔불이 오늘날 우리 생활에서 무용지물인 것처럼, 전통소설도 우리 실존에 거의 쓸모없게 되었다. 그래서 바스는 전통소설의 한계를 절감하고, 우리 실존에 가장 타당하고 적절한 소설, 즉 포우스트모던 소설 창작철학과 기법을 동료작가들과 함께 창안, 구현했다. 바스의 창안과 구현의 바탕은 애리스터틸리언이고 유명론자라는 자기정의 그리고 이 정의에 부응하기 위해 자기와 사물을 어떤 선입관도 전제도 없이 있는 그대로 수용하려고 정립한 "소설은 우주 그 자체이다"는 소설론에 있다.

바스의 소설론 — 소설은 작가의 우주관이 아니고 우주이다 —은 소설과 그 형식은 역사적으로 변화하기 때문에, 모든 작가는 자신의 생존 시기에 가장 타당하고 적절한 작품과 형식을 모색, 구현하려고 최선을 다해야 한다는 철학의 천명이다. 그의 철학에 따르면, "예술[창조]의 형식과 방법은 역사적으로 존재하기 때문에, 적어도 특정한 시기와 장소의 많은 예술가들의 창작활동에서도 쓸모없게 되기 마련이다. 다시 말하면 [기존] 예술형식들은 폐기, 전복, 초월, 변형되어야 하며, 더욱이 새롭고 활력이 넘치는 작품을 창조하기 위해 그 형식 자체들을 부정하는 활동을 전개해야 한다."[8] 따라서 바스는 어떤 목적도 전제도 없이 전적으로 상상력과 창의력에 의존한 소설창작만이 자신의 사명이라고 확신하기 때문에, 무엇에 관한 이야기를 말하는 전통소설을 폐기, 전복시켜야 한다고 역설한다. 그러나 그는 그 부정의 의미와 방법에 있어서 동료작가들과 상당한 이견을 드러낸다. 그의 부정은 보완을 의미하지만, 그들의 부정은 글자 그대로 폐기와

---

8. Barth, *The Friday Book*, 205.

전복을 함축한다.

예를 들면 바스와 죤 혹스의 창작철학과 기법은 매우 대조적이다. 혹스의 주장에 따르면, “나는 소설의 진정한 적들은 플롵, 주인공, 배경, 그리고 주제였다는 가정을 전제로 하여 소설을 창작하기 시작했다. 소설에 대한 이런 인습적인 사고방식을 방기해버리자, 상상력, 다시 말하면 구성의 전체성이 실제로 현존해 있는 전부였다. 구성, 즉 언어적 그리고 심리적 일관성이 여전히 소설가로서 나의 최대 관심사이다.”[9] 이처럼 혹스는 전통소설의 핵심요소인 플롵을 부정하지만, 바스는 플롵을 가장 중요시한다. 그는 자신의 소설창작에서 플롵의 절대적 중요성을 이렇게 강조한다: “나는 어느 작가가 소설이 어떻게 끝나게 되는가를 알지 못한 채로 소설 집필을 어떻게 시작하는가를 도저히 이해하지 못한다. 나는 보통 세밀한 개요, 즉 이 소설은 얼마나 많은 장들로 구성될 것인가를 구상한다.”[10] 요컨대 바스는 전통소설의 기법들을 무시, 폐기하지 않고, 현대인의 구미와 욕구에 알맞게 보완하여 새롭게 활용한다.

게다가 혹스는 소설의 주제도 강하게 부정하지만, 바스는 그 반대이다. 그는 주제와 그 표현의 중요성을 각별히 강조한다. 그의 강조에 따르면, “문학의 주제는 ‘인간의 삶 그리고 그 행복과 불행이다’는 애리스토틀(Aristotle)의 주장에 나도 공감한다. [. . .] 예술창조기법은 . . . 사랑의 기법과 동일한 중요성을 지닌다. [사랑의] 무정한 기법이 효력이 있는 것처럼 진심에서 우러나온 정교하지 못한 [창조의] 기교도 매력이 있다. 그러나 우리의 [간절한] 욕구는 열정을 쏟은 기교이다. [그래서] 이 작품들이 감동적이지 않다면 그 시도는 실패로 끝나므로, 그것들의 저자는 도깨비집에서 길을 잃어버린다.”[11] 이처럼 바스는 주제로 우리 삶 그리고 그 표

---

9. John J. Enck, "John Hawkes: An Interview," *Wisconsin Studies in Contemporary Literature* 6. 2(1965): 149.

10. John J. Enck, "John Barth: An Interview," *Wisconsin Studies in Contemporary Literature* 6. 1(Winter-Spring 1965): 7.

11. Barth, *The Friday Book*, 79.

현 기법의 중요성을 역설한다. 그의 역설에 따르면, 그 표현 기법의 정수는 독자의 마음을 제약하고 닫게 하는 어떤 특정인물의 삶에 관한 일변도적 기술에 있지 않고, 여러 등장인물들의 삶을 있는 그대로 묘사하는 데 있다. 이런 묘사는 독자의 의식을 왜곡시키지 않으면서, 시야를 넓히고, 안목을 높이며, 의식을 개혁, 확장시키는데 일조한다. 요컨대 바스는 자신의 소설창작에서 주제로 우리 삶 그리고 그 표현기법을 절대시한다.

또 바스는 레이먼드 페더만의 이런 정의 — "언어가 소설이다"[12] —에는 동조한다. 그러나 그들은 언어와 의미(삶) 중에서 어느 쪽을 더 우위에 두느냐의 문제에서는 서로 의견을 달리한다. 페더만은 "언어는 미리 의미를 내포하지 않는다"고 이렇게 주장한다: "의미가 언어를 선재할 수 없고, 언어가 사용되는 가운데서, 즉 (말로 하거나 문자로 써서) 사용되고 있을 때, 다시 말하면 언어가 그 기능을 발휘하고 있을 때, 언어가 의미를 창출한다 . . ."[13] 그의 이런 지론에 반하여, 바스는 의미(삶)가 언어보다 먼저 있다고 역설한다. 그는 어느 소설에서 언어가 아무리 멋대로 구사되었다 할지라도, 거기에 삶의 체험이 구현되어 있다면, 독자와의 소통이 가능하다고 이렇게 주장한다: "문학은 '다만' 언어일 '뿐'이다. [. . .] 우리 삶의 체험은 본질적으로 언어체험을 내포한다. 그러므로 가장 추상적이고 심지어 파격적인 실험소설들도 . . . 아무리 파격적이라 할지라도 이 소설들이 투사하는 빛으로 언어체험과 삶의 체험의 일부인 창의력[계발]에 도움이 된다면 우리의 관심을 끌 것이다."[14] 요컨대 바스는 삶을 언어보다 더 우위에 둔다.

이처럼 바스는 동료작가들과 동일한 소설철학을 공유하면서, 창작기법에서는 상당한 이견을 피력한다. 그러면서도 그는 소설창작에서 동료작가

---

12. Larry McCaffery, "An Interview with Raymond Federman," *Contemporary Literature* 24. 3(1983): 300.

13. Raymond Federman, "Surfiction - Four Propositions in Form of an Introduction," in *Surfiction: Fiction Now and Tomorrow*, ed. Raymond Federman(Chicago: Swallow Press, 1975), 8.

14. Barth, *Further Fridays*, 142.

들처럼 "내용, 다시 말하면 '[무엇에] 관한 것'에 대한 일반 개념을 무시하고, 언어와 형식을 가장 중요시한다"[15]고 천명한다. 그런데 바스의 이런 천명에는 자가당착적인 일면이 있다. 왜냐하면 그는 내용을 무시한다는 주장을 하면서도, 한편에서는 기법과 내용을 똑같이 이렇게 강조하기 때문이다: "대수학은 기법, 즉 문학작품의 기술적, 형식적 양상들을 표현하게 하라. 불은 작가의 열정, 즉 그나 그녀가 감동적으로 전달되게 하려는 사물들을 대변하게 하라. 내 설교(창작)의 단 하나의 부담은 예를 들면 훌륭한 문학작품은 대수학과 불을 다 필요로 한다는 데 있다. 요컨대 [내 창작은] 열렬한 예술가의 자질을 필요로 한다. 우리가 주로 대수학에 대한 대화를 나눈다면, 대수학이 논의의 아주 좋은 주제이기 때문이다. 불은 스스로 타지 않으면 안된다."[16] 이렇게 바스의 창작론에 자가당착적인 일면이 있는 까닭은 그가 중용철학을 실천하려고 최선을 다하기 때문이다. 그의 동료작가들은 지나치게 전통소설을 부정하면서, 언어와 형식을 극도로 중요시한다. 그들은 일변도적인 성향이 너무 강하다. 그러나 바스는 전통소설을 부정하지 않고, 현대인의 구미와 욕구에 부응할 수 있도록 보완한다. 더욱이 그는 어느 하나에 편향되지 않고, 언어, 형식, 기법, 그리고 내용을 똑같이 중요시하면서 소설창작에 전념한다.

지금까지의 논의를 바탕으로, 본론은 바스가 약관 24세에 3개월 만에 탈고, 출판하여 1956년도 최우수 미국소설상(National Book Award) 후보작에 올랐던 *떠도는 오퍼러호*를 분석, 고찰한다. 이 소설은 바스의 이론과 창작 사이에 빚어진 전형적인 자가당착의 산물이다. 그는 처음 의도했던 작품의 플롵에서 크게 이탈하여 예상을 뒤엎고 *떠도는 오퍼러호*를 완성했다. 그는 이렇게 된 사연을 실토한다: "처녀작, *떠도는 오퍼러호*의 집필은 내가 메럴런드(Maryland) 연안을 떠돌아다녔던 낡은 연예선의 사진을 보

15. Tom LeClair, "A Dialogue: John Barth and John Hawkes," in *Anything Can Happen*, ed. Tom LeClair and Larry McCaffery(Urbana: University of Illinois Press, 1983), 17.

16. Barth, *The Friday Book*, 167-68.

고 시작되었다. 나는 일곱 살 때 그 연예선을 보았다고 기억한다. 1954년에 그 낡은 연예선의 사진을 우연히 발견했을 때, 나는 이 사진이 철학적인 민스트럴 쇼우(minstrel show, 백인이 흑인으로 분장해서 하는 연예)를 집필할 영감이 될 것이라고 생각했다. 나는 전혀 소설을 쓰려고 하지 않았다. [. . .] 나는 민스트럴 쇼우를 창작하기 시작했는데, 이 쇼우가 결국은 소설로 완성되었다."[17] 서구 비평가들은 *떠도는 오페러호*를 주로 "허무주의적 희극"[18]으로 논의했지만, 필자는 이 소설의 특징은 우리 실존에 엄청난 부정적 역할을 하는 예측불허의 자아를 넘어서는 데에 있다고 주장한다. 이런 시각으로 소설 주인공, 토드 앤드루즈(Todd Andrews)의 자아가 구체적으로 분석된다.

II

*떠도는 오페러호*는 주인공 겸 화자(작가)인 토드 앤드루즈가 서른일곱 살 때(1937년) 어느 순간 극도의 절망감에 빠져, 자살을 시도했다가 포기한 6월 21일이나 22일 하루 동안의 사건들 그리고 그때까지 자신의 변신에 하나의 큰 계기가 되었던 중대사들의 회상을 쉰네 살이 되어서 소설화한 작품이다. 그는 "사람들을 지극하게, 아니 적어도 진지하게 사랑할 수 없는" 인간이다. 그가 이런 인간이 된 까닭은 어렸을 때 부모의 따뜻한 사랑과 보살핌을 받지 못했기 때문이다. 그가 일곱 살 때 어머니는 작고하셨고, 아버지는 사업에만 열중하여 그에게 무관심했기 때문에, 혼자 어린 시절을 보냈다. 그는 자기가 하고 싶은 일들을 어떤 간섭도 제약도 없이 마음대로 했다. 그는 버릇없는 아이는 아니었지만, 그의 성격은 "과묵하면서도 할 말은 하고, 내성적이면서도 소외되지는 않으며, 때때로 활동적이면서도 열성적이지 않았다."[19] 따라서 그는 대인관계에서 상호이해와 공감을

---

[17]. Enck, "John Barth: An Interview," 7.

[18]. Frederick R. Karl, *American Fictions: 1940-1980*(New York: Harper & Row, 1983), 476.

도모하려고 하기보다는 오히려 일방적이었다. 그의 이런 성장 배경 때문에, 그는 소송사건들에서 어떤 방법과 수단을 이용해서라도 승소하려는 승부욕과 성취욕이 강한 변호사로 메럴런드주의 동부 해안도시, 케임브리쥐(Cambridge)에서 활동하고 있다. 그는 변호사로서 무수한 소장들과 1930년 스스로 목숨을 끊은 아버지의 자살 동기를 규명하는 글들을 계속 썼지만, 소설 창작만은 처음 시도한다. 따라서 그는 창작기법도 잘 모르고 자신감도 없기 때문에, 자주 옆길로 빗나가는 이야기를 쓰기 시작한다.

그의 이야기 쓰기는 저자(바스)의 소설과 소설가의 정의 — "소설은 우주 그 자체이다" 그리고 "소설가는 우주 창조자이다" —에 자가당착되는 이런 소설의 개념을 전제로 한다: "[그는] 소설을 우리가 실존에서 불가피하게 저지르기 마련인 삶의 왜곡을 정확하게 표현하기로 정의한다. 바꾸어 말하면 소설은 왜곡의 표현이지, 삶의 표현이 아니다. 소설은 삶의 표현의 표현이다. [. . .] 결국 소설은 인위적이다."[20] 이 정의는 사실주의소설의 정수인 표현을 강조하고 있지만, 표현의 대상과 방법은 전혀 다르다. 사실주의소설은 객관적 진리와 사실의 직접적 표현을 원칙으로 하지만, 이 정의는 실존에 대한 주관적인 인식, 이해, 그리고 판단의 비유적 표현을 역설한다. 그러므로 토드의 소설창작은 삶과 절대적 진리의 표현도 현실의 반영도 아니고, 자신의 주관적 삶과 현실인식에 대한 왜곡의 천명이다. 요컨대 그의 소설창작은 사실주의소설에서 가장 중요시하는 플롯의 핵심요소인 절대성, 객관성, 고정불변, 그리고 정확성의 표현에 그 바탕을 두지 않고, 자신의 실존철학의 기저를 이루는 상대성, 주관성, 변화무쌍, 그리고 애매모호성으로 가득 찬 유아론적 삶의 실토에 전적으로 의존한다.

그의 실존철학의 바탕은 이런 다섯 가지 일방적, 부정적, 독선적, 염세적인 주장에 있다: "1. 아무 것도 본질적 가치를 가지고 있지 않다. 2. 사

19. John Barth, *The Floating Opera and The End of the Road*(New York: Anchor Books, 1988), 43, 117. 앞으로 이 작품에서의 인용문은 괄호 안에 쪽수만 표시함.

20. Alan Prince, "An Interview with John Barth," *Prism*(Sir George Williams University) (Spring 1968): 54.

람들이 사물에 가치가 있다고 생각하는 이유는 항시 근본적으로 불합리하다. 3. 그러므로 어떤 것을 매우 높게 평가할 확정적인 이유가 없다. 4. 생존은 행동이다. 행동할 결정적인 이유가 없다. 5. 생존할 (혹은 자살할) 궁극적인 이유가 없다." 이처럼 그의 실존에는 절대적 가치와 그 실현 의지를 전제로 하는 궁극적인 목적이 없었다. 그는 허무주의와 부조리주의에 깊숙이 빠져버렸다. 따라서 그는 자신의 언행과 생존상황은 깊은 통찰력, 직관력, 그리고 창의력에 의존했다고 하기보다는 오히려 우발적인 사건들에서 엄청난 영향을 받았다고 이렇게 실토한다: "내 삶에 일어났던 주요한 의식 변화들은 나 자신의 계획적, 창조적 사고의 결과라고 하기보다는 오히려 순전한 우연들, 즉 강제적으로 내 주의력을 빼앗은 외부 사건들 — 나는 후에 이 사건들을 새로운 가면들로 합리화했다 —의 산물이었다"(225, 228, 250, 22). 이렇게 그는 강한 주체의식이 없으므로 그때그때 상황에 따라 행동하는 예측불허의 변덕쟁이다.

그가(우리가) 저지르는 예측불허의 행위들은 놀라움, 분노, 울분, 그리고 경악을 야기하여 실존의 균형감각, 안정감, 그리고 평온감을 깨트린다. 이런 행위들은 여러 측면에서 논의될 수 있다. 어떤 사람들은 자신의 실존 상식과 철학에 어긋나고 반대하는 사람들을 예측할 수 없는 존재로 규정한다. 이들은 상대방에게 관습과 상식에 어긋나는 행동을 하도록 강요하여 그를 놀라게 한다. 다른 사람들은 상황에 따라 자기도 모르게 상대방이 전혀 예기하지 않았던 엉뚱한 행위를 한다. 또 다른 사람들은 스스로 예측불허의 행동, 즉 자살, 살인, 혹은 학살을 자행하여 사람들을 경악시킨다. 이런 예측불허의 행위들은 실존에 부정적, 파괴적 역할을 한다. 반면에 실존에 긍정적, 창조적 역할을 하는 누구도 예상하지 못했던 행위들도 있다. 예를 들면 무수한 사람들을 계속 경이, 외경, 신비, 그리고 황홀의 경지로 유인하여 몰입시키는 위대한 예술가들의 창작 활동들, 그리고 미지 영역을 부단하게 탐구하여 과학과 기술을 획기적으로 발전시켜, 생활수준을 비약적으로 향상시킨 과학자들의 연구 활동들이다.

그런데 토드는 실존에서 다분히 부정적, 파괴적 역할을 하는 예측불허

행위의 당사자 겸 피체험자이다. 그는 자신의 이런 체험을 이야기하기 위해 *떠도는 오퍼러호*를 집필한다. 그는 실존상황을 정면으로 돌파하려하지 않고 편의적으로 가면을 쓰고 생존했으면서도, 집필철학만은 앞으로 삶에서 가장 중요시되어야 할 상대성, 유동성, 변화무쌍, 그리고 탐구 정신과 전념에 의존함을 전제로 한다. 그는 하나의 사물, 의미, 그리고 진리를 이해하려면, 그 하나만을 파악하려고 해서는 안되고 다른 대상들과의 관계에서 인식하려고 최선을 다해야 한다고 이렇게 주장한다: "내 생각으로는 아무리 사소한 사물일지라도 한 사물의 완벽한 이해는 세상의 다른 모든 사물의 파악을 필요로 한다." 그는 자신과 사람들이 하나의 이해에만 너무 집착하거나 하나의 진리만을 맹신하지 않도록 하기 위해, "넓고 편평한 열린 갑판이 있는 연예선을 건조하여, 그 갑판 위에서 가극을 계속 공연하려고 한다. [게다가] 연예선을 한곳에 정박시키지 않고, 강 위에 떠돌아다니게 하여, 강둑에 앉아 있는 사람들이" 그 공연을 관람할 수 있도록 해준다. 그가 공연을 목적으로 집필하는 떠도는 가극은 "호기심, 음악극, 장관, 교훈, 그리고 오락으로 가득 차 있다. 그러나 가극은 싫든 좋든 간에 나의 변덕스러운 산문의 조류에 따라 떠돈다. 당신은 그 조류[의 흐름]을 포착하기도, 놓치기도, 다시 찾아내기도 할 것이다. 이 가극이 플롯은 보이다가 [어느 순간] 안보이게 된 채로 공연될 때, 당신이 플롯을 놓치지 않고 따라가기 위해 . . . 인내심을 갖고 주의력과 상상력을 최대한 발휘하기를 [당신에게] 요구할 것이다"(6-7, 7, 7-8). 요컨대 그는 자신의 가극이 독자의 최대 협력과 호응을 받아야만 그 진가를 발휘할 수 있다고 암시한다.

토드(죽음을 상징함)가 집필하는 소설은 이렇게 시작된다. 그는 독신으로 수입이 아주 좋은 유능한 변호사이지만, 1930년부터 도시트 호우텔 (Dorsit Hotel)에 장기투숙하고 있다. 그는 전날 밤에 "아무 것도 본질적인 가치를 가지고 있지 않다"고 깨닫고 극도의 절망감에 빠져 숙면할 수 없기 때문에, 담배를 피우기 위해 두서너 번 일어나고, 방에서 서성대다가 아버지의 자살동기를 규명하는 글에다가 또 하나의 견해를 적어 놓는다. 이러다가 습관대로 6시에 일어나 창턱에 놓여 있는 위스키병에서 한잔을 따라

마신다. 그리고 사무실로 출근할 옷차림을 하고, 찬물로 세수를 하다가 갑자기 자살을 결심한다. 이런 결심을 하고, 자기처럼 장기 투숙자인 두 노인, 과거 굴 채취선 선장 오즈번 죠운즈(Osborn Jones, 83세) 그리고 고등학교 교장 미스터 헤커(Mister Haecker, 79세)와 매일 아침 6시 15분부터 30분 동안 갖는 차 마시는 모임에 참석한다. 오즈번 선장은 무릎 관절염에다 선원들의 직업병인 급성 정맥두염으로 크게 고생하기 때문에, 토드는 그의 극심한 통증을 완화시켜 드리기 위해 위스키 반 잔을 출근 전에 그에게 꼭 가져다 드린다. 그런데 오즈번은 오늘따라 극심한 통증으로 위스키를 더 절실히 필요로 한다. 토드는 1919년부터 자신이 직면한 위기 상황을 정면으로 돌파하려 하지 않고, 가면으로 위장했던 삶이 한계에 부닥쳤음을 실감하고, 자살로 이런 삶에 종지부를 찍을 수 있다는 가벼운 마음에 들떠 자기 방으로 위스키를 가지러 간다. 그는 발끝으로 들어갔더니, 제인 맥(Jane Mack)이 눈을 뜨고 침대에 앉아 졸린 목소리로 벌써 8시가 되었느냐고 그에게 묻는다. 그는 아직 되지 않았다고 대답하고, 술잔을 들고 조용히 나온다.

전날 밤에 극도의 절망감에 빠진 토드를 더욱더 절망시킨 직접 원인은 제인이 침대 위에서 그의 손가락 끝이 굵은 손을 잡고 그에게 무심코 한 이런 질문이다: "토드, 당신의 손가락들에 대해 마빈(Marvin, 의사)과 상의했느냐? 아이고, 손가락들이 너무 보기 흉하다." 그의 손가락들이 이렇게 꼴사납게 된 연유는 급성과 만성 중간의 심장 내막염에 있다. 그는 군에서 제대하기 전의 신체검사에서 자기가 이 질병 환자임을 알았다. 게다가 이 질병은 어느 순간에 심근경색을 유발할 수 있으므로, 그는 자기가 어느 때고 급사할 수 있다는 사실을 인지한다. 그는 자신이 이 가공할 순간에 직면해 있다는 사실을 은폐하기 위해, 방탕자의 가면을 쓰고 살기 시작한다. 더욱이 뒤에 자기가 전립선 만성염에 감염되었음을 알고 나서는 성자처럼 행세하려고 한다. 아버지가 1930년에 자살한 후에는 자신과 다른 사람들 그리고 세상을 냉소적으로 바라본다. 이처럼 그는 1919년부터 1937년까지 다른 가면들을 필요로 했다. 왜냐하면 "하나의 가면이 더 이상 위장 목적에 도움이 되지 못할 때는 다른 가면이 필연적으로 즉시 위장 역할을 수행해야 하기" 때문이다. 그는 공포의 심장병을 인지하고 생존하기 위해 자신의 정체를 계속 이렇게 변형시켰다고 실토한다: "나는 나의 수수께끼 같은 심장을 은폐하기 위해 방탕자, 가짜 성자, 그리고 냉소주의자가 되었다"(224, 223). 그러나 지금 그는 이런 가면들이 더 이상 그 역할을 수행할 수 없음을 깨닫고 절망감에 완전히 사로잡힌다. 이런 상황에서 제인의 무심한 질문이 그의 절망감을 더욱 증폭시켜, 그가 예측불허의 행위, 즉 자살을 결심하는 계기를 마련한다.

이렇게 그의 자살 결심을 촉발한 장본인, 제인이 어떤 인물인가를 먼저 알아보자. 그녀는 그의 가장 친한 친구, 해러선 맥(Harrison Mack)의 부인이면서, 1932년부터 1937년 6월 21일이나 22일까지 그의 연인이 되어 소원한 적도 있었지만, 호우텔 방에서 계속 673번이나 그와 관계를 즐겼다. 그는 1925년에 메릴런드 법학전문 대학원(University of Maryland Law School)의 급우가 마련한 파티에서 해러선을 처음 만난다. 그는 성자처럼 처신하던 때라 떠들썩한 친구들과 일부러 떨어져 고고하게 퇴창가에 서서 담배를 피우고 있다. 해러선은 그를 그들과는 다른 지성인으로 생각하고 접근하여 법과 사회문제들을 토론한다. 그들은 서로 뜻이 통해 가장 친한 친구가 된다. 귀족적인 해러선은 피컬(pickle)회사 사장의 아들이면서도 철저한 공산당원이 되어, 당을 위해 선전문을 써서 노동자들, 더욱이 아버지 공장의 노동자들에게 살포하려고 자기 고급 승용차와 요트를 판다. 그는 아버지로부터 자신의 상속권을 박탈당하고, 토드와 이별하는 고통을 감수하면서, 1926년에 디트로이트(Detroit)로 가서 당 기관지 편집 보조원이 된다. 이런 열성당원이 1932년에 느닷없이 토드 변호사 사무실에 술병을 들고 나타나 함께 술을 마시면서, 이런 철학을 역설한다: "가장 중요한 문제는 '전인적 인간'의 '내적 조화'였다. 진정한 혁명은 개개인의 영혼에서 일어나야만 했다. 공동 소유 열광은 오로지 인간을 영혼의 [더 큰] 혼란 속으로 빠져들게 하였다. 막스주의는 사람들의 아편이다." 이렇게 역설하더니, 그는 결혼해서 여기에 살고 있다고 말하면서, 토드를 만찬에 초대한다.

그러면서 그는 1926년의 약혼녀가 "모든 남자들은 다 남편이다고 생각하기"(23-24, 23) 때문에, 그녀와 헤어졌다고 부언한다.

해러선은 이념과 이상 일변도적 실존에서 벗어나 현실과 본능을 더 중요시하는 인간으로 변신했다. 따라서 그가 삶의 반려자로 선택한 제인은 신념에 투철한 여걸이 아니고, 미모와 운동으로 잘 다듬어진 아름다운 몸매를 겸비한 전형적인 미인이다. 제인은 아마 토드가 지금까지 보았던 여자들 중에서 가장 아름답고 민감하며 영리한 여인일 거라고 그는 생각한다. 해러선은 개인의 사상과 행동의 자유를 적극 주장하기[21] 때문에, 그녀와 토드가 서로 좋아하여 관계를 갖어도 괜찮다는 아량을 베풀려고 한다. 이런 아량의 소유자가 신혼생활을 하기 위해 매입한 저택이 하필 토드가 태어나서 성장하고, 1927년에 변호사 개업 후에 홀아비 아버지와 함께 살았던 집이다. 아버지가 1929년의 대공황으로 몰락하여 1930년에 이 집에서 자살하자, 토드는 오래 살고 싶었던 집을 별수없이 나와 거처를 옮긴다. 해러선은 친구 아버지의 부채 때문에 경매되었던 집을 자기가 다시 사게 되어 아주 다행이라고 말하면서, 토드를 위로한다.

토드는 제인을 보는 순간 관계를 갖고 싶은 강한 욕망을 느낀다. 그는 젊었을 때부터 매력적인 여자를 만나면, 어떻든 관계를 가져야 한다는 강박관념에 사로잡혀 왔기 때문이다. 그러나 그는 친구 부인과 간음할 의사는 추호도 없다. 이처럼 그는 성적 욕구가 강하게 촉발되었지만 충족되지 않아, 이상 전립선이 심한 통증을 유발하기 때문에 잠을 이룰 수 없다. 이런 그에게 제인이 주도하는 예측불허의 큰 불상사가 일어난다. 그는 해러선의 강요로 그의 아버지 해안가 별장에서 주말을 보내게 된다. 오전에 셋이 수영을 하고, 오후에 요트로 섬에 다녀오기 위해 해러선은 많은 양의 얼음을 사러 마트에 간다. 토드는 피곤하여 낮잠을 자고 있다가, 차가운 손이 자기 배를 어루만지고 있다는 느낌으로 갑자기 깨어난다. 그는 불평불만을 쏟으면서 일어나, 대경실색하여 침대가에 발가벗고 앉아 있는 제인

21. Chris Conti, "Irony, Cynicism and Satire in *The Floating Opera*," *Arizona Quarterly* 61. 4(Winter 2005): 146.

을 껴안는다. 그는 관계를 갖고 싶은 욕망으로 질식할 것 같지만, 전립선 질병으로 인한 발기 불능 때문에 뜻을 이룰 수 없어 격노한다. 자신의 무능 때문에 미칠 지경에 이르러 그녀 옆에 맥없이 쓰러진다. 그는 자기를 한없이 저주하고 한탄한다. 그러자 그녀가 그를 성심껏 애무하면서 발기시킬 수 있다고 위로하자, 그는 그럴 수 없다고 신음한다. 그렇지만 드디어 그들은 환호하면서 간음을 마음껏 즐긴다. 그러면서도 그는 죄의식을 느껴 그녀에게 이런 질문을 한다.

> "해러선은 어떻게 되는 거냐?"
> "괜찮다." [. . .]
> "그는 개의하지 않는다."
> "않느냐 혹은 않을 것이냐?"
> "않는다."
> "그는 알고 있느냐?"고 나는 도저히 믿을 수 없어 물었다.
> "승인한다."
> "서로 사랑하지 않느냐?"
> "물론 사랑한다"고 그녀가 대답했다. [. . .]
> 그녀는 설명하기를 . . . "우리는 이 문제를 논의했다. 해러선은 당신을 대단히 높게 평가하고 있으며, 나도 또한 그러고 있다. 우리는 여자가 큰 문제 없이 오로지 재미로 자기가 매우 좋아하는 남자와 관계를 가질 수 없다는 이유를 알지 못한다. 당신은 아느냐?"
> "물론 나도 알지 못한다"고 나는 재빨리 대꾸했다. [. . .]
> "나는 당신을 보는 첫 순간부터 사랑했다"고 나는 말했다 . . .
> [그러자] 제인이 말하기를, "나는 당신이 그런말을 하지 않기를 원한다. 나는 관계에 어떤 사랑이 있어야 한다고 생각하지 않는다. 나는 당신을 친구로서 대단히 좋아한다. 토디, 그것이 전부이다." [. . .]
> "나는 어떻게 해러선을 대면할 수 있을까를 알지 못한다"고 나는 말했다. . .
> "오, 토디 당신은 당혹할 필요가 없다. 그는 이 사건[당신과 나와의 관계]에 경탄을 금치 못한다. 그도 나 만큼 열망했다. 그는 정말로 당신은 훌륭하다고 생각한다." (28-29)

"How about Harrison?" I asked.
"All right." [. . .]
"He doesn't mind."
"*Doesn't or won't*?"
"Doesn't."
"He knows?" I asked incredulously.
"Approves."
"Don't you love each other?"
"Of course," she said. [. . .]
"We talked it over," she explained . . . "Harrison thinks the world of you, and I do, too. We don't see why a woman can't make love to somebody she likes a lot, just for the pleasure of it, without a lot of complications. Do you?"
"Of course not," I said quickly. [. . .]
"I've loved you since the first time I saw you," I said . . .
"I wish you wouldn't say that," Jane said. "I don't think there's got to be any love in it. I like you a lot, as a friend, but that's all, Toddy." [. . .]
"I don't know how I'll be able to face Harrison," I said . . .
"Oh, you mustn't be embarrassed, Toddy. He's wonderful about this. He was as eager as I was. He really thinks you're fine."

토드는 해러선이 아내의 부정을 알고, 자신에게 권총을 난사하지 않을까 공포에 떤다. 그런데 해러선은 두 사람의 관계를 승인했다고 말하면서, 이렇게 부언한다: "우리는 질투나 인습에 얽매일 정도로 어리석지 않다. [한숨 돌림] 당신은 사랑은 별문제로 하고 성적 매력을 가질 수 있다. 우리 둘은 성 관계를 즐긴다. [한숨 돌림] 내가 어느 여자에게 매혹당했다면, 제인은 내가 그 여자와 잠자리를 같이 하는 일에 적극 반대할 바보가 아니다. 왜냐하면 제인은 거기에 어떤 사랑도 개재하지 않는다는 사실을 알고 있기 때문이다"(31-32). 더욱이 그는 토드에게 자기 집으로 이사해서 함께 살자고 권유한다. 이렇게 토드의 절대성 성향이 강한 도덕과 규범을 완전히 붕괴시켜버린 삼각관계로, 제인은 자연스럽게 토드의 연인이 되어, 매주 화요일과 금요일 밤에 그의 거처로 간다. 이제 그녀는 생각이 바뀌어, 토드가 그저 관계만 하는 친구가 아니라 남편과는 다르게 사랑하는 대상이다. 그녀는 토드로부터 정말로 듣고 싶었던 말 — "나는 당신을 사랑한다"(38) —에 도취되어 더욱더 적극적이고 황홀한 성교를 마음껏 즐긴다.

토드는 술잔을 들고 제인이 깨지 않도록 조용히 자기 방에서 나와 다시 오즈번 선장 거처로 간다. 술잔을 선장에게 드리고, 프런트로 가서 직원에게 하루 숙박비 1달러 50센트를 지불한다. 장기 투숙자는 주, 월, 혹은 계절로 숙박비를 계산해도 되는데, 토드는 심장병 때문에 1930년에 투숙할 때부터 매일 아침 하루 분을 지불하고, 다시 투숙한다. 그는 7시라 한가한 거리를 산보하면서, 아침 식사로 세 개의 단단한 비스킷과 물을 마신다. 돌아다니다가 이런 벽보를 읽는다: "*애덤(Adam)의 독창적이고 무비의 떠도는 오페러호* . . . 제어컵 알. 애덤 소유주 겸 선장. 흥미진진한 6막극! [. . .] 연극, 민스트럴, 보더빌(vaudeville)! 교훈적이고 세련된! 오늘밤 오늘밤 오늘밤 오늘밤! 입장료: 20센트, 35센트, 50센트! 오늘밤 오늘밤! 무료 연주회는 오후 7시 30분에 시작함! 쇼우는 오후 8시에 시작함!"(55). 그는 광고 전단 한장을 나중에 읽으려고 호주머니에 넣는다. 그러나 그는 30초가 지나기도 전에 벽보와 전단을 완전히 망각해버린다.

왜냐하면 그는 매일 아침 한시간씩 2년 동안 배를 만들고 있는 작업장으로 가고 있기 때문이다. 그에게 배를 건조하는 작업은 "무조건적 창조욕구로 거의 성스러운 행위"였다. 그는 지금까지 두 개의 배를 만들려고 했다. 그가 열두 살 때 처음 온갖 심혈을 쏟았던 건조 계획은 무위무책으로 끝났다. 그는 이렇게 보람 없이 끝난 결과에 대해 다소 긍정적으로 자평한다: "나는 내 소년기가 조금도 즐겁지 않았다고 생각한 적이 결코 없었다. 매우 강한 도피욕구는 나의 무료하고 답답한 환경 때문이 아니라 배 건조 그 자체의 매력에 틀림없이 있었다. 요컨대 나는 환경으로부터 도망가지 않고, 현실에 적응하고 있었다고 믿는다"(58). 그러나 그의 간절한 건조욕망은 자신의 계산 착오와 아버지의 무성의로 무산되었다. 따라서 그는 자신의 이런 강한 욕구와 실현의지에 부응하지 못하는 능력에 불만스러웠다.

그의 불만을 유발하는 욕망과 실현 사이의 큰 괴리는 능력 부족보다는 오히려 성취욕 결핍과 과시욕 과잉에 기인했다.

토드는 자신의 이런 고질병을 치유해주었을 뿐만 아니라 동물성을 드러냈던 전투 체험을 회상한다. 그는 1917년에 충동적으로 군에 입대하여, 제1차 세계대전에 참전했다. 그는 아곤(Argonne, 프랑스의 동북 산림지역) 전투에서 자기도 모르게 대오를 이탈하여, 혼자 정적이 감도는 깜깜한 밤에 진창 구덩이에서 공포에 완전히 압도당한다. 그는 공포가 엄습할 때마다 정신을 잃는다. 그는 공포가 엄습했다가 사라지는 짧은 순간에 자기가 깜짝 놀라 침을 흘리고 있는 동물이라고 생각한다. 그는 공포가 사라졌음을 느끼지만, 지쳐 꼼짝 할 수 없다. 그는 양군의 포탄이 구덩이 가까이 떨어지자 홀로 전사할 거라는 공포에 다시 압도당한다. 지금 그의 유일한 소망은 이런 공포에서 벗어날 동안 자기 친구가 되어줄 사람이다. 이런 찰나에 한 남자가 그가 있는 구덩이 속으로 뛰어들어온다. 그는 즉시 본능적으로 돌입자에게 달려들어, 그를 최대한 힘차게 껴안는다. 돌입자는 공격을 받고 있다고 착각하고 빠져나가 총을 들려고 하자, 그는 다시 달려들어 그를 제지한다. 그는 끝까지 저항하려는 돌입자, 독일군 상사를 완전히 제압하여 탈진시킨 후에 그도 깜짝 놀란 동물이라고 생각한다. 그는 돌입자를 안심시키기 위해 자신의 무기를 옆으로 밀어놓고 이렇게 행동한다: "나는 . . . 진창 속에서 완전히 무기력하게 탈진시킨 동물 옆에 누워, 어느 남자가 연인을 온 힘을 다해 포옹했던 것처럼 그를 껴안는다. 나는 그의 수염이 덥수룩한 더러운 얼굴, 동그랗게 뜬 눈, 전율하는 목에다 키스를 퍼부었다. 지금 회고하면, 그는 믿을 수 없을 만큼 본능적으로 반응했다. 내가 이미 공포에서 벗어났던 것처럼 그도 공포에서 해방되었다. 내가 확신하기로, 우리는 한시간 동안 서로 꼭 붙어있었다." 이제 두사람은 서로 이해하고, 웃으면서 각자 가지고 있던 담배와 군용 빵을 서로 나눠 피우고 먹는다. 토드는 평생 처음 이런 체험을 한다: "나는 남자나 여자든 어느 동료 인간과도 독일군 상사와 황홀하게 향유했던 그 진한 친밀감과 그처럼 분명한 의사소통을 내 삶에서 결코 느껴본 적이 없었다"(65, 66). 그래서 그는 어느 미군 병사나 아니 아버지라도 둘이 있는 구덩이 속으로 뛰어들어 독일군 상사를 살해하려고 한다면, 자기가 먼저 주저없이 그 사람을 사살하겠다는 마음가짐을 굳게 하고 있다. 이럼에도 불구하고, 그는 독일군 상사의 얼굴에서 경계심을 보는 순간 그를 대검으로 찔러 살해한다. 이렇게 순간적으로 일어난 사건 직후에, 그가 미군 병사들과 조우하면서, 전투는 끝난다. 그는 이 전투체험으로 자신을 변신, 성숙시킬 수 있어, 자기중심적 사고를 극복한다.

> 나는 한순간도 더 이상 몽상하지 않는다. 나는 자신이나 동료 동물들로부터 많은 기대를 결코 하지 않는다. 나는 사람들을 한 단어나 구절로 결코 특징 지우지 않으며, 그들을 전혀 비판하지도 않는다. 나는 더 이상 지인들의 존경이나 동의를 받으려 하지 않는다. 나는 일들을 더욱 천천히 체계적으로 완벽하게 처리한다. 확실히 나는 하나의 사건이 아무리 정신적 충격이 컸다고 입증된다 할지라도 나에게 일어난 모든 이런 변화들의 유일한 원인이라고 생각하지 않는다. 사실 나는 변화들 중 몇개는 어디서 왔는지 전혀 알지 못한다. 그러나 내가 변화들을 심사숙고할 때, 바로 (고백하면, 분명히 매우 작은 찌르는 소리의) 그 사건을 연상한다. 논리학자들이 주장하는 것처럼, 내가 그 소리의 존재 가능성을 *이 다음에*의 경우로 인정한다 할지라도, 그 사실은 나에게 의미심장한 것 같다. (68)
>
> I seldom daydream any more, even for an instant. I never expect very much from myself or my fellow animals. I almost never characterize people in a word or phrase, and rarely pass judgement on them at all. I no longer look for the esteem or approbation of my acquaintances. I do things more slowly, more systematically, and more thoroughly. To be sure, I don't call that one incident, traumatic as it proved to be, the single cause of all these alterations in me; in fact, I don't see where some of them follow at all. But when I think of the alterations, I immediately think of the incident (specifically, I confess, of that infinitesimal puncturing noise), and that fact seems significant to me, though I'll allow the possibility of the whole thing's being a case of *post hoc, ergo propter hoc*, as the logicians say.

더욱이 그가 1919년에 제대하여, 죤즈 홉킨즈 대학교(Johns Hopkins University)에 입학한 후에 일전에 어설프게 익혔던 습관과 사고들을 고치기 시작했는데, 그 중에서도 명료하게 사고하기에 가장 많은 주의를 기울였다.

토드가 건조하고 있는 배는 길이 35 피트의 업무용 소형선이다. 이날 아침 그는 현측과 바닥에 판자를 대고, 선체 오른 쪽을 더 높인다. 몇분 동안 작업성과를 살펴보고, 자기 사무실로 갈 채비를 한다. 그는 이렇게 소형선 건조에 전념한다. 그에게 배는 실존을 향상시키는 두 핵심 역할을 상징하기 때문이다. 하나의 역할은 그가 끊임없이 자신을 변신, 성숙시키기 위한 기반의 확장이다. 그는 배로 여기라는 제약과 한계를 넘어 망망대해로 갈 수 있다. 게다가 배로 자기 중심적인 사고와 만족에 얽매인 질곡과 유폐를 극복하고 사랑과 공생의 세계, 다시 말하면 "자기를 다른 사람들로부터 고립시켜 자신만의 세계를 창조하는 합리성으로부터 자기를 다른 사람들과 결합시켜 더할 나위없는 상생의 공동체를 창조하는 감동성"[22]으로 지향할 수 있다. 또 하나의 역할은 그가 집필하고 있는 소설의 창작 과정이고 실존철학이다. 배 건조는 이야기 말하기와 삶 살기의 비유이다. 건조의 미완성은 이야기는 끝없이 말해져야하고, 실존도 하나의 목적 달성으로 끝나지 않고 자아탐구와 실현은 중단없이 계속되어야 함을 암시한다. 그러므로 그의 소형선 완성 날짜는 언제나 미정이다.

그는 사무실에서 타자하고 있는 여직원에게 자기를 찾아온 사람이 있었느냐고 묻는다. 그녀는 제인이 쪽지를 남기고 갔다고 대답한다. 또 그가 소송이 계류 중인 사건의 상대편 변호사가 들렀느냐고 묻자, 그녀는 볼터모(Boltimore)에서 편지가 왔다고 대꾸한다. 이 편지는 해러선이 어머니와의 상속권 분쟁 소송 사건에서 결정적인 역할을 할 증거 서류가 된다. 해러선의 선친이 17번이나 유언장을 썼기 때문에, 그 내용이 서로 상충한다. 그는 해러선이 패소하여 300만달러를 잃을 뻔한 사건을 선방하여 승소 가

22. John Z.. Guzlowski, "No More Sea Changes: Hawkes, Pynchon, Gaddis, and Barth," *Critique* 23. 2(1981-82): 57.

능성이 보이게 한다. 그는 자신의 변호사 역량을 이렇게 높이 평가한다: "케임브리쥐에서 개업하고 있는 어느 변호사도 합리적으로 승소할 희망을 갖고 나를 상대로 소송을 제기할 수 없었다. 내가 수사학이나 법리논쟁으로 재판관이나 배심원을 설득할 수 없는 경우에는 보통 나의 소송사건들에서 증거로 승소할 능력을 가지고 있다"(76). 그는 대충 소송 사건들을 정리하고, 의사에게 신체검사를 받아보라고 간청하는 제인의 쪽지를 읽는다. 그는 절친한 의사, 마빈 로우즈(Marvin Rose)에게 특별 부탁하여 11시 15분 검진 예약을 한다. 오전 일과가 아주 흡족하게 끝나자, 그는 여직원에게 제인에게 전화해서 오후에 지니(Jeannine, 그의 딸임)을 연예선 구경에 데리고 가도 되는지 물어봐 달라고 부탁한다. 그리고 호주머니에서 성냥을 찾다가, 잊고 있던 *애덤의 독창적이고 무비의 떠도는 오퍼러호* 전단을 책상 위에 펴놓고 자세히 읽는다.

그는 병원으로 가는 도중에 장례식장 앞에 주차한 검정 영구차 주위에서 있는 조문객들을 본다. 그가 장례식장에 가까이 오자, 잡종 사냥개가 긴 혀를 축 늘어뜨리고 암컷 사냥개에 기어오르려고 발광하고 있다. 마침 그때 장례식장 문이 열리자, 운구자들이 관을 메고 나오다가 개들 때문에 머뭇거린다. 못 본 체 하려는 사람들이 민망하게 개들이 영구차 옆에서 교미를 하고 있는 와중에, 운구자들이 영구차 문을 열고, 관을 싣는다. 그는 미소를 머금고, 걸어가면서 죽음 앞에 생명력이 있음을 실감한다. 그는 이렇게 깨닫는다: "죽음과 삶이 동시에 공존하는 자연은 비정한 상징자일 수 있다"(109).

그는 개들의 교미를 보고 자기가 열일곱 살 생일날에 영리하고 세속적인 동급생, 베티 쥰 건터(Betty June Gunter)와의 첫 경험을 회상한다. 그는 그녀가 이웃 청년, 스미티 헤린(Smitty Herrin)을 짝사랑하면서, 서로 친해졌다. 그녀는 갖은 무시와 수모를 당하면서도, 자신의 그에 대한 열애를 인정받고 싶어 안달한다. 그렇게 안달하던 그녀가 그의 생일날에 미친 듯이 울면서 집안으로 달려온다. 그녀는 스미티가 비밀리에 일년 전에 결혼한 여자와 살 수 없어 육군에 지원했기 때문에 이제 더 이상 그를 볼 수 없다고 울부짖는다. 그녀는 함께 많은 시간을 보냈던 아버지 서재로 달려가서, 긴 의자 위에 쓰러진다. 그는 일방적으로 그렇게 큰 충격을 받은 피해자인 그녀에게 옷을 벗으라고 강요한다. 막상 그는 나체로 자기 앞에 서 있는 그녀를 보고 졸도할 것 같다. 그녀가 2층으로 데려가 달라고 그에게 속삭인다. 경험이 있는 그녀는 이 돌발적 상황에 망연자실한 초보자를 잘 응대해준다. 그녀 덕택에 첫 경험을 만족스럽게 한 그는 자신의 욕정과 감격을 이렇게 토로한다: "열일곱 살 소년은 만족에 끝이 없다. 그의 성욕은 제초기로 계속 잘려도 다시 파랗고 곧게 돋아나는 긴 잡초[와 같다]. 그는 곧바로 발기하여, 곧바로 만족하고, 다시 곧바로 발기한다. [. . .] 나는 어린애처럼 울었고, 염소처럼 메메 울었으며, 사자처럼 포효했다"(123). 그는 유감없이 성행위를 끝내고, 무심결에 침대 옆 커다란 옷장 거울에 그대로 비친 자기와 그녀의 모습을 바라본다. 그녀는 얼굴을 베개에 대고 작은 앙상한 엉덩이를 위로 올리고 있다. 그는 경주용 개처럼 날씬하게 보인다. 그는 이런 모습을 보고 갑자기 감정이 비정상적으로 비뚤어져, 그녀에게 감사하다는 인사도 안하고, 자신의 첫 경험의 의미도 숙고해보지 않는다. 반면에 엉뚱하게 그는 그녀와 자기가 재미있게 교미하고 있는 동물이라고 생각하니까, 터져 나오는 폭소를 억누를 수 없다. 그의 이런 돌출행위가 그녀에게 이루 말할 수 없는 당혹감과 모독감을 심었다.

토드가 베티를 우연히 재회한 1924년에 마빈으로부터 받은 진단과 치료가 그의 실존에 하나의 전환기가 되었다. 그는 제대 전에 만약의 경우에 어느 때고 심근경색으로 급사할 수 있다는 군의관의 말을 듣고, 초조하고 무거운 마음으로 귀향했다. 그는 자신의 무사 귀가를 그렇게 반기는 아버지에게 차마 자기 심장병을 말할 수 없다. 더구나 그는 아버지 앞에서도 급사할 수 있다는 강박관념 때문에, 자기 의지보다는 오히려 그의 소원에 따라 죤즈 홉킨즈 대학교를 졸업하고, 메릴런드 법학전문대학원에 진학한다. 그와 마빈은 대학 재학 중에 남학생 사교 클럽인 베이터 앨퍼회(Beta Alpha Union) 회원으로 절친한 친구가 된다. 그는 술, 여자, 싸움, 그리고 날새기 공부로 점철된 광란의 대학생활을 무사히 끝내고, 법학전문대학원

생활을 시작한다. 그는 대학원생이 되어서도 마빈과 그의 친구들과 자주 어울린다. 그는 연말에 이 친구들과 폭음하고, 창녀집에 가서 운명의 장난으로 7년 전에 첫 경험을 했던 베티를 만난다. 그는 자기를 냉소적으로 대하는 베티 방에서 갑작스런 극심한 복부 통증 때문에 몸도 가누지 못하고 쓰러진다. 그녀는 정성껏 그의 배와 다리를 앨커홀(alcohol)로 문질러준다. 그녀는 스미티가 전사했다는 말을 듣고도 전혀 동요하지 않더니, 그가 통증이 사라지면 관계를 갖고 이번에는 폭소를 터뜨리지 않겠다고 말하자, 돌변하여 앨커홀 병을 깬 유리를 가지고 그에게 달려든다. 두 사람은 피를 흘리면서 격투를 벌인다. 두 사람의 격투가 끝나자, 주인이 그를 집 밖으로 쫓아낸다. 그는 쫓겨나자 도대체 자기가 지금 어디에 있는지 알 수 없다. 간신히 그는 폭음한 데다 극심한 통증으로 거의 의식을 잃고 피를 흘리면서, 마빈이 근무하고 있는 홉킨즈병원의 외래환자 진료실로 간다. 마빈은 진단과 몇가지 검사를 하더니, 그에게 전립선염에 감염되었기 때문에 입원하여 치료를 받아야 한다고 말한다. 그는 자신의 실존에 하나의 큰 전환점을 이렇게 긋고 퇴원했다: "한달 후에 병원에서 퇴원하자, 나는 전혀 다른 사람이 되었다. 나는 만취한 동물로 비틀거리며 들어왔다가 성자처럼 행세해야 하는 인간으로 걸어나왔다"(126).

토드가 방탕자, 가짜 성자, 그리고 냉소주의자의 가면이 자기에게 더 이상 그 역할을 수행할 수 없다는 절박감에 사로잡혀 자살하려고 결심한 날에 마빈 진료실에 들어서자, 원장은 병원에 오기를 그렇게 싫어한 친구에게 "이거 원 죽으러 오느냐?"고 큰 소리로 말한다. 그는 원장에게 신체검사를 정밀하게 해주고, 어떤 이상을 발견해도 말하지 말고, 더욱이 내색도 하지 말라고 부탁한다. 그리고 내일까지는 결과도 알고 싶지 않으니까, 내일 우편으로 보내거나 호우텔 프런트에 맡겨 놓으라고 요구한다. 그는 병원에서 나와 해러선과의 점심 약속 식당으로 간다. 그는 지니가 3시에 사무실에 올 거라는 말을 듣고, 낮잠을 자러 방에 와 있는데, 헤커가 그를 찾아온다. 헤커는 그에게 이런 인생철학을 역설한다: "너는 혼자 사색하는 삶이 최고이고, 결국 너는 혼자임을 확실하게 알아야 한다. [. . .] 실존은 어떤 상황에서도 가치를 가지고 있다. 인간 삶에는 부정되지 않을 절대적 가치가 있다"(138, 167, 169).

그러나 그는 사무실로 걸어가면서, 헤커의 철학을 이렇게 부정한다: "나는 평생 동안 어떤 특유한 사물도 본질적 가치를 가지고 있지 않다고 단정했다. 돈, 정직, 힘, 사랑, 정보, 지혜, 더욱이 삶과 같은 사물들도 어떤 목적과 관련되어 가치가 있을 뿐이지 그 자체에는 없다. 나는 이런 특유한 실례들로부터 일반화하는 노력을 결코 고려하지 않았다. 그러나 하나의 실례에 다른 실례가 더해지고, 다른 실례에 또 다른 실례가 더해져서, 갑자기 전체적 일반화가 구체화되었다. [그러나] 본질적 가치를 가지고 있는 사물은 하나도 없다. 모든 사물의 가치는 사람들에 의해 외부적으로 그 사물에 규정, 부여된다"(170-71). 요컨대 그는 과거에 인간의 본능, 욕구, 개체성, 그리고 주체성을 부정하고, 인위적으로 강요한 절대적 가치, 예를 들면 신, 순결, 정신적 사랑, 애국심, 그리고 이념이 실존에 결정적인 역할을 하는 자신감, 안정감, 그리고 신념을 증폭시켰다고 인정한다. 그런데 그는 지금 이런 가치를 부정함으로써 삶의 지주였던 절대성을 상실하고, 절망감에 빠져 자살하려고 한다. 그러면서도 그는 개개인이 자발적으로 인정, 수용하는 상대적 가치를 중요시한다.

토드는 사무실에 먼저 들어온 네 살인 지니를 반긴다. 뒤따라온 제인은 어젯밤에 왜 그렇게 어리석은 행위를 했느냐고 그에게 조용히 묻는다. 그는 거기에 대꾸하지 않고, 마빈에게 갔으며, 그가 오늘 밤에 그 결과를 가져올 거라고 말한다. 그녀가 먼저 일어나자, 그도 지니 손을 잡고 연예선, *애덤의 독창적이고 무비의 떠도는 오퍼러호*를 구경하러 간다. 지니는 흥분하면 언제나 왜냐고 묻는 버릇이 있다. 그녀는 큰 연예선을 보고 놀라, 무엇 때문에 있는 배냐고 소리 지른다. 그가 이 배는 연예선이라고 대답하자, 그녀는 계속 왜냐고 묻는다.

> "귀여운 아가야, 이것은 연예선이다. 사람들은 여기에 와서 음악도 듣고, 배우들이 추는 춤과 재미있게 하는 연기를 본다."

"왜?"

나는 묻기를, "무엇이 왜냐고? 왜 배우들이 재미있게 연기를 하느냐 혹은 사람들이 배우들 보기를 좋아하느냐?"

"왜 사람들이 좋아하느냐?"

"사람들은 쇼우가 자기들을 웃기니까 쇼우를 보러가기를 좋아한다. 그들은 배우들을 보고 웃기를 좋아한다."

"왜?"

"그들은 웃음이 자기들을 행복하게 해주기 때문에 웃기를 좋아한다. 사람들은 바로 너처럼 행복하기를 좋아한다." [. . .]

"왜 배우들은 연기를 하느냐?"

"왜 배우들이 재미있게 연기하느냐고? 그들은 사람들이 돈을 내고 와서 자기들을 보도록 하기 위해 재미있게 연기한다. 그들은 돈을 벌고 싶어한다."

"왜?"

"그래야 그들은 먹을 수 있다. 그들은 먹기를 좋아한다."

"왜?"

"너는 살기 위해 먹어야 한다. 그들도 생존하고 싶어한다."

"왜?"

"그것이 다시 대답의 끝이다"고 나는 말했다. (199)

"It's a showboat, hon. People go on it and listen to music and watch the actors dance and act funny."

"Why?"

"Why what?" I asked. "Why do the actors act funny or why do the people like to watch them?"

"Why do the people?"

"The people like to go to the show because it makes them laugh. They like to laugh at the actors."

"Why?"

"They like to laugh because laughing makes them happy. They like being happy, just like you." [. . .]

"Why do the actors?"

"Why do the actors act funny? They do that so the people will pay to come see them. They want to earn money"

> "Why?"
> "So they can eat. They like eating."
> "Why?"
> "You have to eat to stay alive. They like staying alive."
> "Why?"
> "That's the end of the line again," I said.

그는 지니의 질문에 만족스럽게 대답할 수 있는 능력이 없음을 실감한다. 요컨대 그는 이런 엄연한 사실을 깨닫는다: "'왜'에는 궁극적인 답이 없다. 특히 질문이 '왜 사느냐?' 이면 더욱더 답이 없다."[23]

토드는 제인의 차를 타기 전에 사무실 동료들과 여직원에게 마음속으로 마지막 작별인사를 하고, 사무실을 나선다. 그는 그녀 집으로 가는 도중에 차 안에서 그녀와 해러선은 가을에 이틀리(Italy)여행을 계획하고 있다는 말을 듣고 깜짝 놀란다. 그녀는 이 계획이 해러선의 발상이지만, 자기가 미칠 지경으로 더 좋아한다고 말한다. 그녀는 부언하기를, 그는 성탄절까지만 머물자고 하는데, 자기는 이듬해 부활절까지 있고 싶고, 둘이 거기서 살 수 있다면 그러고 싶다. 그들의 여행은 토드와의 결별을 시사한다. 따라서 그녀는 그의 반응을 알아보기 위해 그를 계속 유심히 살펴본다. 그녀는 그가 어떤 반응도 보이지 않자, 그가 괜찮다면 집을 팔 생각도 하고 있다고 말한다. 해러선은 술을 마시며, 그가 오해하거나 분노하지 않기를 바란다면서, 처음은 그와 함께 셋이 가려고 했다고 말한다. 그러나 그의 변호사 업무와 제인의 둘만의 여행 고집 때문에 그들만 가게 되었다고 해러선이 부언하면서, 그의 깊은 이해와 양해를 구한다. 그는 부부에게 잘 이해한다고 단호하게 말한다. 그렇지만 부부는 그가 납득하지 않고 있다고 안절부절못한다. 따라서 그는 전혀 의외의 감정 돌발로 자살계획을 이렇게 포기한다: "나의 자살 결심이 갑자기 흔들렸다. 나는 자살하고 싶지 않다는 마음으로 몹시 동요되었다. 아주 단순한 두 가지 이유 때문이었다. 나

---

23. Richard Lehan, *A Dangerous Crossing: French Literary Existentialism and the Modern American Novel*(Carbonadale: Southern Illinois University Press, 1973), 174.

의 자살이 해러선과 제인에 의해 그들의 여행이 나를 절망시켰다는 증거로 해석될 것이다. 그들이 나를 유기하자, 나는 삶을 견딜 수 없었다. 이런 해석이 그들을 애처롭고 으스대는 동정심으로 충만시킬 것이다"(213). 결국 그는 제정신을 찾는다.

일단 그는 자살 결심이 갑자기 흔들린 채로 호우텔 방으로 돌아와 지금까지 수집, 정리한 자료들을 바탕으로 아버지의 자살 동기를 규명하려고 한다. 그런데 그는 이 규명에서 "인간 행동의 어떤 동기만큼 그렇게 파악하기 어려운 환영도 없다"는 사실을 실감한다. 그는 아버지의 주식 손실과 부채 그리고 채권자들과의 관계에다 당시의 사회와 경제 상황들을 아무리 면밀하게 검토해도, 자살 동기를 밝힐 수 없다. 따라서 그는 그 동기를 외부 요인보다는 오히려 아버지의 정신과 심리문제, 특히 아버지와 자신과의 관계에서 탐구하려고 한다. 그가 탐구 끝에 얻은 결론은 자신의 불찰과 기만이 빚은 두 사람 사이의 불완전한 의사소통이 자살 원인이다. 그는 자신의 심장병을 비롯한 여러 문제들을 아버지에게 직접 말하지 못하고, 만약 급사할 경우에 대비하여 간접적으로 알리는 방편으로 계속 편지들을 써놓는다. 그는 두 사람 사이에 사랑을 전제로 실존철학과 근본 문제들에 대한 소통과 대화가 전혀 없었음을 깊이 참회한다. 그의 참회와 아버지의 자살 동기 규명에 대한 집착은 다른 사람들을 깊이 이해하고 존중하지 않았던 자아의식과 실존에 대한 성찰이다. 따라서 그는 사랑이 아니라 자기기만을 바탕으로 살았던 실존에서 메마르고 부정적인 정서가 더 결정적인 역할을 했다고 참회하는 심정으로 이렇게 실토한다: "나는 평생 동안 오로지 다섯 번의 기회에 매우 강렬하게 어떤 감정을 체험했는데, 매번 감정이 달랐다. 나는 내 침실에서 베티 준을 상대하여 환락을 체험했다. 아곤에서 나 자신과의 싸움에서 공포를 체감했다. 우리 집 지하실에서 아버지로부터 좌절을 절감했다. 그녀의 여름 별장에서 제인 맥 한테서 경악을 실감했다. 이 마지막 날(자살하려는 날) 전날 밤에 호우텔 방에서 내 심장 때문에 절망감, 더욱 처절한 절망감, 더욱더 비탄으로 가득 찬 절망감에 완전히 압도당했다"(218, 224). 드디어 그는 자기를 기만하는 가면, 다시 말하면 방탕자,

가짜 성자, 냉소주의자로 위장한 삶으로 심장병을 더 이상 은폐할 수 없다는 절망감에 빠진다. 더욱이 그는 "아무 것도 본질적 가치를 가지고 있지 않다"고 깨닫고, 다시 "생존할 궁극적인 이유가 없다"는 결론을 내린다. 그는 이 결론으로 일단 아버지의 자살 동기 규명을 끝낸다.

이렇게 규명의 마무리를 짓고 방에서 나온 토드는 오즈번 선장의 *애덤의 독창적이고 무비의 떠도는 오퍼러호* 쇼우를 구경하러 가자는 말에 곧바로 동의한다. 그는 앞좌석에 앉아 있는 해러선, 제인, 지니, 그리고 많은 지인들을 본다. 무대에서 한참 쇼우가 절정을 이루고 있을 때, 그는 예측불허의 방화를 하여 관객들을 살상시키려고, 자리에서 일어나 식당으로 간다. 그는 개스통의 밸브를 열어, 개스가 새어나오게 하고, 주방으로 가 버너들에 불을 붙인다. 작은 방은 바로 강한 개스 냄새로 꽉 찬다. 그는 곧 화재가 나면, 해러선과 제인이 도저히 피할 수 없는 참상을 이렇게 가상한다: "나는 태연스레 해러선과 제인을 생각했다. 가슴과 넓적다리가 완전히 타서 숯이 되고, 부드럽고 윤기가 있는 머리카락은 파삭 타서 재가 된 험상스런 광경을 상상했다. 나는 또 태연스레 어디선가 지나치게 흥분한 어린애의 비명을 . . . 들었다. 아마 지니는 아니다. 나는 나 자신과 제인의 멋진 육체에서 떨어진 일부 살점이 쪼개져 꺼멓게 되어 연기를 내뿜고 있다고 생각했다"(243). 그러나 다행히 개스가 폭발하지 않아, 화재가 나지는 않았다. 토드는 누구도 예측할 수 없었던 자신의 무자비한 살상 음모가 어떻게 미수로 끝났는가를 알 수 없다. 다만 그는 이런 음모에도 불구하고 699명의 주민과 자기가 아직도 살아있다는 기적에 크게 주목한다. 이 기적이 그에게 큰 암시가 된다.

그는 이 기적을 보고 의도적 행위가 반드시 소기의 성과를 거둔다는 법은 없다고 생각하면서 호우텔로 돌아와, 헤커가 자살하기 위해 다량의 수면제를 복용하고 쓰러져 있는 현장을 목격하고, 병원에 전화하여 급히 구급차를 요청한다. 그는 헤커의 사고와 행동의 괴리, 다시 말하면 삶의 절대적 가치를 역설하던 사람의 자살 행위를 도저히 납득할 수 없다. 그는 방에서 기적과 괴리를 깊이 사색하면서, 창문으로 하늘을 쳐다보다가 날씨가 변덕을 부리는 것처럼 다시 마음을 바꿔 자살할 궁극적인 이유가 없다는 결론을 내린다. 왜냐하면 그는 심장병을 은폐하기 위한 방탕자, 가짜성자, 그리고 냉소주의자의 가면이 반드시 그 역할을 수행하지 않으면 안된다는 법도 없을 뿐만 아니라 그 역할 수행 불능도 자기 실존에 하등의 영향이 없다는 사실을 지실했기 때문이다. 따라서 그는 지금까지 생존을 위해 절대적으로 의존했던 세 가지 가면들의 한계를 실감하고 절망감에 완전히 사로잡혔지만, 절대 의존에서 벗어난 여러 생존 방식들이 있다는 직감을 문득 느꼈다고 이렇게 실토한다: "예를 들면 무수한 가능성의 방식들에 직면하여 다른 방식보다 이 방식을 선택할 궁극적인 이유가 없기 때문에, 나는 반드시는 아니더라도 있을 수 있는 가정으로 마치 달리다가 총을 맞은 토끼가 죽음이 사로잡을 때까지 계속 같은 방향으로 달려가는 것처럼 나도 그때까지 행동했던 그대로 계속 그렇게 할 것이라는 생각이 머리에 떠올랐다." 드디어 그는 실존에서 반드시 의존해야 하는 절대적 가치들도 없고, 더욱이 가치들의 완벽한 실현은 있을 수 없다는 인생철학을 터득한다. 이제 그는 심장병을 은폐하기 위해 자기를 기만하는 생활방식들을 탈피하고, 어느 때고 급사를 겸허하게 수용하는 독자적이고 정직한 삶을 살려고 결심한다. 그는 이 결심으로 예측불허의 변덕쟁이에서 실존의 안정과 평온을 즐길 수 있는 인간으로 이렇게 변신한다: "나는 . . . 옷을 벗고, 마음을 진정시켜주는 고독감에 빠진 채 잠자리에 들어, 잠시 후에 사방에 억수로 쏟아질 이변의 뇌우(雷雨)에도 불구하고 아주 잘 잤다"(251, 252). 요컨대 그는 절대성에서 파생한 정신적 혼란을 극복하는 수단으로 상대성과 변화무쌍을 바탕으로 실존 의미를 탐구하는 소설을 창작하고 있다.

Ⅲ

지금까지 *떠도는 오퍼러호*가 서구학자들의 "허무주의적 희극"이 아니라 "예측불허의 자아를 넘어서는" 관점에서 분석, 고찰되었다. 소설 주인공들의 예측불허의 자아와 행위가 실존에 엄청난 부정적, 파괴적 역할을 하고 있는 실례들이 제시, 논의되었다. 우리 실존에 결코 있어서는 안될 이런 자아와 행위는 주인공들의 사랑 불능과 결핍 그리고 영혼의 소리와 순수성이 없는 외부세계에 절대적으로 의존하려는 허위의식 때문에 상호 이해와 존중을 전적으로 부정하는 아집, 독선, 그리고 이기심을 바탕으로 형성, 자행된다. 해러선과 제인 맥은 일방적으로 관능적 쾌락을 만끽하기 위해, 상대방이 자기 마음에 들면 무조건 관계를 가지면서 사랑과 "정신적 활력을 증폭하는"[24] 성 행위를 하나의 통합체가 아니라 별개로 왜곡시킨다. 토드 앤드루즈의 아버지는 경제적 몰락 때문에 자살하여, 생명의 가치와 존엄성을 부정하여 다른 사람들을 경악, 실망, 좌절시킨다. 토드는 누구도 사랑할 수 없기 때문에 자신과 아버지에게 솔직할 수 없을 뿐만 아니라 서로 진지한 대화를 나눌 수 없다. 더욱이 토드는 자신의 심장병을 은폐하기 위한 자기기만 수단으로 절대 의존했던 방탕자, 가짜 성자, 그리고 냉소주의자의 가면이 더 이상 그 역할을 수행할 수 없는 한계에 직면하자, 절망감에 완전히 사로잡혀 자살하려고 한다. 그러나 다행히 그는 외부세계에 절대 의존하는 생활방식을 탈피하고, 더욱이 예측불허의 자아를 넘어 자기 의지에 따른 선택의 가능성과 폭을 확장하면서 심장병으로 인한 급사를 겸허하게 수용하는 독자적이고 정직한 새로운 삶을 시작하려고 결심한다. 그는 이 결심으로 자신을 옭아매었던 절대성에서 비롯한 정신적 혼란과 무질서를 극복하는 수단으로 실존의 진정한 의미를 상대성과 변화무쌍을 전제로 하여 탐구하는 소설을 창작한다. 그는 소설을 창작함으로써 "개인적 그리고 사회적 부조리에 맞서는 보루를 건설할 수 있다. 게다가 예술은 폭발하는 혼란을 일시적으로 유예한다는 의미를 단정해준다."[25] 그러므로 우리는 예측불허의 실존에 긍정적, 창조적으로 대응하기 위해 그의 소설창작을 깊이 음미할 필요가 있다.

---

24. Helen Weinberg, *The New Novel in America: The Kafkan Mode in Contemporary American Fiction*(Ithaca: Cornell University Press, 1970), 128.

25. Campbell Tatham, "John Barth and the Aesthetics of Artifice," in *Critical Essays on John Barth*, ed. Joseph J. Waldmeir(Boston: Hall, 1980), 47.

2

죤 바스: 순진과 고집불통의 자아를 넘어서

I

죤 바스는 처음 얇은 두 소설, *떠도는 오퍼러호*(*The Floating Opera,* 1956, 개정판 1967)와 *여로의 끝*(*The End of the Road,* 1958, 개정판 1967)을 "비교적 사실주의적으로" 그리고 다음 매우 두꺼운 두 소설, *연초 무역상*(*The Sot-Weed Factor,* 1960, 개정판 1967)과 *염소 소년 쟈일즈*(*Giles Goat-Boy*, 1966)를 "비교적 환상적으로 또는 비사실주의적으로"[1] 창작했다고 공언한다. 그는 특이하게 세번째 소설, *연초 무역상* 창작에서 미국 건국 전의 메릴런드(Maryland)의 시인, 에버니저 쿡(Ebenezer Cooke)이 1708년 런던(London)에서 발표했던 풍자시, "*연초 무역상*(Sot-Weed Factor)"을 소설 제목으로, 그리고 시인을 소설 주인공으로 활용한다. 그는 역사소설, *연초 무역상*으로 이렇게 소설창작의 전환점을 이룬다: "*연초 무역상*은 사실주의소설과의 단호한 결별로 그의 다음 소설들 [창작]의 새로운 이정표가 되었다."[2] 그는 처음으로 포우스트모던 소설 창작철학과 기

---

1. Frank Gado, "A Conversation with John Barth," in *First Person: Conversations on Writers and Writing*. ed. Frank Gado.(Shenectady: Union College Press, 1973), 132.

법으로 집필한 *연초 무역상*을 이런 두 가지 목적을 의중에 두고 창작했다고 실토한다: "첫째 나는 출판사가 제목을 책 등에 세로로 하지 않고 가로로 인쇄할 수 있을 만큼 아주 두꺼운 소설을 쓰고 싶었다. 둘째 나는 18세기를 소재로 하여 창작하고 있기 때문에, *톰 죤운즈*(*Tom Jones*)의 플롵보다도 더욱 복잡하고 더욱더 형식적으로 완벽한 플롵을 창안할 수 있을까 또는 없을까를 알고 싶었다."[3] 그의 동료작가들은 소설창작에서 플롵을 무시하는 데 반해, 그는 플롵을 특이하게 중요시한다. 다만 그는 사실주의소설의 플롵을 답습하지 않고, 보완한다. 이 논문은 바스가 *연초 무역상*을 포우스트모던 소설 철학과 기법으로 창작하기 위해, 어떻게 사실주의소설의 플롵을 보완하고 있는가를 규명하고, 작품을 논의한다.

바스는 사실주의소설의 플롵을 보완하기 위해, *연초 무역상* 창작에서 남의 소설을 모방하고, 역사를 상상력으로 창조하며, 절대적 사고와 가치를 와해시키는 변화무쌍과 애매모호성을 강조하는 기법을 활용한다. 그는 *연초 무역상*이 "소설가의 역할을 모방한 작가가 소설의 형식을 모방한"[4] 작품이라고 공언한다. 이 공언은 그의 이런 소설 정의와 일맥상통한다: "소설은 . . . 삶의 표현이 아니다. 소설은 삶의 표현의 표현이다."[5] 그의 소설 정의에 따르면, 소설창작 목적은 삶과 현실의 반영 그리고 진리의 표현에 있지 않고, 종전소설을 조롱하면서 모방, 개작하는(parody) 데 있다. 따라서 그는 자신의 우주관과 예술철학 그리고 사회인식을 바탕으로 소설을 창작하지 않는다. 그는 우리의 예상과는 달리 현실반영과 진리표현을 금과옥조로 했던 종전소설에 대한 소설을 창작한다. 그가 이렇게 소설을 창작하는 까닭은 시대의 변화에 따라 독자의 기대와 욕구도 변하기 때문에, 종전소설이 이제는 독자에게 무용지물이 되었다는 확신에 기인한다.

---

2. William Nelles, "John Barth," in *Dictionary of Literary Biography, Vol. 227*. ed. James R. Giles and Wanda H. Giles(Detroit: Gale, 2000), 40.

3. Gado, 132.

4. John Barth, *The Friday Book*.(New York: Putnam's, 1984), 72.

5. Alan Prince, "An Interview with John Barth," *Prism*(Sir George Williams University)(Spring 1968): 54.

그의 이런 확신과 대응에 따르면, 종전소설이 오늘날에 생명력을 잃었기 때문에, 독자에게 외면당한다. 이 외면당한 소설에 다시 생명력을 불어넣기 위해, 그는 종전소설을 조롱하면서 모방, 개작한다. 따라서 *연초 무역상*도 "18세기 영국소설, 다시 말하면 [터바이어스 죠지] 스몰리트(Tobias George Smollett), [대녈] 디포우(Daniel Defoe), 그리고 [헨리] 필딩(Henry Fielding) 소설을 모방, 개작한 작품이다. 또 식민지화의 역사적 참혹의 와중에서도 유행했던 쿡의 기발한 시의 억지스러운 순결고수를 조롱한다."[6] 바스는 자신의 이런 모방과 개작이 독자에게 소설의 참신성과 경이감을 다시 촉발한다고 믿는다. 그러므로 그는 동료작가들과는 달리 사실주의소설의 보완을 유독 역설한다.

바스는 17세기 말에 영국과 메럴런드에서 생존했던 시인, 에버니저 쿡을 주인공으로 하여 역사소설을 창작하면서, 역사적 사실과 사건들보다도 상상력에 더 의존한다. 왜냐하면 그는 "문학의 주제는 역사의 사건들이나 어떤 장소의 특징들이 아니고, 인간이 실존에서 느끼기 마련인 행복과 불행의 체험"이라고 믿기 때문이다. 따라서 그가 역사소설 창작에서 역사기록에 있는 사실과 사건들에 충실하게 의존하면 "예술적 진리가 파지되지 않기"[7] 때문에, 역사 창조의 필요성을 이렇게 역설한다: "우리 모두는 실존하면서 변덕과 관심의 명령에 따라 우리의 과거를 다소간 날조한다. 과거의 사건들은 오늘날 우리 다수가 원하든 또는 원하지 않든 조각해야 할 찰흙이다. [. . .] 더구나 역사의 여신(클라이오우 Clio)은 작가가 그녀를 발견했을 때 이미 흉터 있는 교활한 매춘부였다."[8] 그의 이런 역설은 이. 엘. 닥터로우(E. L. Doctorow)의 역사소설 철학과 일맥상통한다. "역사는 현재이다. 역사는 현재이기 때문에, 매세대는 역사를 새롭게 다시 쓰고 있다.

---

6. Berndt Clavier, *John Barth and Postmodernism*.(New York: Peter Lang, 2007), 157.

7. Barth, 190, 191.

8. John Barth, *The Sot-Weed Factor*(New York: Anchor, 1987), 743. 앞으로 이 작품에서의 인용문은 괄호 안에 쪽수만 표시함.

그러나 대부분의 사람들이 역사라고 정의하는 것은 과거에 고착, 응고되어 버린 역사관에 바탕을 둔다. 그러므로 이런 역사관을 무시하고, 그 잘못된 역사철학에 도전하여 새로운 빛과 신선한 활력을 투사하여, 이 비뚤어진 역사관을 교정하는 지름길은 바로 이런 역사관을 부정해버리는 모험행위에 있을 뿐이다."[9] 그래서 바스는 에버니저 쿡이 자신의 실존에 매우 "위험하고 실로 비난받아야 할"(vi) 순진과 고집불통의 자아를 넘어서게 하기 위해, 그의 생존시기의 인물과 사건들을 창조한다. 그러므로 *연초 무역상*은 "에버니저 쿡의 실재하는 1708년에 발표되었던 시(소설과 같은 제목) 뿐만 아니라 메럴런드 기록보관소의 사료들을 바탕으로 독자를 위해 메럴런드 역사를 폭로하고 창조해냈다"[10]는 평가를 받고 있다.

또 바스는 *연초 무역상* 창작에서 역사를 창조하기 위해, 주인공인 에버니저 쿡의 안정된 실존과 일관성 있는 사고 그리고 사실 기술의 정확성과 객관성보다도 그의 의식과 세계의 변화무쌍과 애매모호성을 더 선호해서 활용한다. 왜냐하면 그는 에버니저가 고착된 사고와 고정불변의 세계에 얽매여 있게 하기보다는 오히려 변신과 성숙의 가능성과 잠재력을 변화무쌍하고 애매모호한 세계와 직면하면서 계발, 발휘하게 하려는 편에 더 큰 비중을 두기 때문이다. 따라서 바스는 변화가 에버니저의 판단의 척도이고, 그의 세계는 항시 변화와 유동의 소용돌이 속에 있어야 한다고 또 한명의 주인공, 헨리 버린게임 3세(Henry Burlingame Ⅲ)를 통해 이렇게 주장한다: "우리의 예리하지 못한 시력이 사물들의 변화를 간파할 수 없다면, 우리가 어떻게 사물들을 설명할 수 있는가? 헤러클라이터스(Heraclitus)가 단언했던 것처럼 세계는 실로 유동적이다. 우주 자체가 바로 변화와 [활발한] 움직임이다"(125-26). 이 주장이 *연초 무역상*의 창작철학과 기법에 핵심 역할을 한다. 에버니저는 변화무쌍하고 애매모호한 세

9. George Plimpton, "The Act of Fiction: E. L. Doctorow," *Paris Review*. 101 (1986): 33.

10. Linda Hutcheon, *A Poetics of Postmodernism*.(New York: Routledge, 1988), 132.

계를 계속 체험, 수용하면서, 절대성과 확실성을 상징하는 순진과 고집불통의 의식에서 점차 벗어난다. 이렇게 벗어남과 그 과정이 소설의 핵심 주제이고 창작이다. 변화무쌍에는 으레 애매모호성과 불확실성 그리고 예측불허가 있기 마련이다. 따라서 바스가 *연초 무역상*을 창작하기 위해 역사와 사료를 변화의 시각에서 볼 때, 에버니저의 실존과 역사적 배경은 정확성과 객관성보다는 애매모호성과 상대성 그리고 상상력에 의존해서 기술될 수밖에 없다. 다시 말하면 그 실존과 배경은 창조되어야 한다. 더욱이 바스의 정의에 따르면, "세계는 도덕적으로 애매모호하다."[11]

이렇게 변화무쌍과 애매모호성을 바탕으로 "순진에 대한 일종의 비극적 견해를 극적으로 표현한"[12] *연초 무역상*은 *북 윜*(*Book Week*)이 1965년에 주관한 200명의 작가, 비평가, 그리고 편집자들의 소설평가 투표에서 "1945년 이후 [출판된] 20권의 가장 탁월한 소설들 중의 하나로 선정되었다."[13] 소설 주인공, 에버니저 쿡은 누나가 있는 이란성 쌍생아로 결단코 동정을 고수하려는 순진과 고집불통의 자아에 유폐된 "플레이토우(Plato)류의 절대주의자" 겸 시인이다. 그는 이런 일차원적, 고착적 자아 때문에 자주 위기와 극한상황에서 허우적거린다. 그가 위기와 극한상황에서 속수무책일 때마다 그를 구원해주는 인물이 그의 과거 가정교사였던 헨리 버린게임 3세이다. 그는 변장, 조종, 그리고 조작의 명수로 필요한 경우에 따라 이렇게 다양한 역할을 한다: "버린게임은 애리스토틀(Aristotle)류의 경험주의자일 뿐만 아니라 [프랜시스] 베이컨(Francis Bacon)류의 실용주의자 겸 실험주의자이고, 더욱이 학자-모험가이다."[14] 그는 에버니저와 함께

---

11. Barth, *The Friday Book*, 51.

12. Heide Ziegler, "John Barth," in *The Radical Imagination and the Liberal Tradition: Interviews with English and American Novelists*, ed. Heide Ziegler and Christopher Bigsby(London: Junction, 1982), 18.

13. David Morrell, *John Barth: An Introduction*(University Park: Pennsylvania State University Press, 1976), 48.

14. Jac Tharpe, *John Barth: The Comic Sublimity of Paradox*(Carbondale: Southern Illinois University Press, 1974), 36, 35.

영국과 메럴런드의 체서픽 만(Chesapeake Bay)을 무대로 파란만장한 모험을 벌이면서, 점차 에버니저를 고착적 자아의 유폐로부터 해방시킨다. 에버니저의 해방으로 귀결되는 모험담이 바로 *연초 무역상*이다. 이 모험담에 헨리 버린게임 3세의 정체가 밝혀지는 데에 결정적인 역할을 하는 이야기들에 또 다른 이야기가 더해지면서 플롯은 더욱 복잡해지고, 관심과 흥미는 배가된다. 본론은 에버니저가 순진과 고집불통의 자아를 넘어서는 데 결정적인 역할을 하는 헨리, 에버니저가 "사랑의 여신으로 . . . 신격화하는"[15] 창녀, 죠운 토우스트(Joan Toast), 그리고 누나 앤어(Anna)를 중심으로 하여 작품을 분석, 고찰한다.

II

먼저 에버니저가 어떻게 독선과 고집불통의 자아에 유폐되었는가를 알아볼 필요가 있다. 알아보는 첩경은 그의 출생과 성장배경, 독자적 생존과 현실대응에 우유부단한 성격, 그리고 절대성에 의존하는 자기 정체의 규명에 있다. 그가 누나를 둔 이란성 쌍생아로 태어나는 순간, 어머니는 극심한 산고로 유명을 달리했다. 아버지 앤드루(Andrew)는 메럴런드에서 영국인 제조업자의 중개인을 하면서 큰 돈을 모아 촾탱크강(Choptank River)유역의 광활한 토지, 쿡 포인트(Cooke's Point)를 매입하여, 주거지로 몰던(Malden)에 저택을 신축하고, 영국에서 데려온 신부와 행복한 신혼생활을 꿈꾸다가, 신부가 타계한 4년 후에 토지를 감독관에게 맡기고, 남매를 데리고 영국으로 가서 세인트 쟈일즈(St. Giles) 사유지에 정착한다. 남매는 함께 놀 친구들이 없기 때문에, 오로지 둘이 단짝으로 놀았고, 10살 때까지 한 침대에서 잤으며, 아버지의 명령으로 각자 다른 방에서 자면서도 문을 사이에 두고 이야기를 나눈다. 그들은 어른들에게 반항적이고, 남녀 활동을 구별하려 하지 않으며, 고전부터 최근 소설까지 전부 읽는 독서광이

---

15. Gerhard Joseph, *John Barth*(Minneapolis: University of Minnesota Press, 1970), 25.

다. 아버지의 재력이 남매에게 한 명의 가정교사를 둘 형편이었으므로, 그들은 10살 때부터 8년 동안 헨리 버린게임 3세의 개인교육을 받는다.

헨리는 정력적이고 열정적인 20대 초반의 미남 청년으로 학사학위는 없지만, 학문의 범위와 깊이에서 "애리스토틀에 약간 뒤질" 뿐이었다. 그는 부모가 누구인지, 자신의 출생지가 어디인지도 모르는 고아로 온갖 역경과 싸우면서, 시간과 기회만 있으면 독서와 학문에 전념함으로써 이렇게 높은 수준의 학자 반열에 오를 수 있었다. 요컨대 그는 적자생존의 전형일 뿐만 아니라 학문의 대가이다. 이런 인물이 우유부단하고 완고한 데다 사회성이 부족한 에버니저를 개인지도하면서 위선과 사기 그리고 음모가 난무하는 현실세계에 대응하는 실용교육을 소홀히 했다가, 나중에 에버니저가 순진과 고집불통 때문에 위기와 극한상황에 직면할 때마다 조언하고 구원함은 하나의 큰 반어이다. 그의 교육은 현실보다는 감성과 이성 위주이다. 그러므로 그의 교수법은 도구적 가치를 중요시하는 필요와 야망을 무시하고, 목적적 가치를 절대시하는 호기심의 계발에 의존한다. 따라서 그는 남매가 빨리 배우고, 자연과학, 문학, 작문, 음악에는 소질이 많은 반면, 언어, 수학, 역사 이해는 다소 느림을 알고도, 보충하려고 하지 않는다. 이런 교육을 받은 에버니저는 이제 상상력과 감성의 세계에 더욱더 깊이 빠졌으므로 "제비의 급강하를 보고 감동해 전율할 수 있었다"(6, 8). 이런 상상력과 감성을 바탕으로 선생과 남매는 서로 사랑하고 더할 나위없는 친구가 되었지만, 앤드루는 헨리의 이런 교육이 매우 못마땅한 데다가, 그가 앤어에게 흑심을 품고 있다고 오해하고, 그를 공갈 협박하여 당장 내보낸다. 아버지의 편견과 오해 때문에, 졸지에 선생을 잃은 두 남매는 극도로 실망한다.

다행히 에버니저는 케임브리쥐(Cambridge)에 소재한 매그덜린대학(Magdalene College)에 입학하지만, 그의 대학생활은 실패로 끝난다. 그는 비사교적이라 친구도 사귀려 하지 않고, 학술과 운동 활동에도 참여하지 않는다. 더욱이 그는 자신이 시인이라고 생각하지 않지만, 어느 교수의 철학적 유물론을 반박하는 강의에 싫증나서, 공책에다 "미덕, 진리, 그리고 만물의 원천은 각자의 본성의 빛이다”(10)는 시구를 짓는다. 이렇게 그는 대학생활과 학풍에 적응하지 못하기 때문에, 도서관에 뉴튼(Newton)의 강의록, *운동에 관하여*(*De Motu Corporum*)를 찾으러 갔다가, 엉뚱하게 문학작품을 읽는 데 열중한다. 따라서 그는 3학년 말에 여러 과목 시험에 낙제해서, 대학을 중퇴해야 한다. 그는 앞으로 어떻게 처신해야 할지 몰라, 식음을 전폐하고 자포자기에 빠져 있다. 그가 이렇게 낙제해서 위기에 처해 있음을 앤어를 통해 알고 갑자기 나타난 헨리가 그를 구원해준다.

그는 에버니저에게 더 높은 목적을 실현하려는 실존에 으레 있기 마련인 좌절과 절망의 와중에서도 가치 있는 생존의지와 희망이 있음을 예증하기 위해, 자신의 실패한 대학생활과 그 다음 삶을 이렇게 실토한다: 나는 독서에 너무 열중했기 때문에, 양아버지가 선장인 배에서 쫓겨났다. 아사를 면하기 위해, 짚시들과 여러 도시를 돌아다니다가 케임브리쥐에 와서 처음으로 배움과 학문의 세계에 눈을 뜨게 되자 그들과 헤어져 혼자 여기에 남았다. 나는 동성애에 전혀 무관심하면서도, 헨리 모(Henry More)교수의 욕망을 자극하여, 그 대상이 되었으므로 모교수의 주선으로 트리니티 대학(Trinity College)에 입학할 수 있었다. 못하는 수학을 배우기 위해 뉴튼교수의 동성애 대상이 되려고 했다가, 두 교수의 타오른 질투심 때문에 대학을 중퇴할 수밖에 없었다. 나도 모교수도 기대했던 탁월한 학자가 되지는 못했지만, 학문연구에 대한 열정을 포기할 수 없어 그 열정을 너와 네 누나에게 쏟았다. 너희를 위한 교육이 내 삶의 “지고선, 다시 말하면 가장 중요한 목적이 되었다”(24). 그는 세상을 직시하는 능력은 없으면서도 고착적 의식에 유폐되어 있다고 믿는 과거 학생에게 런던에 함께 가서 스스로 앞길을 찾을 때까지 같이 있자고 타이른다. 결국 에버니저는 런던에 가서 가정교사 노릇을 하면서, 그가 주점에서 소개해준 빈둥거리는 시인들을 만난다.

헨리는 에버니저가 아직도 실존에서 독자적 선택과 결정을 할 의지와 능력이 없기 때문에, 아버지에게 가서 용서를 빌면 그의 수중에서 꼼짝 못할 것을 잘 안다. 그래서 그는 그의 귀향을 적극 반대한다. 이런 반대에도 불구하고, 에버니저는 런던에 왔던 앤어와 함께 집으로 돌아간다. 아들의 대학중퇴와 행방묘연 때문에 매우 병약해진 아버지는 앞으로 매사에 당신 뜻을 따르겠다는 아들과 딸에게 자신의 소중하고 자랑스러운 땅 쿡 포인트와 저택 몰던의 소유권을 양도한다. 그러면서 아들에게 넓은 땅에서 작물을 재배하고 열매를 맺게 할 준비를 단단히 하라고 엄명한다. 그리고 대학교육의 본질과 진가를 모르기 때문에 부언하기를, 앞으로는 "메럴런드가 네 케임브리쥐의 [대학]이고, 연초농장이 네 도서관이 될 것이다." 더욱이 너를 런던으로 보내 피터 패건(Peter Paggen) 상인 밑에서 서기 노릇을 하면서 식민지 무역의 세부 사항을 배워 익히게 할 것이다. 에버니저는 헨리가 예상했던 대로 이렇게 대답한다: "아버지 뜻에 따르겠습니다. 열심히 하도록 노력하겠습니다"(39).

에버니저는 아버지의 뜻대로 런던에 와서, 제일 먼저 헨리를 백방으로 찾았지만 그를 만날 수 없다. 별수없이 그는 피터 패건 밑에서 무료한 도제생활을 하면서, 주점에서 빈둥거리는 시인들과 어울린다. 그는 그들과 어울리다가, 창녀 죠운 토우스트를 만난다. 그는 밤에 몸을 팔려고 방으로 찾아온 그녀에게 자기는 "동정남이고 시인"이라고 말하면서, 그녀가 갖자는 관계를 단호히 거부한다. 그는 거부하는 이유를 이렇게 설명한다: "나는 내 순결을 나의 정신력의 상징과 소명의 증거로 중시할 것이다." 그는 동정남을 이처럼 지나치게 고집함으로써 "스스로 만사를 수용하려는 [의지와] 가능성을 부정한다. 그러면서 자기를 매우 한정적으로 정의한다."[16] 그는 이런 한정적, 폐쇄적 자기 정의 때문에 30세가 되어서도 순결을 고수하려는 의지와 고집에 대해 독선적으로 부언하기를, "나의 순결은 나를 삶, 시간, 죽음, 역사로부터 지켜준다. 나는 순결을 잃으면 인간의 마지막 숨을 거둬야 한다"(60, 59). 그는 이렇게 순결을 강조하면서도, 죠운을 자신의 절대적 가치인 순결을 상실시킬 만한 가치가 있는 애인으로 사랑한다고 고백한다. 그는 자기가 그녀를 진정으로 사랑하기 때문에 비로소 남자가,

---

16. Richard Boyd Hauck, *A Cheerful Nihilism*(Bloomington: Indiana University Press, 1971), 227.

더욱이 시인이 되었다고 실토한다. 그는 그녀가 자신의 사랑을 받아준다면, 자기는 획기적으로 변신, 성숙하여 드디어 영국의 계관시인이 될 것이라고 공언한다.

> 나는 나 자신을 구원하고 영감을 얻기 위해 당신을 사랑합니다! [. . .] 당신이 오늘밤 나에게 오기 전까지만 해도, 나는 결코 남자가 아니라 그저 어린애 같은 바보에다 맵시꾼이었다. 내가 당신을 포옹하기 전까지만 해도, 나는 시인이 아니라 천박한 멋쟁이에다 삼류시인이었다. 죠운 당신과 함께라면 내가 성취할 수 없는 공적이 뭐가 있겠소! 내가 쓸 수 없는 시가 뭐가 있겠소! 글쎄 당신이 실수로 나를 조롱하고, 나를 더 이상 바라보려 하지 않는다 할지라도, 나는 당신을 사랑할 것이고, 나의 사랑으로부터 활력을 얻고 목적을 이룰 것이오. 내 사랑은 너무나 강해서 보답이 없을지라도 나를 지탱해주고, 영감에 휩싸이게 할 것이오. [. . .] 나를 사랑해주시오. 그러면 나는 당신에게 이것을 맹세하겠소. 나는 영국의 계관시인이 될 것이오. (58)

> I love thee for my savior and inspiration! [. . .] For ne'er till you came to me this night have I been a man, but a mere dotting oaf and fop; and ne'er till I embraced thee have I been a poet, but a shallow coxcomb and poetaster! With thee, Joan, what deeds could I not accomplish! What verse not write! Nay, e'en should you scorn me in your error and ne'er look on me more, I will love thee nonetheless, and draw power and purpose from my love. For so strong is't, that e'en unrequited it shall sustain and inspire me. [. . .] Love me, and I swear to thee this: I shall be Poet Laureate of England!

그의 이처럼 간절한 염원과 호소에도 불구하고, 어디까지나 창녀인 죠운은 화대를 받기 위해 그녀의 애인 겸 포주, 죤 멕커보이(John McEvoy)를 동원한다. 그는 포주의 화대 지불 요구를 단호히 거절한다. 그는 포주가 화대로 요구하는 금액을 선물할 수는 있다. 그러나 화대로는 지불할 수 없는 이유를 이렇게 강변한다: “어떤 남자도 자기가 사랑하는 여자를 매춘부로 놔두지 않는다. 나는 어떤 남자가 여자를 사랑했던 것보다도 훨씬 더 많이 죠운 토우스트를 사랑한다. [. . .] 그녀가 당신에게는 창녀이지만, 나에게는 실존의 이상이고 본질이기" 때문이다. 그는 순진과 고집불통의 자아에 완전히 유폐되어 있기 때문에 포주가 그의 사랑의 대상은 실재하는 여자가 아니고 환영이다는 지적에도 전혀 개의치 않는다. 게다가 그는 멕커보이의 이런 충고도 무시해버린다: "당신은 단순한 사랑이 아니라 이 거대한 현실세계를 조금도 알지 못하고 있다. 당신의 [허위]의식이 당신에게 매우 유해하다. 당신의 엉뚱한 공상이 당신을 속이고, 당신 머리를 하찮은 그림들로 가득 채우고 있다. 여보시오, 사물들은 당신이 보고 있는 대로 존재하지 않는다. 세상은 실타래고, 매사는 당신이 생각하는 것보다 훨씬 더 복잡하다. 당신은 실존에 대해 아무것도 알지 못한다"(61, 64, 62). 더욱이 그는 포주가 화대를 지불하지 않으면 아버지에게 그의 근황을 알리겠다는 협박에도 마이동풍이다.

이렇게 대응하다가 갑자기 그는 바로 *포우사이든*(*Poseidon*)*호*를 타고 메럴런드로 가서 몰던의 재산을 관리하라는 아버지의 편지를 읽고 매우 당황한다. 그는 아버지에게 반항하면 상속권을 박탈당하고, 런던에서 자립 생활도 할 수 없으니, 이제 어떻게 생존할 것인가의 두려움과 절망감에 사로잡힌다. 그는 절망감에 빠져 3일 동안 식사와 생리문제로 거동할 때 말고는 침대에 누워있으면서 자신의 무능과 무기력을 한탄할 뿐이다. 그는 이런 한탄의 와중에서 책상 옆 바닥에 떨어져 있는 종이 조각을 발견하고 집었더니, 거기에 계관시인, 신사 에버니저 쿡이라고 적혀 있다. 그는 이 종이 조각을 보고 바로 생기와 활력을 되찾고, 메럴런드 총독 찰즈 캘버트, 볼터모 남작 3세(Charles Calvert, the third Lord Baltimore)를 런던 자택으로 찾아간다. 여기 총독 캘버트는 당사자가 아니라 총독으로 "변장한 헨리 버린게임"[17]이다. 그는 변장한 헨리를 몰라보고 가짜 총독에게 "모든 서사시들을 능가하는 서사시," 더욱이 볼터모가를 찬송하고 식민지를 미화하는 서사시, "메럴런디애드(Marylandiad)"를 창작할 메럴런드 식민지(Province

17. Alan Holder, "'What Marvelous Plot . . . Was Afoot?': John Barth's *The Sot-Weed Factor*," in *Critical Essays on John Barth*. ed. Joseph J. Waldmeir. (Boston: Hall, 1980), 124.

of Maryland)의 계관시인으로 임명해 달라고 간청한다. 그는 역설하기를, “메럴런디애드”는 “볼터모 남작가문에 불후의 명성을 떨치게 할 것이고 . . . 식민지의 위상과 가치를 등귀시키는데 크게 기여할 것이며, 이에 따라 식민지 소유자와 통치자를 더욱 고귀하고, 더 큰 권한을 행사하게, 그리고 더욱더 부유하게 만들 것이다.” 총독으로 변장한 헨리는 순진하고 무지하여 식민지를 낙원으로 착각하고 있는 에버니저에게 음모, 간계, 권모술수, 중상모략, 그리고 살인으로 얼룩진 짧은 기간의 식민지 역사를 간략하게 설명하고, 그를 환상과 환영의 굴레에서 벗어나게 하려고 한다. 그러면서 그는 임명권이 없으면서도 에버니저를 “메럴런드 주민들의 친절함과 우아함, 그들의 훌륭한 예의범절과 주거환경, 그리고 메럴런드법의 위엄과 여관의 안락함을 구가하는 서사시를 창작할”(75, 76, 93) 계관시인으로 임명하고, 그에게 임명장을 수여한다. 에버니저는 그 임명장을 받고 득의만면한다. 그의 이런 득의만면은 헨리가 그를 극한상황에서 구원하려는 책략에서 파생되었는 데도, 그는 이 사실을 전혀 알지 못한다. 그의 무지는 그가 자아와 세상을 오로지 자신의 일방적, 독선적, 절대적 시각에서 보고 판단하려는 순진과 고집불통에서 비롯된 결과일 뿐만 아니라 실존의 위기를 자주 자초하는 원인이다.

이렇게 그가 고착적 자아를 고수하려는 의지와 집념은 실존에 반드시 있어야 하는 변신과 성숙의 불가피성 때문에 도전을 받을 수밖에 없다. 이런 도전은 그가 식민지 행 *포우사이든호*에 승선하기 위해, 런던을 출발하여 플리머스(Plymouth)항구로 가는 마차에서 피터 세이어 대령(Colonel Peter Sayer)으로 변장한 헨리와 마주치면서 시작된다. 그는 헨리가 7년 동안에 너무나 많이 변한 모습을 보고 놀라자, 과거 가정교사는 그에게 변신의 필요성과 중요성을 이렇게 강조한다: “에번, 세상은 인간을 완전히 변화시킬 수 있다. 그렇지 않아도, 인간은 스스로 변신할 수 있으며, 더욱이 자신을 철두철미하게 변신시킬 수 있다. [. . .] 아니, 사람은 무덤으로 가는 여정에서 싫든 좋든 변신하지 않으면 안된다. 사람은 바다로 흘러가는 강이다. 강은 매시간 달리 [보인다]. 메럴런드 계관시인에게는 내가 매그덜린

대학에서 데려왔을 [때 의] 소년기 모습이 얼마나 남아 있는가?" 게다가 과거 선생은 그에게 변신과 성숙을 도모하기 위해 배우려면, 어떤 대상도 호부에 좌우되지 말고 있는 그대로 수용해야 한다는 이런 진리를 설파한다: "배움을 열망하는 사람은 가장 사악한 행동에서도 교훈을 얻는다" (125, 141). 더욱이 헨리는 그에게 세상을 배우려고 아무리 안달해도, 그 갈망을 도저히 충족시킬 수 없으므로 자신의 배움에는 한계가 있다고 한탄스레 고백한다.

더구나 헨리는 메럴런드 식민지를 낙원으로 찬미하려는 이상주의적 계관시인에게 이렇게 경고한다: "식민지는 지옥도 연옥도 아니고, 영국과 같은 한 지역의 커다란 세계이다. [. . .] 분명한 사실은 주민들의 대부분이 유럽[사회]에서 버림받은 사람들이거나 그들의 후손들, 다시 말하면 반역자, 실패자, 전과자, 그리고 탐험가들이다. [거기서] 다수의 학자와 귀족들을 찾으려 함은 분별없는 일이니, 그런 토양에 [알맞는] 그런 씨앗을 뿌리려고 하라." 그러자 바로 헨리는 그의 이런 반박을 듣는다: 당신은 식민지를 사랑하면서, 나에게는 식민지의 부정적인 현실과 측면을 강조한다. 그렇지만 나도 식민지를 사랑하고 싶다. 헨리는 그의 반박에 대꾸하기를, "[식민지를] 사랑할 수도 있고, 또는 싫어할 수도 있다. 식민지에는 축복이면서 저주인 자유가 있다. 이 자유는 시대에 따라 변하는 정치적, 종교적 자유보다 훨씬 더 소중하다. 내가 언급하는 자유는 역사의 부재로부터 유래하는 철학적 자유이다. 철학적 자유는 모든 인간을 나와 같은 고아로 만들어서, 인간을 타락시킬 수도 또는 향상시킬 수도 있다"(165). 과거 가정교사는 그에게 세상은 각자의 의지와 의식에 따라 낙원, 아니면 지옥이 될 수 있다는 철학을 강조한다. 요컨대 헨리는 그가 고착적, 폐쇄적 자아에서 벗어나 식민지를 중용의 견지에서 객관적으로 파악, 수용하려고 최선을 다해야 한다는 자기주장을 역설한다.

헨리는 이런 자기주장을 몸소 실현하기 위해, 스스로 고아로서의 자유가 방종이 되지 않도록 하려고 자신의 정체성, 즉 선조가 누구인가를 밝히려고 7년 동안 식민지에서 최선을 다했다고 그에게 실토한다. 왜냐하면 헨리는 그에게 자유와 제약에는 적당한 균형, 다시 말하면 인간의 의지와 사고 그리고 행위에는 반드시 중용이 있어야 함을 각성시켜야 하기 때문이다. 그는 어느 여인으로부터 제임즈타운(Jamestown)에서 헨리 버린게임의 일기 일부를 읽었다는 말을 듣고, 바로 그 일기를 찾아 자기에게 필요한 부분을 *헨리 버린게임경의 개인 일기*(*The Privie Journall of Sir Henry Burlingame*)의 제목으로 기록해 두었다. 에버니저가 플리머스에 오는 도중에 읽은 *개인 일기*는 죤 바스가 소설을 창작하기 위해 날조한 역사기록[18]으로 헨리의 정체를 밝히는데 결정적인 역할을 한다. 그러나 헨리가 *개인 일기*에 관련된 개인정보와 역사기록을 아무리 발견하려고 해도 실패하자, 일기 나머지 부분을 찾으려는 시도를 포기한다. 헨리는 플리머스에 오자, 그에게 자기는 생존하기 위해, 여러 인물로 변장한 삶을 살았다고 언급하면서, 앞으로 자기 방어에 필수적이므로 출항할 때까지 자기를 어떤 이름으로도 부르지 말라는 말을 남기고 사라진다. 이렇게 사라진 헨리는 볼터모 남작의 집요한 정적이었던 죤 쿠드(John Coode)로 변장하여 두 악당에게 붙잡혀 위기에 처한 에버니저를 또 구원해준다.

헨리와 에버니저는 어느 배를 타고 식민지로 가느냐에 의견이 엇갈리자, 몰던에서 만나기로 약속하고 헤어진다. 에버니저는 *포우세이든호*에 승선할 때, 이름을 묻는 항해사에게 "나는 에버니저 쿡이고, 메럴런드 식민지의 계관시인이다"고 대답한다. 그가 이렇게 대답하자 사기꾼으로 오인되어 바다로 던져질 위기에 봉착한다. 그 순간에 그는 자신의 정직과 신분은 부정당하고, 무지, 사기, 협잡, 그리고 불법이 난무하는 거대한 현실세계를 실감하고, 거기서 생존하는 임시방편적 방법을 터득한다. 일단 그는 항해사에게 간절히 간청하기를, "나를 물에 빠뜨리지 마시오. 당신을 속이려고 했다고 고백합니다 . . . 그러나 그건 단순한 장난, 즉 만우절의 어리석은 거짓말에 불과하오. 나는 계관시인의 시종이오 . . . 나를 주인에게 데려다 주시오 . . ."(191, 192). 그가 선장실에서 만난 가짜 에버니저 쿡은

---

18. E. P. Walkiewicz, *John Barth*.(Boston: Twayne, 1986), 58.

어이없게도 그의 시종, 버트런드 버튼(Bertrand Burton)이다. 그가 극도로 분노하여 시종을 격렬하게 공격하려 하자, 시종은 그를 진정시킨 다음에 이렇게 된 사연을 설명한다: 시종은 인자한 주인과 억지로 갑자기 작별하게 되니까, 크게 상심하여 폭음하고 백주에 과거에 정을 통했던 유부녀와 간통하다가 그녀의 남편에게 들켜 도망쳤다. 생명을 부지하기 위해, 주인 짐을 운반해 놓았던 역사에 갔다가 주인이 체포당했다는 헛소문을 들었다. 플리머스로 가서 부두에 있는 주인 짐을 보고, 자기가 필사해 두었던 주인의 계관시인 임명장을 항해사에게 제시하고 승선하여 계관시인 행세를 하고 있다. 그런데 주인이 무사히 승선했지만, 주인을 제거하려는 죤 쿠드의 하수인들이 있을 수 있으니, 만일의 경우에 주인 대신에 자기가 공격대상이 되어 희생하려고 함으로 계속 시인 행세를 하고 싶다고 말한다. 따라서 에버니저는 본의 아니게 설득당해 주객이 전도된 채 하급 선상생활을 할 수밖에 없다. 그는 생존하기 위해 순진과 고집불통의 자아가 도저히 용납, 수용할 수 없는 현실과 삶을 감내한다. 더욱이 그는 자기가 맹신하는 실존의 본질인 순결을 조롱하는 선원들이 자신을 성폭행하려는 찰나에 해적선의 출현으로 위기를 모면한다.

그와 시종은 해적에게 납치되어 해적선에서 억류생활을 하고 있다. 그는 *포우사이든호* 선장이 한통속인 해적선에 다시 와서 선장에게 계관시인을 어떻게 처치하라는 명령을 아직 받지 못했고, 죤 스미스(John Smith)의 *체서픽만 상류항해의 비밀 역사*(*Secret Historie of the Voyage Up the Bay of Chesapeake*, 죤 바스가 창작한 사서)의 일부를 어렵게 구해 가져왔다고 하는 말을 엿듣는다. 해적선은 망망대해를 떠다니다가 일년에 한두 번 창녀들을 수송하는 *시프리언*(*Cyprian*)*호*를 발견하고 제압한다. 여자에 굶주렸던 해적들은 광적으로 창녀들을 강간하기 시작한다. 에버니저는 그들이 광란의 성폭행에 전념하고 있을 때, 선장실에 잠입하여 *비밀 역사*를 가지고 나와 선실에서 탐독한다. 그는 이 책에 등장하는 저자와 동행했다는 헨리 버린게임이 자신의 과거 가정교사와 어떤 관계가 있을까를 생각하고 전율한다. 그는 책을 선실에 비장하고, 갑판으로 올라와 아직도 겁탈

이 계속되고 있는 장면을 목격한다. 그도 욕정에 압도되어 자신의 순결관이 변질, 약화되고 있음을 이렇게 실감한다: "그의 순결의 가치가 자신이 어느날 *포우사이든호*에서 버트런드에게 설명했던 것처럼 도덕적 가치가 아니라는 생각이 그에게 아주 분명해졌다. 그러나 그가 순결의 근원으로 간주했던 신비적, 존재론적 가치는 예전보다 설득력이 덜한 것 같았다"(261). 따라서 그는 욕정을 억제할 수 없어, 자신의 사랑의 여신인 죠운 토우스트와 아주 닮은 뒷돛대에 매달려 있는 여자를 강간하려고 뒷돛대를 기어 올라간다.

그가 올라가자 돛대줄이 흔들렸다. 여자는 몸을 움직이고, 아래를 응시하더니, 신음하면서 얼굴을 가렸다. 시인은 치솟는 욕정으로 완전히 정신을 잃고, 그녀가 있는 방향으로 작은 소리를 냈다.

"아가씨, 나는 너를 가질 것이다! 나는 너를 가질 것이다!"

그러나 그가 겨우 반쯤 올라갔을 때, 파운드 선장이 아래 선실에서 나왔고, 무어인(일등 항해사)가 선원들 모두에게 본선으로 철수하라고 명령했다. [. . .] 에버니저는 올라가는 속도를 배가했다.

"나는 너를 가질 것이다."

그러나 보우어브딜(일등항해사)의 외치는 소리가 아래서 울렸다. "윗돛대에 있는 놈! 어서 내려와! 서둘러라!"

그 여자는 바로 손으로 잡을 수 있는 거리에 있었다. 그는 "너는 운이 좋은 계집이다"고 대담하게 말했다. [. . .]

에버니저는 흥분이 가라앉았는데도 "일 분만 더 있었어도 너를 쪼갰다"고 그녀에게 큰소리로 말했다. (263-64)

His ascent caused the shrouds to tremble; the girl stirred, peered downwards, and buried her face with a moan. The poet, positively dizzied with desire, made crooning noises in her direction.

"I shall have at thee, lass! I shall have at thee!"

When he had got but halfway up, however, Captain Pound stepped out from the cabin below, and the Moor ordered all hands back to the shallop. [. . .] Ebenezer doubled his rate of climb.

> "I shall have at thee!"
>
> But Boabdil's voice came up from below. "You in the mizzen-rig! Down with ye, now! Snap to't!"
>
> The girl was literally within reach. "Thou'rt a lucky wench!" he called up boldly. [. . .]
>
> Weak with excitement, Ebenezer called out to her again: "A minute more and I had spilt thee!"

그가 자기 실존의 본질인 순결을 스스로 포기하려다가 타의로 고수할 수 있었다. 그가 이렇게 타의로 순결의 고수자가 되었음은 하나의 큰 반어이다. 해적선은 다른 배와 상봉하더니, 선장이 시인과 시종을 갑판으로 불러 진짜 계관시인은 세인트 메어리즈 시티(St. Mary's City)에 있다고 말하면서, 두 사람에게 바다로 뛰어들라고 명령한다. 에버니저는 또 한 명의 사기꾼이 있음에 놀라면서, 그 시인이 헨리 버린게임일까하고 추측해본다.

해적선 선장은 시인과 그의 시종이 익사하도록 했지만, 그들은 용케 해안에 상륙한다. 그들은 자기들이 지금 어디 있는가를 알아보려고 해안을 따라가다가 모래 위에 손발이 밧줄로 묶인 채 생사의 기로에 있는 체격이 큰 흑인 남자, 드레익페커(Drakepecker)를 구해준다. 세 사람은 함께 다니다가 흑인이 사냥하러 간 사이에 시인과 그의 시종은 영국인에게 영토를 빼앗기고 무릎을 부상당해 해안가 동굴에 피신해 있는 애너코스틴(Anacostin)왕, 콰사펠라(Quasapelagh)의 두 아들의 포로가 되어 동굴 안으로 끌려갔다가 흑인에 의해 구원된다. 흑인은 왕의 무릎을 치료해준다. 이 결과로 시인과 그의 시종은 두 아들의 안내로 영국인 거주지로 갈 수 있게 된다. 시인은 백인들을 보자 이런 부탁을 한다: "내가 당신들이 말하는 언어를 들을 수 있도록 빨리 무엇이든 말하시오." 그는 그들의 영어를 듣고 "당신들은 영국인이다"고 미친듯이 환호한다. 더욱이 그는 자기가 지금 섬이 아니고 메럴런드의 강가에 있음을 인지한다. 그는 자기와 버트런드의 더러운 모습과 초라하고 남루한 옷차림을 보고 비웃는 낡은 옷을 입고 있는 영국인 연초경작자들에게 이렇게 호소한다: "비록 조잡하고 초라하게 보이지만, 나는 총독으로부터 메럴런드 식민지의 계관시인으로 임명받은 에버니저 쿡이오. 나와 내 시종은 해적들에게 납치, 감금당하는 고난을 감수했고, 가까스로 수장의 위기를 모면했소. [. . .] 지금부터 나를 위해서가 아니라 적어도 시를 위해서 [나에게] 더 많은 경의를 표하시오. [. . .] 나는 메럴런드 어디에 있는지 알지 못하오. 나는 촵탱크강 연안에 있는 농장, 몰던으로 바로 가야 하오. 나는 [나를 데려다줄] 배와 안내자가 필요하오"(293, 295). 그러나 그들은 그의 이런 호소에 아무런 반응도 보이지 않는다. 어느 뱃사공이 두 사람을 배에 태워 강을 건너주었지만, 그들을 더 궁지에 빠지게 한다. 결국 시인과 그의 시종은 식민지가 친절하고 품위 있고 고상하고 예의 바르고 부유한 사람들이 사는 낙원이 아님을 절감한다.

두 사람은 뱃사공이 자기들을 인적이 없는 숲속에 버렸음을 깨닫는다. 그러나 버트런드는 이런 역경 가운데서도 메럴런드에 있다는 사실만으로 그저 좋아하는 주인에게 자기가 *포우사이든호*에서 불가피하게 했던 도박에서 몰던을 잃어버렸음을 죄송스런 마음으로 상기시킨다. 순간 에버니저는 고개를 떨구면서, "정말 나는 네가 도박을 했다는 걸 잊고 있었다"고 힘없이 말한다. 갈 곳이 없는 그들은 정체를 알 수 없는 짐승들의 소리를 듣고 질겁하여 전력을 다해 강으로 도망간다. 그러나 그들은 빨리 나오라는 돼지 떼를 모는 여자의 목소리를 듣는다. 에버니저는 죠운 토우스트와 너무 닮은 데다가 자기를 계관시인이라고 소개하자 너무 놀라 숨이 막혀 외면하는 수전 와런(Susan Warren)에게 오늘밤을 지낼 숙소가 필요하다고 말한다. 두 사람은 그녀가 악마와 다름없는 미쳘 선장(Captain Mitchell)의 농락으로 아편 중독자로 전락하여 그 밑에서 매일밤 혹독한 매질을 당하는 비참한 노예적인 삶을 살고 있다는 슬픈 이야기를 들으면서, 그녀의 거처로 간다. 가는 도중에 그녀는 그들에게 자신의 탈출 계획을 설명하고, 탈출하는데 필요한 경비를 보조해 달라고 간청한다. 에버니저가 돈은 없고 유일한 소지품은 콰사펠라왕과 작별할 때, 왕이 앞으로 매우 긴요할 거라고 선물로준 물고기 뼈 반지라고 말한다. 그는 내키지 않지만 그녀가 요구하는 반지를 그녀에게 주자, 그녀는 그 대가로 자기와 관계를 갖자고 그에게 조른다. 그러나 그는 "여자와의 성관계는 나의 맹세에 반한다"고 말하면서, 자신의 순결 고수 의지를 강하게 피력한다. 그에게 순결은 실존의 원칙이라고 주장하는 버트런드에게, 그녀는 이렇게 반박한다: "만약 내가 그렇게 많은 채찍질 상처도 없고, 돼지 악취도 풍기지 않고, 죠운 토우스트처럼 젊고 풍만하다면, 그는 더욱 강한 정욕에 불탔을 걸요." 시인은 그녀의 말에 즉각 반응하여 외치기를 "지금 누구라고? 오 하나님 당신이 죠운 토우스트라고 말한 것 같은데!" 그녀는 죠운이 자기를 대신하여 주인의 새 여인이 되지만, 런던에서 창녀였다고 멸시한다. 그러자 시인은 그녀를 창녀로 비하하지 말라고 당부하면서 실토하기를, "나는 죠운 토우스트를 매우 존경하오. 그녀는 나의 신비하고 심오한 안식처요 . . ."(299, 310-11, 311). 그는 그녀에 대한 사랑의 강한 집념을 솔직하게 표출한다. 그날 밤 두 사람은 뱃사공, 낮에 만났던 경작자들, 그리고 이웃 농장주들과 함께 미철 선장의 손님으로 융숭한 대접을 받는다.

미철 선장의 뜻에 따라 수전이 안내한 침실에서 에버니저는 죠운은 어디 있느냐고 묻는다. 그는 그녀가 대답하지 않자, 이성을 잃고 그녀를 매춘부라고 모독하면서, 그녀에게 가벼운 폭력을 행사한다. 그러나 그녀는 그에게 죠운이 사랑을 위해서 시인을 찾아 메릴런드로 왔고, 어떤 경우에도 구원받을 가치가 있는 여자라고 말한다. 그래서 그녀는 죠운이 강을 건너게 하려고, 그로부터 받은 물고기 뼈 반지를 그녀에게 주었다고 실토한다. 그는 이 말을 듣고 왈칵 눈에 눈물이 솟은 채 그녀의 등을 껴안는다. 그는 타오르는 욕정에 압도되어 자신의 순결을 그녀에게 바치겠다고 이렇게 선언한다: "당신은 내가 사랑하는 여자를 구하기 위해 당신의 자존심을 희생했소. 그러면 좋소. 나도 당신의 자존심을 보상하기 위해 내 본질을 희생할 것이오"(319). 그러나 그가 자신과 죠운을 기만하면서 충족시키려는 욕정과 그녀에게 감사의 일념으로 자진해서 순결을 포기하려는 의지는 이번에도 실현되지 않는다. 수전이 자기가 절정에 이르면 지르는 요란한 괴성 때문에 여기서는 할 수 없으니, 30분 후에 돼지들이 있는 헛간으로 오라고 말하면서 잽싸게 나가버리기 때문이다. 그는 자신의 순결을 또 타의로 고수할 수 있다.

수전이 나가버리자, 그의 욕정은 가라앉는다. 그가 헛간으로 가면, 자신과 자기를 믿는 죠운을 기만하는 결과가 초래될 수도 있다는 두려움에 휩싸인다. 그는 극심한 갈등과 싸우다가 결국 헛간으로 간다. 그가 헛간의 어둠 속에서 밟은 고양이가 달아나면서 건드린 오리와 닭들이 울어대자, 헛간 안으로 질주해 온 사나운 사냥개 두 마리를 피해 나무 위로 올라간다. 그는 너무 겁이 나서 상당히 오랫동안 나무에 있다가 내려와, 수전이라고 믿고 사람을 힘껏 껴안는다. 그런데 그 사람은 수전이 아니라 선장의 아들, 티머시(Timothy)이다. 두 사람은 격투를 벌이다가, 티머시로 변장한 헨리 버린게임은 그가 계관시인이라고 말하자, 그를 즉시 놓아준다. 그가 호롱불의 가리개를 치우자, 시인은 자신의 가정교사였을 때의 헨리 모습을 간파한다. 시인은 일전에는 너무 많이 변했더니, 지금은 다시 예전 모습인 헨리에 너무 놀라 자기가 한번 아니면 두세 번 속은 거냐고 큰 소리로 외친다. 헨리는 그의 외침에 이렇게 반응한다: "너의 진정하고 일관된 버린게임은 세계의 명백한 질서가 그런 것처럼 네 환상 속에서만 존재한다. 사실 너는 헤러클라이티언 변화무쌍(Heraclitean flux)을 보고 있다. 우리 자신이 이동하고 변하고 약해지고 있는지, 아니면 네 렌즈가 색깔, 시야, 그리고 초점을 바꾸고 있는지, 아니면 두 가지 다인지. 결과는 똑같다. 문제는 네가 그것을 수용하느냐 또는 거부하느냐의 [선택이다]"(330). 요컨대 헨리는 다시 한번 그에게 실존에서 변화, 임기응변, 그리고 융통성의 필요성과 중요성을 강조한다.

헨리는 시인에게 자신의 그간 행적에 대해 말하기를, 자기는 플리머스에서 존 쿠드로 변장하여 선장을 속여 메럴런드까지 와서, 시인이 해적에게 납치당했다는 소식을 듣고 시인 행세도 했다. 자기는 쿠드의 가장 중요한 대리인들 가운데 한사람인 미첼 선장에게 쿠드를 사칭하여 보낸 편지에서 4년 전에 영국에 갔던 아들이 아버지를 돕기 위해 귀국할 거라고 알리고, 아들로 변장하여 아들 행세를 하고 있다. 더욱이 자기가 볼터모남작 저택에서 그의 허락을 받고, 그로 변장하여 너에게 계관시인 임명장을 주었다고 실토한다. 이제 시인의 이야기 차례가 되자, 그는 헨리에게 자기가 겪었던 사건들을 대충 요약하고, 해적선에서 훔친 *비밀 역사*의 일부를 보여준다. 그러나 *비밀 역사*는 바다 물에 너무 젖었기 때문에, 헨리는 그것을 읽을 수 없다. 그래서 시인은 자기가 읽었던 내용, 그 중에서도 죤 스미스가 헨리 버린게임경과 함께 체서픽만 상류로 항해했다는 부분을 소상하게 설명한다.

또 헨리는 볼터모남작의 반대세력의 음모로 극한상황에 빠진 계관시인을 구해준다. 시인이 다음날 아침 해가 중천에 떠 있을 때 깨어나니 방에는 신사가 되는데 필요한 도구와 복장을 헨리가 준비해 두었다. 게다가 런던 문방구에서 공책을 사려다가 실수로 빼앗은 회계장부도 있어, 그는 거기에 써 둔 시들을 새삼 감명 깊게 읽는다. 그는 아침 식탁에서 헨리가 부탁한 대로 바람난 아내를 둔 에드워드 쿸(Edward Cooke)으로 둔갑하여, 티머시와 함께 도망친 수전을 잡으러 가겠다고 자청하여, 미첼 선장의 승낙을 받는다. 그는 집을 나서자, 헨리가 몰던으로 가지 않고 *개인 일기*의 일부를 소장하고 있는 톰 스미스(Tom Smith) 신부가 거주하는 톨벋(Talbot)으로 간다는 말을 듣고 크게 실망한다. 그러나 헨리는 *개인 일기*를 서둘러 찾아야 하는 이유를 이렇게 설명한다: "왜 너는 순결과 시작을 그렇게 중요시하고, 나는 아버지 찾음과 쿠드와의 싸움을 그처럼 중시하는가? 인간은 자신의 영혼을 창조하고 이해하여 고수해야만 한다. 아니면 모퉁이에서 계속 쓸데없는 말을 해야 한다." 다시 말하면 인간은 양자택일의 결정적인 순간에 어느 쪽을 신속하게 선택해야 한다. 헨리는 스미스 신부를 협박하여 *비밀 역사*의 일부를 강제로 빼앗아 읽는다. 그는 그것을 읽고 나서, "나는 헨리경이 나의 선조임을 더욱 확신한다"(345, 373)는 심경을 토로한다.

이제 헨리는 윌리엄 스미스(William Smith)가 보관하고 있는 *비밀 역사*의 일부만 읽으면, 자기가 누구인가를 알 수 있다는 기대감과 희망에 벅차 있다. 두 사람은 케임브리쥐에 가서 윌리엄 스미스의 행방을 탐문한 뒤 바로 몰던으로 가려고 한다. 가는 도중에 헨리는 시인에게 "순진은 무지이다”(387)고 강조하면서, 음모와 술수를 꾸미는 사람들과 세상을 단순하게 피상적으로 보고 판단하지 말라고 경고한다. 에버니저는 저녁식사 후 야외에서 개정하는 케임브리쥐 법원의 재판을 구경하려고 자리 잡은 원형극장 꼭대기에서 수전 와런이 동행한 남자에게 부리는 애교를 보고 크게 놀라면서 강한 질투심을 느낀다. 게다가 그는 원고가 윌리엄 스미스라고 하자 더욱 놀랐으며, 원고가 합당한 노역 대금을 받지 못했다는 진술을 듣고 불쌍한 사람이라고 동정한다. 그가 더욱 경악하기를, 피고 벤 스퍼던스(Ben Spurdance)의 증인으로 나온 수전이 아버지를 파렴치한 인간으로 매도하면서, 자기는 아버지를 피해 미첼 선장의 보호를 받고 있지만, 아버지는 스미스에게 빚진 게 없다고 증언한다. 그러자 판사는 배심원들을 퇴장시키고, 자신이 직접 원고가 거짓말과 게으름의 죄가 있다고 선고한다. 시인은 이 선고에 불만을 품고 파랗게 질린 헨리의 제지에도 불구하고, 이렇게 항의한다.

> 재판장님, 저는 에버니저 쿡이고, 챨즈 볼터모경이 임명한 이 식민지의 계관시인입니다. 저는 방금 전 판결에 격렬하게 반대합니다. 이 판결은 정의를 조롱할 뿐만 아니라 메릴런드 법의 공정한 집행에도 오점이 될 것이기 때문입니다! [. . .]
>
> 이제 당신은 이 불공정한 사건을 하늘의 자비로 구제를 받고자 외치는 저 불쌍한 원고에게 정의를 돌려주고, 피고와 저 불성실한 매춘부 같은 증인이 근거 없이 상대방을 비방한 죄로 고통을 받도록 하시겠습니까? 아니면 당신은 스스로 계관시인의 분노와 함께 성난 대중의 분노를 감수하시겠습니까? (395-96)

> I am Ebenezer Cooke, Your Honor, Poet and Laureate of this entire province by grace of Charles, Lord Baltimore, and I strenuously object to the verdict just proposed, as being a travesty of Justice and a smirch on the fair escutcheon of Maryland law! [. . .]
>
> Now will you render Justice to yon poor wretch the plaintiff, whose inequitable case cries out to Heav'n for remedy, and cause the defendant and the perfidious slattern of a witness to suffer for their calumnies? Or will you

> bring upon yourself the Laureate's wrath, and with it the wrath of an outraged populace?

시인은 자기가 이 사건의 판결과 선고를 내리는 대가로 연초 135 kg을 내놓겠으며, 정의만을 원하기 때문에 원고와 피고에게 어떤 처벌도 바라지 않는다고 선언한다. 그는 이 선언으로 자기를 환호 속에 맞이하는 주점에서 스미스가 준비한 서류에 서명함으로써 몰던농장이 간악한 스미스에게 양도된다는 사실도 모른 채 서명한다. 더욱이 그는 스퍼던스 같은 선량한 사람을 못살게 하고, 스미스 같은 악마를 살찌게 한다는 자기 과오와 실수도 인지하지 못한 채 서명한다.

에버니저는 술을 급하게 마셔 기절했다가 정신을 차리자, 경거망동으로 재산을 날린 자신에 대한 혐오감과 조소의 대상이 되었다는 수치심 때문에 죽고 싶은 심정에 사로잡힌다. 그는 헨리에게 미안한 마음으로 이렇게 울먹이며 말한다: “아 어머나 헨리, 내가 무슨 일을 [이처럼 무모하게] 저질렀지요? 당신의 경고에도 불구하고!” 헨리는 그를 위로도 비난도 하면서 자기가 어떤 대책을 세워볼 것이라고 호언한다. 다른 손님들도 시인을 조롱하기보다는 환호하면서, 그에게 술을 사겠다고 서로 나선다. 그는 다음날 아침 만취에서 깨어나서, 자기가 외투, 모자, 그리고 바지를 도적맞았고, 긴 양말과 속바지만 입은 채 혼자 옥수수 창고에서 잤기 때문에 지금 추위에 떨고 있는 처량한 자신을 발견한다. 그가 도움을 요청하는 큰 소리를 듣고, 마침 그곳을 지나가던 창녀, 메어리 멍거모리(Mary Mungummory)가 그에게 숫사슴 가죽바지와 상의 그리고 인디언 가죽신을 가져다준다. 그녀는 그의 큰 키에 너무 작은 인디언 옷과 긴 양말이 대조되어 너무나 기이한 그의 모습을 보고 발작적인 웃음을 터뜨리지 않을 수 없다. 그러나 시인은 최대한 위엄을 가장하고, 그녀의 한때 연인이었던 찰리 매터신(Charley Mattassin)에 대한 이야기를 경청한다. 매터신은 타약 쉬카멕(Tayac Chicamec) 아하취훕스(Ahatchhoops) 인디언 왕의 아들로 콰사펠라왕에게 사절로 가다가 돌풍으로 배가 난파하여 목적지에 가지 못하고, 자기가 가장 증오하는 영국인의 거주 지역에 떠밀려 왔음을 알고, 백인을 살해하고 말을 빼앗으려고 했다. 그는 마침 그때 그곳을 지나가는 나를 붙잡고 살해하려다가 먼저 강간하기로 마음을 바꿨다. 그는 20,000번이나 남자를 상대했던 나를 완전히 새로운 무아의 경지로 빠져들게 만든 비범한 남자였고, 나도 그에게 되갚음을 했다. 그래서 그는 자기 임무도 잊고, 나의 연인이 되었다. 그는 여자가 만날 수 있는 가장 탁월한 연인이었으므로, 나는 매춘 직업을 포기하고 그와 성을 마음껏 즐겼다. 게다가 그는 재능이 비상하여, 한달도 안되어 영어를 배우고 도처에 있는 책들을 다 가져오게 하여, 내가 큰 소리로 자기에게 읽도록 만들었다. 그러나 불행하게도 그는 나의 동생과의 치정관계로 동생을 살해했고, 나의 고발로 단두대에서 생을 마감했다. 나는 지금도 그를 잊지 못하고, 꿈에서 만나고 있다. 시인은 그녀의 이야기를 듣고, 인디언인 찰리 매터신과 영국인 헨리가 이처럼 닮은 데가 너무 많아 놀란다: "당신의 찰리와 내 친구는 각자 자신의 방식 대로 우리가 알고 있는 세계에 뿌리 없이 왔다. 두 사람 다 세상을 파악하는 비상한 재주를 가지고 있고, 심지어 세상에 대한 갈망도 강하며, 더욱이 세상 사람들을 인형처럼 조종한다"(399, 422). 그는 두 사람 사이에 어떤 관계가 있을 것 같다는 강한 느낌을 갖는다.

에버니저는 창녀와 헤어져 주점으로 가서, "이제부터는 경계를 소홀히 하지 말게"로 끝나는 헨리의 모욕적인 시를 읽고, 자살 충동을 억제하기가 어렵다. 게다가 그는 윌리엄 스미스의 변호사, 리쳐드 소우터(Richard Sowter)로부터 사악한 세상에서 자기 파멸은 "이전에 수많은 고귀한 인간을 파멸시켰던 순수한 자부심과 순진" 때문이라는 위로를 받지만, 살고 싶은 용기는 솟아나지 않는다. 따라서 그는 용무상 몰던으로 가는 소우터의 개인용 배에 동승하면서, 자기 유산이었던 농장을 한번 보고 생을 마감하려고 작정한다. 그러나 그가 막상 쿡 포인트에 접근해서 몰던 저택의 웅장한 외관을 보고, 앤어가 제일 먼저 떠오르자 이렇게 탄식한다: "나는 [내 실수로] 우리의 옛 집을 잃어버렸다! 하나님은 그런 순진을 저주한다!" 그는 탄식과 함께 순진이 무지이고 저주임을 깨닫고, 족쇄를 차고 동승한 중년 남자의 암시 대로 스스로 스미스의 하인이 되면 자신을 구원하고 재산을 회수할 수 있을 거라는 희망에 부푼다. 그가 소우터와 함께 현관으로 가자, 스미스와 변호사가 자기에게 스미스의 딸이라고 소개하는 수전 와런이 그들을 맞이한다. 그가 현기증으로 쓰러지려 하자, 스미스는 수전에게 그를 안으로 데려가라고 명령한다. 그는 그녀의 부축을 받아가면서도 그녀에게 죠운 토우스트는 어디 있느냐고 묻는다. 그는 죠운이 여기 오지 않았다는 그녀의 말을 듣고 역정을 내자, 그녀는 이런 말을 남기고 방을 나가버린다: "아마 당신은 언젠가는 이해하게 될 거요. 나는 당신이 이미 [매우 큰] 상처를 입었던 것보다 더욱 큰 상처를 당신에게 주고 싶지 않아요"(425, 435, 438, 440). 자기가 죠운 토우스트인 그녀는 추악한 용모로 그에게 이루 말할 수 없는 경악과 충격 그리고 환멸을 주려고 하지 않는다.

에버니저는 스미스에게 자기는 이제 빈털터리가 되었으니, 그의 원래 몫 20에이커에다 10에이커를 더해 30에이커만 갖고, 몰던을 자기에게 돌려달라고 간청한다. 그는 스미스가 간청을 거절하자, 자기를 하인으로 고용해 달라고 그에게 하소연한다. 그러자 스미스는 시인의 하소연을 이렇게 단도직입적으로 묵살해버린다: "당신이 어떤 고결한 목적 때문이 아니고, 다만 이곳 풍토에 적응하는 동안 간호를 받은 다음 나를 파멸시킬 방법과 수단을 모색하기 위해 내 하인이 되려는 의도를 나도 잘 알고 있소." 그렇지만 시인은 스미스의 이런 제안 — 수전과 오늘밤 결혼한다고 계약하면 반 년간 몰던에서 무료 숙식과 간병을 받을 수 있다 —을 수용한다. 스미스는 그에게 이미 작성해 놓은 두 장의 계약서에 서명을 요구하자, 시인은 정신착란 상태에서 첫 계약서에 서명하고, 여기에 어떤 함정이 있지 않을까하는 의구심에서 두번째 계약서에 반쯤 서명하고 망설일 때, 수전이 서명하지 말라고 외치면서 달려온다. 그녀가 오기 전에 스미스가 계약서를 잡아채면서, 이미 4분의 3 서명이 끝났으니 티머시가 위조 서명을 하는 건 일도 아니라고 소우터와 헨리 앞에서 호언한다. 그리고 스미스는 수전에게 소우터 목사(변호사, 목사, 의사의 역할을 하는 사람)가 너희들을 결혼시킬 거라고 선언한다. 다른 사람들이 모두 나가자, 헨리는 시인에게 빨리 이렇게 말한다: "스미스는 평범한 통 수선공이 아니고, 쿠드의 심복인 미철 선장의 공작원이다. 메릴런드 식민지를 매독과 아편으로 파멸시키고, 더 나아가 이 식민지를 전복시키려는 놀랄만한 사악한 음모가 진행 중이다. [. . .] 우리는 수전의 증언을 이용하여 그 사악한 인간을 결정적으로 파멸시킬 수 있었는데, 네 판결이 우리의 계획을 좌절시켰다. [. . .] 네 건강이 회복되면, 우리는 윌리엄 스미스를 파멸시킬 방법을 찾을 수 있다. [. . .] 우리는 올해가 다 가기 전에 네가 이 집 주인이 되는 것을 볼 거라고 나는 단언한다"(448, 450, 451, 452). 곧바로 두 사람의 결혼식이 거행된다.

시인은 결혼하고 3주 동안 혼수상태에 빠졌다가 의식을 회복한다. 그는 헨리가 보낸 회계장부(그의 시작 공책)를 소우터를 통해 받아, 자신의 과거 작품들을 창작 반대 순서로 읽는다. 그가 마지막으로 읽은 시는 볼터모남작을 만난 직후에 창작한 메릴런드 식민지를 찬미한 "메릴런디애드"이다. 그러나 그는 앞으로 찬미의 시 대신 "마치 매춘부가 공개 석상에서 채찍질을 당하는 것처럼 식민지를 익살스럽고 풍자적으로 매도하고, 식민지의 모든 사악함을 열거하며, 신뢰하고 경계하지 않는 순진한 사람들에게 식민지가 놓은 모든 덫을 폭로하는" 시를 창작할 것이다. 그는 이 시에서 식민지에 사업하러 온 무역상이 순진하게 사람들을 믿었다가 재산을 전부 날리는 시련들을 알맞게 구상, 표현하려고 한다. 그는 시를 탈고하고, 머리말을 이렇게 쓴다: "*연초 무역상*. 혹은 메릴런드로의 항해. 풍자시. 이 시에는 식민지의 법률, 정부, 법정, 그리고 정체가 기술된다. 또한 건물들, 축제들, 사교모임들, 그리고 미국 항구 거주자들의 오락과 술자리 농담들이 묘사된다"(458, 462). 요컨대 "*연초 무역상*"은 "지독한 인간 불신과 혐오로 가득 찬 익살스런 풍자시,"[19] 다시 말하면 메릴런드 식민지에서 야기되고 있는 사기, 음모, 배신, 그리고 범죄와 잔혹행위에 대한 맹렬한 비난이다.[20] 그는 말미에 메릴런드 식민지의 계관시인, 신사 에버니저 쿡이라고

---

19. Joseph, 27.

20. Richard W. Noland, "John Barth and the Novel of Comic Nihilism," in

자신의 칭호를 첨부했지만, 시의 출판과 함께 칭호도 박탈당할 것임을 잘 알고 있다.

그가 "*연초 무역상*" 탈고를 수전, 스미스, 소우터, 그리고 두 창녀와 함께 자축하고 있을 때, 런던에서 신분이 있는 신사가 도착했다는 말을 듣고 직감적으로 앤드루 쿡일 거라고 믿고, 재산을 전부 날린 자식으로 아버지를 대면할 수 없다는 강박관념 때문에 자살하겠다고 자기 방으로 달려간다. 그러나 그는 자기를 뒤따라 온 아직까지 합방하지 않은 아내가 던지는 "자살할 건가요"라는 질문에 "당신은 오늘밤 과부가 될 것 같지는 않다"고 대답한다. 아내는 남편에게 자살하려 하지 말고, 이곳을 떠나 런던으로 도망쳐 거기서 새로운 삶을 시작하자고 간청한다. 그러나 그는 아내의 간청을 들어줄 수 없는 두 가지 이유로, 하나의 이유는 "사람들은 살고 있는 동안 기억과 양심의 노예"이기 때문에, 내가 런던에 가더라도 아버지와 앤어의 생각으로 마음의 고통에 시달릴 것이다. 또 하나의 이유는 나는 9개월 전에 죠운 토우스트에게 사랑을 맹세하고, 순결을 바치려고 했다. 나는 그녀가 자기 애인을 버리고, 나를 찾아 이곳으로 왔다는 말을 듣고 깊은 감동을 받았다. 그런데 나는 스스로 그렇게 사랑했던 그녀가 지금 여기서 어떻게 지내고 있는지도 모르고 당신과 런던으로 도망갈 수는 없다. 그러자 아내는 남편에게 죠운은 식민지로 올 배 운임이 없어 *시프리언호*를 타고 오다가 무어인의 강간을 피하려고 뒷돛대로 도망갔지만, 결국 강간당해 매독에 걸리고 임신까지 해서, 별수없이 자신을 미쳘 선장에게 팔고, 고통에서 잠시나마 벗어나기 위해 아편에 중독되어 꼴불견이 되자 자살하고, 흉측한 수전 와런으로 당신 앞에 서 있다고 말한다. 게다가 아내는 남편에게 자신의 과거 애인이었던 멕커보이에게 이렇게 말했다고 부언한다: "나는 그에게 말하기를, 당신은 여전히 동정남이지만 우리는 부부이고, 나의 쓰라린 고통에도 불구하고 당신을 사랑한다. [. . .] 마지막으로 나는 그를 여전히 사랑하지만, 내 남편을 사랑하는 만큼은 아니라고 말했

Critical Essays on John Barth, 24.

다"(466, 467, 473). 시인은 아내의 말을 듣고 너무 슬프고 양심의 가책을 느끼고 감격하여, 아내에게 내가 사랑의 징표로 무슨 말을 해야 하고 무엇을 해야 할까하고 반문한다. 그러자 아내가 그에게 물고기 뼈 반지를 돌려주면서, 그의 손가락에 있는 어머니의 유품이고 앤어의 선물인 은반지를 달라고 한다. 그녀는 남편으로부터 받은 은반지를 끼고, 그에게 죠운의 남편이라고 맹세하라고 요구하면서 몸을 팔러 간다. 아내가 가자, 에버니저는 그녀로부터 받은 6파운드를 손에 꼭 쥔 채 말을 타고 케임브리쥐 부두를 향해 12월의 차가운 광야 속을 돌진한다.

그의 돌진은 그가 남편과 연인으로서 반드시 사랑해야 할 아내와 애인에 대한 배신행위이다. 사랑은 내가 사랑하는 "당신에 대한 나의 책임"[21]임에도 불구하고, 그는 아내와 애인을 책임지려 하지 않고, 고의로 방기한다. 그의 이런 무책임의 근원은 순진에 있다. 왜냐하면 "순진은 책임을 회피하는 맹목적, [무조건적]인 이기주의"[22]이기 때문이다. 그가 죠운이 자기를 추격해 올지도 모른다는 두려움에서 벗어나자, 부두에서 자신의 순진한 판결과 선고 때문에 그 재판의 피고이고 아버지 농장의 감독관이었던 벤 스퍼던스의 신랄한 비난과 위협적인 공격을 받아 위기에 봉착한다. 이때 어떤 신사가 칼로 스퍼던스를 위협하여, 그를 위기에서 구원한다. 이 신사는 이번에는 니컬러스 로우(Nicholos Lowe)로 변장한 헨리 버린게임이다. 그가 신사를 헨리라고 부르자, 신사는 계속 자기가 니컬러스라고 우기면서 런던행 *필그림(Pilgrim)*호의 소형 보우트 쪽으로 걸어간다. 헨리는 그에게 빨리 승선해서, 앤어를 만나기 위해 세인트 메어리즈 시티로 가야 한다고 말한다. 게다가 헨리는 앤어가 여기에 온 목적은 자기를 만나기 위해서가 아니라 남동생과의 "긴밀한 유대에 대한 근본적이고 강렬한 충동" 때문이라고 주장한다. 더욱이 헨리가 그에게 역설하기를, "나는 네가 추측했던 것처럼 세계의 어느 부분을 사랑하지 않고, 극단과 모순들이 뒤섞인 얼룩덜룩한 세계의 전부를 사랑한다. 지금 나는 쿠드와 볼터모가 무엇을 대표

21. Martin Buber, *I and Thou*(New York: Scribner Library, 1958), 15.

22. Tharpe, 44.

하고 표방한다 할지라도, 두 사람에게 똑같이 매료된다. [. . .] [왜냐하면] 나는 전체의 구애자, 모순의 포용자, 모든 창조의 후원자, 우주의 연인이기 [때문이다]"(489, 490, 497). 이런 역설의 저의는 에버니저의 의식을 편협과 폐쇄 그리고 자기중심으로부터 아량과 개방 그리고 타인 인정과 존중으로 확장하려는 데, 특히 정반대 또는 첨예하게 대립되는 둘이 하나로 융합되어야 하는 절대적 필요성과 중요성을 암시하려는 데 있다. 이 역설을 경청한 후에, 에버니저는 헨리에게 "*연초 무역상*" 원고를 보여준다. 헨리는 이 시를 몇번이고 정독하더니 *필그림호* 편으로 런던에 보내자고 우긴다. 시인은 세인트 메어리즈 시티에서 하선에 쫓겨 그의 우김에 따를 수밖에 없다.

두 사람은 메럴런드 정부가 앤 애런들 타운((Anne Arundel Town, 지금의 어내펄리스(Annapolis))으로 천도하여 유령도시로 전락한 세인트 메어리즈 시티에서 앤어를 찾기 위해 서로 헤어진다. 에버니저는 주점에서 우연히 만난 버트런드로부터 앤어가 자기를 간병하기 위해, 몰던으로 갔다는 말을 듣는다. 그는 앤어가 거기서 악마의 수중에 떨어져 아편과 매춘으로 파멸하지 않을까 너무 두려워, 버트런드에게 빨리 몰던으로 갈 배를 구할 수 있는지 알아보라고 명령한다. 그들은 다행히 강가에서 해가 질 무렵이고 기상이 나쁜 데도, 자기들을 몰던까지 태워다주겠다는 작은 낚싯배 선장을 만난다. 그들은 항해 중에 폭풍으로 배가 떠밀려간 해안에서 인디언과 흑인들에게 붙잡힌다. 에버니저는 끌려간 감옥에서 이미 갇혀 있었던 멕커보이와 해후하여, 두 사람은 죽음 앞에서 서로 품었던 원망과 원한을 고백하고 용서한다. 에버니저는 자신의 손목과 발목이 말뚝에 묶인 채 죽음을 기다리면서, 영국인들의 무자비한 착취와 잔인한 살육에 격렬하게 반항하는 인디언과 흑인들의 적개심이 백인 네 사람을 처형장으로 끌고 왔다고 추론한다. 그는 영국인인 자기가 처형당함은 당연하다고 수긍한다. 그들은 세 왕의 재판으로 처형되는데, 먼저 판결을 받으러 오두막으로 끌려간 멕커보이는 배 화물칸에 함께 사슬에 묶여 있다가, 격렬한 반항 때문에 손발이 묶인 채 바다로 던져진 흑인 왕 딕 파커(Dick Parker, 드레익페커와 동일인물)에 의해 구원된다. 에버니저와 버트런드는 건강을 회복한 콰사펠라왕과 흑인왕으로 변신한 드레익페커에 의해 극적으로 형 집행이 유예된다. 콰사펠라왕은 에버니저에게 이렇게 근엄하게 선언한다: "나는 당신을 석방시키고, 당신의 용서를 빈다. 나는 나의 생명을 구해준 사람에게 어떤 위해도 가하지 않는다"(547). 에버니저는 자기 때문에 이런 극한 상황에 빠진 선장도 구해야 한다고 우기지만, 멕커보이와 버트런드는 그를 위해 자신들의 안전을 희생할 수 없다고 강하게 반발한다. 이렇게 반발하지만, 두 사람의 생명은 48년 동안 영국인들과 치열하게 싸웠던 타약 쉬카맥왕의 결정에 달려 있다.

선장은 여전히 말뚝에 묶여 있고, 다음날 아침에 세 사람이 쉬카맥왕 거처로 갔더니, 드레익페커가 영어로 자기와 콰사펠라도 세력과 영향력이 매우 강한 왕이지만 우리 권위는 쉬카맥왕의 영토, 블러드스워스(Bloodsworth)섬에서는 발휘될 수 없으므로 세 사람은 처형되고 에버니저만 석방된다고 선언한다. 이 선언에 반발하여 에버니저는 고함치기를 "우리 네 명이 풀려나거나, 우리 네 명이 죽거나 양자택일이오! [. . .] 나는 세 사람을 버리고 나 혼자만 살아남을 수는 없소." 시인은 헨리 버린게임이라면 쉬카맥왕 앞에서 이처럼 무능한 두 왕을 설득시킬 수 있을 거라고 이렇게 푸념한다: "당신들이 내 친구 헨리 버린게임을 만나지 못한 것이 참으로 유감이오"(554). 의외로 쉬카맥왕은 헨리 버린게임 이름을 듣고 태도가 돌변하여, 그에 대해 더 자세하게 묻는다. 에버니저는 그가 부모를 찾아 헤매는 고아이고, 자기 과거 가정교사였으며, 나이는 40세 정도이고, 그의 출생년월과 장소 그리고 부모에 대해서는 전혀 모른다고 언급한다. 왕은 이 언급을 듣고 엄청난 충격을 받았지만, 사슴 가죽 위에 까맣게 탄 나뭇가지로 기호 III을 그린다. 에버니저는 그가 바로 헨리 버린게임 3세라고 대답한다. 그러자 왕은 2명의 호위병에게 상자 하나를 가져오라고 하더니, 에버니저에게 상자 뚜껑을 열라고 명령한다. 그는 그 안에서 *비밀 역사*의 일부를 발견하고 크게 놀란다. 그는 그 일부를 읽고 죤 스미스 선장 일행은 떠나고 헨리 버린게임이 인디언 왕이 된 사유를 개득한다. 게다가 그는 쉬카맥왕으로부터 더욱 경악스러운 이야기를 듣는다. 왕은 말하기를, 헨리 버린게임 1세는 자기를 헨리 버린게임 2세로 작명했지만, 인디언 이름 쉬카맥으로 불렀다. 그는 영면하면서 왕에게 영국인을 보면 무조건 살해해야 하며, 만에 하나라도 하얀 피부의 자식을 가지면 그 자식도 죽여야 한다는 유언을 남겼다. 왕은 혼혈여인과 결혼하여 다른 부족 왕들이 부러워하는 매우 총명하고 용감한 인디언 피부를 가진 큰 아들 매터신과 둘째 아들 코우헌코우프리츠(Cohunkowprets)를 가졌다. 그러나 두 아들은 영국 이름을 선호하고 영국여자와 결혼하여 나이 많은 왕을 배신했다. 왕은 셋째 아들이 하얀 피부를 갖고 태어났기 때문에, 손수 아들을 살해할 수 없어 가슴에 황토색으로 헨리 버린게임 III을 쓰고 나룻배에 태워 체서픽만으로 떠내려보냈다. 왕은 에버니저에게 근처에 있는 모든 백인들을 섬멸하려고 하니 네 가정교사와 그의 아이들이 거기 있으면 빨리 도망가라는 말을 전해달라고 부탁한다.

에버니저는 자기 석방이 조건부임을 간파하고, 왕에게 한달 안에 헨리 버린게임 3세나 코우헌코우프리츠를 데려오겠으니 두 사람을 인질로 살려주고 자기는 멕커보이와 함께 떠나게 해달라고 요구하여 허락을 받는다. 그와 멕커보이는 도싵(Dorset)의 오래 방치된 부두에서 하선하였으나, 무일푼이므로 무작정 케임브리쥐를 향해 걸어가야 한다. 이런 불안과 역경 가운데서 그들은 천우신조로 마침 그곳을 지나가는 도싵의 순회창녀, 메어리 멍거모리를 만나, 그녀의 마차에 편승한다. 그녀는 일박할 하비 러섹스(Harvey Russecks)의 오두막으로 가는 도중에 그에게 몰던 소식 — 이루 말할 수 없는 마음의 깊은 상처에다 매독과 아편으로 거의 사경에 이른 죠운 토우스트, 매우 냉혹하고 비열한 앤드루 쿡의 체류, 그리고 음모를 꾸미기 위해 서로 이용하고 이용당한 티머시 미쳘의 갑작스런 잠적으로 인해 야기된 당혹감과 대혼란 —을 알려준다. 그는 소식을 듣고 부끄러워하면서도, 자신과 두 명의 인질 뿐만 아니라 식민지의 모든 백인들의 생명을 보호하기 위해, 빨리 코우헌코우프리츠를 만나, 자신의 인간적인 호소를 경청하도록 그를 설득시켜야 한다고 역설한다. 다행히 그는 코우헌코우프리츠가 영국인으로 귀화하려고 자기 이름을 빌리 럼블리(Billy Rumbly)로 개명하고, 2주 전에 쳐취 크릭(Church Creek)에 온 메그 브롬리(Meg Bromly, 에버니저의 이웃에 살았던 앤어의 친구)와 결혼하려고 동거하고 있다는 사실을 메어리와 하비로부터 듣는다. 그가 그들의 코우헌코우프리츠의 처신과 행동에 대한 진술에 의거하여 판단하면, 왕자는 헨리 버린게임을 너무 닮은 데다 상상불허의 초인적인 체력, 능력, 그리고 재능을 소유하고 있으며, 탐구심과 개혁성향이 매우 강하고, 확고한 자기 철학으로 상대방을 제압하면서도 깊이 배려하고 존중하는 개방적, 신사적, 사교적, 도의적인 인간이다.

에버니저가 주점에서 메어리와 맥주를 마시고 있을 때, 럼블리가 그들 가까이 오자 그녀는 극도로 흥분하여 그를 무덤에서 나온 챨리 매터신이라고 크게 외쳐 모든 손님들을 놀라게 한다. 럼블리는 그녀의 외침을 듣고 오더니, 양해를 구하고 그들 옆에 앉는다. 에버니저는 이렇게 우연히 만난 왕자에게 쉬카맥왕의 전언을 전하기 위해 여기 왔다고 말한다. 그는 왕자가 시큰둥한 반응을 보이자, "이 식민지의 모든 남자, 여자, 그리고 어린이의 생명이 당신 손 안에 있다"(644)고 그를 설득해 본다. 그러나 그는 왕자의 무반응에 대응하여, 당신 동생 헨리와의 내 우정이 전쟁 방지에 큰 도움이 되기를 희망한다고 중얼거린다. 왕자가 동생 이용이 아버지의 전략이냐고 반문하자, 그는 그것은 나의 전략이고, 자기가 콰사펠라왕과 드레익페커의 생명을 구했으며, 당신 부인도 나와 가장 깊은 관계가 있는 여인이라고 믿을 만한 이유가 있다고 남자로서 솔직히 말한다고 역공한다. 그러자 왕자는 자기가 그를 불신했다고 용서를 구하고, 아내 때문에 걱정과 고민이 매우 크다고 실토하면서, 그를 손님으로 자기 집에 초대한다. 그는 왕자를 만나야 한다는 불안감에서 벗어나 헨리를 만난 기분으로 그의 솔직한 태도에 매료된다. 그는 왕자에게 영국에서 헨리의 과거 삶과 볼터모남작의 요원으로 메럴런드 식민지정책에서 수행하고 있는 임무를 요약하고, *개인 일기*와 *비밀 역사*를 읽고 톰 스미스 신부로부터 들은 이야기에 의하면 왕자 할아버지와 인디언 여자와의 관계에서 쉬카맥왕이 탄생했고,

왕이 죠우저프 피츠모리스(Joseph FitzMaurice)신부와 인디언 여자와의 관계에서 태어난 여자와 결혼하여 인디언 핏줄의 두 왕자와 영국 핏줄의 헨리를 가지게 되었다고 설명한다. 왕자는 자신과 동생의 출생 수수께끼가 풀린 것에 대단히 만족하면서, 은반지를 끼고 있는 아내가 자기 의사에 반해 야만인으로 실존하려고 함으로 걱정과 마음 고생이 심하다고 하소연한다. 에버니저는 지금까지 메그 브롬리가 죠운 토우스트일 거라고 추론하다가, 이제는 틀림없는 자기 아내라고 믿고, 어떻게 상면할까 두려움에 휩싸인다. 이런 와중에서도, 그는 왕자의 이런 제안과 약속 — 우리 두 사람은 여자의 선택에 따른다 —에 기꺼이 동의한다.

에버니저는 야만인으로 변신한 여자의 더러운 모습에 현기증을 느끼면서도, 달려가 그녀의 발 밑에 몸을 던지면서 "죠운 토우스트! 아 하나님, 나는 당신을 얼마나 괴롭히고 모욕했는지"(651)하고 울부짖는다. 그러나 그가 희미한 불빛에서 본 여자는 죠운 토우스트도 메그 브롬리도 아닌 자기 누나 앤어이다. 왕자는 자기 아내가 그의 쌍둥이 누나임을 알고, 지금까지 말문을 닫았던 아내의 입을 열게 해주어서 고맙다는 인사를 그에게 하고 자리를 피한다. 그러면서 왕자는 그에게 내일 아침 우리가 모든 사람들의 생명을 보호하기 위해 어떤 일을 할 수 있을까를 생각해봅시다는 여운을 남긴다. 둘이만 있자, 그는 누나에게 당부하기를, 죠운을 나쁘게 생각하지 마라. 그녀는 비록 창녀였지만, 나를 사랑하여 여기까지 오다가 매독에 걸리고 아편의 노예가 되었다. 내가 그녀와 결혼하지 않아, 그녀의 간병이 없었다면 나는 풍토병으로 죽었을 거다. 그녀는 나를 헌신적으로 간호하면서도, 나에게 아무 것도 요구하지 않았다. 그런데도 나는 천사 같은 여자를 혼자 고생하고 죽도록 버려두고 도망쳐 배신했다. 나는 경멸받아야 할 비열한 인간이다. 누나는 그가 죠운을 버리지 않았어야 한다고 강조한다. 그러면서 그녀가 이렇게 된 경위를 말하기를, 모험을 무릅쓰고 온 메럴런드 식민지에서 12년 동안 사랑했지만 부모를 찾기 전에는 결혼할 수 없다는 헨리를 도저히 찾을 수 없었고, 케임브리쥐 부두에서 우연히 벤 스퍼던스와 창녀 같은 여자를 만났을 때 네가 영국으로 돌아갔다는 벤의 말과 나를 앤어라고 소개하자 반지를 던져버리는 죠운의 돌출행위 때문에 기절했으며, 네가 재산을 날렸고 아버지가 몰던에 도착했으며 그곳이 악덕의 소굴이라는 말을 들었고, 별수없이 쳐취 크릭에 와서 메그 브롬리로 행세하다가 헨리와 너무 닮은 럼블리의 유혹을 뿌리칠 수 없어 함께 살게 되었다. 그녀는 남동생과 헨리를 영원히 잃은 게 아니라는 사실을 알고, 수치심을 뼈저리게 느끼면서도 럼블리와 헤어지려고 하지 않는다. 더욱이 그녀는 스스로 럼블리와 갈라설 의사는 추호도 없고, 그가 원하는 경우에만 헤어진다고 단언한다. 그러나 그녀의 이런 강한 의지도 남자의 변심 앞에서는 아무런 힘도 의미도 없다.

남매가 서로 그간의 심정을 다 토로하자, 에버니저는 자기가 쳐취 크릭에서 수행해야 할 사명의 중요성과 긴박성을 깨닫고, 피곤하지만 잠을 잘 수 없으므로 럼블리와 이야기하고 싶다는 뜻을 피력한다. 그러자 앤어는 가서 왕자를 데려온다. 왕자는 그에게 아내를 문명인으로 원상회복시켜주어서 감사하다는 인사를 한다. 그는 왕자의 우호적인 태도로 보아 이야기가 좋게 결말날 거라고 기대했는데, 예상 외로 파탄으로 끝난다. 왜냐하면 왕자는 앤어가 그들의 이야기에 끼어들어 무심코 한 이런 말 — "헨리 버린게임도 빌리처럼 [가지의 마술적인 치료법의] 효과에 대해 아무 것도 모른다" —을 듣고 대화 분위기를 돌변시키기 때문이다. 그는 왕자가 한달 안에 왕궁으로 돌아가지 않으면, 버트런드와 선장은 거세된 뒤에 화형당할 것이며, 자기도 돌아가 그들처럼 처형당할 것이라고 맹세했다고 하소연한다. 그러나 왕자는 무뚝뚝하게 대꾸하기를 "나는 더 이상 아하취훅스가 아니오. 내가 아버지의 [왕위를] 계승하기를 원했다면, 그를 버리지도 않았다. [. . .] 당신은 당신들의 보잘 것 없는 시민군이 콰사펠라왕과 드레익페커의 적수가 된다고 생각합니까? 여름이 되기 전에 총독의 머릿 가죽이 내 아버지의 마룻대에 매달릴 거요!" 더욱이 그는 선언하기를, "나는 내가 영국인이 아님을 깨달았소. 나는 며칠 안에 블러드스워스섬으로 돌아갈 거요." 왕자는 다시 인디언 복장으로 갈아입고, 마차로 에버니저와 앤어와 함께 쳐취 크릭 근처까지 와서 이틀 만에 그에게 말하기를, "당신이 인질들을 살리고 싶다면, 당신 친구를 나에게 보내시오"(661, 661-62, 663, 664). 왕자는 앤어의 작별 인사도 받지 않는다. 요컨대 그의 이런 행위는 다른 인종간의 사랑의 용광로와 맹세도 신체적, 문화적 차이 그리고 서로의 편견과 우월의식 또는 열등의식을 극복하기가 지난함을 상징한다.

멕커보이와 버트런드가 무사히 돌아와서 증언하기를, "우리는 드레익 페커와 다른 사람들 덕택에 살아올 수 있었다. 우리 친구 빌리 럼블리는 완전히 야만인이 되어 즉석에서 우리를 살해하려고 했다. [. . .] 전쟁이 코우헌코우프리츠 지휘 하에 곧 일어날 것 같다." 에버니저는 처음 만났을 때는 전혀 몰랐다가 나중에 인지한 어렸을 때의 유모, 록샌(Roxanne)이 폭군 남자 해리 러섹스(Harry Russecks)와 결혼하여 딸과 함께 매우 비참하게 하루하루를 살고 있는데, 부군이 돌발 사고로 치명상을 입는 현장을 목격한다. 모든 마을 사람들이 그의 사고사를 환호할 정도로 그는 무자비하고 가혹한 착취자였다. 에버니저는 쳐취 크릭을 떠나기 위해, 앤 애런들 타운으로 이주하려는 모녀, 앤어, 그리고 두 남자와 함께 선장의 배에 승선한다. 그들은 승선하자마자, 이미 배를 장악하고 있던 해적들에 의해 창고에 감금당한다. 배가 출항하여 다른 해적선과 합류하자, 해적들은 서로 배를 바꿔탄다. 배를 인수받은 해적 선장 롱 벤 에이버리(Long Ben Avery)는 자기 부하로 부릴 수 없는 에버니저, 멕커보이, 그리고 버트런드에게 해안가에서 상당히 떨어진 지점에서 바다로 뛰어내리라고 명령한다. 에버니저는 선장에게 "저 숙녀들의 안전을 책임진다는 당신의 약속을 받았다고 믿어도 됩니까?(680, 689)하고 외치면서 바다로 뛰어든다.

세 사람이 12월의 찬 바람 그리고 높은 파도와 악전고투 끝에 다다른 해안이 몰던이다. 에버니저는 어머니의 비문 — "앤 보우여 쿡(Anne Bowyer Cooke) 출생 1645-사망 1666 주님이 여기까지 우리를 도왔다" —을 읽고 무덤에 엎드린 채 일어나려고 하지 않는다. 그는 자신의 탄생을 이렇게 저주하기 때문이다: "내가 태어나지 않았더라면, 어머니는 지금 살아 계실 것이고, 누나도 어머니와 함께 있을 것이며, 아버지는 향사(鄕士) 겸 연초 경작자로 [유복하게 살고 계실 거]다. 세 사람은 저 집에서 행복하게 살고 있을 터이다." 두 사람은 꼼짝달싹도 않고 엎드려 있는 그를 강제로 일으켜 불빛이 비치는 건물로 끌고 간다. 그는 누나를 비롯하여 가까운 사람들을 잃었다는 고통보다도 그 상실에 대한 책임감으로 인한 고뇌 때문에 자신을 지탱할 수 없다. 그는 절뚝거리는 죠운 토우스트의 시중을 받으면서 카드놀이를 하고 있는 아버지, 니컬러스 로우로 변장하여 에버니저로 행세하는 헨리 버린게임, 윌리엄 스미스, 그리고 소우터변호사를 보고 졸도한다. 그는 나흘 동안 혼수상태에 있다가 깨어나 앤어의 간병을 받고 있는 자신을 보고 너무 놀라 어떻게 된 일이냐고 그녀에게 물어본다. 그녀는 대답하기를, 천운으로 에이버리 선장이 록샌의 첫사랑 애인이어서 자기들을 풀어주었을 뿐만 아니라 선장에게 앤 애런들 타운까지 잘 모셔다 드리라고 명령하면서, 자신의 해적선으로 옮겨탔다. 우리는 새벽 이른 시간이었지만 프랜시스 니컬선(Francis Nicholson)총독을 깨워 블러드스워스 섬에서 진행되고 있는 전쟁 음모와 몰던이 아편과 창녀의 소굴이라고 보고했더니, 총독이 자신의 대리인을 먼저 이곳으로 파견하면서, 우리도 그를 따르게 했다. 그래서 지금 세 여자가 여기 있다. 더욱이 그는 하나 더 묻기를, 문둥병에 걸린 것처럼 더럽지만 "성자이고 순교자 같은 가엾은 여자"(694, 701), 내 아내 죠운은 어떠하냐? 의사가 그녀는 죽은 거나 다름없다고 진단했다는 앤어의 말을 듣고, 그는 당장 그녀를 만나러 가려고 침대에서 일어나려다가 현기증으로 쓰러진다. 그렇지만 그는 참회하는 마음으로 그녀에게 용서를 빌고, 자기가 아내를 버려서 얼마나 비참했는가를 적나라하게 말하고 싶어 안달한다.

그는 앤어로부터 헨리가 자신이 왕손임을 알고 매우 흥분했고, 하루빨리 블러드스워스 섬으로 가서 *비밀 역사*를 읽고, 아버지와 형님을 만나 그들의 전쟁 계획을 저지하고 싶어 안달하고 있다는 말을 듣는다. 그래서 그는 헨리에게 이제 자기를 그렇게 여러 번 속였던 가장에 넌더리가 나니, 제발 본연의 정체를 밝혀 다른 사람들을 기만하지 말라고 간청한다. 그러나 이번에도 헨리는 니컬러스 로우로 변장하여 니컬선총독의 심복이 되어, 그에게 몰던농장을 되찾아주는 데 일익을 담당하여 크게 기여한다. 그는 몰던에 왕림한 니컬선총독에게 드레익페커와 콰사펠라왕이 북부의 추장들과 연락하면서 전쟁을 획책하고 있으므로 식민지에 닥칠 위험은 생각보다 훨씬 더 심각할 수 있다고 보고한다. 총독은 그가 메럴런드 식민지를 구한 영웅이라고 칭찬한다. 총독은 그에 대한 호감을 갖고, 몰던농장의 복잡하게 얽힌 소유권문제를 해결하려는 임시 법정을 거실에서 니컬러스 로우에서 다시 본래로 돌아간 헨리 버린게임 3세를 서기로 임명하여 개회한다. 헨리는 재판이 진행되면서 앤드루와 에버니저에게 불리하게 되어가고 있음을 간파하고, 총독에게 귀엣말을 하여 재판을 중단시키는 기지를 발휘한다. 따라서 총독은 소우터변호사와 윌리엄 스미스를 불법공모, 치안방해, 그리고 반역혐의로 체포하여 앤 애런들 타운으로 이송하려고 하며, 티머시 미쳘의 제보에 의하면 두 사람은 교수형을 당할 것 같다고 공포한다. 이 공포가 있은 지 몇초도 안 지났는데 니컬러스 로우의 외모가 마술처럼 변하기 시작하더니 바로 티머시 미쳘이 환생(幻生)한다. 이렇게 변신한 헨리가 윌리엄 스미스에게 몰던농장에 대한 모든 권리를 포기할 뿐만 아니라 소장하고 있는 *개인 일기*를 내놓는다면, 두 사람은 안전하게 메럴런드 식민지 밖으로 나가는 총독의 제가를 받을 수 있다고 제의한다. 결국 두 사람은 이 제의를 수용한다. 모든 사람들이 그들의 수용에 환호성을 올리면서 헨리의 전략을 칭찬한다. 총독이 몰던의 양도건과 두 사람의 이송 문제를 논의하는 동안, 헨리와 에버니저는 *개인 일기*를 함께 읽다가 빠진 부분이 있음을 간파한다. 헨리는 그 부분이 가지의 마술적인 치료법에 대한 기술이고, 그 치료법이 풍전등화의 식민지를 구할 수 있다고 믿고 외치기를, "만약 내가 그 치료법만 손에 넣는다면, 나는 일주일 안에 아하취훑스 왕이 될 것이다"(735). 그러나 그 부분은 인디언 왕이 붙잡은 스미스 선장의 생명을 보장하는 조건으로 제시한 책무, 다시 말하면 스미스 선장이 어느 인디언 남자도 성공하지 못한 공주 포우커혼터(Pocahontas)의 순결을 빼앗는 능력이다. 선장은 자신의 성기에 가지를 붙여 성공했다는 이야기이다. 헨리가 윌리엄 스미스를 아무리 추궁해도 속수무책일 때, 죠운 토우스트는 자기가 그 부분을 훔쳐 가지고 있다고 공언한다.

그녀는 그 부분을 내놓는 대가로 몰던농장을 요구한다. 앤드루의 강력한 반대에도 불구하고, 총독은 식민지정부로 귀속된 몰던소유권을 그녀에게 양도한다. 그녀는 계약서를 받고, 웃옷 안에서 단단하게 접힌 종이를 꺼내 건넨다. 소우터변호사가 죠운이 농장주인이 되는 광경을 보고 또다시 무일푼이 되는 에버니저를 비웃자, 그녀가 즉각 대응하기를, "딕 소우터변호사, 당신은 오해하고 있어요. [. . .] 저는 살 날이 얼마 안남았어요. 아내가 죽으면 그녀 재산은 남편에게 귀속되지요." 앤드루는 너무 기뻐 눈물을 흘리면서, "그녀는 바로 성녀이다"고 말한다. 그러자 죠운은 자기 사후에 에버니저가 몰던농장의 소유권을 가지려면, 먼저 두 사람의 결합이 선행되어야 한다고 주장한다. 모든 사람들이 이 주장을 듣고 그녀가 성병환자임을 알고 격렬하게 반대함에도 불구하고, 에버니저는 그녀에게 자신의 순결을 바치려는 강한 의지와 이유를 이렇게 피력한다: "헨리, 그것(성병)은 중요하지 않아요. 그녀가 무엇을 가지고 있든, 그녀는 나 때문에, 다시 말하면 우리의 불운한 사랑 때문에 갖게 된 거요. 나는 지금 유산을 획득해야 한다는 의미 말고는 유산에 전혀 관심이 없어요. 나는 속죄를 갈망합니다. 죠운, 아버지, 앤어, 그리고 헨리, 당신에게 지은 죄를 속죄하고 싶어요"(738, 739).

앤어가 그의 참회를 듣고, 그에게 무슨 죄를 지었느냐고 반문한다. 왜냐하면 그녀는 그가 "순진의 정수이다"고 믿기 때문이다. 그러나 그는 순진은 범죄라고 이렇게 역설한다: "순진은 내가 고발되어야 할 범죄이다. 순진의 범죄. 이 범죄를 인지한 사람은 무거운 짐을 져야 한다. 우리는 영혼의 원죄를 지고 태어난다. 애덤이 바로 자기가 순진했다고 알았다가 아니고 반드시 알아야 했다는 원죄를 지었으므로"(739). 드디어 에버니저는 순진이 무지이고 저주이며 범죄임을 깨닫는다. 그는 자기가 순진해야 한다는 절대적 신념 때문에, 세상을 너무 몰라 자신과 누나의 재산을 날리고, 간악한 사람을 더 부유하게 하고 정직한 사람을 더욱 고통받게 하는 저주스러운 행동을 했으며, 아내를 기만하고 방기하는 파렴치한 범죄를 저질렀음을 통감한다. 더욱이 그는 순결이 실존의 본질이라는 고집불통에 얽매여, 사랑과 결혼의 대전제인 두 사람이 하나됨을 거부하는 반인륜적 행위를 자행했음을 절감한다. 그는 삶에서 순진과 순결을 절대적 가치로 맹신했던 고착적 자아가 이런 비극적 실존을 자초했음을 깨닫고, 고집불통에서 해방된다: "순진과 순결 고수가 다른 사람들과의 완벽한 상호의존과 연대의식 그리고 삶의 현장과 체험에 으레 있기 마련인 무질서, 혼란, 그리고 역설의 지식을 확장시키지 못했기 때문에, 그의 범죄는 자신의 [실존과] 본성을 조화시키려는 욕구와 의지의 부정이었다. [그러나] 에버니저는 죠운 토우스트를 세계의 '징후와 상징'으로 인정, 수용하기 때문에, 그녀와의 결혼과 합방(合邦)은 변화무쌍한 세계에서 실존 책임과 의무를 다하고 있음을 시사한다."[23] 요컨대 그는 단순하고 사변적이고 메마른 일차원적 의식에 함몰된 순진과 고집불통의 자아에서 벗어나 "복잡하고 정서적이고 성감(性感)이 강하며 인간의 공감과 연대의식의 가치를 강조하는 인간"[24]으로 변신, 성숙하였다.

Ⅲ

지금까지 에버니저가 순진과 고집불통의 자아에서 벗어나는 과정과 헨리 버린게임 3세가 부모의 뿌리를 찾아 헤매는 모험 이야기를 고찰해보았다. 이 과정과 모험은 일관성과 연관성을 기반으로 하는 이야기로 기술되지 않고, 이야기들에 이야기들이 더해지는 복잡다단한 구성을 바탕으로 점입가경의 경지로 들어가면서 전개된다. 죤 바스는 *연초 무역상* 창작에서 많은 이야기꾼들이 자기들이 직접 체험하기도 듣고 알기도 한 이야기들을 말하게 하면서도, 이런 원칙을 전제로 한다: "이야기꾼이 자신의 이야기를 철학적으로 설명하면서, 그 의미를 미리 단정하려 함은 대단히 잘못된 생

---

23. Robert Nadeau, *Readings from the New Book on Nature*(Amherst: University of Massachusetts Press, 1981), 83.

24. John C. Stubbs, "John Barth as a Novelist of Ideas: The Themes of Value and Identity," *Critique* 8. 2(1965-1966): 108.

각이다. 어쩌면 그 이야기는 그의 생각과는 전혀 다른 의미를 함축하기 때문이다"(591). 이 원칙이 바로 그의 이런 소설과 소설가의 정의와 일맥상통한다: "소설은 본질적으로 [작가의] (우주관을 반영할지라도) 우주관이 아니고 우주 그 자체이다. 소설가는 궁극적으로 관찰자, 모방자, 혹은 영혼의 정화자가 아니고 우주의 창조자, 즉 조물주이다."[25] 따라서 *연초 무역상*은 이야기는 뜻이 아니고 어디까지나 이야기여야 한다는 그의 포우스트모던 소설철학을 탁월하게 구현한 작품이다. 그렇지만 이 소설은 "미국의 식민지 역사 그리고 미국문학의 전통적인 주제와 사건들, 그 중에서도 특히 순진의 주제에 대한 실존주의적 연구"[26]라는 높은 평가를 받는 작품이다. 따라서 우리는 이 소설을 깊이 음미함으로써, 소설은 어디까지나 이야기여야 한다는 주장을 지나치게 피상적으로 이해하여 현혹되어서는 안되고, 본래면목의 탐구와 실현을 극대화하는 언어구사로 이루어지는 이야기임을 각별히 명심해야 한다.

---

25. Barth. *The Friday Book*, 29.

26. Noland, 22.

3

죤 바스:
편견과 아집의 자아를 넘어서

I

죤 바스의 네번째 소설, *염소-소년 쟈일즈*(*Giles Goat-Boy*, 1966)는 “미국소설가가 지금까지 창작한 최고 걸작으로 *백경*(*Moby-Dick*)과 비견할 만하다”[1]는 격찬을 받았다. 이런 격찬을 받은 이유는 바스가 자신의 독창적이고 특이한 소설창작철학과 기법을 바탕으로 이 소설을 창작했기 때문이다. 그의 창작철학과 기법은 소설과 소설가에 대한 두 개의 정의를 전제로 한다. 그 하나는 소설은 “본질적으로 ([작가의] 우주관을 반영할지라도) 우주관이 아니고 우주 그 자체”라는 정의이다. 그리하여 소설가는 “궁극적으로 관찰자, 모방자, 또는 영혼의 정화자가 아니고 우주의 창조자, 즉 조물주”[2]라는 것이다. 다른 또 하나는 소설은 “삶의 표현이 아니다. 소설은 삶의 표현의 표현”[3]이라는 정의이다. 바스는 이 두 개의 정의를 바탕으로, 진리를 표현하고 삶을 반영한다는 사실주의 그리고 모더니즘 소설을

---

1. Dabney Stuart, "A Service to the University," in *Critical Essays on John Barth*, ed. Joseph J. Waldmier(Boston: Hall, 1980), 153.

2. John Barth, *The Friday Book*(New York: Putnam's, 1984), 29.

3. Alan Prince "An Interview with John Barth," *Prism*(Spring 1968): 54.

조롱하면서 모방하거나 개작(parody)한다. 그가 이런 소설과 소설가의 정의에 의존하여 창작한 *염소-소년 쟈일즈*는 그의 집필 시기의 정치관, 경제관, 사회관, 그리고 종교관의 표현이 아니고, 이야기가 은밀하게 드러내는 의식개혁과 세계, 즉 그 시기의 사회적 특징의 하나였던 편견과 아집의 자아를 넘어선 세계이다. 그는 이 소설의 창작 의도에 대해, "나의 [미소] 냉전시기의 사회적 분열에 대한 관심, 더 자세히 말하면 내가 소설 *쟈일즈*를 구상하고 있었던 1950년대 중반과 집필하고 있었던 1960년대 초반의 정치적, 사회적 분열이 나의 소설에 대한 관심의 핵심이기보다는 오히려 바로 우화처럼 오로지 이야기하는 방식 또는 [어떤] 분위기 안에서 이야기하고, 그에 대해 언급하는 환경이다"[4]라고 천명했다. 다시 말하면 *염소-소년 쟈일즈*는 "세상에 관한 이야기가 아니고, 우리가 세상에 대해 말하는 방식들에 관한 소설"[5]이다. 이 논문은 그의 이 같은 천명에 입각해서 소설을 분석하면서, 편견과 아집의 자아가 촉발하는 첨예한 대립과 분열의 세계를 초월하는 의식을 어떻게 구현했는가를 고찰한다.

이 분석과 고찰은 그의 소설에 대한 정의 ― "소설은 우주관이 아니고 우주 그 자체이고, 또 삶의 표현의 표현이다" ―가 왜 그리고 어떻게 *염소-소년 쟈일즈* 창작에 결정적인 역할을 했는가의 규명에서 비롯된다. 그가 이 소설을 구상하여 집필하고 있을 때, 미국과 그 동맹국들과 그리고 적대국들의 지도층인사들은 민주주의 대 공산주의, 재산과 생산 수단의 사유 대 공유, 개인 대 집단, 지배계급 대 무산계급, 백인종 대 유색인종, 그리고 선 대 악과 같은 대립 개념의 포로이자 하수인들이었다. 그들은 국제사회를 분열시키는 주도적 역할을 했을 뿐만 아니라 국내의 반체제 인사들의 인권을 무자비하게 유린하는데 앞장섰다. 또 그들은 상대방을 대화할 수

---

4. Heide Ziegler, "John Barth," in *The Radical Imagination and the Liberal Tradition: Interviews with English and American Novelists* ed. Heide Ziegler and Christopher Bigsby(London: Junction, 1982), 19.

5. Charles B. Harris, *Passionate Virtuosity: The Fiction of John Barth*(Urbana: University of Illinois Press, 1983), 102.

있는 친구로 인정하여 상호공존하려 하지 않고, 철두철미하게 적대시하는 아집으로 대립을 생존과 번영의 수단으로 절대시했다. 이처럼 특정한 정치관, 경제관, 사회관, 그리고 종교관은 실존에 매우 바람직하지 않은 아집과 대립의 자아를 조장한다. 이런 자아는 편견과 독선에 사로잡혀 인간과 우주를 공평무사하게 있는 그대로 직시하고 이해하고 수용할 수 없다. 이럼에도 불구하고, 실존에 부정적인 아집과 대립의 자아를 조장하는 우주관을 바탕으로 다수의 사실주의나 모더니즘 소설들이 창작되었다. 그런데 오늘날 이 소설들은 우리에게 쓸모없게 되었다. 왜냐하면 우리는 "순간적인 신비스러운 깨달음을 얻기" 위해 소설을 읽는데, 이 소설들은 우리의 이런 기대에 부응하지 못하기 때문이다. 그래서 바스는 우리의 신비스러운 깨달음에 대한 욕구와 기대에 부응할 수 있는 소설은 우주관이 아니고 우주 그 자체라고 정의한다. 또 그는 이 욕구와 기대를 더욱더 많이 그리고 크게 충족시키기 위해, "우주는 [무엇을] 의미해서는 안되고, [있는 그대로] 존재해야 한다"[6]고 역설한다. 이 정의와 역설이 *염소-소년 자일즈*의 창작 철학이다.

바스는 우리에게 쓸모없게 된 소설에 다시 생명력과 매력을 불어넣어 소생시키기 위해, 동료 소설가들의 부정과는 달리 사실주의 그리고 모더니즘소설을 조롱하면서 모방하거나 개작한다. 그래서 그는 *염소-소년 자일즈*는 "소설가의 역할을 모방한 작가가 소설의 형식을 모방한"[7] 작품이라고 공언한다. 이 공언이 바로 "소설은 삶의 표현의 표현이다"는 정의와 일맥상통한다. 삶의 표현이 사실주의나 모더니즘소설이기 때문에, *염소-소년 자일즈*는 소설에 대한 소설이다. 그러므로 "삶의 표현의 표현"이 이 소설의 창작기법이다. 바스는, "*연초 무역상* 집필 후에 내가 정말로 창작하고 싶었던 작품은 새로운 구약성서, 즉 풍자적인 구약성서였다. 나는 이 신작, *염소-소년 자일즈*가 바로 그런 구약성서라고 생각한다. 더욱 극적인 성경. 그 부제는 *우리의 절대 구세주, 죠지 자일즈의 개역 신성서*이

---

6. Barth, 22, 23.

7. 앞책, 72.

다"[8]고 실토하였다. 이는 그가 이 소설을 구약성서에 대한 소설임을 분명히 밝히고 있는 것이다. 이렇게 그는 *염소-소년 쟈일즈*가 구약성서를 모방하여 개작한 풍자적이고도 극적인 성경이라고 피력하지만, 이 소설은 "[기존의] 신학적, 신화적, 철학적, 정치적, 그리고 문학적 개념들을 전도시키려는 각축장"[9]이다.

이제 *염소-소년 쟈일즈*의 창작기법인 "삶의 표현의 표현"에 대해 고찰해 보자. 바스는 쟈일즈의 아들 스토우커(Stoker)로부터 *우리의 절대 구세주 죠지 쟈일즈의 개역 신성서*원고를 받는다. 스토우커는 아버지의 구세 활동에 무관심했던 방관자는 아니지만, 그렇다고 아버지의 열렬한 지지자도 아니다. 그는 사랑을 "대상과의 합일 또는 영적 결합을 추구하지 않으면서 대상을 아주 공평한 입장에서 찬미하는 행위"로 정의한다. 그는 이 정의를 전제로 하여 원고를 이렇게 작성했다: 그는 아버지의 수강생들이 필기한 내용들이 서로 상충하는 글들을 서 캠퍼스 자동컴퓨터(West Campus Automatic Computer, 약자는 WESCAC[10])에 입력했다. 그러자 컴퓨터는 이 글들과 테잎에 저장된 강의록과 제자들과의 대화록 원본을 자동적으로 "수합해서 교정하고 편집하여 . . . 모든 입증할 수 있는 자료들을 개찬(改竄)하고, 전체를 구세주의 관점에서 일관된 이야기로 재구성하여"[11] 출력한다. 스토우커는 이 출력본을 교정보고 잘못된 쪽수들을 고쳐 원고, 즉 죠지 쟈일즈의 생애와 설교들을 기술한 자서전을 완성한다. 그는 원고를 바스에게 가지고 와서, 그가 출판해주기를 원한다. 그래서 바스는 원고를 출판하기 위해 수정하고 가필하면서 소설화한다.

---

8. John J. Enck, "John Barth: An Interview," *Wisconsin Studies in Contemporary Literature* 6. 1(1965): 8.

9. Stan Fogel and Gordon Slethaug, *Understanding John Barth*(Columbia: University of South Carolina Press, 1990), 91.

10. 서구정신(문명)을 상징함. Robert Nadeau, *Readings from the New Book on Nature*(Amherst: University of Massachusetts Press, 1981), 89.

11. John Barth, *Giles Goat-Boy*(Garden City: Doubleday, 1987), xxv, xxix, 앞으로 이 작품에서의 인용문은 괄호 안에 쪽수만 표시함.

이처럼 *염소-소년 쟈일즈*는 컴퓨터가 출력한 쟈일즈의 자서전에 대한 소설이다. 이 소설은 바스가 강력한 생명력과 매력이 표출되지 않는 자서전을 개작하여 독자의 지대한 관심과 흥미를 촉발시킨 소설(표현)의 소설(표현)이다. 다시 말하면 이 소설은 쟈일즈의 삶에 관한 이야기가 아니고, 삶을 이야기하는 소설에 대한 소설이다. 따라서 쟈일즈 삶의 이야기에 관한 소설은 우리의 통상적인 사고와는 달리 과거사회와 연관되어 있지 않고, 하나의 가상세계인 뉴 태머니대학(New Tammany College, 미국을 상징함)에서 창출된다. *염소-소년 쟈일즈*는 비록 가상세계이지만, 그 플롯은 매우 치밀하고 정교하다. 이 소설은 1권과 2권으로 구성되어 있지만, 컴퓨터에서 출력되었기 때문에 각권에는 장이 없고 3개의 릴(reel)이 있으며, 각 릴에는 7개의 이야기가 있다. 이렇게 이 소설은 구성에서 절묘한 조화와 균형을 이루고 있다.

소설의 주인공, 쟈일즈(구세주적 이상, 실험실의 우생학적 재료; Grand-Tutorial Ideal, Laboratory Eugenical Specimen의 머리글자로 된 말)는 인간으로 태어났지만, 뉴 태머니대학 농장에서 염소로 생존하다가, 다시 인간으로 환원하여 편견과 아집 그리고 대립으로 사분오열된 대학교(우주를 상징함)에서 새롭게 사는 방법과 지혜를 익히기 시작한다. 그는 그 방법과 지혜를 주로 서 캠퍼스에 소재한 뉴 태머니대학에서 배우고 개득한다. 그런데 이 대학교는 동서 캠퍼스로 양분되어 서로 대립하고 있을 뿐만 아니라, 각 캠퍼스의 최고 책임자의 편견과 아집 때문에 사분오열되어 서로 각축을 벌이는 대학들로 구성되어 있다. 한편 따알프(Tharpe)는, "서구문화의 이원론의 기술과 이 소설의 요체는 이야기가 일련의 대립 개념과 사물을 탐구해야 함을 암시한다. *쟈일즈*는 그 중에서도 서 캠퍼스 자동컴퓨터와 동 캠퍼스 자동컴퓨터(EASCAC), 소련과 미국, 동과 서, 사고와 행동, 광명과 암흑, 스토우커와 렉스포드(Rexford), 쟈일즈와 브레이(Bray), 신비와 지식, 자연과 초자연, 맥스(Max)와 아이어코프(Eierkopf), 그리고 크로우커(Croaker)와 아이어코프의 대비를 바탕으로 창작되었다. [. . .] 이런 이원론의 와중에서, 쟈일즈는 통합이 [유일한] 해결책이라고 인정한다"[12]고 말하고 있는데, 이는 *염소-소년 쟈일즈*가 정반대되는 이념과 인물을 바탕으로 창작되었음을 지적하는 평가이다. 따라서 쟈일즈는 이원론의 대립세계를 통합시키는 구세주가 된다. 그는 구세주가 되기 위해, 그런 부정적 세계의 장본이 되는 편견과 아집의 자아를 초월한다. 본론에서는 그가 첨예한 대립개념을 극복하면서, 편견과 아집의 자아를 초월하는 간난신고의 과정과 그 결실을 고찰한다.

II

*염소-소년 쟈일즈*는 주인공이 염소 이름, 빌리 복스퍼스(Billy Bocksfuss, 염소 발을 상징함)을 버리고 사람 이름, 죠지(George)로서 구세주(이원론에 유폐된 자아와 의식을 개혁하려는 선구자)가 되겠다고 하는 선언으로 시작된다: "죠지가 내 이름이다 . . . 나는 그때 대단히 잘못된 이름, 빌리 복스퍼스로 불렸던 사람이다. 왜냐하면 내가 [염소처럼 발굽이 갈라진] 발을 가졌다면, 지금 지팡이에 의지해서 절뚝거리며 걷지도 못할 것이기 . . . 때문이다. 야아! 나는 열네 살 때 고유의 발굽이 없어서 차지를 못하고 넘어졌다. [. . .] [그래서] 나는 뿔 없는 염소 세계에 작별을 고하고, 뿔 있는 인간 학생으로 [변신하여] 구세의 길을 찾아 나섰다"(5). 주인공 빌리는 인간이면서도 14년 동안 대학농장에서 염소로 생존했다. 그는 태어나자마자 "완전급제(구원,천당) 완전낙제(파멸,지옥)(Pass All Fail All)"[13]라고 적혀 있는 출생 전 적성검사표와 같이 보자기에 싸여서 캠퍼스 자동컴퓨터(초기 대형컴퓨터)의 동체(胴體) 안에 유기된다. 그가 거기서 사경을 헤매고 있을 때, 도서관 말단 흑인직원인 죠지 헤롤드(George

---

12. Jac Tharpe, *John Barth: The Comic Sublimity of Paradox*(Carbondale: Southern Illinois University Press, 1974), 55.

13. 완전급제와 완전낙제는 우리가 실존에서 흔히 이원론적으로 말하는 성공과 실패를 의미하지 않고, 끊임없이 추구, 실현해야 하는 변화와 성숙에서 밀물과 썰물 같은 역할을 하는 두 요소이다.

Herrold)가 그를 구하여 염소사육 책임자인, 맥스 스필먼(Spielman)에게 데려온다. 스필먼이 그의 보호자 겸 양부가 되어 그를 빌리 복스퍼스로 작명하고, 암 염소의 젖을 빨게 하면서, 주인공을 염소들 사이에서 순진무구하게 자라게 한다.

주인공은 염소로서 그의 보호와 지도를 받으면서, 자연 속에서 평온하게 14년 동안 생존하고 있었다. 그런데 어느 날 갑자기 크림헤어여사(Lady Creamhair, 그의 생모임)가 나타나서 그에게 느닷없이, "나는 네가 인간이 되기를 원하고, 스필먼박사는 네가 염소로 살기를 원하므로, 너는 진퇴양난에 처해 있다. [. . .] 스필먼박사와 나는 네 결정에 따라야 한다." 이 말을 듣고, 그는 즉각 "나는 인간이 되고 싶다"(24)고 선언한다. 그러면서 그는 똑바로 서려고 하지만, 균형을 잡지 못하고 넘어진다. 그러나 독일계 유대인으로 가장 탁월한 과학자 겸 심리항문학자(Psyche-Proctologist)인 스필먼은 그가 인간이 되려고 하는데 적극 반대한다. 그가 반대하는 까닭은 지배계층 인사들의 본성과 의식에 대한 불신과 환멸 때문이다.

그들의 본성과 의식에 대한 그의 불신은 그가 직접 체험한 그들의 잔인성과 현실 위주의 대학행정에서 비롯된다. 그는 이런 격언 — "염소가 사람보다 더 인간적이고, 사람이 염소보다 더 동물적이다"(7) —을 뼈저리게 실감했을 뿐만 아니라 권력자의 횡포 때문에 인간과 사회를 등지고, 염소들과 함께 자연 속에서 살고 있다. 그는 주인공에게 자신이 직접 목격하고 당했던 권력자들의 잔학무도, 인권유린, 그리고 생명경시의 사례를 이렇게 설명한다.

> 히틀러(Hitler) 정권은 제2차 세계대전 중에 유대인들을 무자비하게 학살했으며, 그 정권이 일으킨 전쟁의 승리를 위해 절대적으로 필요한 과학자인 그도 유대인이므로 숙청과 생명의 위협을 느낀 나머지, 아내와 함께 구사일생으로 뉴 태머니 대학으로 피신했다. 서 캠퍼스에 소재한 대학들 중에서 매우 중요한 비군사적 업무들을 처리하고 있는 서 캠퍼스 자동컴퓨터를 미증유의 파괴력을 발휘할 신무기를 개발하는데 활용하자고 그는 헥터(Hector)학장에게 건의했다. 그와 그의 지도를 받는 젊은 과학자들이 함께 주도하여 이런 위력적인 컴퓨터로 이에이티

(EAT, Electroencephalic Amplitude and Transmission의 머리글자로 뇌파의 진폭과 투과; 인간 뇌를 파괴하는 무기로 원자폭탄을 상징함)를 개발했다. 미국정부는 이 무기를 사용하여 일본을 예상보다 더 빨리 항복시켰다. 미국대통령과 고위관리들은 이 무기의 살상력으로 일본의 무고한 백성이 가장 큰 피해를 당할 것이며, 그 방사능으로 당사자는 물론 그 후손들도 후유증으로 엄청난 고통에 시달릴 것을 잘 알면서도, 주저하지 않고 원자탄을 히로시마(Hiroshima)에 투하하는 만행을 저질렀다. 뉴 태머니대학은 그가 인류를 위해 과학을 연구하고 발전시켜 종전을 앞당기는데 크게 공헌했음을 인정하면서도, 1년 후에 정년인 그의 교수직과 모든 특권을 박탈하고 해고했다. 왜냐하면 대학은 그가 한때 공산주의에 동조했을 뿐만 아니라, 민주주의의 적은 공산주의가 아니라 일방적이고 맹목적으로 공허한 충성심만을 강요하는 지도자들의 무지와 편협이라고 그가 주장한다는 사실을 인지했기 때문이다. 그는 큰 배신감과 좌절감을 느끼면서도, 호구지책으로 별수 없이 대학농장의 염소사육 책임자가 되었다.(50-66)

또 그의 가설과 부언에 의하면, 주인공의 출생은 대학 고위층의 어떤 사람에게 큰 위협이었고 골칫거리였다. 그래서 그는 자신의 체면이나 이해관계 때문에 고위층 인사와 특별허가를 받은 관계자만이 출입할 수 있는 컴퓨터의 동체 안에 주인공을 유기하여 자연스럽게 숨을 거두게 하려고 하였다. 그러나 대학당국은 영아유기 및 살인 음모를 저지른 범인을 색출하려는 어떤 조치도 취하지 않았다. 그래서 그는 주인공의 아버지가 컴퓨터임을 예시하기 위해, 자기가 알기로는 우생학적으로 아주 좋은 정자, 쟈일즈(구세주적 이상, 실험실의 우생학적 재료)를 만들려는 시도와 연구를 컴퓨터에서 진행한 적이 있었다고 실토한다. 그는 과거에는 대학이 컴퓨터를 활용했지만, 지금은 컴퓨터가 "대학의 사실상의 지배자이다"[14]라고 말한다. 컴퓨터가 "20세기의 군사적, 산업적, 정치적, 교육적, 사회적 절대자"[15]로 군림하면서 대학을 완전히 지배하기 때문에 대학 관리자와 학생

---

14. David Morrell, *John Barth: An Introduction*(University Park: Pennsylvania State University Press, 1976), 61.

15. Richard Boyd Hauck, *A Cheerful Nihilism*(Bloomington: Indiana University Press, 1971), 230.

들은 그 지시와 명령에 따르지 않을 수 없다. 그런데 가장 큰 문제는 누구도 컴퓨터가 독자적으로 결정하고 수행하는 임무와 역할을 제어할 수 없다는 데 있다.

또 스필먼의 지배계층인사들에 대한 환멸과 좌절은 그들이 이원론의 포로로 전락하여 밝은 쪽을 절대시하면서, 반드시 필요한 어두운 쪽을 부정하는 편견과 아집의 자아에 유폐되어, 타자를 인정하며 더불어 공존하면서 공동 향상과 번영을 모색하려고 하지 않는 외고집에서 연유한다. 그의 환멸과 좌절은 자신의 철학과 이상이 그들의 사상과 대립되어 적대시되는 데서, 그리고 그의 이상을 실현할 수 없다는 허탈감과 절망감에서 비롯된다. 그의 철학은 "질문하라 그러면 당신은 계속 질문할 것이다"에 바탕을 두고 있는데, 이 철학은 실존에서 부단한 회의와 탐구, 그 바탕인 미결정과 불확정, 그리고 개연성과 가능성을 강조한다. 그와는 대조적으로 이노스 이넉(Enos Enoch, 예수를 상징함)은 "질문하라 그러면 당신은 답을 얻을 것이다"고 설교한다. 이 설교의 모태인 기독교는 실존에서 항시 확답을 구하고, 거기에 절대적으로 의존하는 삶을 예찬한다. 따라서 그의 철학은 기독교교리와 대립각을 세우기 때문에 용납될 수 없다. 이렇게 부정되고 있는 그의 철학의 또 한 명제는 "개인 탄생은 우주 창조를 반복한다"인데, 이는 탄생과 발달 그리고 창조와 진화는 그 과정에서 동일하므로 개인과 우주는 같다는 주장이다. 그의 또 다른 하나의 철학 명제는 "[렌즈로 하는] 항문 검사는 성인전을 복창한다"(29, 7)인데, 이는 "항문을 통해 보이는 [직장] 작용의 연구는 성인들의 생애 연구와 똑같다"[16]는 주장에 이르고 있다. 다시 말하면 그 철학은 가장 더러운 것이 가장 신성하며, 성행위가 가장 성스러운 정신활동이라고 역설한다. 그의 두 철학 명제를 요약하면 다음과 같다: "우주의 신비와 괄약근의 수수께끼는 개인 탄생과 우주 창조는 동일 과정의 양상이기 때문에 똑같다. 인체의 중요한 부분을 검사하는 항문경은 성인들의 생애와 동일한 사실들을 우리에게 제시한다 . . . 왜냐

16. 앞책, 233.

하면 항문이 배설물의 출구지만 의심의 여지없이 사랑과 창조력의 원천이 그곳에 있기 때문이다."[17] 이처럼 스필먼의 철학은 기독교를 주축으로 한 서구정신, 특히 지배계층인사들의 의식에 팽만해 있는 이원론의 통합이다. 그리고 그가 말하는 순환법칙(law of cyclology)에 의하면, 인간 실존의 명암은 직선적 시간 개념처럼 고정되어 있지 않고, 종교와 예술의 융성과 쇠퇴처럼, 국가의 흥망성쇠처럼, 그리고 사계절처럼 순환한다.

스필먼은 지배계층인사들에 대한 이런 불신과 환멸 때문에 그들의 소행을 증오했다. 그래서 그는 주인공이 인간인 줄 알면서도 염소로 키웠으며, 계속 염소로 살아가기를 갈망한다. 이제 그는 주인공에게, "내가 하나의 소망을 가졌다면, 그것은 정말로 네가 숫염소였으면 하는 바람이었다. 나는 네가 . . . 두꺼운 털과 큰 뿔을 가진 숫염소로 자라기를 . . . 사나우면서도 온순하고, 힘이 세면서도 부드럽고 예쁘기를 . . . [거기다가] 누구도 증오하지 않기를 바랐다"고 실토한다. 그의 기만 때문에, 주인공은 인간이면서도 지금까지 자기가 인간인 줄 모르고 생존했다는 사실을 인지한다. 이제 그는 인간으로 실존하려고, 염소이름 빌리 복스퍼스를 버리고 죠지로 이름을 정하고, 매우 힘들지만 똑바로 서서 걷는다. 그는 스필먼에게, "나는 모든 것을 배우려고 한다. 나는 당신이 나에게 내가 알아야 할 전부를 가르쳐주기를 원한다. 나는 뉴 태머니대학 학생이 되려고 한다." 스필먼은 그의 의지를 북돋아주기 위해, 그에게 필요한 전부를 가르쳐주려고 작정하고, "이 아이는 이제 염소가 아니고 인간이다. 시련이 그를 현명하게 하도록 하라. 이것이 내가 바라는 전부이다. [. . .] 나는 너를 일단 죠지로 부르니, 너는 완전급제 완전낙제해야 한다"(68-69, 71, 73)고 선언한다.

이제 주인공 죠지는 농장에서 인간으로 어떻게 실존해야 하는가를 모른 채 완전급제 완전낙제해야 하는 길을 모색해야 한다. 그는 7년 동안의 모색에서 스필먼의 조언과 지도를 받는다. 그는 주인공에게 대학교에 대한 인식과 자기앎 그리고 실현하고 싶은 이상을 지도한다. 스필먼은 죠지에

---

[17]. Robert Scholes, *The Fabulators*(New York: Oxford University Press, 1967), 142-43.

게, "모든 문은 열려 있다. 너는 한꺼번에 모든 문을 통과할 수 없다. 그렇지만 네 스스로 문들을 닫지 않는다면, 그것들은 [언제나] 열려 있다"고 하면서 인식과 자기앎의 도모를 위해 시야 확장의 필요성과 중요성을 강조한다. 우선 그는 우수한 학생이 되어 모든 시험에 급제하려고 한다. 그러나 그는 듣고 읽은 이야기 주인공의 모험과 성취에 깊이 매료되었기 때문에 스필먼에게, "나는 주인공(의식개혁을 선도하는 사람)이 되려고 한다"고 선언한다. 그는 이런 주인공이 되려면 자기가 누구인가를 알아야 하고, 또 그 앎이 무엇인가를 탐구해야 한다고 역설한다. 그러자 스필먼은 오늘날 주인공의 임무는 괴물의 제거에 있지 않고 문제 해결에 있다고 하면서, 서 캠퍼스 자동컴퓨터의 독주에 속수무책인 현실을 개탄한다. 그리고 그는, "자동작업 구조. 그 구조가 대학의 목표를 [독자적으로]설정하고 달성한다"며 자신의 염려와 불안을 토로한다. 그의 이런 불안에 반응하여 주인공은, "누군가가 동서 캠퍼스 자동컴퓨터 동체 안으로 들어가서 그것들의 자동작업 구조를 해체하는 방법을 알아낸다면, 그것들은 누구에게도 위해를 가하지 못할 것이다! 그 방법 모색이 주인공이 해야 할 가장 시급한 과업이 아닐까요?"라고 주장한다. 스필먼은 이 주장에 반박하며, "동체 안으로 들어간 사람은 그 자리에서 방사능에 오염된다"(88, 90)고 말한다. 이 말을 듣고, 주인공은 자기는 동체 안에 유기되었지만 방사능에 오염되지 않았으니 구세주임이 틀림없다고 공언한다. 그러면서 그는 스필먼의 반대에도 불구하고 구세주의 힘들고 험난한 길을 가려고 한다.

주인공이 구세주가 되기 위해 뉴 태머니대학에 입학하려고 길을 모르면서도 새벽에 농장을 나서자, 앞으로도 계속 그를 지도하려는 스필먼과 죠지 헤롤드도 따라간다. 스필먼은 가는 도중에 목자의 상징으로 허리에 감고 있던 프레디(Freddie, 사나운 숫사슴)의 말린 불알들이 매달린 가죽띠를 풀어 주인공에게 주면서, 앞으로 구세주로서 발휘할 지도력의 표상으로 긴 웃옷에 두르라고 말한다. 세 사람은 석양에 강가에 도착하였으나 다리 중간이 소실되었음을 알고 난감해하고 있을 때, 건너편에서 헐렁한 옷을 입은 젊은 여자가 크로우커라고 외치는 소리를 듣는다. 이때 헤롤드가 성급하게 강을 건너다가 급류에 휩쓸려 익사하는 불상사가 일어난다. 그와 스필먼이 망연자실한 채 어둠 속에 앉아 있을 때, 흑인인 크로우커가 모르는 사이에 그의 뒤로 와서 그를 등에 업고 강을 건너 젊은 여자 옆으로 간다. 그 흑인은 그를 내려놓더니 바로 여자를 성폭행한다. 얼마 후 그가 여자에게 폭행을 제지하지 못해서 미안하다고 사과하자, 그녀는 별로 놀란 기색도 없이 어찌할 수 없다는 일이라면서, 크로우커는 암흑 푸르먼티어스(Frumentius, 애프리커를 상징함)의 신설 대학의 교양 없고 무례한 학생인데, 그는 정부지원의 교환학생으로 뉴 태머니대학에 왔기 때문에, 이 대학은 그의 어떤 불법행위도 처벌할 수 없다는 말을 덧붙인다. 그런데 그에 대한 처벌 불능은 어떤 종교와 제도도 인간의 탐구와 성 본능을 억압할 수 없음을 암시하며, 따라서 성본능과 행위는 금기사항이 아니고, "정신적 활력을 증폭하는 은유이다"[18]고 하겠다. 이런 맥락에서 탐구본능과 성생활이 분출하는 삶의 활력과 생동감을 상실해버린 헤롤드의 익사는 주인공의 죽음과 재생을 상징한다.

주인공이 처음으로 본 그 미모의 여성은 스필먼과 함께 그가 구세주가 되는 데에 결정적인 역할을 한다. 그녀도 새 구세주의 출현에 지대한 관심을 갖고 있는 터여서, 스스로 희생정신, 극한상황 극복 의지, 인내심, 긍정적 자세, 아량, 포용력 등을 지니고 이타주의를 생활화하려는 전형적인 인물이다. 그녀는 남편과 그 부하들과 함께 뉴 태머니대학 정신병원에서 숲속으로 도망친 크로우커를 찾으러 왔다. 골칫거리고 위협적인 존재인 크로우커를 치료하는 방법으로, 대학 고위층인사들이 강경책을 선호하는 반면 그녀는 본능 충족을 바탕으로 하는 유화책을 선호한다. 그녀는 주인공에게, 자기 이름은 애너스테이저 스토우커(Anastasia)이고, 직업은 정신병원 간호사이며, 남편 모리스(Maurice)는 발전소와 구치소 소장인데, 그는 매우 이상한 남자여서 자기가 성폭행당해도 조금도 당황하지 않고 그저 불쾌한 표정을 지을 뿐이며, 학장 렉스포드는 새 구세주가 대학으로 오고 있

18. Helen Weinberg, *The New Novel in America: The Kafkan Mode in Contemporary Fiction*(Ithaca: Cornell University Press, 1970), 128.

거나 근처에 있다고 믿고 큰 고민에 빠져 있다고 말한다. 이에 그는 그녀에게, 그녀가 구세주의 이름을 알고 있는지를 물어보고 또 스님들과 함께 옆에 있었던 큰 스님이 구세주냐고 묻는다. 그녀는 큰 스님은 공산화된 중국에서 왔으며, 학장의 초청을 받아 대학에 체류하고 있는 난민 스님들에게 강연하러 왔다고 대답한다. 나중에 스필먼은 주인공으로부터 모리스 스토우커라는 이름을 듣고, "모리스 스토우커. 나는 그를 잘 안다. 그는 진짜 악마다"(126)라고 신랄하게 그를 혹평한다. 그는 계속하여, 모리스가 렉스포드학장의 의붓 형제라는 풍문이 있는데, 모리스는 동서 대결의 국제정치에서 폭동과 혁명을 촉발하는 음모를 꾸며대는 역할을 했으며, 전에 대학에서 축출당했다가 다시 대학으로 돌아와서 발전소와 구치소 소장이 되었다고 부언한다.

스필먼이 자기 남편에게 악감을 품고 있지만, 애너스테이저는 죠지에게 자기의 과거 이름은 스테이시 헥터(Stacey)였고, 버쥐녀(Virginia) 헥터의 딸[19]이라고 자신을 소개하면서, 주인공의 사물 인식과 수용의 문제점 해결에서 스필먼의 도움을 기대한다. 그녀는 큰 스님의 부탁에 응해 호주머니에서 작은 유리병을 꺼내 주인공에게 준다. 큰 스님은, "이 병 [속의 잉크]은 보이다가 사라지는 잉크"라고 말한다. 죠지는 밤 추위를 덜기 위해 피어 놓은 나뭇가지 불에 그 병을 비추어보고, 귀에 대고 흔들어보아도 그 병은 빈 것 같아 대수롭지 않게 생각한다. 스필먼은 그 병을 유심히 살펴보더니, 동 캠퍼스 스님들이 선문답으로 그녀와 농담을 했을 것도 같지만, 그 선물의 진의가 무엇이든 간에 선물 증정은 결코 농담이 아니고 그것은 주인공이 구세주가 될 거라는 예언으로 받아들이겠다고 선언한다. 그러나 주인공은 헤롤드가 익사하고, 애너스테이저가 성폭행당하는 현장을 목격하고도 어떤 도움도 주지 않았던 스님들이 너무 괘씸하여 "보이다가 사라지는 잉크"를 비웃으면서 병을 던져버린다. 그러자 주인공이 자기보다 훨씬 더 현명하다고 믿었던 그녀는 그의 옹졸함과 경솔함에 극도로 실망

19. 그녀와 주인공이 동복 남매임을 예시한다.

한다. 그러면서도 그녀는 그가 마음을 다시 가다듬을 때까지 자기가 병을 보관하겠다고 말한다. 스필먼도 그가 병을 던지기 전에 더 깊게 다각적으로 생각해보는 시간을 갖는 것이 좋았다고 조언한다. 그러나 지금 주인공은 편협과 무지의 수렁에 빠져, 나중에 의식전환 — 가시(확신)로부터 불가시(불신)로 바뀜 —에 상징적 역할을 할 뿐만 아니라 서 캠퍼스 자동컴퓨터 동체 안으로 들어갈 때 필수적인 신분증 서명에 긴요한 "보이다가 사라지는 잉크"의 진가를 전혀 예측하지 못한다. 그러나 그는 무지하고 옹졸하면서도, 스토우커의 권총 위협 앞에서, "나는 염소소년 죠지이다. [. . .] 나는 당신을 두려워하지 않는다. 나는 구세주이다. [. . .] 그러나 나는 예수는 아니다. 나는 예수가 되고 싶지 않다"(133, 151, 162)고 당당하게 말한다. 요컨대 그는 예수와 같이 우매한 대중을 인도하는 위대한 구세주가 아니고, 허위의식에서 파생된 대립과 적대관계를 개선하고 해소하는데 최선을 다하는 의식개혁을 선도하는 인간이 되려고 한다.

본의 아니게 주인공은 스필먼과 함께 스토우커의 절대적 권위와 통제 밑에 있는 하나님의 언덕에 소재한 발전소에 도착한다. 주인공은 이런 공포와 강압적 분위기 가운데서도 애너스테이저를 자신의 첫 제자로 만들고 싶어 그녀를 사랑한다고 천명한다. 그러자 구세주가 되겠다는 그를 비웃는 스토우커는 스필먼을 다른 거처로 보내고, 자연 속에서 천진난만하게 생존했던 주인공에게 공포감과 위협감 그리고 생소감과 이질감을 주입하면서, 자신의 절대적 권력을 과시한다. 그는, "이 교정에 부여된 모든 통치력은 여기서 나온다. 대학교를 통치하는 권력! 여기가 통제실이다. [. . .] 여기 근무자들은 사실상 권위는 없고, 총장이 아니라 오로지 테잎 저장소, 즉 서 캠퍼스 자동컴퓨터로부터 받는 실제적 명령들을 수행하는 다이얼과 스위치들을 조작하고 있을 뿐이다"라고 주장한다. 이처럼 이 컴퓨터가 스스로 서 캠퍼스를 통치하는 권력을 행사하고 있는데, 그 과정에서 자기가 소장인 발전소로부터 전력을 공급받아야 한다. 이렇게 인간이 제어할 수 없는 막강한 권력을 그가 기계로부터 부여받았음을 자랑하며, 그는 "컴퓨터가 나를 [소장으로] 임명했다"고 공언한다. 그리고 그는 주인공을 강철 차단벽으로 데려가더니, "이 차단벽이 동서의 경계선이고," 경계선 저쪽에 생존하는 공산주의자들의 생활방식은 우리와 매우 상이하다고 설명하면서, 자기가 동서 캠퍼스 자동컴퓨터에 전력을 공급하는 인물이라고 뽐낸다. 아울러 그는 주인공에게 감성과 지성은 확연히 다르다면서, "너는 심장이 뇌 파괴를 결정하기를 원하지만, 심장은 그렇게 할 수 없다. 심장은 뇌를 파괴할 수 있을 지라도, 파괴를 결정할 수는 없다. 오로지 뇌만이 결정할 수 있다"(174, 175, 176)고 강조한다. 요컨대 스토우커는 주인공의 양극 통합 의지에 반발하는 극단적 이원론자이다.

주인공이 초인적 체력 소유자인 크로우커와 함께 다음날 아침에 스필먼을 만나자, 그는 즉각 스토우커를 무신론자이며, 또 아이어코프를 과학을 악용했던 영혼이 없는 괴물이자 기력과 본능이 쇠진한 지식인이라고 원색적으로 비난한다. 주인공은 그의 평소 언행과는 너무 어울리지 않는 과격한 발언에 경악하며, 자기는 거기에 도저히 동감할 수 없다고 생각한다. 주인공은 그의 이런 돌출행동은 자기가 그의 권위와 지도로부터 독립하려고 하는 것에 그가 당황하고 분노했기 때문일 것이라고 상상한다. 그러면서 주인공은 어제 스토우커 때문에 목적지인 그레이트 몰(Great Mall, 뉴 태머니대학 안에 있는 와싱턴, 디.시.와 뉴욕시를 합친 거대한 도시를 상징함)의 반대편으로 갔기 때문에 오늘은 더 많이 걸어 어둡기 전에 그곳에 도착해야 한다고 마음속으로 다짐한다. 그래서 그는 길가에 고장 나 버려진 모우터사이클을 고쳐 그걸 이용하여 예상보다 빨리 네거리에 온다. 거기서 그들은 주인공의 첫 제자가 되는 자수성가한 백만장자인 피터 그린(Peter Greene)을 만난다. 그린이 모우터사이클의 성능을 더 좋게 고치고 난 후 스필먼을 뒤에 태워 직접 운전하고, 크로우커가 주인공을 양어깨 위에 앉게 한 채 빨리 달렸으므로, 그들은 늦은 오후에 드디어 서 캠퍼스에 있는 많은 대학들 중의 하나인 뉴 태머니대학에 도착한다. 20여년 만에 스필먼은 수천 명의 대학생을 보고, 자신의 열정과 열망 그리고 장점과 약점들을 가지고 과거 역사와 현재 문제들을 직시하면서, 자신이 그들의 스승으로서 그들을 은총 받을 길로 이끌었을까하고 자성한다.

그린은 저녁식사 후에 주인공에게 자신의 과거삶을 이야기한다. 이 이야기는 그가 구세주의 제자로 재생할 수 있는 자기반성과 타인 배려 의지와 실천을 잘 반영한다. 그는 열네 살 때 부모와의 반목과 빈곤 때문에 가출하여 황야에 삶의 터전을 마련한다. 그는 미모의 여선생과 결혼하여 가정을 꾸리고, 경쟁자를 도산시키고 다른 사람들의 임금을 착취하면서 목재사업을 하여 백만장자가 된다. 그는 이렇게 외형적으로 성공하자, 도시로 나가 쾌락을 추구하기 위해 방탕과 낭비생활을 만끽한다. 그러나 이런 관능 추구적 생활은 그를 삶의 충만감과 자신감을 느낄 수 없는 무기력한 성무능력자로 전락시켰을 뿐만 아니라 부인을 극심한 공허감과 허탈감의 소용돌이 속으로 빠져들게 하였다. 그는 정신병 치료를 받는 와중에 파산과 이혼에 직면하자, 다량의 수면제를 먹고 자살을 시도한다. 그러나 그 시도가 실패하고 다시 살아난 그는 마침내 자신의 위기를 극복하고 다시 큰 자산가가 되어 부인과 재결합하게 되어, "오랜만에 처음으로 일하고 싶었다. 또 얼마 만에 처음으로 성관계를 가졌다. 그의 개심이 그녀를 감동시켰음에 틀림없다. 왜냐하면 그들은 열렬하게 포옹하면서 사랑을 맹세하고 서로의 증오를 참회하여, 과거를 애도하면서 앞으로 더욱 열심히 성실하게 생활하자고 맹세했기 때문이다"(238). 그는 이렇게 삶의 활력을 되찾고 반성하면서 삶에 대한 새로운 각오를 한다. 그런데 그린의 자기 부인에 대한 배려와 애정은 주인공이 만났던 모리스와 애너스테이저 그리고 케나드 시어(Kennard Sear)의사와 부인 사이에서 느꼈던 무관심과 냉담과는 전혀 다른 것이었다.

다음날 오후에 네 사람은 대학으로 와서, 인부들이 어제 밤 끝난 봄축제 무대를 철거하는 광경을 보다가 *텔리페드 디캐너스의 비극(The Tragedy of Taliped Decanus)* 공연 광고지를 읽는다. 주인공이 연극에 관심을 보이자, 그린이 입장권 네 장을 사려고 한다. 그러나 지금 스필먼은 숙소문제 해결이 급선무이고, 또 주인공은 내일 아침 일찍 등록하기 전에 그의 조언과 주의를 들어야 하는데 연극을 보면 너무 밤이 늦을까봐 걱정이다. 이런 상황에서 그린은 매표소에 가서 전화로 숙소를 예약하겠으며,

자기가 매표하는 시간에 충고가 끝날 수 있을 거라고 말하면서 입장권을 구입하러 간다. 스필먼의 조언과 주의에 따르면, 동서 캠퍼스의 대결로 세계대전이 다시 발발할 개연성이 있으며, 양 캠퍼스가 동시에 원자탄을 사용하면 인류가 멸망할 것이라고 한다. 이런 위기상황에서 주인공이 구세주로서 급히 수행해야 할 임무가 막중하다. 그의 임무는 그가 서 캠퍼스 자동컴퓨터 동체 안으로 들어가서 컴퓨터가 자동으로 조작하는 원자탄 테잎을 제거하고, 자동작업 구조를 니컬레이대학(Nikolay College, 소련을 상징함)과 협력하는 평화적 목적으로 전환하는 일이다. 이 임무를 수행하려면, "내일 아침 6시 4분 까지는 어떤 일이 있어도, 또 어느 누가 방해하더라도 십자형 회전식 문과 스크레잎고우트(Scrapegoat) 창살문에 가서, 두 문을 통과해야 한다." 그런데 이 두 문을 통과하기는 매우 어렵고 위험한 모험이다. 스필먼은 주인공에게, "사람은 자신이 대단한 위험에 처해 있음을 알면 . . . 지금까지 상상하지 못했던 자신을 구할 비상한 재능을 발견한다. [. . .] 네가 창살문을 통과하면 나의 도움 없이 네 길을 찾을 것이다. 내가 할 수 있는 말은 일반적으로, 다시 말하면 과거에 너와 같은 사람들이 이런 위험한 모험에 어떻게 대응했는가를 연구한 결과를 토대로 너에게 주는 주의와 경고이다. 나는 이 말이 얼마나 도움이 될지 모른다. 어제를 숙고하라"고 말한다. 주인공은 이런 조언과 주의를 듣고, 한때 그린의 주치의였고 스필먼의 숭배자였던 케나드 시어와 함께 극장에 들어간다. 그는 의자 밑에 있는 신문에서 공산당 정권 때문에 망명한 큰 스님이 명상의 황홀경에 빠져 있는 사진을 본다. 주인공은 시어가 자기도 구세주가 존재한다고 믿고 있으며, "텔러페드 디캐너스가 가장 훌륭한 실례이다"(257, 258-59, 264)고 하는 말을 듣게 된다. 그런데 텔러페드가 광명(눈을 뜨고)에서 아버지를 살해하고 어머니와 결혼했던 어이없는 만행은 암흑이었고, 자기 잘못을 깨닫고 스스로 맹인이 된 암흑은 자기를 아는 광명이다. 그는 우리에게 자아를 끊임없이 탐구하고 알아야 하는 중요성과 필요성을 설파하는 구세주이다. 또 그의 광명이 암흑이고 암흑이 광명임은 완전급제는 완전낙제임을 예시하는 전주곡이다.

연극이 절정에 다다르고 있을 때, 갑자기 관객들을 경악시키는 두 뉴스 특보가 방송된다. 첫 특보는 나치정권이 자행했던 유대인 집단학살 현장책임자인 허먼 허먼(Herman Hermann)의 시신이 하나님의 언덕 근처에 있는 뉴 태머니대학 산림에서 발견되었다는 내용이다. 극악무도한 반인륜적 대죄로 종전 이후 서 캠퍼스의 추적 대상이 되었던 허먼은 사살되었으며, 렉스포드학장의 요구에 따라 범인을 색출 중이다. 두번째 특보는, 오후 늦게서 캠퍼스 자동컴퓨터가 새 구세주가 뉴 태머니대학에 곧 출현할 것이라는 매우 반가운 소식을 출력했다는 내용이다. 이 특보를 듣고, 스필먼은 주인공을 힘껏 껴안는다. 그러나 연극이 끝나자, 황당무계한 일이 일어난다. 스필먼은 허먼 살인범으로 경찰에 체포되고, 해럴드(Harold) 브레이는 자기가 구세주라고 외치면서 무대에 등장한다. 주인공이 어리둥절해 하고 있을 때, 그린과 시어는 감쪽같이 사라진다. 다행히 크로우커가 어디서 숙박할 것이며, 어떻게 등록할 것인가의 걱정으로 심란한 마음의 주인공을 등에 업고 어둠 속에서 어딘가로 달려간다.

크로우커가 주인공을 데려간 곳은 그와 너무나 대조적인 인물인 아이어코프와 동숙하고 있는 천문대이다. 두 사람은 피부, 연령, 교육수준, 기질, 그리고 관심이 그렇게 상이하면서도, 상부상조하면서 공생하고 있다. 주인공이 놀랄 정도로, 서로를 필요로 하면서도 어떤 때는 귀찮아하는 두 존재는, 흑인과 백인, 젊은이와 늙은이, 대학생과 박사, 아둔하지만 체력이 비상한 활동적인 운동선수와 신체 불구로 거동이 불편하지만 재능이 탁월한 지식인이라는 대조를 이루면서도, 젊은 여체를 감탄하는 두 성 탐욕자와 관음증자는 아무 말썽 없이 평화스럽게 함께 생활하고 있다. 그것은 남녀 공동기숙사의 여학생들의 나체와 성행위를 멀리서 볼 수 있도록 해주는 망원경이 그들 두 사람의 평화스런 공존에 결정적인 역할을 하고 있기 때문이다. 또 주인공이 보기에는, 스필먼이 괴물이라고 극렬하게 비난했던 아이어코프는 "확실히 사고는 관대하고 창의력이 풍부하며, 유능하고 예의바르며, 논리적, 체계적 판단력이 탁월하고, 그의 견해가 항시 공감을 일으키지는 않지만 관심을 끈다." 그는 주인공의 출생과 관련 있는 사건을 언급한다. 그가 한때 서 캠퍼스 자동컴퓨터로 우생학적으로 아주 좋은 정자, 쟈일즈(구세주적 이상, 실험실의 우생학적 재료)를 만드는 연구에 참여하고 있을 때, 어느 날 밤에 쟈일즈가 없어졌다. 그런데 학장 딸, 버쥐녀가 누구와 관계했는지 아무도 모르는데 임신했다. 그녀가 쟈일즈로 수태했다면 남자 아이, 즉 미래의 구세주를 출산해야 하는데, 그렇지 않고 여아 스테이시, 지금의 애너스테이저 스토우커를 낳았다. 레져널드(Reginald) 헥터 학장은 딸의 불가사의한 임신으로 인한 수치심과 당혹감으로 이 연구를 중지시켰다. 주인공은 이 언급을 듣고, 자신의 출생 수수께끼가 한순간에 풀리는 것 같았다. 그리고 주인공이 확인한 바에 의하면, 아이어코프는 스필먼을 지식과 과학적인 면에서는 매우 존경하면서도, 그의 미소 공존사상과 평화주의에는 적극 반대한다. 또 그는 해럴드 브레이를 사이비 구세주로 단정한다. 그리하여 주인공은 그에게, "누가 믿든, 믿지 않든 내가 구세주이다"고 말한다. 따라서 그는 브레이가 자기에게 도전하는 거짓 구세주, 즉 사기꾼임을 폭로하고 입증하려고 작심한다. 아이어코프도 이에, "나는 네가 쟈일즈이기를 바란다"(324, 330, 331)고 대응한다.

주인공은 브레이가 서 캠퍼스 자동컴퓨터의 동체 안으로 들어가 자동작업 구조를 변형시킬 것이라는 특보가 발표되었다는 아이어코프의 고함을 들으면서 천문대를 나와, 등록하기 위해 새벽 어둠 속에서 십자형 회전식 문을 향해 걸어간다. 스토우커가 그린을 모우터사이클 뒤에 태우고 주인공 옆을 지나다가 그를 동승시킨다. 세 사람은 정문에서 함께 내려 각자 자기 일에 착수한다. 악마 스토우커는 학생들을 타락시키기 위해, 그들이 최종시험에 낙제할 것이 뻔하니, 등록을 포기하고 아침에 발전소에서 열릴 파티에 오라고 유혹한다. 그린은 주인공과 함께 회전식 문 근처에서, 그가 문을 반드시 통과하려는 강한 의지를 확인한다. 그린은 졸업 후보자만이 문을 통과할 수 있다는 사실을 알기 때문에, 직원에게 어제 구세주 해럴드 브레이가 서명한 서류 — "피터 그린은 뉴 태머니대학의 확실한 졸업 후보자" —를 제시한다. 그 직원은 그린의 가짜 서류를 살펴보고 나서, 수염을 기르고 긴 웃옷을 입은 주인공을 의혹의 눈초리로 바라보다가, 그린이 새 구세주의 보증을 받았다고 생각한다. 이때 졸업 후보자들은 출입문에서 신분증을 스캔어에 주사(走査)하여 승인을 받고, 렉스포드 학장의 환영사가 있게 될 강당으로 입장하라는 방송이 흘러나온다. 그러나 주인공은 신분증이 없기 때문에, 그린의 가짜 신분증으로 그를 먼저 통과시키려고 스캔어에 주사하자, 삐 소리가 나면서 회전문이 돌자 그를 안으로 밀어 넣는다. 직원들이 급히 달려왔지만 문 회전을 멈추게 하지 못하자 그는 통과한다. 주인공도 문 안으로 들어가자, 직원이 그를 붙잡으려고 하지만 실패한다. 직원이 문을 되돌리려 하자, 주인공이 상단부를 눌러 문을 고정시킨다. 누구도 문 안으로 들어오지 못하지만, 주인공은 좁은 공간 안에서 몸이 망가지는 것 같은 기분을 느낀다. 스캔어가 작동하지 못하기 때문에 문은 계속 멈춰 있다. 그때 확성기로부터 "이 사람에게 입학을 허가하라"(347, 351)는 고함이 나온다. 그러자 직원들이 주인공을 문 파손자로 구치소로 데려갈 것이냐, 아니면 입학이 허가된 학생으로 강당으로 보낼 것이냐를 논의하기 시작한다. 드디어 그는 강당으로 가도 된다는 승인을 받는다.

그러나 주인공은 입학허가서를 받고 강당으로 가려면, 시어 의사의 건강증명서가 있어야 한다는 말을 듣는다. 그래서 그는 대학보건소로 시어의사를 찾아갔다가 그의 부인도 다시 만나지만, 그들이 자아를 탐구하고 실현하려는 의지와 또 실존에서 의무와 책임을 통감하고 완수하려는 의지가 없을 뿐만 아니라, 서로를 사랑하고 배려하는 애정도 없고, 공동관심과 목표도 없는 변태성욕자들임을 간파한다. 따라서 그는 시어를 건전하고 합리적인 판단과 결정을 내릴 수 없는 인격이 분열된 지식인이라고 여긴다. 주인공이 "브레이는 내가 . . . 도움을 받고 싶지 않은 가짜 구세주"라고 생각하고 있을 때, 시어가, "가짜든 가짜가 아니든, 그[브레이]는 매우 유력한 위치에 있으며, 굉장히 명철하다. 자기를 부정하는 사람들을 긍정하는 것이 그의 자세의 일면이다"고 대응하자 주인공은 시어를 멸시한다. 또한 실존의 진의와 정사(正邪)를 판별할 능력이 없는 렉스포드학장도 지금 자기들을 위협하는 중대 문제들을 해결해 줄 세 명의 구세주, 즉 브레이와 큰 스님 그리고 주인공이 대학에 출현했다고 공언한다. 그는 실존과 사물에 대한 혜안은 없으면서도 환영사에서 서 캠퍼스가 실현하려는 궁극적인 목표는 학문의 자유, 개인의 인권, 그리고 모든 학생의 잠재력 발휘를 존중하고 확장하는 데 있다고 강조한다. 이 목표는 동 캠퍼스의 도전과 부정의 대상이 되기 때문에 동서 캠퍼스는 서로 적대시하는 냉전상태에 있다. 그러므로 우리의 가장 절박한 문제는 동서가 서로 화해하고 공존하는 협정체결과 그 준수이다. 그런데도 동서는 서로 상대방을 제압하기 위해 협정을 위반하고 있다. 그는 불법과 술수와 같은 부정한 수단으로 쟁취한 승리는 진정한 승리가 아니라며, "*텔러페드 디캐너스*의 저자는 우리가 승리한 때일지라도 패배한다고, 더욱이 패배의 단지 상이한 양상들이 있다고 믿는다. 그러나 나는 우리가 패배할지라도 승리할 것이라고 믿는다"(358, 372)고 자신의 철학을 천명한다.

학장의 환영사가 끝난 다음에, 주인공은 "신분증이 없는 사람은 졸업후보자이다"는 안내방송을 듣는다. 잠시 후에 피터 그린이 "신분증이 없으면 입학할 수 없고, 신분증이 있으면 졸업할 수 없다"고 외친다. 주인공은 정확하게 들었다는 확신은 없으면서도, 후보자가 퇴장하는 그레이트웨이(Grateway) 출구 쪽으로 가는데 갑자기 정전되어 아무 것도 볼 수 없다. 그는 직원의 안내를 받아 출구로 나가서 2인용 걸상에 앉아 있는 브레이와 애너스테이저와 마주친다. 그런데 "그[주인공]는 봄, 새벽, 질서, 생식력, 활력, 그리고 젊음에 부합되는데 반해 브레이는 겨울, 암흑, 생식불능, 혼란, 무력한 삶, 그리고 늙음과 관련되어 있다"[20]고 할 정도로 둘은 그렇게 대조적이다. 이런데도 브레이의 추종자로 돌변한 애너스테이저가 놀란 주인공에게, "죠지, 당황하지 마라. 브레이박사는 조금도 질투하지 않는다. 그는 너를 위한 과제를 확정하고, 네가 창살문을 통과하도록 도와줄 것이다"라고 말한다. 그는 그녀의 언급과 변절에 화를 내면서, "애너스테이저, 당신은 변덕스럽다. 브레이가 [아니꼽게 그렇게] 말한다"고 대응한다. 또 그는 브레이에게, "당신은 스스로 당신이 구세주가 아님을 잘 안다. 당신

---

[20]. Fogel and Slethaug, 96.

은 사기꾼이다"고 고함친다. 이런 모욕을 당하고도, 브레이는 자신이 그녀의 경외의 대상임을 과시하기 위해 안색도 목소리도 바꾸지 않는다. 다만 그는 주인공을 향해, "나는 너에게 나를 믿으라고 요구하지 않는다. 네가 하고 싶으면 나를 사기꾼으로 매도하라. 우리는 네가 진정한 구세주, 어떻든 진정한 구세주 . . . 라고 생각하자"고 말한다. 그러자 주인공은 "나는 구세주이다"(375, 379, 380)고 냉정하게 선언한다.

주인공의 이런 선언이 있은 연후에, 애너스테이저는 그가 이원론을 통합하는데 결정적인 역할을 하는 지갑을 그에게 준다. 그리고 그녀는, "이것은 어머니의 낡은 지갑이다. 너는 캠퍼스에 관한 모든 것을 거기에 넣을 수 있다. 큰 스님이 너에게 준 작은 병도 그 안에 있다"고 말한다. 이제 그가 스크레잎고우트 창살문으로 가서, 문을 세게 두드리자 쇠창살들이 구멍에서 빠져지게 되어 그는 그 문을 통과한다. 그가 문간을 지날 때, 종이 한 장이 기둥에서 갑자기 떨어지더니 발밑에서 펼쳐진다. 그 종이는 큰 접시 크기의 원형이며, 그 테두리 안에 그의 출생 전 적성검사표에 있던 "완전급제 완전낙제"가 검정 대문자 글자로 쓰여 있다. 또 종이 뒷면에는 그가 지체 없이 이행해야 할 다음과 같은 7개의 과제가 있다: "1)시계를 수리하라 2)경계선 분쟁을 종결하라 3)네 병을 치료하라 4)네 여성관을 재고하라 5)성경을 고유한 서가에 꽂아라 6)최종시험에 합격하라 7)정식으로 서명된 네 신분증을 관계당국에 제시하라"(381, 383). 주인공은 이 과제들을 이행함으로써, 구세주(이원론에 유폐된 자아와 의식을 개혁하려는 선구자)가 되어 편견과 아집 그리고 인식의 오류에서 비롯된 이원론을 일원론으로 통합한다. 스콜즈(Scholes)는 이에 대해, "통합. 급제와 낙제는 별개지만 상호의존한다. 급제와 낙제는 서로를 정의하며, 인간이 생존하는데 남과 북 혹은 남자와 여자만큼 필요하다"[21]고 설명한다. 그의 이런 통합 실현은 실존을 황폐화하는 대립과 적대관계의 해소이고, 무기력과 위선 그리고 변태성욕의 원천인 이원론의 극복이며, 둘이면서 하나가 되는 사랑의 결실이다.

---

21. Scholes, 167.

그의 통합 실현은 그가 7개 과제를 이행하는 과정에서 편견과 아집에서 기인하는 맹신 그리고 이원론에 입각한 양자택일철학으로부터 자신의 의식을 해방시켜, 실존에서 양극단의 존재 이유와 필요성을 인정하고 수용하기 때문에 가능하다. 그는 스필먼이 가장 선량하고 현명한 학자라고 믿기 때문에, 자신의 모호하고 난해한 과제들의 이행에 대한 그의 조언을 구하기 위해 구치소로 그를 찾아간다. 그런데 그는 그 뜻은 이루지 못하고, 자신의 고정관념의 허상을 실감한다. 그가 증오를 혐오하고 인류애를 사랑하는 실존의 귀감으로 존경했던 스필먼에게 "당신은 영생을 얻었기 때문에, 어떤 사람도 살해할 수 없었다"고 확신에 찬 역설을 하자, 그의 양부인 스필먼은 자신은 나치의 증오자인 까닭에 허먼을 처치해버렸다고 실토한다. 그러나 그의 확신은 이 실토를 도저히 수긍할 수 없다. 또 그는 가장 탁월한 인생지도자로 신뢰했던 스필먼으로부터 어떤 조언도 들을 수 없다. 다만 그는 자신의 급제와 낙제의 엄연한 구별 의식 때문에 수용할 수 없는 이런 철학 — "낙제는 급제이고, 급제는 낙제이다"(416, 420) —을 스필먼과 스토우커로부터 듣는다. 또한 그는 헤럴드 브레이를 사기꾼이라고 비난하고 매도하지만, 브레이는 주인공을 선량한 인간이라고 믿고, 위기상황에서는 오히려 그의 안전을 염려한다. 주인공은 그와 함께 서 캠퍼스 자동컴퓨터의 동체 안으로 들어갔을 때, 이에이티의 방사능에서 안전한 사람이 구세주라고 주장하고 싶었지만 브레이도 무사함을 확인한다. 유감스럽게도 주인공은 자신이 구세주임을 과시하기 위해, 동체 안에서 여섯번째 과제 — "최종시험에 합격하라" —를 성공적으로 이행하려 하지만 결국 실패한다.

이처럼 주인공은 스스로 이원론의 포로가 되어, 또 다른 포로들의 영향을 받고 있다. 그는 "시계를 수리하라"는 과제를 이행하기 위해, 타우어 홀(Tower Hall, 본부 건물)의 종각으로 올라가서, 그곳의 대형 시계를 관리하는 아이어코프를 만난다. 주인공은 과제를 글자 그대로 받아들여, 그에게 고장 난 시계를 수리하려고 하니 도와달라고 간청한다. 그러자 그는 주인공에게 시계는 고장 나지 않았다고 말한다. 그는 주인공이 의아스러운 표정을 지으면서 내미는 과제표를 읽더니, "수리하라"는 "즉시 완성하라(바로 깨달아라)"(433)를 의미한다고 말한다. 그는 시간에 관해 부언하기를, 시간은 영원한 현재라고 주장하는 학파도 있지만, 자기 관심은 오로지 과거와 미래 사이의 순간적인 현재를 포착하려고 하는 데 있다고 한다. 또 이미 지나가버린 톡(tock)과 다가오는 틱(tick)이 있는데, 자기 의도는 틱이 톡이 되는 정확한 순간을 측정하려는데 있다고 말한다. 이렇게 그는 창조적 실존에 필수적인 시간의 순환을 무시하고, 시간을 과거와 미래로 구분한다. 그의 이런 구별은 "이 소설의 대주제인 동서 대립을 상징한다. *쟈일즈*에 기술된 철학적, 사회학적, 이념적, 지도제작에 관한, 종교적, 그리고 정치적 분쟁들의 대부분은 동서 경계선을 따라 대립하고 있다. 다시 말하면 자본주의 대 공산주의 . . . 합리적 이원론 대 신비적 일원론 등등"[22]이다.

한편 아이어코프는 주인공이 쟈일즈(구세주적 이상, 실험실의 우생학적 재료)임을 예시하기 위해, "너는 자칭 구세주이고, 브레이는 구세주가 아니라고 주장하면서도, 이 사실을 입증할 수 없다"고 주인공에게 말한다. 그는 이렇게 주인공을 빈정거리며 비난하면서, "쟈일즈로 태어난 아이는 구세주가 될 것이다. 애너스테이저 헥터는 구세주가 아니라는 의견에 우리는 동감한다. 그런데 버쥐녀 헥터 말고는 어떤 여자도 서 캠퍼스 자동컴퓨터가 쟈일즈를 생성하고 있던 장소에 들어갈 수 없었다. 애너스테이저가 태어났으므로 버쥐녀는 쟈일즈로 임신하지 않았다. 그러므로 네가 구세주일 수 없다"고 선언한다. 이런 수수께끼 가운데서 그는 주인공에게, "네가 스테이시[애너스테이지]의 쌍둥이 오빠라는 사실을 내가 알게 되면, 나는 네 조언을 듣겠다(너를 구세주로 받아들인다)"(432, 438)고 약속한다.

주인공은 두번째 과제 — "경계선 분쟁을 종결하라" —의 이행에서 이원론적 신념을 과격하게 표출한다. 그는 렉스포드학장 비서로부터 제2차 세계대전이 끝난 직후에 동서 캠퍼스 자동컴퓨터의 공동작업으로 캠퍼스 경계선이 그어졌고, 경계선을 따라 고압선 전주들이 서 있다는 말을 듣는

22. James T. Gresham, "*Giles Goat-Boy*: Satyr, Satire, and Tragedy Twined," in *Critical Essays on John Barth*, 163.

다. 따라서 그는 렉스포드학장에게, "나는 정반대되는 사물은 가능한 한 구별되고 달라야 한다고 주장한다. [. . .] 내 생각에 분명한 구별이 졸업(구원)의 첫 단계이므로 급제자와 낙제자가 혼동되어서는 안된다"고 자신의 정반대에 대한 견해를 피력한다. 그리고 더욱 강경하게, "[당신은 미소] 정상회담을 연기하고, 고압선[전주들] 사이의 거리를 두 배로 넓혀, 동서 캠퍼스 자동컴퓨터의 회로를 완전히 분리시켜야 한다"(444, 449)고 건의한다. 사실상 이런 이원론의 발호 때문에, 미소 지도자들은 상대방을 무조건 제압하려고 발광하고 있다. 그들의 발광으로 전 세계 사람들은 파멸 직전의 위기감과 공포심에 떨고 있다. 게다가 종교적, 이념적, 경제적, 인종적 이원론 때문에, 사람들은 언제 어디서나 갈등, 충돌, 그리고 폭력의 불안감과 공포감 속에서 생존하고 있다.

주인공은 이미 마무리한 두 과제보다는 쉽다고 느껴지는 세번째 과제 — "네 병을 치료하라" —를 이행하기 위해, 대학부속 정신병원 원장직도 맡고 있는 시어라는 의사를 찾아가 그의 자문을 받는다. 그는 자신을 강건과 허약의 측면에서 평가하자면, 자기는 건강하다고 평가한다. 따라서 이 과제에서는 이행해야 할 특이사항이 없다고 단정하면서도, 아직도 남아 있는 동물적 성격과 다리 불구가 문제가 될 수도 있다고 생각한다. 그러나 며칠 동안 사람들의 도덕적, 지적, 신체적 결함들을 목격했기 때문에, 구세주가 되려면 이런 결함들을 극복하지 않으면 안된다고 확신한다. 그런데 막상 그가 병원에서 목도한 것은 정신질환자들의 이상 행위, 시어가 일조하고 있는 그의 부인과 애너스테이저의 동성애, 그리고 관음증은 무질서, 혼란, 비이성, 그리고 비정상적 쾌락추구가 극치에 달한 장면들이었다. 이렇게 변태성욕을 즐기는 시어가 주인공에게 "네 병을 치료하라"에 관해 내린 진단은 어이없게도 "의식적인 비열 행위"의 극복이다. 그의 진단에 의하면, 하나의 큰 병은 성욕의 억압이다. 남자가 강제적으로 과도하게 성욕을 억압당하면, 무의식적 욕정에 압도당할 뿐만 아니라 여자에게 비정상적인 성행위와 무리한 요구를 강요한다. 다시 말하면 서슴없이 여자에게 비열한 행위를 한다. 주인공이 이런 비열 행위를 하지 않는 첩경은 그의 네번째 과제 — "네 여성관을 재고하라" —의 이행에 있다. 이 이행방법은 시어가 주인공에게 조언한 말 — "네 영혼에 있는 여성 요소를 이해하라" —의 실천에 있다. 이런 진단을 듣고, 주인공은 자기의 병은 "다리 불구도 염소 성격도 아니고 자신의 본성을 그렇게 늦게 이해한 사람에게 불가피한 인성에 대한 직관력의 한계"임을 지실한다. 게다가 주인공은 자신의 여성관 재고의 바탕은 "애너스테이저를 이해하는" 데에, 다시 말하면 "한 인간의 심금을 가장 강하게 울리는 위업, 즉 직관력의 도움 없이는 불가능한 과업"(468, 469-70, 470)을 완수하는 데에 있음을 깨닫는다.

주인공은 다섯번째 과제 — "성경을 고유한 서가에 꽂아라" —를 이행하기 위해, 애너스테이저에게 함께 도서관에 가서 소문에 없어졌다는 성경책을 찾자고 말한다. 도서관 사서직원은 기독교 유적지에서 발굴되어 기증받은 성경책을 종교, 철학, 문학, 고고학, 예술 또는 역사 서가 중 어디에 꽂아야 하는가를 결정할 수 없었다. 왜냐하면 모든 분야가 성경책을 받겠다고 하기 때문이었다. 그래서 직원은 성경책을 서 캠퍼스 자동컴퓨터에 자동분류 처리를 위임했더니, 성경책이 몇 시간 동안 자동 서가에 들어가 있다가 분류 불가로 나왔다. 그 동안 그 희귀 가치가 큰 성경책이 없어졌다는 소동이 일어났다. 이처럼 성경은 기존분류 방법에 따르면 분류가 불가능하므로, 주인공은 성경책을 독특한 방법으로 분류하여 보관해야 한다고 생각한다. 그의 이런 생각은 사람들이 기존논리와 방법만 고수하고 답습하려 한다면 새로운 사태 변화에 대응할 수 없음을 시사한다.

애너스테이저는 주인공에게 자기 어머니가 도서관 도서분류 책임자이므로 성경을 제자리에 꽂을 권한과 책임을 가지고 있다고 말한다. 게다가 어머니는 불행하게도 사생아를 임신하여 출산했다고 부언한다. 두 사람이 사무실로 책임자를 만나러 가다가, 주인공은 복도에서 마주친 책임자가 자기에게 인간이 되기를 원한다고 말했던 크림헤어여사임을 알고 너무 놀라 졸도할 것 같다. 그래서 그는 애너스테이저에게 그녀가 틀림없는 버쥐녀 헥터냐고 다그쳐 묻는다. 그녀가 그렇다고 대답하자, 그는 쓰러지지 않으려고 옆에 있는 상자에 의지한다. 그는 순간 감정을 억제하고, 자기를 처음 만났을 때 어색하고 이상하게 행동했던 크림헤어여사의 모습을 회상한다. 그는 너무 경악하여 애너스테이지에게 거의 말을 걸 수 없으면서도, 그녀와 자기는 쌍둥이일 거라고 생각한다. 주인공은 어머니가 사무실에 혼자 들어온 딸에게 실토한 고백을 엿듣게 된다. 그녀는 남자와 성관계를 통해서가 아니라, 서 캠퍼스 자동컴퓨터의 유혹을 받아 쟈일즈로 임신했다. 그녀의 아버지 헥터학장은 딸이 사생아를 출산하자, 창피하다는 생각으로 아이를 컴퓨터 동체 안에 유기했다. 그러나 구세주로 태어난 아이는 죽지 않았다. 그녀의 고백을 듣고 주인공은 자기가 바로 구세주로 탄생했음을 확인한다. 따라서 그는 자기 이름을 죠지에서 쟈일즈로 바꾼다. 이제 그는 구세주만이 방사능에 오염되지 않고 살아서 나올 수 있는 서 캠퍼스 자동컴퓨터 동체 안으로 들어가 마침내 생존함으로써, 최종시험에 합격해서 가짜 구세주인 브레이를 추방하고, 사람들을 올바르게 인도하겠다고 결심한다.

이렇게 결심한 주인공 쟈일즈는 "동시에 두 구세주가 존재할 수 없다"(502)는 맹신과 아집 때문에 자기만 살아서 나올 수 있다고 믿고 있다. 그리하여 그는 "자기는 최종시험에 합격했으므로 서 캠퍼스 자동컴퓨터의 자동작업 구조를 변경시킬 수 있는 구세주로서 컴퓨터가 확인해주기를 희망하면서,"[23] 브레이와 함께 동체 안으로 들어간다. 그는 브레이와 함께 카드에 쓰여 있는 다음과 같은 세 문장을 읽는다: "쟈일즈는 잠재력이 있는 진짜 구세주이다; 서 캠퍼스 자동컴퓨터는 주사(스캔임) 하자마자 그를 식별할 수 있다; 동체 안으로 들어온 구세주가 아닌 사람은 바로 방사능에 오염되어 숨을 거둔다." 브레이는 다 읽고 난 다음 그에게, "네가 일단 최종시험에 합격할 수 있다면, 네가 이미 구세주이기 때문이다. 이 사실은 네가 최종시험에 실패할 수 없다는 확증이다"고 말한다. 주인공은 그가 보이지 않자 방사능에 오염되어 죽은 것인지 의아해 하고 있는 중에 갑자기 이런 질문 — "너는 남자냐 여자이냐" —을 받는다. 그는 남자는 "예"라

23. Nadeau, 90.

고 여자는 "아니오"라고 대답해야 하므로, "예" 버튼을 누른다. 다음 질문 — "너는 네 과제를 즉시 이행했느냐" —에도, 그 다음 질문 — "너는 급제하기를 원하느냐"(508, 509, 510) —에도 "예" 버튼을 누른다. 이제 그는 브레이가 보이지 않음을 확인했고, 질문들에 긍정적으로 반응하여 큰 성취를 이루었다고 확신하고, 동체 밖으로 나가 자신의 강경한 반공정책에 대한 권유와 지지에 반발하고 있는 학생들을 진정시키고 싶다. 그러나 그의 성취감과 기대감은 금방 무산되고, 맹신과 아집은 무너진다. 왜냐하면 그가 죽었을 거라고 믿었던 가짜 구세주 브레이가 살아 나와서, 기다리고 있다가 그에게 급제했냐고 묻기 때문이다. 그는 최종시험에 실패했다는 직감에서 그리고 자신의 고정관념의 와해에서 기인하는 낭패감과 무기력감에 압도당한다.

한편 주인공 쟈일즈는 스필먼이 역설했던 인간의 잔인한 본성과 허위의식을 실감한다. 그는 외조부인 레져널드 헥터 전학장을 사무실로 찾아가서, "저는 . . . 서 캠퍼스 자동컴퓨터의 쟈일즈로 임신한 버쥐녀 헥터의 [사생아 인데], 책 청소부인 지. 헤롤드에 의해 동체에서 구조되었고, 맥스 스필먼의 보호를 받아 대학농장에서 염소 소년 빌리 복스퍼스로 성장했으며, 서 캠퍼스 자동컴퓨터의 자동작업 구조를 변경시키고 완전급제 혹은 완전낙제하기 위해 그레이트 몰에 왔습니다"(519)라고 자신의 신원을 밝힌다. 그러자 헥터 전학장은, 자기 딸이 사생아를 임신하여 매우 창피했고, 더욱이 딸이 유대인 스필먼 아니면 나치주의자였던 아이어코프에게 성폭행당해 임신했다고 오해했기 때문에, 딸이 사산하기를 바랐다고 실토한다. 그러나 그는 딸이 순산하자 그 아이를 유기했는데, 나중에 그 아이가 구조되었다는 사실을 알게 되자, 딸의 사생아 임신으로 인한 수치심보다는 영아살해를 음모한 비인간적 행위로 인한 고통이 훨씬 더 컸다. 이 실토를 듣고, 주인공은 스필먼의 지배계층인사들의 본성과 의식에 대한 불신과 환멸을 이해한다. 이제 그도 스필먼처럼 "염소가 사람보다 더 인간적이고, 사람이 염소보다 더 동물적이다"는 격언을 피부로 느낀다.

이처럼 주인공 쟈일즈는 자신의 아집과 맹신의 허상을 실감하고, 더욱이 지배계층인사들의 본성과 의식을 불신하면서 지금까지 실존을 지탱한 자기 신뢰와 확신을 상실한다. 이때 그는 대립과 적대를 절대시하는 정치와 사회체제에 격렬하게 반항하는 학생들의 과격한 언행을 목격한다. 따라서 그는 독선적으로 그 누구도 평가할 수 없다고 반성하면서, "나는 지금 브레이가 구세주인지 혹은 아닌지를 판단하지 못한다. 그는 비범하다. 그러나 나는 평범하다고 스스로 깨닫는다. 나는 완전 실패자이다. [. . .] 나는 무엇을 말해야 하는지도 알지 못한다. [. . .] [왜냐하면] 나는 매사를 잘못 이해하고 판단했었기 때문이다"(539, 546, 553)며 자아를 성찰하고 있다. 그는 이런 성찰로 자신의 오판과 혼란의 근원이 그와 자연, 인간과 동물, 그리고 선과 악의 구별에 있었음을 깨닫는다.[24] 이제 그는 이원론에 입각한 양자택일만이 최선이라고 믿으면서 지금까지 부정했던 "낙제는 급제이고, 급제는 낙제이다"는 역설을 수용한다.

그의 역설 수용은 사랑과 증오, 선과 악, 그리고 생과 사를 구별하지 않고, 포용하는 정신이다. 그는 과거에는 진실과 허위가 다르다고 생각했지만, 지금은 "완전급제와 완전낙제는 동일하다"고 설파한다. 이렇게 그는 선과 악을 구별하는 이원론에서 해방되었으므로, 헤롤드가 익사하고 애너스테이저가 성폭행당해도 방관만 한다고 이성적으로 비난했던 큰 스님을 이해하고 수용한다. 그는 얼어붙을 것 같은 날씨에도 느릅나무 아래서 돈오에 정진하고 있는 큰 스님을 보고, 그에게 먼저 사과하고, 오래 전에 자기가 서 캠퍼스 자동컴퓨터 동체 안으로 들어갈 때 반드시 소지해야 하는 신분증에 서명하는데 요긴하게 사용했던 "보이다가 사라지는 잉크"를 줘서 고맙다고 인사한다. 그리고 그는 큰 스님에게, "나는 구세주가 아닙니다. 나는 서 캠퍼스 자동컴퓨터에 지나치게 의존했기 때문에 내 과제 이행에 실패했습니다. 그래서 당신이 나를 용서한다면, 나는 과제 이행에 대해 당신과 의논하고 싶습니다 . . ."고 고백한다. 나아가 그는 차별심과 분별심을 없애라는 큰 스님의 가르침을 따르려고 한다. 이제 그는 가시와 구별

---

24. Tony Tanner, *City of Words: American Fiction 1950-1970*(New York: Harper & Row, 1971), 250.

이 압도하는 현실세계를 초월하여 영감과 신비 체험이 가능한 무의식세계를 인정하고 수용한다. "시계를 수리하라"는 과제에 대한 큰 스님의 제자들의 해석에 따르면, "수리하라"는 파손된 시계를 고치는 것이 아니고, 주인공이 과제를 즉시 이행할 수 있었던 순간에 시간이 정지됨을 의미한다. 이제 주인공은 이 은유적 해석의 암시를 이해한다. 따라서 그는 시간을 구별하는 의식에서 벗어나 애너스테이저와 함께 시간을 망각한 채 무아의 경지에 빠져,[25] "우리가 있는 곳에 종은 울리지 않는다. [. . .] 바로 우리는 거기에 영원히 누워 있었다"고 말한다. 이렇게 의식을 개혁한 주인공은 렉스포드학장에게 "경계선 분쟁을 종결하라"에 대해, "동서 캠퍼스 사이에는 어떤 경계선도 없습니다. 모든 학생들은 급우들이다. 자본주의와 공산주의에 대한 논쟁은 무의미합니다. [. . .] 동서 그리고 절제와 무절제는 동일합니다. [. . .] 저는 동서 캠퍼스, 염소와 구세주, 그리고 급제와 낙제는 분리될 수 없고, 궁극적으로 구별될 수 없다고 이해하게 되었습니다"(554, 578, 674, 594)고 강조한다. 나아가 그는 학장이 동 캠퍼스의 적대행위에 대한 대책을 묻자, 포용이 최선책이라고 역설한다.

한편 주인공 쟈일즈는 현실 문제인 경계선 분쟁 종결의 첩경은 동서 구별을 없애는 데에 있다고 적극 주장하면서도, 자아를 탐구하려고 하지 않기 때문에, "나는 내가 무엇인가를 알지 못한다"고 실토한다. 그는 지금 자기를 모르기 때문에 이런 과제들 — 네 병을 치료하라, 네 여성관을 재고하라, 그리고 성경을 고유한 서가에 꽂아라 —의 정확한 의미를 파악하지 못해, 어떻게 이행해야 할지 종잡을 수 없다. 그런데 그가 서 캠퍼스 자동컴퓨터의 자동작업 구조를 변경시키기 위해서는, 이 과제들의 의미 파악과 이행이 필수적이다. 다행히 그는 시어의사의 도움을 받는다. 시어의사가 "네 병을 치료하라"의 의미를 그에게 깨우쳐주려고, "내 병 치료는 질병과 건강의 차이 또는 '내'가 질병에 시달린다고 단정되는 사실, 다시 말하면 그가 할 수 있다면 자신의 편평상피(扁平上皮)세포 암에 대응하려고

25. Harris, 96.

했던 태도를 부정함을 의미해야 한다. 결국 내가 암으로 죽어가고 있다면, 암은 나 때문에 살아가고 있다. 하나님의 관점에서는 생사가 동일하다. 그렇지 않은가?"(615, 609)라고 말한다. 요컨대 시어의사의 불교철학을 바탕으로 한 진단에 의하면, 주인공의 "병은 그가 세번째 과제 — 네 병을 치료해라 —를 정확하게 이해하지 못하도록 하는 무능력, 다시 말하면 사물들을 전체의 일부로 이해하려 하지 않고 개개로 분리하고 구별하여 파악하려는 기질이다"[26]고 할 수 있다. 이처럼 주인공의 병 치료는 분별심과 차별심의 극복에 있다는 철학이 유독 강조되고 있다.

사물들을 개개로 분리하여 구별하는 기질이 강한 주인공은 상대방을, 심지어 자기와 성행위를 함께 하고 있는 상대자까지도 자신과 필연적으로 거리가 있는 대상으로 간주한다.[27] 그리하여 그는 "나는 . . . 나 자신까지 포함하여 누구도 이해한다고 확신할 수 없다고 얼마 동안 생각했다. 나는 이런 생각을 지난 봄에도 했고, 지금도 하고 있다"고 자신의 이상한 체험을 피력한다. 이처럼 그는 다른 사람을 정서적으로 이해하고 그와 공감하고 결합할 수 없기 때문에, 애너스테이저가 그에게 묻기를, 그가 그녀를 사랑한다고 말했을 때 그것이 무엇을 의미하는가라고 하자 그는 모른다고 대답한다. 그는 사랑한다는 말이 그저 나왔고, 사랑이 무엇을 의미하는가는 몰랐다고 고백한다. 이렇게 무지하고 무감각한 주인공을 깨우쳐주기 위해, 애너스테이저는 그에게 "당신의 여성관 재고 과제는 당신이 나를 가장 심오하게 이해하고 [나와 공감함으로써] 우리가 하나됨을 의미한다고 나는 생각한다"(610, 613, 617)고 역설한다. 그는 그녀의 철학을 경청하고, 지금까지의 남녀의 고착된 관계와 역할을 초월하여, 남자는 여자가 되고 여자는 남자가 될 수 있을 뿐만 아니라 그녀가 자기 선생이 되고 자기는 그녀 학생이 될 수도 있다고 깨닫는다.

또 주인공은 다섯번째 과제 — 성경을 고유한 서가에 꽂아라 —는 성경이 실제로 있어야 하는 자리 문제가 아니고 우리를 깨우쳐주는 진리를

26. 앞책, 96.

27. 앞책, 97.

실현하라는[28] 의미임을 지각한다. 그는 불교를 바탕으로 다섯 과제들의 정확한 의미를 터득하고, 과제들을 새로운 시각에서 다시 이행하려고 한다. 따라서 그는 선악을 구별하지 않기 때문에, "브레이박사, 당신이 아시다시피, 나는 당신이 저주받는 사기꾼이라고 항시 믿었다. 그러나 나는 당신이 저주받는 인간이라고 이젠 믿지 않는다"고 하며 브레이에 대한 자기 편견과 아집을 버렸음을 선언한다. 주인공은 그를 더 이상 경쟁 상대자로 생각하지 않기에, 사이좋게 둘이 함께 서 캠퍼스 자동컴퓨터 동체 안으로 들어간다. 주인공이 안으로 들어갈 때, 브레이가 "우리는 신분증을 제시해야 하는가"라고 말하자, 그는 "나는 죠지로 태어나지 않았다. 나는 어떤 대상으로 태어나지 않았다. 나는 내 이름을 선택했던 것처럼 나 자신을 창조했다. 그래서 나는 최종시험에 합격했었을 때 (이미 '정식으로 서명된') 내 신분증을 나 자신에게 제출했다"고 대담하게 유아독존적 발언을 한다. 그는 이 발언에 부언하여, "나는 컴퓨터를 파괴하려고 한다. 플러그는 어디 있느냐? 나는 플러그를 뽑겠다"고 한다. 그는 자신감에 들떠서, "너는 남자냐 여자이냐"의 질문을 받고, 지난 번 "예"라는 답이 틀렸음을 고려하고, 또 자신의 새로운 철학으로 컴퓨터의 권위를 부정해야 하기 때문에 "아니요" 버튼을 누른다. 그리고 "너는 네 과제를 즉시 이행했느냐"는 질문에는 영원과 무한의 세계에서는 완성이 있을 수 없다고 믿고 "아니요" 버튼을 누른다. 그는 마지막 질문인, "너는 급제하기를 원하느냐"에도 눈을 감고 마음을 조이면서 "아니요"라고 대답한다. 그는 이처럼 자신 있게 대답했지만, 이번에도 자신의 기대가 무산되었음을 인지한다. 왜냐하면 그가 동체 밖으로 나왔을 때, 브레이가 확성기로 "우리의 모든 악의 근원이고 화신인 염소 소년 죠지 쟈일즈. 이 때문에 네가 인간세계에 오고 싶어하는 소원과 희망은 [우리에 의해] 좌절되었다. 근신도, 복권도, 자비도 허용되지 않는다. 너는 바로 염소농장으로 추방된다"(635, 636, 640)고 공표하는 공지사항을 들었기 때문이다. 그는 결국 또 최종시험에 실패하여 구

28. 앞책, 98.

세주가 되지 못한다.

주인공은 "예"나 "아니요"와 같은 양자택일을 근본으로 하는 이원론과 차별을 부정하는 불교에 의존하여 구세주가 되려다가 실패했다. 그는 자신의 실패 원인이 이성적인 구별과 전적인 차별 부정에 있었음을 인지하고, 구별과 부정을 지양하려고 한다. 따라서 그는 대립적인 선악 그리고 대조적인 아침저녁의 구별을 인정해야만 하면서도, 선악과 아침저녁은 의식과 실존에서 서로 적대와 타도의 대상이 아니고 상호의존하는 정반대 개념과 현상으로 반드시 함께 있어야 한다고 생각한다. 그는 이성적인 이원론이 용납하지 않는 정반대 개념의 양립이 가능함을 원형에서 발견하고, "시작도 끝도 없이 어디나 똑같은 내 과제가 적혀 있는 둥근 종이 조각이 고문기구와 같은 내 이성을 그렇게 오랫동안 [맹위를 떨쳤던] 확신으로부터 멀어지게 했다. 급제는 낙제였고, 낙제는 급제였다. 그러나 급제는 급제였고, 낙제는 낙제였다! [이 주장은] 틀림없는 사실이지만, 어느 쪽도 정답은 아니었다. 급제와 낙제는 다르지도 않지만 같지도 않았다. 진실과 허위 그리고 같음과 다름. 이루 말할 수도 없고! 명칭을 붙일 수도 없고! 상상할 수도 없다! 확실히 마음이 매우 산란하였다"고 말한다. 그는 이렇게 실존에서 급제와 낙제는 동시에 다르면서도 같다는 역설적 진리를 터득하고[29], 정반대 개념이 양립하는 불가사의한 의식을 수용한다. 마침내 그는 자기만이 독자적 행위자이고 창조자라는 유아론적 의식에서 벗어나, 대상이 자기 행위와 의식에 결정적인 역할을 한다는 사실을 인지하는 체험을 실감하고서, "내가 [대상에] 집중하고 있지 않았고, 오히려 대상이 나를 엄습해서 . . . 산고의 경련처럼 질식시켰다"(650)고 말한다. 그는 자기 실존이 혼자서가 아니라 인간 그리고 자연과의 상호관계에서 전인적으로 변신하고 성숙한다는 이치를 깨닫는다.

이처럼 주인공은 양자택일의 이원론의 속박과 차별을 부정하는 불교의 영향에서 벗어난 데다 이타주의의 중요성을 깨닫게 된다. 마침내 그는 유

---

[29]. Geffrey Helterman, *John Barth's Giles-Goat Boy*(New York: Monarch Press, 1973), 27.

부녀이면서도 자기를 사랑한다고 고백하는 애너스테이저와 함께 서 캠퍼스 자동컴퓨터 동체 안으로 들어간다. 그녀는 자기를 무시하고 모욕하는 남편과 갈등을 빚지 않으면서, 주인공을 구세주로 열렬히 사랑하려고 한다. 그래서 그가 그녀에게 "네 자신을 주장하라"고 요구하지만, 그녀는 "그러고 싶지 않다"고 대응한다. 그는 깜깜한 동체 안에서 그녀의 괄약근 가까이 얼굴을 대고, "그런데 애너스테이저, 여기 어디에 수수께끼가 있다. 본질적인 문제"라고 말한다. 그는 자기에게 깊은 배려와 관심을 쏟는 그녀와의 성스러운 관계에서 "인간의 본성을 완전히 이해하도록 해주는 사랑의 창조력을 체험한다. [. . .] 이 관계는 전체와 완벽 달성을 상징하고 재생을 조성하는 정반대 [남녀]의 융합"[30]이다. 이제 그는 "기적이다. 어두운데다 내 눈은 지갑으로 가려져 있지만, 나는 애너스테이저에게서 전체적이고 완전한 세계를 발견했다"(672, 671, 672)고 외친다. "컴퓨터가 너는 남자냐 여자냐고 묻는다"는 그녀의 속삭임을 듣고, 두 사람은 함께 일어나, 서로 붙잡고 "예"와 "아니오"버튼을 동시에 누른다.

그리고 그는 애너스테이저, 어머니, 아니면 자기 목소리로 "너는 네 과제를 즉시 이행했느냐"는 질문을 받는 순간, "동도 서도 없고 오직 하나의 무한 세계가 있었다. [. . .] 여기는 저기와 연결되어 있었고, 틱소리는 톡소리와 합쳐졌고 . . . 나와 그녀는 하나였다"라고 생각한다. 그가 이처럼 대립을 통합하고, 사랑과 성행위에서 애너스테이저와 완전히 하나가 되는 결합을 이룬 의식 속에서, "나는 하나님이었다. 나는 서 캠퍼스 자동컴퓨터였다. 나는 아니였다. 나는 "예"와 "아니요"를 [대변하는] 두 버튼을 동시에 꽉 잡았다. 나는 내 자신을 충족시켰다"고 자신을 정의한다. 그가 이렇게 자신의 변신을 이룩했을 때, "너는 급제하기를 원하느냐"는 질문을 받자, "나는 급제자, 그녀는 급제, 우리는 함께 급제해서, '오 기적이다!' 고 같이 외쳤다. 예 그리고 아니요. 어둠 속에서 눈을 어지럽히는 밝은 빛[이 강하게 빤짝였다]. 세상의 종말! 졸업식!"(672-73, 673)이라고 대답한다.

---

30. John W. Tilton, *Cosmic Satire in the Contemporary Novel*(Lewisburg: Bucknell University Press, 1977), 47, 52.

주인공은 “실존에서 대립과 차이가 완전히 통합된 지극히 행복한 순간을 만끽”[31]한다. 이렇게 실존 속에 팽배한 아집과 편견에서 기인하는 대립과 분열 그리고 차이를 통합한 그의 의식이 서 캠퍼스 자동컴퓨터의 자동작업 구조를 변경(서구정신을 변화)시킨다. 드디어 그는 모든 사람들의 대립과 분열 그리고 허위의식의 개혁을 선도하는 구세주가 되었다.

Ⅲ

지금까지 주인공 쟈일즈가 염소로 자연 속에서 순수하게 생존하다가 인간이 되어, 편견과 아집에서 기인하는 구별과 대립이 맹위를 떨치는 사회에서 엄청난 시련을 겪으면서, 그런 암적 허위의식을 개혁하는 선구자가 되겠다는 목적과 의지를 가지고 그것을 실천함으로써 이룩한 괄목할만한 성과를 고찰하였다. 그는 기독교 대 비기독교, 민주주의 대 공산주의, 백인종 대 유색인종, 유아론 대 유물론, 그리고 자유경제 대 통제경제 등과 같은 구별과 대립 속에서 실존해야 했다. 그런데 지배계층인사들은 구별과 대립을 조장하여, 자기들의 권력 쟁취와 유지를 장기화하며, 경제 이익을 극대화하고, 사회적 신분과 명예를 유지하기 위해, 민초의 인권을 탄압하고 유린한다. 그래서 민초는 실의와 좌절의 와중에서 살아야 하기 때문에 그들의 삶은 언제나 고달프고 메마르다. 이런 실존상황에서 바스가 창조한 주인공은 구별과 대립의 해소 방안을 이념과 종교, 정치와 경제제도, 그리고 인위적인 사회변화에서보다는 사랑과 성행위에서 찾고 있다. 왜냐하면 그가 실현하려는 사랑과 성행위는 두 사람이 정신적, 육체적으로 결합하여 하나됨을 전제로 하기 때문이다. 우리는 이런 사랑의 실례를, “그들은, 두 사람의 사랑이 그 본질에선/ 다만 하나이듯이 그렇게 사랑하였다./ 둘로 갈라져 있지만, 구별은 없다./ 사랑에서 수는 죽었으니”[32]에서 찾아볼 수 있

---

31. Tanner, 251.

32. William Shakespeare, "The Phoenix and the Turtle," in *The Complete Works of Shakespeare*, 3rd Ed., ed. David Bevington(Glenview: Scott, Foresman, 1980),

다. 또 자아탐구와 실현을 실존목적으로 하여 서로 사랑하는 두 사람은 "성행위에서 그저 충동적인 쾌락만을 추구하지 않고, 두 사람의 성스러운 결합을 갈망"[33]한다. 이렇게 바스는 *염소-소년 자일즈*에서 우리의 편견과 아집에서 기인하는 분별과 대립으로 왜곡된 의식을 깊은 배려와 사랑으로 개혁하고, 분열된 세계를 통합할 수 있는 주인공을 창조했다. 이런 주인공의 창조가 바스의 탁월한 업적이고, 그것은 우리에게 시사하는 바가 매우 크기 때문에 높이 평가받아야만 한다.

1573.

33. Ralph C. Wood, *The Comedy of Redemption: Christian Faith and Comic Vision in Four American Novelists*(Notre Dame: University of Notre Dame Press, 1988), 211.

4

리쳐드 브로티건: 각성과 의식개혁 강조

I

리쳐드 브로티건(Richard Brautigan, 1935-1984)은 "우리 시대의 가장 독창적인 작가들 중의 한 사람"[1]이라는 격찬을 받고 있는 서부출신 소설가이고 시인이다. 오늘날 그는 미국문학사에서 "'마지막 비트작가'((행복을 추구한 세대(Beat Generation)의 최후 작가를 뜻함)), 선승(禪僧), 히피(hippie) 우상, 미국적 해학작가, 현대판 헨리 데이비드 소로우(Henry David Thoreau), 그리고 포우스트모던 소설의 선구자" 등으로 분류, 평가된다. 그는 두번째 소설, *미국에서 송어낚기*(*Trout Fishing in America*, 1967)가 큰 각광을 받아 일약 유명작가로 급부상했다. "반(半) 자서전적 형식"[2]으로 창작된 *미국에서 송어낚기*는 그의 소설들 중에서 "가장 유명하고 가장 크고도 많은 갈채를 받은"[3] 작품이다. 이 소설은 당시 미국사람들의 의식개혁 욕구와 열기에 시의적절하게 잘 부응했기 때문에 큰 갈채

---

1. Terence Malley, *Richard Brautigan*(New York: Warner Paperback, 1972), 21.

2. Edward Cutler, "Richard Brautigan," in *Dictionary of Literary Biography, vol. 206*, ed. Richard H. Cracroft(Detroit: Gale, 1999), 34, 40.

3. Malley, 22.

를 받았다. 그는 이 욕구와 열기를 당시 미국사회에 팽배했던 이기주의, 타인 부정, 관능적 쾌락추구, 출세와 실력 제일주의, 배금사상, 물질주의, 무분별한 자연 정복과 파괴 그리고 자아 상실로 함몰된 실존가치와 생활 규범에 반기를 들고 행복을 추구한 세대의 철학과 포우스트모던 소설 창작기법으로 뜨겁게 충족시키면서 달아올렸다. 이 논문은 그가 어떻게 그 철학을 그런 기법으로 구현했는가를 밝히고자 *미국에서 송어낚기*를 분석, 고찰한다.

브로티건은 자신의 어두운 출생과 성장배경을 공개적으로 말하기를 꺼렸다. 또 이런 배경 때문에 대담하기를 아주 싫어했다. 게다가 자신의 독창적이고 특이한 소설창작철학과 기법을 밝히지 않았다. 따라서 이 논문은 *미국에서 송어낚기*가 그의 삶과 문인들과의 교우관계를 바탕 삼아 행복을 추구한 세대의 철학을 주제로 하고 있다고 유추하고, 포우스트모던 소설 창작기법으로 집필되었다는 평가를 토대로 작품을 논의한다. 브로티건은 와싱턴(Washington)주의 항구도시인 터코우머(Tacoma)에서 출생하였는데, 아버지를 본 적이 없었으며, 어머니도 자식에 대한 애정과 책임의식 그리고 의무감을 느끼지 못했기 때문에 그와 누이동생을 몬태너(Montana)주의 그레이트 폴즈(Great Falls)시에 있는 한 호우텔에 며칠 동안 유기했다. 이런 비참한 실존 여건으로 인해 그의 성격은 반사회적 경향으로 굳어졌다. 그는 고등학교 재학 중에 돌을 던져 경찰서 유리창을 깨뜨렸다가 체포당해, 편집성 정신분열증(paranoid schizophrenia) 진단을 받아 정신병원에 강제 수용되어 전기충격 치료를 받았다. 누이동생의 언급에 따르면, 그는 이 치료 때문에 마음의 문을 닫은 폐쇄적 인간으로 돌변했다. 정신병원에서 풀려나자 곧바로 고향을 등지고, 샌 프런시스코우(San Francisco)로 거처를 옮겼다. 대학에서 정식으로 문학 공부를 하지 않았지만 시를 습작하였고, 1956년에는 비트시 낭송회에 자주 참석했다. 이 참석을 계기로 잭 스파이서(Jack Spicer), 마이컬 머클루(Michael McClure), 필립 화렌(Philip Whalen), 로버트 덩컨(Robert Duncan), 그리고 로런스 퍼링게티(Lawrence Ferlinghetti) 등과 같은 시인들과 친구가 되었다.

비트 시인들과 친구가 된 브로티건은 소설창작에서 어떤 작가들보다도 당시 미국사람들의 의식개혁과 사회변화의 욕구와 기대에 상당히 만족스럽게 부응하는 새로운 형태의 소설을 창안한 비트 소설가들의 가장 지대한 영향을 받았을 것이라는 추리가 가능하다. 이 추리는 *미국에서 송어낚기*의 창작철학과 기법을 논의하는 전제이고 출발점이다. 브로티건은 *미국에서 송어낚기*의 철학은 잭 케러왝(Jack Kerouac)에게 그리고 기법은 윌리엄 에스. 버로우즈(William S. Burroughs)에게 크게 의존했다. 케러왝은 산업사회의 관료주의와 획일성, 중산층의 물질 만능주의, 정신과 육체 그리고 광명과 암흑을 구분하는 이원론, 성의 억압 등이 인간의 영혼을 질식시키고 있다고 믿었으며, 특히 자연파괴가 삶의 본질인 솔직성, 민감성, 개체성, 공동체 의식, 자유, 그리고 사랑을 갈망하는 인간의 영혼을 파괴하고 있다고 믿었다.[4] 따라서 그는 이런 질식과 억압으로부터 해방되는 첩경은 의식개혁과 사회변화에 있으며, 그 개혁과 변화의 도화선은 자아탐구를 바탕으로 실현하려는 주체적, 자발적 삶에 있다고 주장했다. 앞으로 이런 주체적, 자발적 삶을 살기 위해, 인간을 이렇게 새롭게 정의해야 한다고 설파했다: "인간은 결코 사회적 동물, 피해자, 피조물만은 아니고, 근본적으로 정신적 존재이다."[5] 또 문학도 새롭게 정의되어야 한다: "시는 인간의 신비스러운 영혼에 대한 개체적 직관력의 기록이다."[6] 케러왝은 이런 새로운 인간과 문학의 정의에 부합한 작품을 창작하기 위해서는 무엇을 쓰겠다는 계획을 세우기보다는 마음에서 우러나오는 감정을 즉흥적으로 기록하라고 역설했다.[7] 케러왝의 이런 소설창작철학과 기법이 *미국에서 송어낚기*에 잘 반영되어 있다.

윌리엄 에스. 버로우즈도 서구사회를 지배하는 허위의식 — 마약, 성,

---

4. 고지문, *최근미국소설론과 작품세계*(서울: 신아사, 2000), 140.

5. John Clellon Holmes, *Nothing More to Declare*(New York: Dutton, 1967), 121.

6. Allen Ginsberg, "Poetry, Violence, and the Trembling Lambs," in *A Casebook on the Beat*, ed. Thomas Parkinson(New York: Thomas Y. Crowell, 1961), 25.

7. 고지문, 154.

권력, 금전, 종교, 그리고 이념에의 지나친 탐닉, 이로 인한 자아탐구와 자아실현 의지의 상실로 빚어지는 노예적 삶, 변태적 성행위, 그리고 무자비한 탄압의 자행, 더욱이 이런 비정상적이고 병적인 욕구와 그 충족 결과로 나타나는 득의만면과 기고만장 —으로부터 해방되는 의식개혁 운동에 케러왝보다 더 먼저 앞장섰다. 그는 의식개혁만이 개인보다 조직이 우선시된 나머지 매몰되어버린 개개인의 사랑, 자유, 정의감, 독립성, 자발성, 솔직성, 그리고 이타주의를 소생시키고 나아가 확장시킬 수 있다고 확신했다. 그는 이런 소생과 확장에 크게 기여할 수 있는 소설창작론, 다시 말하면 포우스트모던 소설창작 이론을 정립했다. 이 이론은 애리스토틀(Aristotle)의 양자택일철학을 금과옥조로 하는 기법 — 갈등과 대립 그리고 해소로 귀결되는 시작과 중간 그리고 끝으로 구성되는 플롵, 사건과 등장인물들의 성격의 일관성, 사고와 행동의 연속성, 그리고 논리적 귀착의 고수 등 —을 부정한다. 또 절대적 진리와 그 표현도 부정한다. 이 이론은 삶을 변화무쌍과 가능성의 세계로 긍정하고 수용하려는 버로우즈의 강한 의지와 그 실천의 바탕을 이루고 있다. 그는 이 세계를 확장하기 위해, 플롵을 부정하는 새로운 기법으로 잘라내기 기법(cut-up)과 끼워넣기 기법(fold-in)을 창안했다. 잘라내기 기법은 미술의 컬라즈(collage) 기법과 유사하며, 끼워넣기 기법은 영화의 플래쉬백(flashback) 기법으로 이미 활용되어 왔다.[8] 잘라내기 기법과 끼워넣기 기법은 단어, 문장, 그리고 이야기들의 병치이다. 이렇게 병치된 단어, 문장, 그리고 이야기들은 서로 결합, 병렬, 수평관계를 이룬다. 이런 관계는 선택, 종속, 수직관계를 절대시한 모던니즘까지의 서구예술철학과 그 기법을 극복, 초월할 수 있는 이상적인 방법이다.[9] *미국에서 송어낚기*는 버로우즈의 이런 철학과 기법에 잘 부응하여 창작된 소설이다.

이처럼 케러왝과 버로우즈의 소설철학과 기법에 부응하여 창작된 *미국*

---

8. 고지문, *포우스트모던 미국소설론과 작품세계*(서울: 신아사, 2005), 39, 41, 43.

9. Ihab Hassan, *The Postmodern Turn: Essays in Postmodern Theory and Culture* (Columbus: Ohio State University Press, 1987), 91.

*에서 송어낚기*는 "창조적 상상력의 발현" 그리고 "상상적으로 꾸며낸 이야기"[10]라는 평가를 받았다. 토머스 맥게인(Thomas McGuane)은 "브로티건의 소설들은 '본질적으로 언어의 작품들'이다고 논평했다."[11] 이런 평가와 논평은 *미국에서 송어낚기*가 포우스트모던 소설의 정의 — 절대 진리를 추구하는 삶의 반영을 부정하는 철학을 바탕으로 하는 상상력 표현과 언어 구사 그리고 행위와 사건들의 인과관계와 일관성 그리고 연속성을 무시하는 기법이 바탕이 되어 창작된 긴 이야기 또는 짧은 이야기들의 결합체 —에 잘 들어맞는 소설임을 시사한다. 따라서 이 소설의 가장 큰 흥미는 "사회적 주제나 이야기 전개 혹은 주인공 변신과 성숙에 있지 않고, 글쓰기와 표현에 내재된 문제들에 대한 독특한 인식에 있다. 브로티건은 언어 체계들과 고정된 언어 단위들이 의미의 가능성을 동결한다고 생각했기 때문에, 언어의 초점을 그 자체에 집중시켜, 순수한 '정신생활'을 위한 공간을 강제수단을 사용해서라도 확장하는 것을 소설가의 사명으로 삼았다. 그래서 그는 '기존 소설을 조롱하고 전복하는 작업'을 수행하면서, '이야기 전개의 기본 요소들 — 플롵, 주인공, 그리고 구성 —의 부분적 해체를 생략, 단절, 중복, 모사, 그리고 구문 파괴를 통해 시도한다.' [. . .] 브로티건의 천재성은 그가 포우스트모던 미적 관심사로 판명된 영역을 직관하고 탐구했던 과정과 성과에서 발휘되었다."[12] 이 흥미를 바탕으로 본론에서 *미국에서 송어낚기*를 분석하며 고찰하고자 한다.

II

토우니 태너(Tony Tanner)가 "60년대에 [미국에서] 출판된 가장 독창적이고 재미있는 소설들 중의 한 권"[13]이라고 격찬한 *미국에서 송어낚기*

10. Patricia Waugh, *Metafiction*(New York: Methuen, 1984), 17.
11. Edward Halsey Foster, *Richard Brautigan*(Boston: Twayne, 1983), 12.
12. Cutler, 39.
13. Tony Tanner, *City of Words*(New York: Harper & Row, 1971), 408.

는 47장(짧은 이야기들)으로 구성되어 있다. 그 특징을 요약하면, "이 소설은 구성의 객관적 원리를 무시한 것처럼 보인다. 한 번, 두 번, 아니 세 번을 읽어도 이 작품은 원래 구성을 조금도 훼손시키지 않으면서 이야기들의 순서를 임의로 바꿀 수 있을 것 같은 소설로 보인다."[14] *미국에서 송어낚기*는 표면적으로는 이렇게 소설의 구성을 전적으로 무시한 무질서의 난무처럼 보이는 특이한 작품이다. 이 소설이 무질서의 난무처럼 보이는 까닭은 기존 소설의 구성요소인 주인공과 사건들의 인과관계와 일관성 그리고 연속성을 무시한 47개 이야기들의 혼합체이기 때문이다. 그러나 이 혼합체에도 내면적으로는 독자들의 각성과 의식개혁을 촉발하려는 일관된 주제가 있다. 그 주제는 지배계층의 이기주의와 왜곡된 의식이 천혜의 자연을 황폐화시켜 왔을 뿐만 아니라 인간의 순수성과 창의성을 유린해 왔음을 고발하면서, 이에 대한 각성과 대책(의식개혁)을 촉구하려는 시도와 그 성과이다. 이 주제를 작품의 분석을 통해 구체적으로 제시하고 논의할 것이다.

이 제시와 논의는 *미국에서 송어낚기*의 화자와 미국에서 송어낚기와의 상호관계 규명으로 시작된다. 왜냐하면 이 소설의 47개 이야기들은 "화자와 미국에서 송어낚기라고 명명된 인물과의 대화[록]"이기 때문이다. 게다가 미국에서 송어낚기는 "화자의 분신이거나 1인 2역자일 뿐만 아니라 모든 미국사람들의 1인 2역자 겸 현실이고 잠재력이다."[15] 또 미국에서 송어낚기는 변화무쌍한 존재로 "계속 변형되면서 장소, 사람('미국에서 송어낚기 쇼티'), 그리고 상상적 독립의 근본원리가 된다."[16] 아울러 미국에서 송어낚기는 "우리 모두가 자유스럽게 살 수 있는 . . . 정신적 공간이다."[17]

---

14. Malley, 144.

15. Frederick R. Karl, *American Fictions 1940-1980*(New York: Harper & Row, 1983), 71.

16. Malcolm Bradbury, *The Modern American Novel*(New York: Oxford University Press, 1984), 170.

17. John Clayton, "Richard Brautigan: The Politics of Woodstock," *New American Review* 11(1971): 56.

따라서 미국에서 송어낚기는 "상상적 독립의 근본원리"와 "정신적 공간"으로서 가장 중요한 역할을 하고 있다. 왜냐하면 상상적 독립은 지배계층의 자의와 횡포로 실존에서 인권을 유린당한 사람들에게 가장 큰 희망과 위안을 줄 수 있는 정신적 공간을 마련해줄 수 있기 때문이다. 다시 말하면 미국에서 송어낚기는 자연을 황폐화시킨 인간의 무모함에 대한 각성과 반성을 촉구하고, 나아가 인권을 유린당한 민초들에게 자유에 대한 꿈과 희망을 촉발할 수 있는 창조적 역할 수행자이다. 요컨대 미국에서 송어낚기는 화자가 자연의 황폐화와 지배계층의 왜곡된 의식 때문에 직면하는 실망과 좌절 그리고 환멸을 상상력과 언어를 통하여 극복하는 변신과 여기에 수반하는 의식개혁을 상징한다.

화자의 실망과 좌절 그리고 환멸의 근원은 미국 지배계층인사들의 지나친 욕망, 타자와 자연을 무시하는 오만, 그리고 과학과 기술에 대한 맹신에 있다. 이 계층사람들은 자신들이 자연의 일부분으로 자연과 공존해야 한다는 진리를 망각한 채, 실존에서 편의를 위한 과도한 욕망을 마음껏 충족시키려 한 나머지 자연의 숭고하고 장엄한 경관을 자유스럽고 고귀한 삶의 필수품으로 인식하지 못한다. 그들은 이런 망각과 인식 부족 때문에 자연을 오로지 정복의 대상으로 간주하고 멋대로 황폐화시킨다. 더욱이 삶에서 중용과 절제 정신의 절대적 중요성과 필요성을 깨닫지 못하고, 생활편의적 욕구충족과 경제적 이윤추구를 위해 과학과 기술을 총동원하여 자연자원을 무모하게 개발하고 낭비한다. 그러한 충족과 추구에는 양심도 일정한 한계도 없다. 그 결과 그들은 루이스(Lewis)와 클라크(Clark) 탐험대가 처음 목격했던 아름답고 장엄하고 풍요했던 폭포와 평원 그리고 강, 다시 말하면 미국에서 송어낚기가 찬미하고 동경하는 이런 낙원을 상실해버린다.

> 루이스는 폭포들을 발견했다. 그들(루이스와 클라크)은 동틀 녘에 야영지를 출발하여, 몇 시간 후에 아름다운 평원에 도착했다. 그 평원에는 그들이 일전에 한 장소에서 목격했던 것보다도 더욱 많은 물소들이 있었다.

그들은 계속 전진해 가다가, 멀리서 들리는 폭포소리를 들었고, 먼 거리에서 생겼다가 사라지는 물보라 기둥을 보았다. 그들은 더욱더 우렁차게 들리는 소리를 따라갔다. 잠시 후에 그 소리는 굉음으로 들렸고, 그들은 미주리 강의 거대한 폭포에 도착했다. [. . .]

그날 오후에 아주 좋은 일이 일어났다. 그들은 폭포 아래로 낚시질하러 가서 길이가 16에서 23인치가 되는 송어를 여섯 마리 낚았다.

그 때가 1805년 6월 13이었다.[18]

Lewis discovered the falls. They left their camp at sunrise and a few hours later they came upon a beautiful plain and on the plain were more buffalo than they had ever seen before in one place.

They kept on going until they heard the faraway sound of a waterfall and saw a distant column of spray rising and disappearing. They followed the sound as it got louder and louder. After a while the sound was tremendous and they were at the great falls of the Missouri River. [. . .]

A nice thing happened that afternoon, they went fishing below the falls and caught half a dozen trout, good ones, too, from sixteen to twenty-three inches long.

That was June 13, 1805.

미국 지배계층인사들이 자연을 황폐화시키면서 깊은 사려와 예견 없이 도모했던 자기중심주의, 생활편의 제일주의, 절제 없는 지나친 욕망충족, 그리고 이윤 극대화가 그들의 허위의식 — 권력, 금전, 그리고 이념에의 지나친 탐닉 —의 원천이다. 이 허위의식은 민초들의 꿈과 희망을 무산시키고, 주체성과 독립성을 박탈하며, 창조 본능과 창의력을 무력화시키고, 의식을 왜곡시키는 주범이다. 또 허위의식은 민초들의 양심, 순수한 의식, 그리고 자립정신을 마비시켜 자유스럽고 주체적이며 창조적인 실존을 불가능하게 하는 데 결정적 역할을 하는 비정, 무책임, 거짓, 위선, 비상식, 비

18. Richard Brautigan, *Trout Fishing in America*(New York: Seymour Lawrence, 1976), 148. 앞으로 이 작품에서의 인용문은 괄호 안에 쪽수만 표시함.

정상, 그리고 비이성 등이 창궐하는 풍토를 조성한다.

화자의 삶은 이런 풍토 속에서 시작된다. 그는 어렸을 때, 주정뱅이인 계부로부터 미국에서 송어낚기에 관한 이야기를 듣는다. 그 이야기는 루이스와 클라크가 태고의 신비를 간직한 강에서 감탄하고 즐겼던 송어낚기 체험담이 아니다. 계부는 마치 송어가 값비싼 강철인 것처럼 말한다. 그에게는 송어와 송어낚기보다는 강철과 강철생산이 더 중요하다. 왜냐하면 강철은 건축, 산업, 그리고 토목에 매우 긴요한 재료이기 때문이다. 그에게는 한가롭게 낚시질하는 취미와 오락 그리고 깨끗한 강과 아름다운 자연보다는 건설, 생산, 그리고 재화 획득이 더욱더 절대적인 가치이다. 따라서 그의 눈에는 눈 덮인 깨끗한 강이 제철소로 보인다. 거의 모든 사람들도 그의 생각과 같아서 자연과 자연보존보다도 산업생산, 기술발전, 영리목적의 영화산업, 생활의 편의와 향상, 욕망 충족, 그리고 부의 축적을 더 우선시한다. 그러나 미국에서 송어낚기만이 그들과는 달리 이렇게 감정과 의견을 토로한다: "나는 특별한 즐거움으로 세모난 모자를 쓴 사람들이 새벽에 낚시질하던 현장을 기억한다"(5).

화자는 송어와 송어낚기에 대한 대립적인 견해를 듣고, 큰 갈등을 느낀다. 그는 이런 갈등에 휩싸인 채 처음으로 송어낚시질을 갔다가 큰 실망과 좌절을 느끼며 환멸에 빠지게 된다. 어느 봄날 오후에 길모퉁이를 걸어가다가, 자기도 모르게 언덕으로부터 비탈져 내려온 들판에 다다른다. 들판은 파란 풀과 수풀로 덮여 있다. 언덕 꼭대기는 큰 나무들의 숲이다. 그는 멀리서 폭포수가 언덕으로부터 힘차게 떨어지는 장엄한 광경을 본다. 그 폭포는 길고 하얗게 보인다. 그는 폭포의 차가운 물보라를 느낄 수 있다. 그는 낚시질하려면 아침 일찍 가는 것이 좋다는 말을 들었기 때문에, 다음날 아침 일찍 일어나 미끼로 쓸 흰 빵조각을 챙긴다. 들판의 아름다움을 만끽하면서 언덕으로부터 떨어지는 폭포수가 흐르는 작은 강으로 간다. 송어를 낚을 수 있을 거라고 믿었던 강에 가까이 가서야 무엇인가 잘못되었다는 생각을 갖게 된다.

그러나 나는 그 작은 강에 더 가까이 갔을 때, 무엇인가가 잘못되었음을 알 수 있었다. 강은 제 구실을 다하지 못했다. 강에 이상함이 있었다. 흐름에 잘못됨이 있었다. 드디어 너 가까이 가서야 문제가 무엇인가를 알았다.

폭포는 나무들 안에 있는 한 집으로 올라가는 하얀 나무계단이었다.

나는 오랫동안 거기 서서 위아래로 쳐다보다가, 내 눈을 의심하며, 시선은 계단을 좇아갔다.

그리고 나는 내 강을 두드렸고 나무 소리를 들었다.

나는 내 자신이 송어가 되어 빵조각을 먹음으로써 [송어낚시질을] 끝냈다.(7-8)

But as I got closer to the creek I could see that something was wrong. The creek did not act right. There was a strangeness to it. There was a thing about its motion that was wrong. Finally I got close enough to see what the trouble was.

The waterfall was just a flight of white wooden stairs leading up to a house in the trees.

I stood there for a long time, looking up and looking down, following the stairs with my eyes, having trouble believing.

Then I knocked on my creek and heard the sound of wood.

I ended up by being my own trout and eating the slice of bread myself.

이처럼 그의 첫 송어낚시질은 착각 때문에 무위로 끝난다. 그는 이 때문에 큰 실망과 좌절 그리고 환멸이라는 쓰라린 체험을 하게 된다. 이 쓰라린 체험은 앞으로 암담하고 비정상적인 그의 삶을 예시한다. 미국에서 송어낚기도 그에게는 어떤 도움도 줄 수 없다고 이렇게 말한다: “내가 할 수 있는 일은 하나도 없었다. 나는 [나무] 계단을 강으로 바꿀 수 없었다. 그 소년[화자]은 자기가 왔던 장소로 돌아갔다. 똑같은 사건[착각]이 나에게도 일어났다”(8). 그들의 이런 착각은 외부의 부정적 영향을 받아 왜곡된 의식으로 말미암아 존재 의의 이해와 목적달성에 전념할 수 없는 답답한 처지를 암시한다.

이제 화자는 성인이 되어 낚시도구를 메고, 송어를 낚으러 이 강 저 강을 누비고 다닌다. 그는 너무나 비정하게 변한 세태에 놀라고 또 놀랄 뿐이다. 먼저 그는 이런 경고문을 읽고 놀란다: "당신이 이 강에서 낚시질을 하면, 우리는 당신 머리를 때릴 것이다"(95). 세태의 급격한 변화 때문인지, 과거에 누군가가 자연 속에서 살기 위해 강가에 지었던 오두막이 지금은 누구도 살려고 하지 않아 폐가로 남아 있다. 낚시꾼이 서 있으면 지나가던 차가 일부러 정차해서 그를 동승시켜 주었는데, 지금은 3 시간을 기다리고 있어야 간신히 편승할 수 있다. 화자는 차가 없기 때문에 송어가 잘 잡히는 강을 알아도 속수무책이다. 어느 날 강물이 흘러 들어가는 저수지에서 처음으로 9 인치나 되는 큰 송어를 낚아 힘들게 끌어올리고는 매우 기뻐한다. 그러나 그 강이 오염되었음을 알고 혼자 그 강에다 욕설을 퍼붓는다. 너무 흥분하여 거기에 혼자 서 있으면서도 혼자 있다는 사실을 한참 후에야 깨닫는다. 더욱이 그는 어떤 큰 송어를 잡은 사람이 그 고기를 자연스럽게 죽게 하지 않고, 적포도주를 물고기 입 속으로 넣어 끔찍하게 죽이는 잔인한 모습을 보고 이렇게 아연실색한다: "송어는 경련을 일으켰다. 몸뚱이는 지진이 났을 때, 망원경[이 흔들리는 것]처럼 순식간에 흔들렸다. 입은 크게 벌어지고, 마치 사람 치아를 가진 것처럼 딱딱 맞부딪치는 소리를 냈다." 또 그는 작은 강가의 오솔길에 있는 이런 경고문을 읽고 더욱더 경악한다: "솔트 강 위쪽에 이리들이 있다. 이리들을 죽이기 위해 강가를 따라 놓아둔 청산칼리 덩어리들을 주의하시오. 당신이 이리가 아니라면 덩어리들을 집어 먹지 마시오. 덩어리들은 당신을 치사시킬 것이오." 이처럼 미국인들은 자신들의 이기적 목적과 편의를 위해 자연을 오염시키고 있다. 그래서 그들은 자연의 천혜를 더 이상 누리지 못한다: "눈을 먹지 마시오. 눈은 당신에게 유해해서, 위통을 발작시킬 것이오"(48, 83, 93). 어떤 경우에는 그들에게 가장 필요하고 유익했던 눈이 이제는 독약으로 변해 있다.

이처럼 자연이 아름답고 깨끗하며 신비로운 천혜의 보고로부터 볼꼴사납고 오염되어, 유해하고 유독한 물질의 집합체로 돌변한 근원은 미국 지배계층인사들의 잘못된 자연관과 실존목적에 있다. 그들은 자신들이 자연의 일부분, 다시 말하면 자연이 주이고 인간이 종임을 깨닫지 못한다. 그래서 자연을 경이, 신비, 찬탄, 그리고 외경의 대상으로 겸허하게 인정하고 수용하려 하지 않는다. 더욱이 그들은 자신들의 삶을 자연과 중용철학에 순응시키려 하지 않는다. 오히려 자연을 자신들의 이기적인 생활목적과 편의를 위해 무한정하게 정복해야 한다고 믿고, 실제로 그렇게 한다. 그들의 이런 정복 야욕이 자연을 풍요로부터 불모의 황무지로 돌변시킨다. 또 그들의 무모한 정복은 자연을 원상회복이 불가능할 정도로 오염시키고 황폐화시킨다. 더욱더 큰 불행과 비극은 그들의 잘못된 자연관이 실존목적을 왜곡시킨 후유증에서 드러난다.

그들은 실존목적을 자연과의 조화와 합일, 자아탐구와 실현, 그리고 공동체 의식의 확장에 두기 위한 최선의 노력을 다하지 않고 권력과 돈 그리고 이념에만 너무 지나친 관심을 쏟는다. 이런 관심 속에서 존재 의의와 목적을 찾고 있을 뿐만 아니라 허황한 욕망을 충족시키면서 큰 희열을 만끽한다. 그들의 권력욕은 무자비한 탄압과 침략을 자행함으로써 최고조에 달하며, 이런 권력욕의 진정한 화신이 바로 애돌프 히틀러(Adolf Hitler)이다. 화자는 야영지를 물색하러 가다가 일천 두의 양을 몰고 가는 목양자를 만난다. 그는 "젊고 깡마른 애돌프 히틀러처럼 보이지만 매우 친절하다." 그는 차 통행에 방해가 되는 양들을 길 밖으로 몰아내는 세심한 배려를 한다. 그러나 그는 양들을 철저하게 감시하고 통제하는 방법을 알고 있으므로, 자신의 의도와 목적에 따라 재빨리 이동시킬 수 있다. 화자는 그의 이런 탁월한 능력과 저의를 간파한다: "양들은 한 양의 잠이 패잔병의 군기를 쫓아가는 것처럼 다른 양의 잠을 따르면서 전부 무의식적으로 잠에 빠졌다. 나는 바로 조금 전에 도착한 통신문을 여기 가지고 있다. 그 통신문은 '스탈린그래드'(Stalingrad)로 [진격하라는 명령이다]"(52, 55). 이렇게 권력자는 자신의 허황한 야망과 꿈을 이루기 위해 자의적으로 민초들을 통제하고 탄압한다. 게다가 그는 일방적으로 자신의 이런 통제와 탄압 능력에 도취하여 기고만장한다. 그렇지만 민초들은 그의 횡포와 억압에 속수무책이다. 더욱더 어처구니없는 일은 민주사회라는 미국에서도 정부기관의 비밀 감시가 공공연하게 자행되고 있는 현실이다. 어느 날 미국에서 송어낚기는 두 명의 에프비아이(FBI) 요원이 송어낚시터를 감시하고 있는 현장을 목격한다. 지금 세계 도처에서 독재자나 민주정부기관 가릴 것 없이 민초들에 대한 사생활 침해에서부터 인권유린까지 무차별적으로 자행하고 있다.

정치권력은 어느 개인이나 회사의 단기간 최대 축재에 결정적인 역할을 한다. 이렇게 축재에 막강한 영향력을 행사할 수 있는 정치권력도 그 유지에 막대한 자금을 필요로 한다. 권력과 재력을 겸비한 지배계층인사들은 과학과 기술 발전의 산물인 문명의 이기를 이용하여 그들의 욕구를 이전보다 더욱 쉽고 만족스럽게 충족시킬 수 있는 특권을 제일 먼저 향유한다. 이런 욕구충족은 어느 정도의 재산 소유가 있어야 가능하다. 그래서 권력자들은 물론이고, 문명의 이기를 이용하여 가능한 한 더 빨리 더 많이 욕구를 충족시키려는 사람들은 온갖 수단과 방법들을 총동원하여 축재하려고 발버둥친다. 이 권력자들과 그 밖의 사람들 거의 모두가 금전의 포로로 전락하여, 어떤 축재수단과 방법이 양심적이고 합리적이냐를 따지려 하기보다는 오히려 얼마나 짧은 기간에 얼마나 많은 부를 축적할 수 있는가에만 집착한다. 그것은 산업사회에서 축재 가능 규모와 방법이 급변했기 때문이다. 축재가능 규모가 농업사회에서는 상상도 할 수 없었을 정도로 커졌으며, 축재가능 기간도 농산물 수확 소요시간에 비교가 되지 않을 정도로 단축되었으므로 누구든지 짧은 시간에 일확천금을 노릴 수 있으며, 심지어 재벌까지도 쉽게 될 수 있다. 그들은 재벌이 되는 첩경을 무분별한 자연자원 개발, 자연파괴와 황폐화에서 찾고 있다. 재벌이 아니더라도 많은 사람들이 자연을 황무지로 돌변시켜 놓고도, 죄의식을 느끼면서 자성하려고 하기는커녕 여기서도 이익을 챙기려고 안간힘을 쓴는다. 대표적 황무지 중 하나가 클리브런드(Cleveland) 폐기물 야적장이다. 사람들은 각자 필요에 따라 이 폐기물들을 사고판다. 화자는 송어가 서식하지 않는 개울을 판다는 어이없는 소문을 듣고 야적장으로 달려가 이런 판매 방침 설명을 경청한다.

판매원이 설명하기를, "우리는 개울을 피트(feet) 길이 단위로 판다. 당신은 원하는 길이만큼 살 수도 있고, 우리가 팔고 남긴 전부를 살 수도 있다. 오늘 아침 어떤 남자가 와서 563 피트를 샀다. 그는 그 개울을 생일선물로 질녀에게 주려고 한다."

"우리는 물론 폭포들도 낱개로 팔고 있다. 또 나무, 새, 꽃, 풀, 그리고 양치류들을 별도로 팔고 있다. 최소 10 피트 개울을 산 사람에게는 곤충들을 무료로 주고 있다."

"당신은 개울을 어떤 가격으로 팔고 있느냐"고 나는 물었다.

"처음 100 피트는 피트 당 6 달러 50 센트이다. 그 다음에는 피트 당 5 달러 이다"고 그가 대답했다. (168-69)

"We're selling it by the foot length. You can buy as little as you want or you can buy all we've got left. A man came in here this morning and bought 563 feet. He's going to give it to his niece for a birthday present," the salesman said.

"We're selling the waterfalls separately of course, and the trees and birds, flowers, grass and ferns we're also selling extra. The insects we're giving away free with a minimum purchase of ten feet of stream."

"How much are you selling the stream for?" I asked.

"Six dollars and fifty-cents a foot," he said. "That's for the first hundred feet. After that it's five dollars a foot."

이처럼 사람들은 금전의 노예가 된 나머지, 훼손되었지만 엄연한 자연의 일부인 황무지조차도 최대의 이익을 얻기 위해 온갖 수단과 방법들을 총동원하여 팔아치우려 아우성친다.

정치권력과 자본은 이념에 따라 그 형태와 소유 주체가 달라진다. 미국의 정치권력은 분산을 원칙으로, 그리고 경제제도는 사유재산 인정과 기업가정신 존중 및 자유스러운 경제활동과 이윤창출 보장을 주축으로 하고 있다. 미국정부는 이런 원칙과 주축을 부정하는 한편 기독교를 배척하는 공산주의에 적대적이다. 한때 미국정부는 반공정책을 강력하게 추진하면서 공산주의에 동조한다고 의심되는 수많은 정치인, 지식인, 그리고 예술가들의 인권을 유린했다. 이런 여파로 많은 사람들은 정부의 반공정책에 부화뇌동하고 세뇌되어 공산주의에 무조건 지나치게 신경질적으로 과잉반응한다. 화자가 한 상점에서 과자를 사면서 여주인에게 "큐버(Cuba)에서는 송어낚시를 어떻게 하느냐"고 물었다가, 그녀로부터 이런 욕설과 비난 — "빨갱이 자식아, 너는 [빨리] 죽어 없어져야 한다" —을 받는다. 반면에 정부권력자와 자본가들로부터 착취를 당하고 있다고 무조건 믿고 있는 공산주의자들은 그들의 지역 본부를 출발하여 4일 동안 "원래 어장(이었던 곳)에 수소폭탄을 투하하지 마라"(96, 160)고 쓴 피킷을 들고 샌 프런시스코우까지 행진한다. 이처럼 두 진영은 이념에 지나치게 맹목적으로 집착하여 소모적이고 백해무익한 대립만 하고 있으며 해소 기미가 조금도 없다. 또 두 진영은 인간의 가장 보편타당한 문제, 즉 인간과 존재의 정의 그리고 실존목적 탐구에 대한 진지한 의견교환이나 토론을 하려고 하지 않는다. 어떻게 보면 두 진영의 책임자들은 민초들을 위한다는 미명으로 대립을 지속시키고, 민초들을 속이고 이용하고 괴롭히면서 자신들의 사리사욕을 챙기고 있다.

앞에서 논의한 것처럼, 미국 지배계층인사들은 실존의의와 목적을 자연과의 조화와 합일, 자아탐구와 실현, 그리고 공동체 의식의 확장에 두려고 하지 않고, 오로지 권력장악과 유지, 축재, 그리고 이념에의 탐닉에서 찾고자 한다. 그들은 이런 허위의식 때문에 자아를 상실하고, 비정상적이고 편협하고 옹졸한 사고와 삶에 얽매여 있다. 그래서 그들은 자신들의 존재 의의와 목적이 어떻게 해서라도 민초들을 복종시키는 데 있다고 맹신한다. 그들은 민초들의 본능적 욕구인 자유와 사랑의 갈망, 자아탐구와 그 실현 의지, 그리고 자율과 독립의 꿈을 결코 용납하려 하지 않고, 오히려 무산시키려고 부산을 떤다. 따라서 그들은 미국에서 송어낚기를 "반항과 자유정신"[19]을 상징하는 로드 바이런(Lord Byron)과 동일시할 뿐만 아니라 "상상적 독립의 근본원리가 되는" 가장 위협적인 존재로 간주하고 살

---

19. Malley, 171.

해한다. 그리고 그들은 "마치 미국에서 송어낚기가 로드 바이런이고, 그리스(Greece)의 미서롱기(Missolonghi)[20]에서 사망하여, 다시는 아이더호우(Idaho)주의 호숫가 . . . 를 결코 보지 못했던" 그의 시신을 부검한다. 시신은 그 상태가 "매우 양호했고, 갑자기 질식으로 사망했던 것처럼 보였다"(50). 그들의 미국에서 송어낚기 살해는 일시적으로나마 민초들의 천부인권을 유린하여, 민초들을 비정상적이고 기형적이며 사기성이 있는 인간으로 타락시키고 전락시킬 수 있음을 시사한다. 그러나 시신부검 결과는 그들이 민초들의 꿈과 이상과 갈망 그리고 자기표현과 창조적 본능을 도저히 억압할 수 없음을 암시한다. 그러므로 민초들은 어떤 실존 여건에서도 각성과 의식개혁 의지와 그 실천을 통해 실존의 새로운 꿈과 희망을 실현할 수 있다.

이제 지배계층인사들의 허위의식 때문에 소설주인공들이 황무지 속에서 비정상적이고 이기적인 사고와 행동을 서슴없이 하는 기형인물로 전락하게 되었음에도 불구하고, 각성과 의식개혁을 통해 새로운 순수한 자아를 창조하려고 노력하는 면모를 고찰해본다. 화자는 부인과 딸을 데리고 낚시터와 야영장 등으로 전원생활의 터전을 찾으려고 돌아다니는 가장이다. 그는 성행위가 "정신적 활력을 증폭하는 은유"[21]라고 여기지 않는다. 그에게 성행위는 무아경과 황홀경을 증폭하여 정신적, 육체적 건강을 증진시키는 생산적인 활동도 상대방을 존중하는 신사도도 아니다. 그래서 그의 이상한 성행위는 생명의 권리와 존엄성을 부정하고 나아가 자연의 순리에 어긋나고 황무지를 더욱 황폐화시키는 행위이다. 요컨대 그의 성행위는 희망과 소생의 씨앗이 아니라 실망과 쇠퇴 그리고 몰락의 견인차 역할을 하는 꼴이다. 그는 더 이상 애를 갖고 싶지 않아서 부인의 의사와는 달리 그녀를 임신시키지 않으려 한다. 그러면서도 그는 어느 계곡 밑 개울가의 야외 온

---

20. Byron이 Greece의 터키사람들(Turks)로부터의 독립전쟁에 참전했다가 사망한 마을.

21. Helen Weinberg, *The New Novel in America: The Kafkan Mode in Contemporary Fiction*(Ithaca: Cornell University Press, 1970), 128.

천탕에서, 축복의 새 생명체가 잉태되는 것은 사전에 차단하고 찰나적 쾌락은 만끽하기 위해 이런 이상야릇한 성행위를 즐긴다.

> "나는 지금 피임기구를 가지고 있지 않다. 어쨌든 물속에서도 피임은 안될 것이다. 나는 당신이 자제하는 편이 좋다고 생각한다. 당신은 어떻게 생각하는지?"라고 그녀가 말했다.
>
> 나는 그녀 의견을 깊이 생각해보고 그렇게 하는 편이 좋다고 말했다. 나는 오래 전부터 더 이상 애를 갖고 싶지 않았다. 푸른 진액과 죽은 물고기들이 우리 몸 주위에 떠다녔다. [. . .]
>
> 그때 나는 [그녀에게] 가서, 영화 속에서 비행기가 급강하하여 학교 건물의 지붕 위를 나는 것처럼 순식간에 그녀와 관계를 가졌다.
>
> 내 정액이 물속으로 쏟아졌다. 정액은 햇빛에 익숙지 않아 즉시 희미해져 끈적끈적해지더니 떨어지는 별처럼 소용돌이쳤다. 나는 죽은 물고기가 떠돌아오더니 내 정액 속으로 표류하여 정액 중간을 구부리는 장면을 목격했다. 물고기 눈은 쇠처럼 단단했다. (68)

> she said, "I don't have my diaphragm with me and besides it wouldn't work in the water, anyway. I think it's a good idea if you don't come inside me. What do you think?"
>
> I thought this over and said all right. I didn't want any more kids for a long time. The green slime and dead fish were all about our bodies. [. . .]
>
> Then I came, and just cleared her in a split second like an airplane in the movies, pulling out of a nosedive and sailing over the roof of a school.
>
> My sperm came out into the water, unaccustomed to the light, and instantly it became a misty, stringy kind of thing and swirled out like a falling star, and I saw a dead fish come forward and float into my sperm, bending it in the middle. His eyes were stiff like iron.

이처럼 상대방에 대한 배려가 없는 그의 일방적 성행위는 혼란과 불모의 소용돌이로 끝나고 말아 상호교감이나 그 어떤 결실도 거두지 못한다. 이런 요란한 소용돌이는 그의 의식을 흐리게 하여 올바른 자기 판단과 결정을 방해하고 차단시킨다.

화자가 이렇게 일방적이며 열정도 없고 신도 나지 않는 성행위를 하는 악습은 젊었을 때 자기 의사와 감정, 그리고 의지에 반해 피동적으로 하게 되었던 성관계에서 비롯된다. 그는 본의 아니게 헌책방 주인의 주선으로 비정상적인 성관계를 갖는다. 그 서점 주인은 젊은 부인과 살고 있는 심장병 환자로 매우 비상식적이고 비정상적이며 비합리적이고 또한 편향적인 사람이다. 그는 열여섯 살 때, 삶을 "처음은 [표우더르 미카일러비취] 도스터예프스키([Fyodor Mikhailovich] Dostoevsky)로부터, 그리고 다음에는 뉴 올리언즈(New Orleans)의 매춘부들로 부터 배웠다." 또 "죠지 오웰(George Orwell), 리쳐드 올딩턴(Richard Aldington), 그리고 에드먼드 윌선(Edmund Wilson)의 작품들을 좋아했다." 그의 서점은 수천 개의 묘지를 연상시키는 절판된 고서들로 쌓여 있는데, 손님들은 별로 없다. 어느 날 화자가 퇴근하여 서점에서 책을 열심히 읽고 있는데, 주인이 다정하게 그의 어깨에 손을 얹고 여자와 관계를 갖고 싶으냐고 물어본다. 그가 거부의사를 분명히 밝혔음에도 그 주인은 한 젊은 여자와 나이 많은 남자를 가게 안으로 불러들인다. 그는 그들이 출입문을 막고 있어 밖으로 나갈 수 없으므로 그들을 피해 2층 화장실로 들어간다. 그가 화장실에서 나왔을 때, 그녀는 발가벗은 채 긴 안락의자에 누워 있고, 남자는 모자를 무릎 위에 놓고 앉아 있다. 그녀는 화자에게 남자가 고가의 최고급 승용차를 3,859 대나 가진 거부라고 소개하면서 그를 개의하지 말고 자기와 관계를 갖자고 조른다. 화자가 그녀 위로 올라가자, "그녀의 몸은 매우 가볍게 좌우로 움직였다. 내가 할 수 있는 일은 아무 것도 없었다. 왜냐하면 내 몸은 전선위에 일렬로 앉아 있는 . . . 새들과 같았다. [. . .] 성행위가 1분이 되어 그저 아쉬워하는 것 같을 때, 영원한 59초에 정지되어 있는 것 같았다. '좋다'고 그녀가 말하면서 내 얼굴에 키스했다." 남자는 말없이 부동자세로 어떤 내색도 없이 앉아 있더니, 그녀가 옷을 입자 함께 나가면서 그에게 저녁식사나 하러 가자고 말한다. 화자는 그녀와 이렇게 "이상하게 재미없는 성관계"[22]를 가졌지만, 육체는 "효과를 고조시키는 배경음악에서 시도하는 하나의 실험처럼 부드럽고 편함을 느꼈다"(32, 35, 36).

이처럼 어른들(지배계층인사들)이 허위의식에 빠지면, 타인을 무시하고 부정할 뿐만 아니라 속이게 된다. 화자는 초등학교 6학년일 때, 급우들과 함께 1학년 학생들에게 처음에는 장난을 치기 시작했다가 이제는 계획적으로 그들을 괴롭힌다. 화자는 1학년 한 학생의 등에다 흰 분필로 "미국에서 송어낚기"라고 낙서한다. 그는 두 번째 학생의 등에 쓴 낙서가 첫번째 학생에게 했던 낙서보다 더 마음에 들자 여기에 재미를 느껴 급우들과 짜고 1학년 전체 학생의 등에다 낙서하기로 한다. 1학년 담당교사들은 1학년 전체 학생의 등에 쓰인 "미국에서 송어낚기"라는 낙서를 보고 불평을 토로하며 한 학생을 교장실에 보낸다. 교장은 그 학생 등에 있는 낙서가 6학년 학생들의 고의적인 장난임을 알고 그들을 교장실로 호출한다. 교장이 그들에게 저학년 학생들을 괴롭히고 피해를 주는 장난은 잘못된 행동이라고 타이르면서 낙서를 지우라고 하자, 그들은 거기에 동의한다. 이렇게 타인 무시하고 부정하는 행위는 그 어떤 제재를 받을 때만 중단된다. 그렇지 않으면 그런 행위는 상대방에게 엄청난 고통과 피해 그리고 후유증을 유발한다.

어느 교회가 약자를 속인다. 굶주린 사람들이 교회 건너편 길에서 배식 신호를 기다리고 있다. 그들은 신호가 있기 전에는 거리를 건널 수 없다. 신호가 나타나면 교회로 달려가 신문지에 싼 빵을 받는다. 공원으로 가서 신문지를 풀고 어떤 빵이 들어 있는가를 확인한다. 화자의 한 친구가 "어느 날 오후 그가 받은 신문지를 풀어보니 시금치 한 잎만 있었다. 그것이 전부였다"(3). 시금치 한 잎이 굶주린 친구 앞에 놓인 음식의 전부이다. 이렇게 교회가 굶주린 사람들을 농락한다. 기관이 개인을 농락하면 개인도 기관을 농락한다. 화자가 만난 두 몰락한 화가들은 추운 겨울을 정신병원에서 나기 위해 정신병자로 가장한다. 그들은 티비(TV)와 깨끗한 침대가 있는 따뜻한 방에서 좋은 음식에다 젊은 학생간호사들의 사랑스러운 보살핌을 받으면서 병원생활을 즐긴다고 말한다. 이렇게 허위의식이 팽배한 사

22. Malley, 166.

회에서는 개인과 개인 그리고 개인과 기관 사이에 서로 속고 속이는 행위만 난무한다.

게다가 허위의식이 팽배한 사회에서는 기만과 위선이 그것들을 통하여 얻은 권력을 지탱하는데 있어서, 그리고 그 권력을 이용하여 축재한 재물을 비장하는데 있어서, 또한 일방적으로 탐닉한 이념을 확산하는데 있어서 대단한 역할을 한다. 이런 불법과 독선행위를 후안무치하게 자행하는 사람들은 추잡한 이기적 목적을 은밀하게 달성하기 때문에 그들의 비행은 쉽게 폭로되지 않는다. 예를 들면 살인행위를 지금 알고 있는 사람은 살인자 자신 밖에 없다. 또 그 행위를 본 사람은 죽어서 말이 없는 피살자 밖에 없다. 따라서 살인자는 이렇게 완벽하게 변장할 수 있다: "그는 밤에 사람을 살해했으면서도 [낮에는] 자신의 범죄행위를 은폐하기 위해 미국에서 송어낚기의 복장으로 갈아입었다." 게다가 그는 옷에다 향수까지 뿌린다. 이 사람이 지금 "20 세기의 시장(市長)이다. 그가 좋아하는 도구들은 면도칼, 칼, 그리고 4현 악기이다"(75, 76). 이렇게 기만과 위선의 명수가 민초들을 농락하면서 그들의 양심을 마비시키고 있다. 그러나 민초들은 엄청난 손해와 피해를 보고 있으면서도 속수무책이다.

그리고 허위의식이 팽배한 사회는 기형 인물들을 양산한다. 신체적 기형은 자아와 중용정신의 상실 그리고 양심과 예술감각 마비에서 비롯되는 정신장애를 상징한다. 그 장애 증상은 자연의 아름다움에 무관심하고, 자연의 순리에 따르지 않고, 자연을 황폐화시킨 대가로 겪게 될 큰 재앙에 대한 무지와 무대책으로 나타난다. 또 자아를 탐구하고 창조하려는 강한 의지의 결핍으로 나타난다. 게다가 타인을 이기적 목적으로 이용하려는 사악한 마음과 의도를 갖게 된다. 더욱이 그들은 이런 마음과 의도에 반발하는 순진한 민초들의 위대한 힘이 폭발할 경우엔 그것을 무력화시킬 수 있는 어떤 비법도 없음을 인정하거나 수용하지 않으려는 고집불통이다. 미국에서 송어낚기 쇼티는 두 다리가 절단되어 휠체어를 타고 돌아다니면서 고함을 지르는 중년의 주정뱅이다. 그는 자기가 다른 사람들에게 얼마나 큰 불쾌감, 혐오감, 그리고 증오감을 일으키고 있는가를 알지 못한다. 그는 이런 무지 때문에 아이들에게 불구자인 자기를 도와달라고 이렇게 부탁한다: “나는 다리가 없다. 송어가 포트 로더데일(Fort Lauderdale, 해변휴양지)에서 내 다리를 절단했다. 너희들은 다리를 가지고 있다. 송어가 너희들 다리를 절단하지 않았다. 저기 술 가게 안으로 내 휠췌어를 밀어 달라.” 아이들은 무섭고 당황해서 그의 부탁을 처음에는 들어주지만, 그 다음에는 그를 보면 몰래 숨는다. 게다가 그는 새 물결(New Wave) 영화 제작진의 사악한 의도에 적합한 배우로 발탁되어, “인간의 인간에 대한 잔학 행위를 비난하는”(69, 100) 역을 하면서 절규한다. 그는 이기적 목적으로 다른 사람들을 성공적으로 이용하면서도 자신 또한 이용당한다. 그러나 그는 화자의 순진한 어린 딸의 마음을 사로잡지는 못한다. 그는 소시쥐 하나를 가지고 그녀의 환심을 사려다가 실패한다. 오히려 그들 사이에 큰 틈이 생기고 있음을 실감한다.

> “아가야, 이리 와라. 이리 와서 미국에서 송어낚기 늙은 쇼티를 보아라”하고 그가 말했다.
>
> 바로 그때 벤저먼 프랭클린 동상이 교통신호처럼 파란색이 되었다. 그 애기는 공원 저쪽 끝에 있는 모래 놀이통을 보았다.
>
> 모래 놀이통이 그녀에게는 갑자기 미국에서 송어낚기 쇼티보다도 더 좋게 보였다. 그녀는 그의 소시쥐에 더 이상 관심을 갖지 않았다.
>
> 그녀는 푸른 신호를 이용하기로 결심하고, 모래 놀이통으로 건너갔다.
>
> 미국에서 송어낚기 쇼티는 마치 그들 사이의 공간이 점점 더 커지고 있는 강인 것처럼 그녀 뒤를 응시했다. (157-58)

> "Come here, kid," he said. "Come over and see old Trout Fishing in America Shorty."
>
> Just then the Benjamin Franklin statue turned green like a traffic light, and the baby noticed the sandbox at the other end of the park.
>
> The sandbox suddenly looked better to her than Trout Fishing in America Shorty. She didn't care about his sausages any more either.
>
> She decided to take advantage of the green light, and she crossed over to the sandbox.

> Trout Fishing in America Shorty stared after her as if the space between them were a river growing larger and larger.

이렇게 그는 어린 그녀를 자기 마음대로 좌지우지하지 못한다. 다시 말하면 그녀는 그의 사악한 마음을 거부한다. 그녀의 거부는 그의 정신 장애의 극복을 암시한다.

이 암시는 소설 전개에서 하나의 큰 전환점 — 화자가 각성과 의식개혁으로 허위의식이 팽배한 실존상황을 극복하고 새로운 자아와 세계를 창조한다 —의 계기를 마련한다. 그리고 이 암시는 화자가 말하는 황폐화된 미국사회를 긍정적으로 변화시키기 위한 이상적인 방법 — 미국인의 실존에 결정적인 역할을 하고 있는 무가치한 허위의식과 행동규범들을 부정하지 않고, 그것들을 바꾸는데 절대적으로 필요한 창조적이고 예술적인 상상력[23]의 확장과 활용 —과 일맥상통한다. 화자는 좋은 직업도 포기한 채 오염되지 않은 낚시터와 사냥터를 찾아 헤매는 한 외과의사를 만난다. 그는 자기처럼 깨끗한 자연을 갈망하고 찾아다니는 그 의사와 의기투합하여 대화를 나눈다. 그 의사는 오염되고 황폐화된 자연 속에서도 상상력에 의존하여 자연의 장관이나 신비함 그리고 천혜를 만끽하려 한다. 따라서 그는 "자주 오로지 마음속에 있는 장소, [다시 말하면] 미국"을 찾고 있다. 상상력으로 미국을 새롭게 발견하거나 창조하려는 의지와 실천이 그의 삶에서 가장 큰 보람 있는 의의이고 목적이다. 또 화자도 꿈속에서 리어나도우 더 빈취(Leonardo da Vinch)가 인간의 탐욕 때문에 개울에서 많이 사라진 송어를 잘 잡을 수 있는 이런 도구를 개발해 냈던 특이한 재주에 감탄한다: "나는 그가 미국에서 송어낚기를 위한 새로운 뱅뱅 도는 가짜 미끼를 발명하는 과정을 보았다. 나는 그가 무엇보다도 먼저 상상력으로 구상하고, 다음에 금속, 색채, 그리고 낚시바늘로 작업하는 과정을 보았다 . . . 그는 그 미끼를 '최후의 만찬'이라고 명명했다." 그리고 화자는 송어가 살고 있는

---

23. James M. Mellard, *The Exploded Form*(Urbana: University of Illinois Press, 1980), 166.

깨끗한 개울을 이렇게 직접 확인한다: “나는 개울의 여러 곳에서 몇 마리의 송어를 볼 수 있었다. [. . .] 깨끗한 개울로 보였다. 나는 손을 물속으로 넣었다. 물은 차고 [기분]좋게 느껴졌다”(116, 175-76, 173). 그는 오염되지 않은 깨끗한 자연도 있음을 알고 기뻐한다.

이처럼 화자는 상상 속에서 오염과 황폐화를 초월한 깨끗하고 비옥한 자연을 갈망한다. 동시에 정신 장애의 근원이 되는 허위의식이 득세하지 못하는 사회를 창조하고 싶어한다. 그의 이런 사회 창조 욕구는 어떤 극한 상황에서도 자아를 행동으로 표현하려 할 때만 충족될 수 있다. 화자가 어렸을 때, 알코올(정확한 발음 표기는 앨커홀) 음료 중독자 친구가 하나 있었다. 이 친구 집안은 극빈하기 때문에, 다른 형제들은 어린 나이에도 들에 나가 돈을 벌어야 한다. 그러나 친구는 탈장 환자이므로 집에만 있어야 한다. 혼자 있으면서 하기 싫은 집안 일 말고는 할 일이 없어서 심심한 나머지 하루 종일 앨커홀 음료를 마시다가 자기도 모르게 중독자가 되었다. 중독자는 화자가 가지고 있는 돈 5전으로 재료를 사서 음료를 만든다. 비록 친구가 중독자이지만, “그에게 앨커홀 음료 제조는 낭만이고 의식이었다. 그 의식은 정확한 법식으로 위엄있게 거행되어야 했다.” 그가 신이 나서 자발적으로 음료를 제조하는 행위와 그 행위에 전념하는 열정이 그를 극빈과 권태 그리고 자포자기에 얽매인 무기력한 피동적 인간에서 자신감과 활력이 넘치는 창조적이며 능동적 인간으로 이렇게 변신시킨다: “그는 그 자신의 앨커홀 음료[제조] 현실을 창조했으며, 이 현실로 자신을 내세울 수 있었다”(14, 15).

화자는 소설을 집필하려 한다. 그는 소설창작을 통해 자기가 무엇을 가장 갈망하고 있는가를 밝히면서 자아를 창조하려 한다. 미국에서 송어낚기가 그에게 값비싼 만년필을 주면서 소설창작을 이렇게 적극 권유한다: “이 만년필로 [소설을] 쓰시오. 그러나 이 만년필촉은 황금이기 때문에 너무 세게 눌러 쓰지 마시오. 황금촉은 매우 예민하오. 황금촉은 잠시 후에 쓰는 사람의 개성을 지니게 되오. [그러면] 그 사람 말고는 누구도 그 촉으로 글을 쓸 수 없소. 이 만년필은 그 사람의 그림자 같이 되오. 이 만년필이 [내가] 가진 유일한 펜이오. 그러니 조심해서 사용하시오." 화자는 자기에 대한 그의 깊은 배려와 애정 그리고 능력 인정에 크게 감동한다. 따라서 화자는 그의 요구에 부응하기 위해 인간의 본능과 욕구에 가장 솔직하고 충실한 소설을 창작하려고 이렇게 결심한다: "인간 욕구를 표현하기 위해 나는 언제나 마요네즈(정확한 발음 표기는 메이어네이즈) 단어로 끝나는 소설을 집필하고 싶었다"(181). 그래서 미국에서 송어낚기는 이 문장, "내가 당신에게 메이어네이즈를 드리는 것을 잊어버려서 미안합니다"(179, 182)로 끝난다.

화자가 집필하고 싶은 "메이어네이즈" 단어로 끝나는 소설은 어떤 작품일까? 또 이 소설은 인간 욕구와 어떤 관계가 있을까? 필자는 이 두 가지 문제의 논의에 앞서, 어느 유명 학자의 "메이어네이즈 장"(180-81쪽)에 대한 한 논평을 제시한다: "*미국에서 송어낚기*는 . . . 이 소설의 나머지 부분들과 아무런 관계가 없는 것처럼 보이는 '메이어네이즈 장'으로 끝난다."[24] 이 학자는 이처럼 "메이어네이즈 장"을 매우 부정적으로 평가하고 있다. 이 학자 뿐만 아니라 브로티건 소설 연구자들은 거의 전부가 이 장의 중요성을 간과해버린다. 그러나 필자는 그들의 시각과는 정반대로 이 장이 소설의 핵심 역할을 한다고 주장한다. *미국에서 송어낚기*는 그 구성과 기능에서 메이어네이즈와 일맥상통한다고 필자는 믿기 때문이다. 구성면에서 메이어네이즈가 달걀 노란자, 기름, 식초, 그리고 양념의 조합품인 것처럼 이 소설도 47개 이야기의 혼합체이다. 기능 면에서 메이어네이즈가 샐러드를 비롯한 여러 음식물과 융합하여 입맛을 돋우면서 미각을 만족시키는 것처럼, 이 소설도 독자의 이런 욕구 — 자연과의 조화와 합일, 자아탐구와 실현, 그리고 공동체 의식의 확장 —를 매우 어렵지만 충족시키려 한다. 게다가 이 소설은 이런 욕구 충족의 어려움이 잉태된 배경과 원인을 규명한다. 이 규명에 따르면, 미국 지배계층인사들이 한때 자연을 정복의 대상으로 간주하고, 태고부터 자연계를 지탱했던 조화와 균형 그리고 공존

---

24. Malley, 177.

의 원칙을 깨뜨리고, 일차원적 의식의 산물인 권력 장악과 그 유지, 배금주의, 그리고 이념 탐닉의 포로로 전락했다. 그래서 그들은 두 서너 개의 이기적 목적에만 집착하면서, 실존을 다차원적 의식과 목적이라는 관점에서, 다시 말하면 전인적으로 이해하고 수용하려 하지 않는다. 그러므로 *미국에서 송어낚기*는 그들의 왜곡된 의식에 대한 각성과 개혁을 바탕으로, 실존에서 모든 인간의 다차원적 의식과 다양한 역할, 즉 메이어네이즈와 같은 구성과 기능을 강조한다. 화자는 이런 강조가 구현된 소설의 주인공과 창작자가 되고 싶어한다. 요컨대 화자의 이런 욕구가 가장 잘 드러난 이야기가 "메이어네이즈 장"이라고 필자는 생각한다.

그러면 화자가 동경하고 자신과 동일시하려는 주인공은 어떤 형의 인간일까? 그는 실존에서 맹목적으로 일차원적 의식에 빠져 이기적이거나 편향적인 목적 달성에 매진하려 하지 않으면서, 다차원적 의식 확장을 도모하고 다양한 역할을 하려고 최선을 다하는 사람이다. 이런 이상적 인간을 발견하는 첩경은 *미국에서 송어낚기*에서 끝나는 단어인 메이어네이즈의 파악에 있다. 즉 소설의 끝은 시작에 있음을 터득하는 데 있다. 소설 1장은 벤저민 프랭클린(Benjamin Franklin)으로 시작되어, 다음 장들에서도 11번이나 그가 언급된다. 프랭클린은 삶의 역경 가운데서도 끊임없이 자아를 성숙시키면서 인류애와 교육 그리고 사회 개선에 깊은 관심을 쏟았고, 미국사회를 위해 정치가, 과학자, 그리고 외교관으로서 탁월한 역량을 발휘했다. 그리하여 프란츠 카프카(Franz Kafka)는 벤저민 프랭클린의 자서전을 읽고, "나는 미국인들이 건강하고 낙관적이기 때문에 그들을 좋아한다"(2)고 언급했다. *미국에서 송어낚기*에서 나타난 것처럼, 미국인들은 허위의식 때문에 천혜의 보고인 자연을 황무지로, 그리고 스스로를 불쾌감과 혐오감 그리고 증오감의 대상이 되는 기형인물로 돌변시켰다. 그렇지만 이 소설은 그들이 허위의식에 대한 각성과 이에 따른 의식 개혁을 바탕으로 상상력과 언어를 통하여 다각적인 시각과 입장에 입각해서 다양한 역할을 할 수 있는 새로운 자아를 탐구하고 이런 자아를 실현할 수 있을 때, 새로운 사회를 창조할 수 있음을 시사한다. 요컨대 벤저민 프랭클린이 이런 새로운 자아의 귀감이 될 수 있다고 이 소설은 암시한다.

Ⅲ

지금까지의 논의에 따르면 *미국에서 송어낚기*는 형식 면에서 기존소설의 플롵의 핵심이 되는 주인공과 사건들의 인과관계, 일관성, 그리고 연속성이 완전히 무시되고 있다. 또한 이 작품은 최소한의 언어구사로 47개 이야기(메이어네이즈를 구성하는 여러 요소들)의 두서없는 혼합체이다. 내용면에서는 왜곡된 일차원적 의식의 함정에 빠진 미국인들의 메마른 부정적 실존을 상상력과 언어로써 초월하는 주인공인 이름 없는 화자를 창조하고 있다. 한때 미국인들은 자연을 정복의 대상으로 간주하고, 자연의 순리를 거역하는 거침없는 행동으로 천혜의 보고를 황무지로 돌변시켰다. 또 그들은 스스로 허위의식의 노예로 전락하여 실존에서 권력 장악과 그 유지와 배금주의, 그리고 이념에의 탐닉에 매료된 기형인물로 변신했다. 그리하여 리쳐드 브로티건은 이 소설에서 그들이 허위의식을 각성하고 개혁하려면, 자아와 사회를 다각적인 시각과 입장에서 이해하고 수용해야 하며, 나아가 실존에서 일차원적이거나 편향적인 목적 달성에 매달리려 하기보다는 오히려 다양한 창조적 역할(메이어네이즈가 여러 음식물에서 하는 역할)을 하려고 최선을 다해야 한다고 주장한다. 또한 작가는 그들이 다양한 창조적 역할을 하려면, 우선 상상력과 언어를 통하여 자연과의 조화와 합일을 추구하고 동시에 자아탐구와 실현을 꾀해야 한다고 주장한다. 그리고 그는 공동체 의식의 확장에 전념하는 자아가 자립하고 생존할 수 있는 사회를 창조해야 한다고 역설한다. 아울러 그는 그들이 그렇게 할 때에만, 이 자아와 사회가 현실적으로 존립할 수 있는 길이 열릴 수 있는데, 그 길의 가능성을 벤저먼 프랭클린이 이미 예시(例示)했다고 단언한다. 결론적으로 말하면, 브로티건이 포우스트모던 소설 창작기법으로 집필한 소설 *미국에서 송어낚기*는 미국인들이 그들의 허위의식을 각성하고 개혁하는데 크게 기여한 "60년대에 출판된 가장 독창적이고 재미있는 소설들 중의 한 권"이다.

5

이쉬미얼 리드: 다문화주의의 신봉과 전파

I

이쉬미얼 리드(Ishmael Reed, 1938-)는 "20세기 미국문학의 영역을 확장한 윌리엄 개스(William Gass), 클래런스 메이져(Clarence Major), 토머스 핀쳔(Thomas Pynchon), 아미리 버라커(Amiri Baraka), 그리고 다른 포우스트모던 소설가들과 대등한 명성과 위치"[1]를 차지한 흑인작가이다. 따라서 그는 "미국의 가장 탁월한 포우스트모던 소설가들 중의 한사람"[2]이라는 절찬을 받았을 뿐만 아니라 독자적으로 소설의 종전 정의를 재검토하면서 새로운 가능성을 탐구하기 위해 그 형식을 기발하고 파격적으로 변형시키는 대담스러운 모험을 감행했다. 이런 절찬과 감행의 원동력은 그의 독창적이고 특이한 소설철학과 창작기법에 있다. 그의 소설철학은 그가 신봉하는 다문화주의의 근간이 되는 부두교(Voodoo)[3]에, 그리고 창작기법은 부두교 미학에 그 바탕을 두고 있다. 그는 이 철학과 기법에 전적으로

---

1. Amritjit Singh and Bruce Dick, "Preface," in *Conversations with Ishmael Reed*, ed. Bruce Dick and Amritjit Singh(Jackson: University Press of Mississippi, 1995), xi.

2. John O'Brien, "Ishmael Reed," 앞책, 25.

3. 미국 남부 및 서인도 제도(West Indies)에 거주하는 흑인들이 믿는 다신교.

의존하여, 세번째 소설, *멈보우 점보우*[4](*Mumbo Jumbo*, 1972)를 창작했다. *멈보우 점보우*는 출판되자 비평가들의 큰 호평을 받았으며, "리드의 가장 유명한 소설"[5]이다. 게다가 이 작품은 추리소설의 종전 형식을 변형, 확장했다고 그는 득의만만하게 자평했다. 왜냐하면 이런 실험적인 추리소설이 새로운 범주[6]라고 믿었기 때문이다. 이 논문은 그의 소설철학과 창작기법을 더욱 구체적으로 규명하고, *멈보우 점보우*를 분석, 고찰하며, 왜 이 소설이 추리소설의 새로운 범주인가를 논의한다.

먼저 리드의 실존 그리고 소설철학과 창작에서 왜 다문화주의가 절대적으로 중요하고 필요한가가 고찰되어야 한다. 필자는 리드의 실존과 소설창작의 바탕은 독자적인 자기정의와 자아탐구에 있다고 확신한다. 그는 자기가 미국사회에서 가장 많이 착취당하고 공포에 떨었던 흑인 노동자계급 출신이지만, 다른 사람의 앵무새가 되지 않고 본래면목의 탐구자가 되기로 결심한다. 따라서 그는 자아탐구만이 촉발, 증폭시킬 수 있는 개체성을 이렇게 강조한다: "개체성이 내 [실존의] 본질이다. 동물세계에도 개체성이 있다. [. . .] 내가 알기로는, 모든 이리도 그 짖는 소리에 약간 다른 울림을 나타낸다. 더욱더 중요한 [진리가 있다]. 역사의 원동력은 개체성을 [최대한] 발휘하는 남녀들에게 있지 [함성과] '대중운동'에 있지 않다."[7] 더욱이 그는 역설하기를, "개체성은 사람들 사이에 개개인의 편집병을 유발하지 않고, 서로 하나되는 행복감을 고조시킨다."[8] 이처럼 리드는 자신의 실존

---

4. 소설 제목, "멈보우 점보우"를 우리말로 번역하기가 어렵고, 영한사전의 사전적 의미로는 소설 이해에 한계가 있을 것 같아 원명 그대로 사용한다. 필자가 논문을 쓰기 위해 이해한 "멈보우 점보우"의 의미는 "허위의식을 정화하는 위력 혹은 종교이다." 리드는 "멈보우 점보우"를 소설에서 "마귀를 내쫓는 마법사"로 정의했다. Ishmael Reed, *Mumbo Jumbo*(New York: Simon & Schuster, 1996), 7. 앞으로 이 작품에서의 인용문은 괄호 안에 쪽수만 표시함.

5. Bruce Allen Dick, "Introduction," in *The Critical Response to Ishmael Reed*, ed. Bruce Allen Dick(Westport: Greenwood, 1999), xxiv.

6. Ruth Abbott and Ira Simmons, "An Interview with Ishmael Reed," in *Conversations with Ishmael Reed*, 84.

7. John Domini, "Ishmael Reed: A Conversation with John Domini," 앞책, 142.

과 소설창작에서 개체성을 절대시한다.

그러나 개체성 그리고 주체성과 본래면목의 탐구 의지는 인간 중심주의, 기독교 절대주의, 이성 그리고 과학과 기술 제일주의, 그리고 이윤 추구의 극대화를 신조로 하는 단일문화사회에서는 무시, 부정당하고, 더욱이 말살당한다. 이런 부정과 말살의 대표적 악마가 애돌프 히틀러(Adolf Hitler)와 나치(Nazi) 정권이다. 미국은 건국초기부터 기독교를 절대시했던 단일문화사회로 이원론을 금과옥조로 했기 때문에, 일방적, 독선적, 배타적 이념과 교육 그리고 제도를 신성시했다. 미국사회는 이 이념과 교육 그리고 제도에 순종하지 않는 사람들을 인간이 아닌 동물로 간주했다. 특히 미국사회에는 강한 인종적 편견이 팽배하여, 처음에는 영국계 개신교 백인들만 인권과 자유를 향유할 수 있었다. 다른 인종들, 특히 흑인들의 인권과 자유 그리고 권익은 완전히 무시, 부정당했으며, 인종차별이 많이 완화되었다고, 더욱이 여건이 괄목하게 개선되었다고 하지만 지금도 그런 경향이 있다. 리드는 이런 무시와 부정이 당연시되어 용인되고 있는 미국사회에서 자신의 실존과 소설창작 활동에 엄청난 제약과 한계가 있음을 알고, 이렇게 현명하게 대응한다: "나는 소설창작에서 유대-기독교적 교리들에 집착, [의존]하지 않는다. 그러나 나는 그 교리들을 잘 이해하고 있으며, 이 교리들이 문명의 유일한 기준이라고 생각하지 않는다. 나는 이 교리들이 매우 편협한 견해라고 믿는다."[9] 그러므로 그는 이런 독선적이고 단일한 견해로부터 해방되어, 인간과 사회를 많은 문화들과 상이한 전통들을 긍정적, 적극적으로 용납하는 다문화적 견지에서 이해, 수용하려 한다. 따라서 그는 자기를 이렇게 정의한다: "나는 다문화적 작가이다."[10] 그가 자신을 다문화주의를 신봉하는 소설가로 정의하는 이유는 다문화주의가 우리의 허위의식을 추방하고 정화할 수 있는 활력이라고 확신하기 때문이다. 그는 "다문화주의를 하나의 유행이나 객관적 실체가 아니라 우리 자신을 내면

---

8. Bob Callahan et al., "Before Columbus Foundation Interview," 앞책, 170.

9. Jon Ewing, "The Great Tenure Battle of 1977," 앞책, 113.

10. Stanley Crouch, "Interview with Ishmael Reed," 앞책, 106.

으로부터 변화시키는 그리고 다른 풍습들과 견해들을 우리 삶 속으로 유입하여 융합하는 과정으로 간주한다."[11]

다문화주의가 바로 리드의 소설창작철학이다. 그의 창작철학은 다문화주의의 근간이 되는 부두교에 그 바탕을 두고 있다. 그의 주장에 따르면, "부두교는 다문화의 완벽한 은유이다. 부두교의 연원은 이 상이한 종족들과 문화들 전부가 [외부의 힘에 의해 강제로] 애프리커(Africa)로부터 헤이티(Haiti)로 이동하게 되었다는 사실에 있다. 그들의 신화들, 지식들, 약초요법들, 그리고 민속들이 혼합되었다. 부두교는 미국처럼 하나의 융합체이다. 또 부두교는 과거는 현재이다고 가르친다."[12] 이처럼 하나의 융합체인 부두교는 독선적, 선택적, 배타적이지 않고, 전부를 상관적 견지에서 포용한다. 그러므로 부두교는 신분, 계급, 우열, 차별, 차이, 절대주의, 그리고 제일주의를 강조하려하지 않고, 동등, 평등, 변화, 상관성, 융통성, 개방성, 절충, 그리고 공존을 가장 중요시한다. 따라서 부두교는 어떤 종교, 이념, 그리고 문화들도 인정, 수용하려하기 때문에, "기독교, 미국 원주민들의 관습, 그리고 많은 다른 문화들과 융합될 수 있다."[13] 부두교가 이렇게 다른 종교, 관습, 그리고 문화들을 인정, 수용하여 융합할 수 있는 원동력은 그 자체가 단일성, 배타성, 그리고 독불장군적이고 질서정연한 특성을 거부하고, "홀리는 힘, 음식과 솜씨, 무용, 시, 그리고 전통들을 내포하는"[14] 데 있다.

이처럼 리드는 자신의 소설창작철학의 근원을 부두교에 두고 있기 때문에, 그의 창작기법의 바탕은 부두교의 이런 요구와 수용에 있다: "부두교는 심장과 영혼의 율동 뿐만 아니라 정신의 직선적 결정들, 그리고 우리 역사 서적들이 무시하는 과거의 교훈들 뿐만 아니라 미래의 가능성들에 주목하라고 우리에게 간청한다. 또 부두교는 우리에게 이성 뿐만 아니라

---

11. Singh and Dick, xii-xiii.
12. Ewing, 124.
13. Domini, 137.
14. Abbott and Simmons, 86.

감성도 포용하라고 요구한다."[15] 따라서 그의 창작기법은 주인공의 창조와 주제의 전개에서 인과관계와 일관성 그리고 연관성을 가장 중요시하여 질서정연하게 기술하는 종전소설의 플롯(plot)을 거부하고, 부두교처럼 아주 이질적이고 상이한 요소들 뿐만 아니라 여러 종류의 문학 형식들을 융합하려는, 그리고 이 융합체를 다양한 문체로 표현하려는 시도에 있다. 다시 말하면 그의 창작기법은 부두교 미학에 의존하고 있는데, 그 미학은 "애프리커의 종교, 민속, 희극, 그리고 역사와 최근문학의 영역을 새롭게 정의하는 환상과 신화의 특이한 혼합체이다."[16] 이 혼합체에는 해학과 풍자도 들어 있다. 리드가 이런 혼합체, 즉 포우스트모던 소설을 창작할 때, 계획과 목적 그리고 논리를 의식하지도, 더욱이 의도하지도 않는다. 부언하면 그는 무계획적, 무목적적 창작 욕구에 따라 멋대로 단어들을 배열하여, 문장들을 만들고, 문단들을 구성한다. 왜냐하면 그는 단어들이 무궁무진한 의미들을 가지고 있으며, 하나의 큰 마력이라고[17] 생각하기 때문이다. 그는 자신의 소설창작 방법을 이렇게 실토한다: "수피 머즈림교(Sufi Muslim) 도들은 "흩뜨리다"는 글쓰기 방법을 구사한다. 사람들은 "흩뜨리다"는 방법으로 한 주제에서 다른 주제로 옮겨간다. 이처럼 주제를 [멋대로] 바꾸는 방법이 나의 창작기법이다. 내 의도는 이 기법을 자유자재로 활용하려 한다. 나는 한 주제를 언급하다가, 그 주제를 세분화하여 설명한다. 이따금 나는 내가 [이야기를] 어디서 시작했는가를 잊어버린다."[18]

리드가 이런 방법으로 소설을 창작하는 목적은 자신의 실존에 매우 위협적이고 소설창작에 도움이 되지 않는 기존 소설정의를 부정하고, 사람들의 의식을 개혁하며, 더 나아가 이 개혁으로 단일문화사회에 팽배해 있는 허위의식을 정화하려는 데에 있다. 그가 추방하려는 허위의식은 미국의 단

15. Jay Boyer, *Ishmael Reed*(Boise: Boise State University, 1993), 8-9.

16. Bruce Dick, "Ishmael Reed: An Interview," in *Conversations with Ishmael Reed*, 344.

17. O'Brien, 31.

18. 앞글, 23.

일문화사회에서 소수민족의 인권, 자유, 그리고 평등을 부정했으며, 지금도 그런 경향이 있는 백인과 흑인, 영혼과 육체, 선과 악, 광명과 암흑, 그리고 부자와 빈곤자를 구별하고 첨예하게 대립시켜, 전자는 언제나 우위에 있는 절대자이고 후자는 무시와 경멸 그리고 착취와 파멸의 대상이 되는 이원론적 사고와 언행이다. 이런 사고와 언행은 인간 사이에 그리고 인간과 사회 사이에 필연적으로 야기되는 갈등, 대립, 적대관계를 전제로 하여 소설을 정의하고 창작하는 바탕이 된다. 리드는 이런 갈등, 대립, 적대관계를 주축으로 하는 소설정의와 창작은 인간의 본래면목, 사랑, 그리고 자유를 실현할 수 없다고 확신하기 때문에, 이와 같은 정의와 창작을 부정하려 한다. 그래서 그는 소설을 부정적, 폐쇄적, 한정적으로 정의하려 하기보다는 오히려 소설창작의 방법과 영역을 확장하여, "문학형식으로서 소설의 가능성을 . . . 다시 정의하려고"[19] 최선을 다해야 한다고 주장한다. 더욱이 그는 질서와 논리 그리고 이성을 전제로 하는 소설정의에 충실히 의존하여 소설을 창작하려 하지 말고, 무계획적, 무목적적 창조욕구와 잠재의식의 흐름에 따라 집필해야 한다고 역설한다. 그가 이렇게 주장하고 역설하는 까닭은 어떤 선입관을 전제로 창작된 소설은 개개인의 실존과 세계이해에 엄청난 제약과 한계를 초래하여, 개개인을 소외, 위축시키고, 더욱이 야만화하고 있다고 믿기 때문이다. 따라서 그는 단일문화사회가 당연시하는 일차원적, 일방적, 독선적 소설정의를 부정하고, 소설을 다문화주의의 근간이 되는 부두교 미학에 의존하여 창작하려고 최선을 다한다. 그는 자신의 이런 헌신이 개개인의 의식 개혁에, 다시 말하면 진실한 자아탐구, 개체성과 주체성 확립, 그리고 잠재력 계발과 확장에 일조할 수 있다고 공언한다.

리드가 위에서 논의한 소설창작철학과 기법을 탁월하게 활용하여 집필한 소설이 *멈보우 점보우*이다. 이 소설은 그 자신의 염원과 실현방법을 구현하면서, 그 염원과 미국사회와의 갈등과 대립을 기술하고 있다. 그의 창

---

[19]. Henry Louis Gates, Jr., "Flight to Canada," in *The Critical Response to Ishmael Reed*, 120.

작철학의 바탕이 되는 부두교와 다문화주의가 그의 본능과 염원을, 그리고 창작기법이 그 실현방법을 대변한다. 그는 백인과 기독교 우위의 미국사회에서 흑인으로서 차별과 억압을 받았고, 지금도 받고 있다. 그러나 그는 자신의 본래면목, 개체성, 주체성, 창조욕구, 그리고 성취본능을 있는 그대로 만인에게 인정, 존중받는 한 인간으로 다른 사람들과 더불어 실존하고 싶다.

그는 자신의 염원 실현 가능성을 부두교에서 발견한다. 왜냐하면 그는 부두교가 "나라, 출신, 경력이 아주 상이한 사람들을 한마음으로 뭉치게 한다"[20]고 믿기 때문이다. 따라서 그의 낙관적 견해에 따르면, 예술가들은 다문화주의의 영향을 받을 것 같다. 다문화주의가 우리 정치에도 영향력을 발휘해주기를 희망한다. 다문화주의를 긍정, 수용하는 정부가 빨리 들어서기를 고대한다.[21] 게다가 그는 자신이 백인들 그리고 다른 인종들과 구별되는 흑인이고 특이한 사고와 기질을 가진 독특한 인간이지만 그들과 하나가 될 수 있다는 가능성을 굳게 믿는다. 그 가능성을 확인하기 위해, 그는 *멈부우 점보우* 창작기법을 백인과 다른 인종들, 기독교와 다른 종교들, 영혼과 육체, 선과 악, 광명과 암흑, 그리고 부자와 빈곤자 전부를 포용하는 부두교 미학에 전적으로 의존했다. 또 그 가능성을 입증하려는 듯이, 그는 이 소설이 "풍자와 해학적 개작(parody), 희극과 환상, 애프리커 흑인과 미국흑인의 종교, 신화, 역사, 그리고 영화와 대중문화의 다른 종류들의 융합체"[22]라고 각별히 강조한다. 그러나 그의 염원과 이것을 억압, 부정하려는 백인위주 미국사회의 허위의식과의 괴리와 충돌은 엄청나다. 본론에서 이 괴리와 충돌 양상이 구체적으로 분석, 고찰된다.

---

20. Peter Nazareth, "An Interview with Ishmael Reed," in *Conversations with Ishmael Reed*, 193.

21. Michael Helm, "Ishmael Reed," 앞책, 156.

22. Singh and Dick, ix.

II

*멈보우 점보우*는 이런 충돌양상을 부각시키는 구성이 매우 특이하다. 이 소설에서 야기되는 충돌은 모든 독자들의 예상과는 달리 백인들이 "흑인의 변화무쌍한 활력의 화신(Jes Grew)"[23]과 소설 주인공인 파퍼 라배스(Papa LaBas), *멈보우 점보우* 교회목사 겸 탐정의 활동에 반기를 드는 도전이다. 백인들의 이런 공격적이 아닌 방어적 도전은 하나의 큰 경악이고 충격이다. 이 경악과 충격을 가장 완벽하게 표현, 전달하기 위해, 리드는 특이한 소설구성을 시도했다. 이 소설은 시작하는 글(Prologue)이 먼저 있고, 그 다음에 소설제목과 출판사가 있는 안 표지가 나온다. 그리고 끝맺는 글(Epilogue)로 소설이 끝나지 않고, 시그먼드 프로이드(Sigmund Freud)의 저서와 그에 관한 연구서적들이 포함되어 있는 104권의 참고문헌 목록으로 소설이 끝난다. 그는 이 목록에 있는 책들이 "*멈보우 점보우* 집필에 큰 영향을 주었던 서적들"[24]이라고 술회한다. 더욱이 이 소설에는 백인들의 횡포, 흑인들의 항의 표시, 그리고 무용 동작을 부각시키는 인용문, 신문기사, 각주, 그림, 사진, 그리고 광고전단들이 삽입되어 있다. 이처럼 *멈보우 점보우*는 종전소설이 주인공들과 그들과 관련된 사건들의 인과관계, 일관성, 그리고 연속성을 강조하는 플롯을 철저히 무시한다.

*멈보우 점보우*에서 대립, 충돌하는 두 주체는 다신교인 부두교와 일신교를 대변하는 기독교 그리고 기독교를 기축으로 하는 서구문명과 백인 미국사회이다. 1920년대 미국사회에서 공세를 취하는 부두교 편에는 "흑인의 변화무쌍한 활력의 화신"과 파퍼 라배스 목사 겸 탐정 그리고 그의 추종자들, 더욱이 풍요의 신으로 자연계에서 조화와 재생을 도모하는 오우사이어리스(Osiris)가 있다. 방어하는 미국 상류계층백인들 편에는 힝클 본 뱀프턴(Hinckle Von Vampton)이 대변하는 일신교 교리(Atonist Path)와

23. Robert Elliot Fox, "Blacking the Zero: Toward a Semiotics of Neo-Hoodoo," *Black American Literature Forum* 18.3(Autumn 1984): 98.

24. Nazareth, 187.

이 교리를 추종하는 왈플라우어 교단(Wallflower Order) 그리고 오우사이어리스를 살해하고 태양을 숭배하는 세트(Set)[25]가 있다. 미국 지도계층백인들은 영혼, 선, 그리고 광명을 지나치게 강조함으로써, 인간 실존에 반드시 있기 마련인 육체, 악, 그리고 암흑을 철저히 무시, 부정했다. 그래서 그들은 일방적, 근시안적, 독선적, 편집병적, 편협하고 오만한 인간이고, 성적 불구자로 어둡고, 무기력하고, 무미건조한 삶을 살았다. 그들의 이런 실존이 "흑인의 변화무쌍한 활력의 화신"의 영향을 직접 받게 되었을 때, 그들은 자기들의 왜곡된 생활신조, 즉 허위의식을 아무리 고수하려 해도, 그렇게 하기가 어려웠다. 이런 충돌 과정에서 그들의 삶 변화에 결정적 역할을 하는 제스 그루(Jes Grew)는 "흑인의 변화무쌍한 활력의 화신" 말고도 전염병, 사람, 책, 변화, 춤, 자발성, 마력, 생명력, 실존철학, 민속신앙, 종교, 예술, 예술혼, 그리고 태극(太極) 등등과 같은 다양한 의미를 함축한다. 리드는 부두교와 일맥상통하는[26] "제스 그루"의 기원과 의미 그리고 궁극적 목적을 이렇게 천명한다.

> 내 생각에, 제스-그루의 궁극적 목적은 우리가 인간으로서 지각할 수 없는 변화와 과정들을 명시하는 데 있으며, 이 변화 과정들이 예술목적으로 활용된다. 나는 *멈보우 졈보우*에서 아주 자세하게 제스-그루의 기원과 의미를 밝혔다고 생각한다. 이 용어는 제임즈 웰던 죤슨이 흑인 명시선집에서 한 언급이 효시인데, 그는 이 선집에서 초기 래그타임 노래들의 일부는 어떤 선례도 없이 [자연 발생적으로] 생겼다고 기술했다. 나는 이런 일이 어떻게 일어났는가와 애프리커에 선조나 선례가 없는 어떤 새로운 "유령들"이 북남미에서 어떻게 나타났는가의 사이에 있는 유사성에 깊은 감명을 받았다. 그래서 내가 파퍼 라배스를 언급할 때, 나는 그도 선조없이 태어났다고 생각한다. 뉴 올리언즈의 파퍼 라배스와 관련하여 라배스가 주문으로 초혼되었을 때, 내가 보았던 이 혼령은 십자로들과 동일시되었으며, 이 동일시가 그를 신들의 사자(혹은 인간 세계와 신 세계 중간에 존재하는 초자연적 존재) 모습으로 현형시킨다. 우리가 헤이티와 애프리커로 가고 싶

---

25. Boyer, 9.

26. 앞책, 25.

> 다면, 신들의 사자는 현형 작용을 하는 초자연적 존재이며, 심지어 기독교 신앙에서도 크라이스트 모습이다. 그는 보이는 현실 세계에 보이지 않는 세계를 계시한다. 미국 흑인 예술가의 고전적 기능들 중의 하나는 사회적, 정치적 기능 만큼이나 중요한 신비로운 초자연적 기능이라고 나는 생각한다. 그래서 나는 우리가 해야 할 가장 중요한 임무는 제스-그루를 왕성하게 생성, 전파시키는 과업이라고 생각한다.[27]
>
> I think the ultimate purpose of Jes-Grew is to manifest processes that we as mortals cannot perceive and these processes are used for the purposes of art. I think I've gone over the origin and meaning of Jes-Grew very well in *Mumbo Jumbo*. The term originates from a remark by James Weldon Johnson in this anthology on Negro poetry in which he described some of the early ragtime songs as having sprung up without having any antecedent. I was struck by the similarity between how that happened and how certain new "loas" or to roughly translate, "spirits" came to be in South America and North America with no predecessor or antecedent in Africa. So that I think that when I say PaPa La Bas, I mean that. The references to PaPa La Bas in New Orleans, which I have seen when he was invoked, La Bas, this loa was identified with the cross roads, so that makes him a legba figure. If we want to go to Haiti and to Africa, legba is a catalyst, and even in Christianity the Christ figure, who reveals the world invisibles to the world visibles, to the real world. I think that one of the classic functions of the Afro-American artist is as much an occult function as a social and political function. So I think what we are trying to do is to keep the Jes-Grew growing.

이처럼 리드는 미국 지도계층백인들의 허위의식을 조용하고 확실하게 정화할 수 있는 예술(제스 그루) 창조와 파급효과의 절대적 중요성과 필요성을 역설한다. 왜냐하면 예술은 미국사회에서 다신교를 선호하는 흑인들과 일신교를 금과옥조로 하는 백인들을 화해시킬 수 있고, 화해시켜야 한

---

27. Reed Gaga, "Interview with Ishmael Reed," in *Conversations with Ishmael Reed*, 55.

다고 그는 믿기 때문이다. 요컨대 예술은 "정반대의 조화"[28]를 이룰 수 있고, 더욱이 이루어야 한다고 그는 확신한다.

이처럼 리드는 영혼과 육체, 선과 악, 광명과 암흑, 그리고 일신교와 다신교는 조화를 이루면서 사이좋게 공존해야 한다는 철학의 실천가이다. 그러나 미국 지도계층백인들의 허위의식 때문에, *멈보우 점보우*에는 그런 조화와 공존이 없다. 이런 조화와 공존이 있을 수 없는 부정적, 비극적 상황을 기술하면서, 극복의 작은 희망과 길을 제시하려는 시도가 리드의 *멈보우 점보우* 창작 목적이다. 이 소설의 핵심 주제인 "흑인의 변화무쌍한 활력의 화신"과 이것을 절대시하는 파퍼 라배스는 허위의식의 포로로 전락한 백인들의 집요하고 완강한 저항과 공격 대상이다. 어떤 저항과 공격을 받아도, "흑인의 변화무쌍한 활력의 화신"은 희미해지지도 손상되지도 않는다. 이런 불사조인 활력의 화신의 정체를 규명하면 이와 같다.

> 태극(제스 그루)에는 끝과 시작이 없다. 태극은 10억년 전에 폭발해서 오늘날 우리가 살고 있는 지구로 변형된 작은 천체보다 더 앞서 있었다. 태극이 천체를 폭파시켰을 수도 있다. 우리가 잠시나마 태극을 그리워할 것 같으면, 태극은 돌아올 것이다. 태극이 일단 돌아오면, 우리는 태극이 결코 사라지지 않았음을 알 것이다. 당신은 생명이 결코 끝나지 않을 것을 안다. 정말로 생명에는 끝이 없다. 어떤 변화가 일어난다면, 죽음이 올 것이다. 태극은 생명력이다. 그들은 마음놓고 두 기사처럼 말 한 마리를 공유한다. 그들은 생명력을 약화시키려고 할 것이지만, 생명력은 어김없이 회복되어 번식할 것이다. 우리는 우리 자신의 미래 정전을 집필할 것이다. 미래 세대 젊은 예술가들이 이 성업을 완성할 것이다. (204)

> Jes Grew has no end and no beginning. It even precedes that little ball that exploded 1000000000s of years ago and led to what we are now. Jes Grew may even have caused the ball to explode. We will miss it for a while but it will come back, and when it returns we will see that it never left. You see, life will never end; there is really no end to life, if anything goes it will be dcath. Jes Grew is life. They comfortably share a single horse like 2 knights.

[28]. Fox, 95.

> They will try to depress Jes Grew but it will only spring back and prosper. We will make our own future Text. A future generation of young artists will accomplish this.

이렇게 제스 그루는 우주의 생성 근원, 인간의 생명력, 실존의 활력소, 그리고 예술창조의 원동력이다. 그러므로 제스 그루는 인간이 마음대로 조종, 통제하면서 좌지우지할 수 있는 실체가 아니고, 초월적이고 불가사의한 활력, 마력, 그리고 생명력이다.

이런 활력, 마력, 그리고 생명력을 지닌 전염병(제스 그루)이 1920년대에 뉴 올리언즈에서 창궐하여, 맹위를 떨치고 있다. 백인 의사들은 이 전염병이 1890년대에도 창궐했던 흑인들의 *멈보우 점보우* 종교와 깊은 관련이 있는 제스 그루임을 알아낸다. 그래서 그들이 전염병을 한 지역에서 퇴치하려고 하면, 전염병은 의사들과 숨바꼭질을 하면서 다른 지역에 그 징후를 들어내고, 또 다른 지역으로 뛰어넘는다. 그들은 이 전염병이 전국적으로 확산되면, 미국문명은 종말을 맞게 될 것임을 잘 알고 있다. 왜냐하면 이 전염병에 걸린 환자들은 관능적인 욕구충족에 미쳐 정신이 없으며, 통제 불능의 광란상태에 빠져, 물고기처럼 몸부림치며, 격렬하게 몸을 흔들고 있기 때문이다. 이 환자들 중에는 가장 유명한 세균학, 유행병학, 그리고 화학 교수들도 있다. 목사가 이 병에 감염되더니 큰 소리를 지르면서, 자기는 "애프리커 오지 흑인의 튼튼한 심장과 폐를 가진 것 같다고 . . . 그의 주인(백인 농장주) [집]에서 도망가는 것 같다고 . . . 갑자기 춤을 출 수 있을 것 같다"(5)고 말한다. 병원을 시찰하러 온 뉴 올리언즈시장도 환자들과 비슷한 증상을 보이기 시작하자, 그를 보살피려고 달려온 의사도 문밖으로 슬그머니 나가 거리로 뛰어간다. 이처럼 이 전염병에 걸린 사람들은 계급, 인종, 그리고 자기를 의식하지 않는다. 더욱이 이 전염병은 스스로 번식하고, 빠른 속도로 확산하면서 인간을 감염시켜, 그의 인위적 벽을 허물고 의식을 개혁한다. 요컨대 이 전염병은 삶의 변화와 의식개혁에 결정적인 역할을 할 수 있는 불가사의한 마력을 지니고 있다.

허위의식에 빠져있는 백인들, 특히 일신교 교리만을 절대시하는 왈플라우어교단의 백인들은 이런 통제 불능의 삶의 활력과 마력에다 황홀경에 어찌할 줄을 모른다. 그들은 자신들의 거짓 자아와 왜곡된 삶을 크게 위협하는 활력과 마력 그리고 황홀경을 전염병으로 착각하고 없애려고 한다. 왜냐하면 그들은 자신들의 이런 착각, 무지, 독선, 그리고 아집으로 사회와 다른 사람들에게 큰 비극과 불행을 촉발하고 있음을 모르기 때문이다. 더욱이 그들은 자신들이 사회와 다른 사람들에게 고질적인 편집병자들이고 암적 존재임을 지각하지도 못하고, 지각할 수도 없다. 이처럼 그들은 중증의 정신적 병을 앓고 있으므로 병과 치료제를 분간할 수 없다. 따라서 그들은 자신들의 왜곡된 삶의 개선과 의식개혁에 절대적으로 필요하고 중요한 역할을 할 수 있는 제스 그루의 진가를 터득하지 못한다.

> 정말로 제스 그루 전염병은 [정신병] 치료제였다. 어떤 전염병들은 신체를 쇠약하게 했다. 그러나 제스 그루 전염병은 병자를 더욱 활력이 넘치게 했다. 다른 전염병들(그 중에서도 멀레어리어)은 공기를 독기로 오염시켰다. 그러나 제스 그루 전염병 환자들은 공기는 자기들이 전에 보았던 것처럼 깨끗했으며, 사신들의 콧구멍을 일전에 향긋하게 해본 적이 없었던 장미꽃 향기로 충만해 있다고 말했다. 어떤 전염병들은 부패하고 있는 동물들로부터 발원하지만, 제스 그루 전염병은 생명체처럼 강인하며, 그 특징은 열광과 황홀이다. 무서운 전염병들은 하나님의 분노 때문이었지만, 제스 그루 전염병은 여러 신들의 즐거움이다. (6)
>
> Actually Jes Grew was an anti-plague, Some plagues caused the body to waste away; Jes Grew enlivened the host. Other plagues were accompanied by bad air(malaria). Jes Grew victims said that the air was as clear as they had ever seen it and that there was the aroma of roses and perfumes which had never before enticed their nostrils. Some plagues arise from decomposing animals, but Jes Grew is electric as life and is characterized by ebullience and ecstasy. Terrible plagues were due to the wrath of God; but Jes Grew is the delight of the gods.

이렇게 제스 그루 전염병은 실존에 활력과 마력 그리고 황홀경을 불어넣어주며, 삶을 창조적으로 변화시키는 원동력이다. 요컨대 제스 그루는 생명력, 창조정신, 실존철학, 예술이다.

이런 활력, 황홀경, 그리고 생명력은 예술적으로 구현되었을 때, 다시 말하면 소설화되었을 때, 비로소 그 진가를 발휘할 수 있다. 이 생명력의 소설화는 언어로만 가능하다. 따라서 탁월한 언어구사로 구현된 생명력과 실존철학만이 우리가 자신을 바르게 보고, 느끼고, 알게 할 수 있을 뿐만 아니라 삶을 창조적으로 변화시킬 수 있다. 이런 자기 앎과 삶의 창조적 변화는 우리 자신을 진실하고 순수하며 너그럽고 관대하며 융통성과 개방성이 있는 인간으로 변신, 성숙시키는 실존철학이고 원동력이다. 이 실존철학과 원동력의 화신인 제스 그루도 자체를 예술적으로 구현하는 "언어들을 찾고 있으며,"(6) 더욱이 이 언어들로 이루어지는 책을 완성하려하고 있다. 그런데 미국사회에는 이 책을 긍정, 수용하려는 파와 부정, 파괴하려는 파의 대립과 반목이 있다. 제스 그루(책)를 적극적으로 수용, 전파하려는 파의 대표자가 파퍼 라배스목사 겸 탐정이고, 그 수용과 전파를 절대적으로 차단하고 금지시키려는 파의 대표자는 본 뱀프턴이다. 전자는 이 책을 찾으려고, 반면에 후자는 발견하여 분서(焚書)하려고 서로 암투를 벌인다.

라배스와 본 뱀프턴이 벌이는 암투는 이짚트(Egypt)의 오우사이어리스와 세트 사이의 불화와 반목에 상응한다. 라배스가 찾고 있는 제스 그루(책)는 소우스(Thoth) 신이 저술한 "*소우스의 저서*(*The Book of Thoth*), 다시 말하면 *첫 안무가가 집필할 첫 안무집*"이다. 이렇게 일찍이 *안무집*이 저술된 까닭은 춤이 인간 실존에서 차지하는 이런 중요성 때문이다: "무용은 만인의 예술로 모두가 느끼는 표현의 환희이다. 춤을 출 수 없는 사람들은 그들 자신의 [고독하고 소외된] 자아에 유폐되어 있으므로, 다른 사람들 그리고 사회와 사이좋게 공존할 수 없다. 그들은 삶의 [균형과] 조화를 상실해버렸기 때문에, 흥과 열정이 조금도 없는 어둡고 시들한 삶을 살 수 밖에 없다. 그들의 감정은 극도로 억압되어 있으므로, 그들은 절망적으로 속사(俗事) [더욱이 인륜을 저버리는 비인간적이고 잔인한 행위]에 [이루 말할 수 없는] 애착을 느낀다”(164, 60). 이처럼 삶에서 가장 중요하고 결정적인 역할을 하는 춤을 부정하는 대표자가 세트이다.

반면에 오우사이어리스는 춤의 예찬자이고 명수로 삶에서 춤과 노래를 가장 중요시한다. 그에게 “춤은 오우사이어리스 종교의 필수 요소이고 예술(제스 그루)의 주요한 징조이다.”[29] 그는 농사를 주관하는 신으로 파종과 수확, 수태와 다산, 그리고 증식과 풍요를 상징한다. 그는 누이동생, 아이시스(Isis, 농사와 수태를 관장하는 여신)와 결혼하여 행복한 삶을 즐긴다. 모든 농사의 시작과 끝에는 으레 의식이 있기 마련이므로, 그의 주변에는 언제나 춤과 노래 그리고 술이 있다. 그는 춤을 하도 잘 추어서 포도나무들이 매우 느리게 기복하는 동작을 모방하기 시작하더니 옆으로 뻗는 나무로 변형되는 기적이 일어나게 한다. 포도주 제조법을 가르친다. 또 그의 춤은 사람들이 그를 이렇게 환호작약하게 한다: “오우사이어리스가 이 춤들을 아무리 빠르게 가르쳐도, 사람들은 그를 모방하면서 자기들 나라와 기후에 알맞게 춤을 변형시킬 것이다. 그들은 그를 황소 오우사이어리스 그리고 씨 뿌리는 사람 오우사이어리스로 환영하기 시작했다 . . . 그가 돌아다니다가 들르는 많은 항구들의 주민들은 야아, 씨 뿌리는 사람, 어떤 일이 전승되고 있습니까? 하고 언제나 질문을 하였다”(165). 이처럼 그를 좋아하고 추종하는 사람들의 삶에는 언제나 솔직하고 쾌활한 감정, 친근감, 즐거움, 생기, 그리고 활력이 넘친다. 게다가 그는 “자연에 대한 애정과 사랑이 너무 깊고 열렬했기 때문에 사람들은 그와 자연을 식별할 수 없었다”(166). 이렇게 그는 사람들과 자연과 일심동체가 된다. 그는 이런 출중한 능력과 기질의 소유자이기 때문에, 동생 세트의 시기와 질투의 대상이 되더니 결국 동생에게 살해당한다. 그의 충복, 소우스는 망명 길에 오르면서, *소우스의 저서*를 아이시스에게 넘겨준다.

세트는 자신이 살해한 형과는 매우 대조적으로 농사와 자연을 증오하

---

[29]. Lisa Slappey, "Nature as Sacred Text: An Ecocritical Reading of *Mumbo Jumbo*," in *The Critical Response to Ishmael Reed*, 42.

며, 더욱이 자연과의 절연이 자기 수양이고 교육이라는 황당한 주장을 한다. 게다가 오만하고 질투심이 매우 강하며 극도로 이기적이다. 또 춤과 노래를 싫어하기 때문에, 사람들의 놀이욕구와 흥을 전혀 이해하지 못한다. 따라서 그는 자기가 그들의 증오와 공격 그리고 경멸의 대상이 되고 있음을 알자, "내가 춤을 출 수 없으면, 누구도 춤을 추면 안된다"(65)는 이런 엉뚱한 조치를 내린다: "그는 춤을 금지시켰다. [. . .] 다음에 노래를 부르지 못하게 했다. 그러더니 심기가 불편해지자, 성행위를 금지시켰다"(172-73). 이처럼 그는 인간실존에서 가장 큰 희열과 활력을 불어넣어 주는 본능적 행위를 자신의 일방적 명령으로 금지시키지만, 그 명령은 어떤 성과도 거두지 못하면서, 오로지 엄청난 반발심과 저항심을 촉발할 뿐이다. 그는 자신의 이상하고 괴팍한 아집과 독선에 유폐되어 있으므로, 사람들과 자발적이고 폭발적인 감정 교류와 합리적 대화를 할 수 없는 실존의 일차원적 독재자이고 일변도적 파괴자이다. 요컨대 그는 오우사이어리스의 놀이 정신과 그 파급효과를 부정하고, 실존을 왜곡시키면서 악행을 수치심과 죄책감 없이 저지르는 사악한 범죄자이다.

더욱이 세트는 종교를 예속 수단으로 사용한다. 그는 독재권력을 강화하기 위해, 백성들은 다양성과 이질성을 용인하는 다신교 대신에 태양에 근원을 둔 자신의 일신교만을 믿어야 한다고 강요한다. 그러면서 그들을 자신의 일신교에 예속시키려 한다. 그는 오우사이어리스의 다신교를 무력화하기 위해, 신하들이 "옛날 책들을 뒤져, 세트는 선량하게 그리고 오우사이어리스는 사악하게 보이게 하도록 내용들을 고쳐쓰기 시작하는"(174) 사업을 추진하라고 명령한다. 이렇게 그는 모든 수단을 동원해보지만, 심지어 악마의 힘에 의존도 하지만, "생명력과 풍요를 찬미하는 오랜 옛날의 농사 의식에 뿌리를 둔 종교(제스 그루)를 근절할 수 없다. 오히려 그의 이런 비상식적, 비정상적, 비이성적 행위는 마법이 제 세상을 만났으니 악이 성행하는"[30] 나쁜 결과만을 초래한다.

---

30. 앞글, 43.

세트의 이런 왜곡된 의식을 개혁하고, 악이 성행하는 사회를 정화하는 첩경은 춤과 노래 그리고 풍요와 자연을 찬미하는 *소우스의 저서*를 찾고, 그 바탕이 되는 종교(제스 그루)를 부활시키는 데 있다. 이렇게 해야 함에도 불구하고, 아이시스로부터 이 책을 훔친 모우지즈(Moses)는 그 진의를 잘못 이해한다. 그의 오독은 이런 비참과 재난을 초래한다: "모우지즈의 그 책을 제대로 이해할 수 없는 무능이 서구의 가장(家長)적 종교들의 발생 원인이 된다. 리드는 이 발생을 오우사이어리스 종교의 어떤 견해들(다신교, 춤, 풍요의식)을 비난하면서도 다른 견해들(예를 들면, 아이시스와 호러스가 메어리(Mary)와 쥐저스(Jesus)가 된다)을 통합하는 잘못된 행위로 단정한다. 모우지즈는 자신의 종교 근원을 아이시스로부터 훔쳤던 성스러운 책 *소우스의 저서*에 두고 있으면서도, 일신교를 창시한 세트와 파우스트(Faust) 식 담합을 한다."[31] 모우지즈는 *소우스의 저서*가 인간의 본능을 부정하고 영혼을 타락시키는 위험요인을 지닌 일신교에 엄청난 파괴력을 발휘할 수 있음을 알기 때문에 이 책을 숨긴다.

본 뱀프턴은 "신비한 식이요법으로 죽지 않는 방법을 터득하고 1천년을 살고 있는 십자군 전사"[32]이고, "세트 후손들 중의 한 사람"으로 "서구[일신교]전통의 본질을 대변하는"[33] 템플러 기사단(Knights Templar) 소속 도서관 사서였다. 그는 어느날 밤에 도서관 지하실에서 책들을 정리하다가, 폐방으로 내려가는 비밀 통로가 있음을 알고, 통로를 따라 들어간 방에서 *소우스의 저서*를 발견한다. 그는 즉시 단장에게 이 사실을 보고하고, 함께 상형문자로 집필된 *저서*를 번역하기 시작한다. 그런데 *저서*는 그들에게 이런 재앙을 초래한다: "그들이 *저서*에서 얻어낸 성과는 '신전의 규칙' . . . 학자들이 상실해버렸다고 주장하는 규칙으로 간주되는 이상한 의

---

31. 앞글, 44.

32. Alan Friedman, "Part vision, part satire, part farce, part funeral," in *The Critical Response to Ishmael Reed*, 36.

33. Henry Louis Gates, Jr., *Figures in Black*(New York: Oxford University Press, 1987), 259, 254.

식이었다. 그들은 비밀리에 전쟁의식을 거행했다. 이 거행이 그들의 운명을 전복하는 순간이었다”(188). 갑자기 7만명의 군인들이 들이닥쳐 그들을 성지(쥐루설럼)로부터 추방하자, 본 뱀프턴은 *저서*를 갖고 도망친다. 그는 유럽에서 100년 동안 피신하다가 1890년대에 미국으로 망명한다. 그는 바로 일간지, *뉴욕 선*(*New York Sun*)에 근무하게 되면서, 미국에도 종교(제스 그루)의 징후들이 나타나고 있음을 간파한다. 그는 이 종교의 전파를 막기 위해, 그 영향력이 막강한 *저서*를 숨기려고, 14등분으로 절단하여 익명으로 14명의 흑인에게 우송한다. 그의 조종에 따라, 서로 모르는 열 네 사람은 일정 기간이 지나면 각자 가지고 있던 책의 일부를 다른 사람에게 의무적으로 우송한다. 그는 이런 책략으로 *저서*를 완전하게 보관하려다가, 본의 아니게 잃어버리는 불행을 당한다.

본 뱀프턴은 비록 종교(제스 그루) 전파에 결정적인 역할을 하는 *소우스의 저서*를 상실했지만, 그 전파를 저지하려고 최선을 다하려 한다. 그는 한쪽 눈에 검은 안대를 하고 말 한 마리에 두 기사가 탄 그림이 새겨진 수건을 목에 두른 일신교의 맹목적 신봉자 겸 역할수행자로 인간의 본능과 놀이 욕구를 부정하기 때문에, 어둡고 무기력한 삶을 살면서 “못생긴 검은 인형에 입을 맞추고 . . . 이상한 소리를 지르는”(55) 기이한 행위를 곧잘 한다. 그는 자신의 삶에 활력과 열정을 불어넣어주고, 자아를 망각하고 상실한 자신에게 자아발견과 회복 그리고 개체성과 주체성을 촉발해주는 실존철학(제스 그루)을 완강하고 집요하게 부정, 거부하려 한다. 왜냐하면 이 실존철학은 그가 자신의 왜곡된 신념과 독선 때문에 무비판적, 맹목적으로 누리고 있는 삶의 질서와 안정 그리고 가치와 의의에 엄청난 혼란을 야기시키는 큰 위협과 파괴력이 되기 때문이다. 그래서 그는 “이 실존철학에 크게 압도당한다. 그 뛰어난 침투성, 그 절대적인 전파 잠재력”(139). 또 그는 이런 불안감에 휩싸인다: “이 실존철학은 우리를 공포에 떨게 할 것이다”(155). 그러므로 그는 이 실존철학의 확산을 저지하기 위한 모든 방안과 대책을 강구한다.

그 방안과 대책 하나는 그가 *소우스의 저서*를 다시 찾아서 분서하는 과업이고, 또 하나는 흑인들 사이에서 종교(제스 그루)를 혼란스럽게 하고 무력화시키는 데 앞장설 수 있는 유능한 흑인 지식인과 작가들을 매수하여 자신의 앞잡이로 활용하는 작업이다. 그는 "이 말하는 인조인간(This Talking Android)이 싱글거리는 웃음을 그 종교의 얼굴에서 지워버릴 것이라"(69)고 확신한다. 그는 이 작업을 성공적으로 완수하기 위해, 잡지 *상냥한 괴물*(*Benign Monster*)을 창간하여 발행인이 된다. 이 잡지를 전위 예술 형식으로 편집함으로써, 정부의 제재를 받아 대중적 인기를 높이고 크게 하려고 한다. 흑인들의 깊은 관심과 환심을 살 수 있는 글들을 쓰는 흑인들에게 집요하게 접근하여, 그들을 매수하려고 전력을 다한다. 먼저 공산주의에 관심이 많은 우드로우 윌선 제퍼선(Woodrow Wilson Jefferson)을 사회문제에 대한 흑인의 견해를 표명하는 기고자로 고용한다. 그는 제퍼선으로부터 이슬람교 신봉자이고 흑인민족주의자, "압둘 수피 해미드(Abdul Sufi Hamid)도 종교(제스 그루)는 [사람들을] 춤에 지나치게 열중하게 하기 때문에 필요하다면 무력으로 진압되어야 한다고 주장한다"(81)는 언급을 듣고, 다음 호에 그의 글을 게재할 수 있으면 한다. 그러나 그는 압둘 해미드가 자기가 잃어버린 *소우스의 저서*를 번역, 편집하고 있다는 제퍼선의 말을 듣고, 아연실색한다. 게다가 그는 흑인 시인, 메이져 영(Major Young)을 만나, 자기가 읽었던 그의 시는 왈트 휘트먼(Walt Whitman) 시와 견줄 만하다고 격찬하면서, 그의 기고를 간청한다. 또 다른 시인 네이선 브라운(Nathan Brown)을 만나, 자기가 산 그의 시집에 서명을 부탁하고, 흑인 시민들 중 제일인자라고 극찬하면서, 자기 잡지사의 간부가 되어 달라고 애걸한다. 그는 이렇게 최선을 다하고 있지만, 성과가 없어 안절부절 못한다. 결국 그는 압둘 해미드를 사무실로 찾아갔다가, 금고 안에 *소우스의 저서*가 없음을 알고 그를 살해한다.

본 뱀프턴이 개인 차원에서 종교(제스 그루)의 전파를 차단하려는 데 반해, 왈플라우어교단은 정치적, 조직적으로 그렇게 하려고 한다. 교단은 제스 그루 결사반대를 주창하는 대통령 와런 하딩(Warren Harding, 29대 대통령, 1921-23)을 취임시켜, 심리적 질병(제스 그루)을 퇴치시키려 한다.

그는 "춤과 술을 추방하자"(17)는 정강선언으로 대통령에 당선되고, 취임하자 바로 질병 의심자들을 주의, 경고하면서, 감염자들을 격리, 치료하고, 더욱이 면역제 치료법을 실시한다. 교단은 대통령이 질병을 예방, 차단하는데 가장 훌륭한 적임자라고 평가한다. 또 교단은 조직적으로 "말하는 인조인간"을 양성, 활용하려고 한다. 교단의 확신에 따르면, 이 말하는 인조인간은 "질병이 감염자들에게 매우 위험하게 보이게 하여, 그들이 [다른 사람들을] 질병에 접근하지 못하도록 하는 인간 면역재료이다"(137). 그러므로 교단은 이 인조인간을 최대한으로 흑인사회에 침투시켜, 질병균이 아예 배아하지 못하도록 하여, 질병을 발본색원하려고 안간힘을 쏟는다.

아무리 개인적, 정치적, 조직적으로 질병을 예방, 치료하려 해도, 질병은 "그 세균이 미국 평야를 가로질러서 스스로 효모균처럼 부풀어 커지고 있다." 왜냐하면 질병(제스 그루)은 많은 사람들을 즉흥적, 자발적으로 감동시키는 위대한 예술혼이기 때문이다. 이 예술혼은 그들의 자발적인 동조와 적극적인 지지를 받고 있다. 그 지지자들 중에서 가장 대표적인 인물이 부두교목사 겸 탐정인 파퍼 라배스이다. 그는 "많은 다른 사람들이 유전자들을 [각자] 가지고 있는 것처럼 자신의 신체와 정신 안에 이 예술혼을 간직하고 [항시 승화시키고] 있다." 그는 오래 전에 "자연과 조화와 합일을 이루었던 오랜 가문의 후손이다." 그래서 그의 기대와 희망에 따르면, "사람들은 한번 더 불가사의와 경이에 깊은 관심을 가질 것이다. 그들은 이 분야에서 더 많은 그리고 저 분야에서 더욱더 많은 '진보'를 평가, 비교하는 대신에 매우 광활한 내면세계를 탐구할 것이다." 그는 이런 기대와 희망 때문에 이 예술혼이 미국 전역을 강타하면서 사람들과 그들의 언행에 큰 영향을 주고 있다고 조금 과신한다. 그러나 현실은 그렇지 않다. 그는 자신의 실존철학에 반기를 들 뿐만 아니라 흑인들의 영혼이고 그들 삶의 정수인 춤을 부정, 무용시하는 이슬람교 신봉자이고 흑인민족주의자인 압둘 해미드를 이렇게 훈계한다: "당신은 당신이 모방하고 있는 기독교인들과 조금도 다르지 않다. 일신교도들인 기독교인들과 이슬람교인들은 자신들의 교리를 거부하는 사람들을 용납하지 않는다." 그는 압둘 해미드의 이런 주장 — "앨러신 외에 다른 신들을 숭배하는 사람은 천국에 들어가지 못하고 지옥의 불길 속으로 던져질 것이다"(20, 23, 45, 26, 34-35, 35) — 에 부두교의 무한성으로 대응한다.

> 라배스는 끼어들어 말하기를, 그 주장은 고대의 부두교 미학, 다시 말하면 상상력이 수용할 수 있는 수천명의 천사들을 관대하게 허용하는 범신론의 생성미학을 어디에 유기하느냐? 무수한 천사들과 신들. 그 수가 너무나 많아서 그 미학은 *커란, 성경, 티베트 사람들의 죽은 사람에 대한 책*, 그리고 목록에 실릴 모든 신성한 책들보다도 더욱 큰 책을 이루고도 더욱더 많이 추가할 수 있는 여백이 남을 것이다. (35)
>
> LaBas joins in, where does that leave the ancient Vodun aesthetic: pantheistic, becoming, 1 which bountifully permits 1000s of spirits, as many as the imagination can hold. Infinite Spirits and Gods. So many that it would take a book larger than the *Koran* and the *Bible*, the *Tibetan Book of the Dead* and all of the holy books in the world to list, and still room would have to be made for more.

라배스는 시그먼드 프로이드를 일신교의 독선과 망령으로부터 해방시키려고 최선을 다하려 한다. 그의 견해에 따르면, "프로이드는 예술혼(제스 그루)을 분리될 수 없는 유대, 다시 말하면 외부세계와 전체로서 하나가 되는 감정으로 이해할 수도 있었을 것이다. 그러나 불쌍한 프로이드는 일신교 신봉자이기 때문에 그 감정을 결코 체험하지 못했다." 그래서 그는 프로이드가 1909년에 미국에 왔을 때 그를 직접 만나, 그에게 예술혼을 일깨워 실감시키려고 한다. 그러나 그는 인의 장막에 갇혀 있는 프로이드를 만날 수 없다. 왜냐하면 프로이드를 장막에 가둔 미국교수들이 "후에 히틀러와 스탈린(Stalin)을 둘러싸게 되는 사람들과 비슷한 아첨꾼들"로서, 자기들이 우러러보는 대가에게 "그가 듣고 싶은 사실들만 말하고, 그의 관심 밖의 문제들을 은폐하려하기 때문이다." 그들의 이런 치사하고 비열한 행위는 "프로이드와 서구문명의 엄청난 손실로 귀결된다." 라배스의 고백에 의하면, "그는 '자신 속에 내재한' 무한하고 [불가사의한] '감정'을 실감할 수 없었다. 그는 자연과 조화와 합일을 이루지 못하기 때문에, 이 감정이 내포하는 의의와 진가를 이해할 수 없었다"(45, 46, 209).

라배스는 탐정이기 때문에 자신의 실존철학과 예술혼(제스 그루)의 근원이 되는 *소우스의 저서*[34]를 찾아야 한다. 왜냐하면 그는 이 *저서*가 자신의 실존철학과 예술혼의 새로운 의식과 확산에 결정적인 역할을 할 것임을 잘 알고 있기 때문이다. 또 그가 이 *저서*를 찾지 못하면, "이 실존철학과 예술혼은 오락과 여흥으로 오해될 것이다"(211)도 명심하고 있기 때문이다. 따라서 그가 이 *저서*를 찾는 매우 복잡하고 어려운 과정과 손에 쥐는 유종의 미가 지금까지 추리소설의 정설이다. 이럼에도 불구하고, 그는 그 과정과 유종의 미에 전념하지 않는다. 다시 말하면 *멈보우 점보우*는 라배스가 *소우스의 저서*를 찾는데 실패하기 때문에, 간난신고 끝에 범인과 보물을 성공적으로 찾아내는 종전 추리소설과는 아주 다르다. 이상하게도 이 소설은 "비밀을 해결하려 하기보다는 오히려 비밀범위를 확대하고 그 모호함의 영역을 확장하려 한다."[35] 결국 이 소설은 비밀을 해결하려 하지 않고, 모호함과 애매함만 증폭시킨 매우 특이한 추리소설이다. 요컨대 이 소설은 비밀해결 과정, 결말, 그리고 확실에 주력하지 않고, 오히려 미해결, 미결정, 미결론, 그리고 불확실성만 부각시키고 있는 추리소설이다.

압둘 해미드는 본 뱀프턴이 *소우스의 저서*를 비밀리에 간직하려고, 14등분으로 절단하여 익명으로 14명의 흑인에게 우송하여, 각자 수령한 우편물을 일정기간 보관하고 있다가 서로 모르는 상대방에게 자기 우편물을 우송하도록 하는 계략을 썼는데, 이 14명 중의 한사람이다. 압둘 해미드는 13명의 우편물을 전부 회수하여, *소우스의 저서*를 다시 온전한 책으로 환원시켜, 상형문자 책을 영어로 번역한다. 그는 독학했으므로 번역을 체계

34. Slappey, 43.

35. Patrick McGee, *Ishmael Reed and the Ends of Race*(New York: St. Martin's, 1997), 84.

적 방식으로 하지 않고, 누비 이불 만드는 사람처럼 이 지식 조각과 저 지식 조각을 합성하는 방식으로 한다. 그는 자신의 번역방식을 이렇게 설명한다: "내가 나 자신을 가르쳤던 방식이 나의 문체, 나의 예술, 나의 방법이 되었다." 그는 이런 방식으로 번역을 다 끝낸 다음에, "책의 진리는 최종 결과에 있지 않고 번역 과정에 있음을 깨닫는다."[36] 그는 자기 번역물이 큰 반응과 동요를 일으킬 것이라고 기대했는데, 독자가 없을 거라는 이유로 출판을 거절당한다. 게다가 그는 *소우스의 저서*가 "외설적이고 음란하며 퇴폐적인 책"(38, 202)임을 알고 소각해버린다. 그는 본 뱀프턴에 의해 살해당하기 전에 써서, 라배스에게 우송한 편지에 이 소각사실을 밝혔다.

압둘 해미드는 비록 춤을 무시, 부정하는 흑인민족주의자이고 일신교신봉자이지만, *소우스의 저서*를 소각해야 할 정도로 제스 그루(백인들에게는 전염병이고 마귀지만 라배스와 그의 추종자들에게는 가장 위대한 실존철학이고 예술혼이다)에 적대적이지 않았다. 그는 이 *저서*를 퇴폐적 외설물로 규정했지만, 한때는 "정말로 사람들을 깜짝 놀라게 하여 깨우칠 수 있는 선집"(39)으로 높이 평가하기도 했다. 이런데도 그는 갑작스럽게 이 저서를 소각해버렸다. 그의 이런 소각행위는 리드가 자신의 소설창작철학을 구현하기 위한, 그리고 흑인민족주의자와 일신교신봉자를 지능적으로 은밀하게 공격하기 위한 서술전략이다. 따라서 이 소각행위는 리드의 소설에 대한 두 가지 견지에서 검토, 논의되어야 한다. 하나의 견지는 소설의 정수는 이론적으로 규명, 설명될 수 있는 진리의 표현에 있지 않고 개개인의 직접 체험에 바탕을 둔 마음의 깨달음과 의식개혁에 있으며, 또 다른 하나의 견지는 소설은 무(無)에서 창작되어야 한다는 것이다. 리드는 자신의 소설론에 반기를 드는 흑인민족주의자와 일신교신봉자를 독선과 아집으로 가득 찬 허위의식으로부터 해방시키는 가장 탁월한 방법을 압둘 해미드의 *소우스의 저서* 소각행위, 다시 말하면 고정관념의 와해와 해소로

---

36. 앞책, 115.

실현하려 한다. 리드의 지론에 따르면, "예술(제스 그루)은 그 의미나 진리 혹은 본질을 탐구하지 않고, 그 표현과 체험을 극대화한다."[37] 그러므로 제스 그루(예술)는 언어로 설명, 기술될 수는 없고, 오로지 체험으로만 실감될 수 있다.

> 그러니 나에게 어떻게 제스 그루를 이해하느냐를 묻지 마시오. 루이스 암스트롱, 베시 스미스, 당신의 시인들, 화가들, 음악가들에게 물으시오. 그들에게 어떻게 제스 그루를 실감하느냐고 물으시오. 흑인과 백인 일신교 신봉자들과 그들의 텅 빈 머리 밑으로 사슬이 덜걱덜걱 움직이고 있는 유럽 유령으로부터 받는 조소도 아랑곳하지 않고 탬버린을 흔들고 있는 사람들에게 물으시오. 새로운 춤 스텝을 "창안하고" 있는 어린 흑인 장난꾸러기들과 "제시 제임즈 민요"의 마지막 구절들을 쓴 흑인요리사의 혼령에게 물으시오. 전기기타를 빼앗기자 빨래판을 들고 기타를 연주하기 시작하는 사람에게 물으시오. 먼 미서서피 주에 앉아서 몇 시간 동안 "신나게" 이야기하는 어릿광대에게 물으시오. (152)
>
> So don't ask me how to catch Jes Grew. Ask Louis Armstrong, Bessie Smith, your poets, your painters, your musicians, ask them how to catch it. Ask those people who be shaking their tambourines impervious of the ridicule they receive from Black and White Atonists, Europe the ghost rattling its chains down the deserted halls of their brains. Ask those little colored urchins who "make up" those new dance steps and the loa of the Black Cook who wrote the last lines of the "Ballad of Jesse James." Ask the man who, deprived of an electronic guitar, picked up a washboard and started to play it. The Rhyming Fool who sits in Rē′-mōte Mississippi and talks "crazy" for hours.

요컨대 리드는 사람들을 즉흥적, 자발적으로 감동시켜, 깨달음과 의식개혁으로 이끌어가는 예술적 체험을 가장 중요시한다.

또 리드는 소설창작은 무를 전제로 해야 한다고, 다시 말하면 "예술(제스 그루)은 무에서의 창조이다"[38]고 주장한다. 그의 주장은 소설창작은 절

---

37. 앞책, 109.

대자, 절대선, 그리고 절대개념에 의존해서는 안되고, 오로지 본래면목의 탐구, 개체성과 주체성 확립, 가능성과 잠재력의 계발과 발휘, 그리고 공동체 의식의 확장 의지에 그 바탕을 두어야 함의 역설이다. 그러므로 *소우스의 저서*가 소각되었음은 우리가 실존과 의식에서 으레 쉽게 빠지는 타율성과 의존성으로부터 탈피하여 자율성, 독자성, 개체성, 그리고 주체성 확장에 전념해야 함을 상징한다. 또 소각되었음은 이 *저서*에 대한 지금까지의 고착된 견해, 논의, 그리고 주장에서 벗어나 새로운 창조적 의견과 해석을 요구한다. 우리가 이런 전념과 요구에 잘 부응하려고 최선을 다한다면, *저서*는 소각으로 재가 되어 사라지지 않고, 우리 마음을 깨우치고 의식을 개혁하는 새로운 생명력과 예술혼을 가지고 우리에게 다가온다. 이 생명력과 예술혼이 우리를 언제나 끌어당기는 마력이다.

> 목사님(라배스), 저는 더 많이 배우고 싶습니다. 저는 우리 고대문화, 다시 말하면 우리 부두문화를 연구하기 위해, 뉴 올리언즈, 헤이티, 그리고 브러질과 남미로 갈 생각입니다. 아마 곧 지금부터 30년이나 40년 후의 미래 예술가들은 제 연구로 큰 도움을 받을 것입니다. 목사님, 누가 압니까? 지금 저는 제스 그루(생명력, 예술혼)를 확신합니다. (206)
>
> I want to learn more, pop. I'm thinking about going to New Orleans and Haiti, Brazil and all over the South studying our ancient cultures, our HooDoo cultures. Maybe by and by some future artists 30 to 40 years from now will benefit from my research. Who knows. Pop, I believe in Jes Grew now.

이 생명력과 예술혼이 우리의 존재목적인 본래면목의 탐구, 개체성과 주체성 확립, 가능성과 잠재력의 계발과 발휘, 그리고 공동체 의식 확장의 원동력이 되어, 우리 삶에 언제나 큰 기대, 희망, 충만감, 성취감, 그리고 황홀경을 불러일으키고 있다. 또 이 생명력과 예술혼이 리드가 신봉하는 다문화주의의 근간일 뿐만 아니라 그의 소설철학의 바탕이다.

---

38. 앞책, 81.

마지막으로 파퍼 라배스가 다시 한 번 고찰된다. 그는 리드의 소설철학을 구현하는 가장 중요한 주인공이기 때문이다. 그는 *소우스의 저서*를 찾는데 실패한다. 이 실패는 그가 실존에서 왜곡된 목적 달성 드리고 성취와 완성보다는 오히려 본래면목의 탐구와 개체성확립 과정이 절대적으로 중요하다고 깨닫게 하는 리드의 또 하나의 서술전략이다. 그 과정은 저서에 의존하는 타율과 확신보다는 자유를 전제로 하는 불확실성, 회의, 그리고 자성을 바탕으로 해야 한다고 리드는 주장한다. 따라서 라배스는 가능한 한 독선과 아집에 얽매이려하지 않고, 끊임없는 자아성찰을 바탕으로 자신과 다른 사람들 그리고 사물을 전체적, 유기적으로 이해하려고 최선을 다한다. 그는 1960년대에 대학에서 강연을 마치고, 어떻게 100살까지 살고 있느냐의 질문을 받고, 이렇게 대답한다: "건강한 육체도 정신이 특이한 철학과 신앙의 지원을 받지 못하면 아무 소용없다. [. . .] 우리 정신은 인사(人事) 점성학이 움직이는 방식, 다시 말하면 천체에서 일어나고 있는 현상이 지상의 우리 삶에 영향을 미치고 있다는 사상과 비슷한 방식으로 활동한다." 또 이런 주장을 한다: "재즈가 래그타임의 영혼(제스 그루)을 계승한 정통노래(제스 그루)였다." 그러나 그는 자기 주장을 수용할 수 없다는 반박을 들으면서, 차를 불빛이 찬란하게 비치는 맨해튼(Manhattan)으로 몰고 있다. 그는 "시간은 흐르는 강물이 아니라 흔들리는 추"라고 생각하고 있는데, "마천루들은 마술 나무들처럼 빛난다." 그는 잠시 "화면을 정지한다(freeze france)"(212, 214, 213). 이렇게 그가 판단을 중지하고 침묵하는 장면이 소설의 끝이다.

Ⅲ

지금까지의 분석과 고찰에 의하면, 리드는 다문화주의의 근간이 되는 부두교와 그 미학에 바탕을 둔 소설철학과 기법에 의존하여 *멈보우 점보우*를 창작했다. 리드의 주장에 따르면, 자신 뿐만 아니라 미국흑인들이 백인과 흑인, 선과 악, 본능 억압과 충족, 그리고 광명과 암흑을 구별하여 대립시키는 일신교를 금과옥조로 하는 미국사회 지배계층백인들에 의해 무자비한 억압과 착취를 당했다. 흑인들이 그들의 억압과 착취에서 벗어나는 첩경은 일신교의 포로로 전락한 백인들의 허위의식을 개혁할 수 있는 다문화주의의 신봉과 전파에 있다. 그런데 다문화주의의 근원은 부두교와 일맥상통하는 제스 그루(춤, 활력, 생명력, 종교, 실존철학, 예술혼 등등)에 있으며, 이 제스 그루의 바탕은 *소우스의 저서*에 있다. 1920년대에 실존에서 자아탐구와 개체성을 절대시하지 않는 미국 상류계층백인들은 허위의식 때문에 놀이욕구와 본능을 억압하는 어둡고 무기력한 삶에 활력을 불러일으킬 뿐만 아니라 자신들을 일차원적 인간으로부터 해방시키는 제스 그루(춤, 실존철학, 예술)를 무력화시키고 차단하려고 안간힘을 다했다. 그러나 결과는 그들의 뜻대로 되지 않았다. 반면에 소설주인공, 파퍼 라배스는 실존에서 불확실성, 회의, 그리고 자성에다 춤, 활력, 생명력, 예술을 바탕으로 끊임없이 본래면목의 탐구와 개체성 확립에 최선을 다하는 제스 그루의 화신이다. 그는 다문화주의를 신봉하고 전파하는 대표적 인물이다.

파퍼 라배스는 리드가 자신의 독창적인 소설철학과 기법으로 창조한 이상적인 주인공, 다시 말하면 모든 사람이 본받아야 할 이상적인 인물이다. 그는 지금까지 일방적, 독선적으로 인간의 본능과 욕구를 억압하면서, 자아탐구와 실현에 부정적인 역할을 하는 일원론을 배격한다. 일원론의 포로로 전락한 인간은 오로지 자신의 일방적 목적을 실현하기 위해, 다른 사람의 인격을 무시하고, 인권을 억압하며, 예술을 왜곡한다. 게다가 그는 자아에 유폐되어, 인간과 사회 그리고 자연으로부터 소외된 고독한 삶을 살 수 밖에 없다. 그의 안중에는 오로지 자기만 있고, 다른 사람과 자연은 없다. 이런 인격 파산자와 매우 대조적인 인물이 바로 파퍼 라베스다. 그는 실존에서 춤과 노래를 가장 중요시하여, 삶의 활력과 황홀경을 예찬하며, 공동체 의식을 확장하려고 최선을 다하고 있다. 그의 실존철학의 바탕은 부단한 자아탐구와 실현의지, 예술창조 행위, 그리고 타인과 그의 인격존중에 있다. 그 바탕은 언제나 주체성, 상대성, 불확실성, 애매모호성, 그리고 변화무쌍을 전제로 하여 세계 모든 사람들과 국가들의 종교, 예술, 그리고 제도를 긍정적, 적극적, 창조적으로 수용하려는 의지와 실천에 있다. 요컨대 그는 다문화주의의 신봉과 전파의 선구자이다. 따라서 그는 우리 실존에 귀감이 될 거라고 필자는 확신한다.

6

스탠리 엘킨: 생명력 예찬과 실존목적 탐구

I

스탠리 엘킨(Stanley Elkin, 1930-1995)은 소설형식을 대담하고 광적으로 변형시킨[1] 탁월한 포우스트모던 소설가로 동료작가와 비평가들의 아낌없는 찬사와 격찬을 받았지만, 일반 독자들에게는 인기가 없었다. 애석하게도 그는 오로지 "작가의 작가로 알려졌기"[2] 때문에, 그의 소설들은 팔리지 않아 절판되었다. 그래도 그는 독자들에게 영합하려 하지 않고, 자신의 독창적이고 특이한 소설철학과 창작기법을 집요하게 고수하고, 여기에 전적으로 의존하여 소설을 계속 집필했다. 이 논문은 그의 독특한 소설론과 창작법을 규명하고, 그의 다섯번째 소설로 "기법과 철학에서 하나의 분수령을 그은 가장 야심적인 소설,"[3] *죠지 밀즈*(*George Mills*, 1982)를 분석, 고찰한다. 그는 자신의 "최고걸작"[4]이라고 자랑한 이 소설로 미국서평가협

---

1. David Dougherty, "Stanley Elkin," in Dictionary of *Literary Biography, Vol. 218*, ed. Patrick Meanor and Gwen Crane(Detroit: Gale, 1999), 138.

2. Tom LeClair, "An Interview of Stanley Elkin," in *Anything Can Happen*, ed. Tom LeClair and Larry McCaffery(Urbana: University of Illinois Press, 1983), 106.

3. David C. Dougherty, *Stanley Elkin*(Boston: Twayne, 1991), 26.

4. Joyce Renwick, "Stanley Elkin: An Interview," *Mid-American Review* 5(1985): 70.

회상(National Book Critics Circle Award)을 받았다. 이 소설은 십자군 전쟁이 처음 발발했던 11세기에 엄격한 신분과 계급사회에서 출신성분 때문에 속수무책으로 기층민으로 살 수밖에 없었던 주인공, 죠지 밀즈(George Mills)가 매우 애통하게도 대대로 아무리 재능과 능력이 있는 후손이라도 하층계급신분에서 탈피할 수 없을 거라는 저주를 받고 사는 삶으로 시작된다. 따라서 그 이름을 계승하는 후손들은 신분상승을 도모하기 위해 아무런 노력도 하지 않고, 그저 그 저주의 굴레에서 자아탐구에 관심도 없고 꿈도 빼앗긴 채 오로지 생명력에 의존하여 생존했다. 이 소설은 1000년 동안에 60대까지 이르면서도 하층계급에서 탈피할 수 없었던 죠지 밀즈 가문에 관한 이야기이다. 또 이 작품은 이렇게 오랫동안 기층민 삶을 대대로 살아온 주인공들이 실존의 지독한 간난과 역경을 인내, 극복한 민초의 생명력을 예찬한 매우 획기적인 소설이다. 이 생명력은 60대손 밀즈의 이런 신념 — "인생의 목적은 매우 오래 살면서 중요한 의미를 발견하거나 대단한 일을 훌륭하게 하는 데 있다"[5] —에서 솟아나온다.

엘킨의 소설철학은 이런 주장 — "자아가 제일이고 절대이다" —을 전제로 한다. 이 철학에 따르면, 자아는 생명력으로 자기를 보존하고, 존재의의를 탐구하며, 보람있는 실존목적을 실현하려는 투철한 의지를 가져야 한다. 또 자아는 허위의식에 왜곡되지 않고, 외부 힘에 압도당하지 않으려는 강한 의지를 가지고 있어야 한다. 그래서 그는 "자아의 의지보다 더욱 강력한 외부 힘에 대항하는 자기중심적 의지"를 찬양한다. 이런 의지의 구현이 그의 소설의 요체이다. 그는 소설창작에서 이런 의지가 철저하게 고수되도록, 더욱이 왜곡, 훼손되지 않도록 최선을 다한다. 그러기 위해 그는 종전 소설가들의 교조적 철학과 이념의 직설적 표현을 배격하고, 언어의 중요성을 이렇게 역설한다: "내가 참으로 . . . 관심을 쏟는 대상은 철학적 사상이나 추상적 개념 또는 원형이 아니라 언어가 구사되는 절호의 기회이다."[6]

---

[5]. Stanley Elkin: *George Mills*(New York: Avon, 1996), 518. 앞으로 이 작품에서의 인용문은 괄호 안에 쪽수만 표시함.

따라서 그는 이런 소설창작철학을 바탕으로 소설을 언어와 의지에 입각해서 정의한다. 언어를 가장 중요시하는 입장에서 소설을 특이하고 독창적으로 정의하면, "소설은 언어가 구사될 수 있는 무대를 마련한다."[7] 그래서 그의 소설은 철학적 사상, 정치적 이념, 그리고 종교적 신념을 골간으로 하지 않고, 문장들과 은유 그리고 구문으로 창작된다. 이때 모든 문장은 비록 고전적 의미의 플롯(plot)의 전체성과 통일성에 장애요인이 된다 할지라도 "그 자체의 존재 이유"[8]를 갖는다. 요컨대 그는 "언어와 언어의 가능성에 홀린 소설가이다. 그는 자신의 지대한 관심은 플롯이나 주인공 창조 또는 주제와 같은 문제보다도 오히려 자기가 구사하는 언어에 있다고 시종여일하게 주장한다."[9] 또 의지를 절대시하는 입장에서 소설을 이렇게 정의한다: "소설은 집념에 관한 [이야기]이다고 나는 믿는다. 물론 집념이 일종의 고정과념이 되면, 불합리하고 어처구니없다고 쉽게 단정된다."[10] 그가 집념을 바탕으로 소설을 창작할 때, "소설에 생기를 불어넣는 활력은 의지이다." 이렇게 그는 소설창작을 전적으로 언어와 의지에 의존하면서도, 구성과 형식을 세심하게 고려한다. 그래서 그는 자신의 소설에는 탁월한 구성이 있다고 이런 자랑을 한다: "내가 집필한 소설들에는 엄격하게 정의된 구성이 없는 소설은 하나도 없다."[11]

이처럼 엘킨은 소설구성을 대단히 중요시하면서도, 그 구성을 시작과 중간 그리고 끝이 있는 플롯에 전혀 의존하지 않고 형상화한다. 그 구성은 이런 플롯 개념과는 아무런 관계가 없다. 그 구성은 매우 독창적이어서 전체성, 통일성, 일관성, 연대성, 그리고 인과관계를 전제하지 않는다. 그 구

6. LeClair, 109, 108, 111.

7. Scott Sanders, "An Interview with Stanley Elkin," *Contemporary Literature*, 16.2(Spring 1975): 132-33.

8. Phyllis and Joseph Bernt, "Stanley Elkin on Fiction: An Interview," *Prairie Schooner* 50(1975): 16.

9. Dougherty, *Stanley Elkin*, 2.

10. Bernt and Bernt, 14.

11. LeClair, 117, 113.

성은 그의 독창적인 플롵 개념 — 주인공의 소망과 주위 환경이 그에게 강요하는 요구 사이에 드러나는 차이[12] —을 바탕으로 구체화된다. 그는 플롵을 "자신의 소설창작에 으레 있는 엄격성과 탁마사상에 가장 적합한 표현으로 정의한다: 플롵은 주인공이 스스로 자기를 깨닫고 아는 상황에 세심하고 절대적으로 주의하려는 자발적 의식과 행위이다."[13] 따라서 그의 소설창작은 기존 플롵에 의존하지 않고, 어떤 실존상황에 처해 있는 주인공에 관한 이야기로 시작된다.[14] 그 주인공에 관한 하나의 이야기의 문장과 문단들이 직접적인 관계가 없는 다른 이야기의 문장과 문단들로 이어지기도 하면서 소설은 전개된다.

*죠지 밀즈*는 지금까지 논의한 엘킨의 소설창작철학과 기법의 근간인 언어와 의지의 결정체이다. 11세기에 마부였던 죠지 밀즈가 받은 저주 — 후손들도 대대로 어떤 뛰어난 재능과 능력을 타고 나서 아무리 노력해도 기득권층의 이기적 독선과 아집, 그리고 횡포로 인한 사회적 제약 때문에 하층계급 신분에서 벗어날 수 없다 —로 60대 후손도 1980년에 미국에서 가구운반 노동자로 살고 있다. 1000년 동안 기층민 생활을 하고 있는 죠지 밀즈가의 남자들은 많은 소설가들이 주인공으로 선택하고 싶지 않은 무시와 경멸의 대상이 되는 인물들이지만, 실은 서민으로 고달픈 삶을 사는, 더욱이 본의 아니게 살아야 하는 우리 모두를 대변하고 있다. 그래서 엘킨은 상상력과 언어구사로 무시당하고 천대받는 주인공들을 창조하면서, 그들의 강한 생존의지가 분출하는 끈질긴 인내력과 생명력을 표출시킨다. 이렇게 하면서 60대손 죠지 밀즈는 신분 상승에는 어떤 성과도 거두지 못하지만, 삶의 목적은 존재의의를 탐구하고, 바르게 행동하는 데 있음을 깨달았다고 시사한다. 이 시사로 엘킨은 하층계급 사람들의 삶에도 변화와 진

---

12. Jay Clayton, "An Interview with Stanley Elkin," *Contemporary Literature* 24.1(Spring 1983): 6.

13. John Ditsky, "Death Grotesque As Life: The Fiction of Stanley Elkin," *Hollins Critic* 19.3(June 1982): 2.

14. Sanders, 142.

보가 있을 수 있음의 강한 신념을 역설한다. 그는 자신의 진보에 대한 신념을 이렇게 표현한다: "나는 . . . 개인적으로 진보의 신화를 좋아한다고 생각한다. [. . .] 나는 진보와 같은 [획기적] 사건이 일어나고 있다고 생각한다."[15] 본론은 주인공들의 하층신분에 맹목적으로 순응하는 삶, 강인한 생명력, 43대손 밀즈의 신분상승에 대한 욕구와 노력, 그리고 60대 후손의 실존목적의 깨달음을 분석, 고찰한다.

II

*죠지 밀즈*는 엘킨이 소설구성과 형식에 쏟는 지대한 관심과 세심한 배려를 특출하게 구체화했을 뿐만 아니라 그의 두개의 독창적인 플롵 개념 — "주인공이 스스로 자기를 깨닫고 아는 상황에 세심하고 절대적으로 주의하려는 자발적 의식과 행위이다" 그리고 주인공의 소망과 주위환경이 그에게 강요하는 요구 사이에 드러나는 차이 —을 탁월하게 구현한 소설이다. 이 소설은 5부로 구성되어 있는데, 3부의 9장을 정점으로 하여 1부와 5부는 2장 그리고 2부와 4부는 4장으로 세분하여 균형을 부각시키는 형식을 갖추고 있다. 1부는 죠지 밀즈가 말에 대한 지식은 전혀 없으면서도 마부로 시중하는 영주의 막내아들, 길러룸(Guillalume)과 함께 1097년에 발발한 첫 십자군전쟁에 참전하여 겪었던 이야기이다. 2, 3, 그리고 5부는 60대손 밀즈가 1980년에 미국에서 노동자로 살고 있는 삶에 복잡하게 엉클어진 사연과 사건들 그리고 삶의 목적과 의의를 깨닫게 되는 과정의 이야기이다. 4부는 43대손 밀즈가 신분상승을 시도하려다가 영국왕 죠지 4세(George IV)의 반란 음모자라는 오해를 받아 터키(Turkey)로 추방당했다가, 악전고투 끝에 영국대사관으로 피신하여 대사의 주선으로 미국행 선박에 승선하는 이야기이다. 이런 이야기들은 주인공들의 행위들과 여기에 관련된 사건들의 연대기적 순서, 인과관계, 그리고 관련성을 고려하지 않고,

---

15. Bernt and Bernt, 22.

화자의 갑작스런 주제 변경에 따라 시간과 공간의 사실적 연관성을 전적으로 무시하고 만화경적으로 서술된다. 이 서술은 죠지 밀즈와 그의 후손들이 그들의 의사와 의지와는 아무런 관계가 없는 출신성분과 계급 때문에, 저주를 가슴에 품고 살아야 하는 삶에 그 초점을 맞추고 있다. 죠지 밀즈가 길러룸으로부터 그 저주를 직접 듣고 극도로 절망하는 1부가 먼저 고찰되고, 그 저주의 굴레에서 벗어나려고 시도했다가 실패하는 43대 후손의 장인 4부, 그리고 60대 후손의 미국 삶의 장인 2, 3, 5부가 논의된다.

죠지 밀즈는 자신의 소망과 주위 환경이 그에게 강요하는 요구 사이에 드러나는 차이를 실감하고 극도로 절망한다. 십자군전쟁에 참전하여 밀즈의 시중을 받고 있는 길러룸은 영국을 떠나 지금 헤매고 있는 유럽 광야에서는 관습도, 법도, 규칙도, 돈과 신분의 차이도 없다고 강조한다. 그러나 밀즈가 그의 말에 복종하지 않으면, 그는 그들 사이에 엄연한 주종관계가 있음을 이렇게 강요한다: "나는 너의 상전이다 . . . 밀즈, 이 사실을 명심하라. 사람들 사이에는 차별을 나타내는 특징들이 있어서, 자비는 카드들처럼 나누어준다. 동전의 액면가처럼 [사람들은 자신들의] 지위와 신분을 타고난다. 사람들은 자신들의 지위와 신분을 향유한다. 우리가 지금 있는 여기서도 . . . 길러룸이 영주의 막내아들로 [태어났음은] 우연이 아니며, 네가 마부로 [태어났음도] 더욱더 우연이 아니다. 이런 출생은 추첨의 행운이 아니라 우리를 그렇게 구별하는 어떤 신비스러운 최상 구조의 매우 두꺼운 벽이다"(12). 더욱이 그는 밀즈에게 인간의 실존에서 천부적 능력과 재능은 아무런 소용과 의미가 없으며 오로지 출신에서 비롯되는 사회적 계급과 차별이 가장 결정적인 역할을 하고 있다는 그리고 이 계급 차별화는 자손 대대로 계승되므로 어느 누구도 이 차별화의 두꺼운 벽을 무너뜨릴 수도 벗어날 수도 없다는 사실을 반드시 명심해야 한다고 강요한다.

그의 이런 강요를 받고, 밀즈는 "당신이 내 운명을 결정해버렸다" 그리고 "당신은 내 계층을 저주했다"고 비관적으로 반응한다. 그러나 그는 자신의 저주스런 운명이 길러룸이라는 한 개인이 아니라 기득권층에 의해 이미 결정되어 굳어졌음을 알고 있다. 그가 어렸을 때 심부름으로 영주의 저택에 갔다가 주단에 수로 놓은 그림을 보았다. 그 그림은 기득권층과 기층민층을 아주 뚜렷하게 대비시켜 표현했다. 영주와 귀족들에 대한 부분은 매우 화려한 색채로 그려져 있었다. 그 색채는 하늘보다도 더 푸르고, 피보다도 더 빨갛고, 풀보다도 더 초록색이었다. 반면에 희미하고 음침한 색채로 그려진 양치는 사람, 농부, 물방앗간 주인, 빵굽는 사람, 그리고 대장장이들은 어둡고 생기없게 보였다. 이런 기층민들의 암울한 모습은 기득권층이 본능적으로 가지고 있는 시각이었다. 그림은 이 시각을 "주단신분[표시]"로 드러냈다. 이 신분표시로 밀즈는 완화시킬 수 없는 계급의 첨예한 대립과 뚜렷한 차별화를 실감했다. 이 실감으로 그는 자신의 저주스런 운명을 이렇게 한탄한다: "밀즈는 마음속으로 앞으로 갖게 될 아들들에게 — 그들이 이 운명에서 벗어난다 할지라도 — 자기가 그들에게 남겨줄 나쁜 유산에 대해 사과했다. 그리고 숙명적으로 [자식들에게] 증여하게 되는 밀즈가의 불운과 그가 혈통이라고 생각하는 2류이고 꼴찌이며 천박한 생명체의 마모되어 불완전한 유전자를 슬퍼했다"(12, 31, 12).

화자는 길러룸의 강요, 밀즈의 저주와 한탄, 그리고 그들의 성전 참전과 전사 개연성을 이야기하다가, 갑작스럽게 시간과 공간의 경계를 뛰어넘어 20세기 중기의 사실들을 말한다. 이 사실들을 기술하는 문장이 길러룸과 밀즈의 언행들과는 아무런 관계가 없을지라도, 문장은 서술의 전체성, 통일성, 그리고 연관성을 무시하면서도 "그 자체의 존재 이유"를 갖는다는 엘킨의 주장을 바탕으로 하여 삽입되어 있다. 화자의 서술에 따르면, 밀즈가 기층민 출신으로서 자신과 후손들의 고달프고 비참한 삶을 자신의 가정적인 훌륭한 교육관의 실현 의지로 감수했다. 비록 기층민이지만, 밀즈는 자기 가계의 시조였다. 이처럼 모든 기층민 남자들도 자신들 가계의 시조로 후손들을 두고 있다. 이 후손들이 기득권층 인사들을 보필하기 위해 그들과 함께 해외여행을 하면 들뜬 마음으로 관광명소들을 구경한다. 그러나 그들이 군인으로 해외에 파병되면, "계속 몇 년 동안 프랑스나 비에트남이나 한국의 참호와 1인용 참호에서 생존하거나, 생포되어 일본과 독일 그리고 신성 로마제국과 한자동맹(Hanseatic) 포로수용소에 수용당하는데 억류의 장기화로 사망하는 포로들은 그곳에 매장되거나, 전투 중에 실종되기도 한다”(14-15). 화자의 이런 서술로, 엘킨은 기득권층이 이기적 독선과 아집을 위장하는 그럴듯한 미명으로 일으키는 전쟁과 이 전쟁으로 젊은이들을 고생시키고 비명횡사시키는 만행을 폭로, 고발한다.

길러룸은 지리에 관한 지식이 전혀 없으므로 스스로 앞장서서 전장으로 전진할 수 없기 때문에, 무지한 밀즈에 의존하다가 길을 잃는다. 그는 벨젼(Belgium)에서 왼쪽으로 잘못 돌아 포울런드(Poland)의 미지의 숲속에서 만난 상인과 함께 암염광(岩塩鑛)으로 들어가 포로 광부로 전락하여 핍박한 노동자 생활을 한다. 그는 이런 와중에서도 밀즈에게 자기가 그의 상전임을 계속 주지시킨다. 이 주지로 밀즈는 지금까지 신분상의 제약과 한계 그리고 불이익을 감수함이 삶의 전부로 알고 있었는데, 이제는 자신이 “사법권의 규약, 즉 국가 . . . 에 의해 [인권이] 유린되고 [행동에] 제약을 받는다는 사실을 알았다”(36). 그의 실존과 운명은 전적으로 길러룸의 결정에 좌우됨을 예시한다. 그는 극한상황에서 길러룸의 동료이고 구원자의 역할을 했지만, 그의 호의와 협조를 받지 못해 신분상승을 이루지 못한다.

길러룸은 밀즈와 상인과 함께 광산을 탈출하여 고국, 노섬브리어(Northumbria, 중세기 영국 북부에 있었던 왕국)로 돌아가려고 결심한다. 그는 자기가 지금 생존하고 있는 곳이 어디인지, 다시 말하면 어느 나라에 있는지 알지 못한다. 그러므로 그는 상인에게 앞장서서 자기와 밀즈를 노섬브리어로 가는 길로 안내하라고 단호하게 명령한다. 그들이 도중에 무장한 이교도들과 조우하여 위기에 봉착하자, 밀즈는 그들을 이렇게 설득한다: “구타는 야만행위이다. [. . .] 하나님은 구타하는 사람들을 증오한다. [. . .] 살인은 [더욱더 끔찍스러운] 야만행위이다. [. . .] 하나님은 피 흘리는 광경을 참고 볼 수 없다. [. . .] 하나님은 당신들이 창들을 버리기를 원하신다. [. . .] 창들을 버려라, 창들을 버려라.” 밀즈의 설득 때문에 길러룸은 위기를 모면하고, 노섬브리어로 무사히 귀환하여 형들이 모두 십자군전쟁에서 전사했으므로 언젠가는 자기가 영주가 될 것임을 안다. 이럼에도 불구하고 그는 밀즈의 미래 실존과 신분에 조금도 관심을 갖지 않는다. 밀즈는 극한상황에서 그를 위해 전심전력을 다했지만, 신분 때문에 배우지 못했으므로 자신의 삶과 운명에 어떤 변화도 가져올 수 없다. 밀즈는 "이렇게 높은 지위에 오른 사람(길러룸)이 말에 대해 무지한 사람(자기)을 신하로 발탁하면 실익이 없기 때문에 다시 마구간으로 돌아갔다"(42, 44). 믿음, 소망, 사랑을 가장 중요시하는 기독교를 생활철학으로 하는 시대에도 기득권층의 고유권한 유지와 이익추구 집착에다 국가권력의 속성으로 인해, 결국 밀즈의 신분상승 욕구는 좌절되고, 후손들의 더 나은 삶에 대한 기대와 꿈은 무산되었다.

43대손 밀즈는 선조와는 달리 유식하고, 정치적, 경제적 전환기였던 19세기 초에 생존하면서, 신분상승을 도모했지만 실패한다. 그는 정치적 활동으로 선거법 개정안이 의회에서 통과되도록 압력을 가하는 집회에 참가했으며, 신흥상업 중산층으로 도약하려는 노력과 수고도 아끼지 않았지만, 여러 사건과 여건들로 인해 뜻을 이루지 못한다. 그의 실패 원인은 욕구와 의욕만 너무 앞서고, 그의 의지를 가로막는 주위 사정과 여건을 세심하게 고려하지 않는 데 있다. 다시 말하면 그는 자신의 의지 실현에 결사적으로 반대하는 세력이 있음을 간과하고, 일방적으로 자기 목적달성에만 지나치게 집착하기 때문에 실패한다. 그는 신분상승 시도에서 이런 요체를 가장 명심해야 한다: "길러룸이 밀즈가의 영원한 사회적 한계를 고정하고, 우리에게 — 혁명, 선거법 개정법안, 현대, 혹은 서서히 싹트는 희망에 주의를 기울이지 마라 — 우리의 운명을 알려주었을 때, 포울런드의 숲속에서 있었던 주요한 사건을 기억하는 일이다"(339-40). 이 주요한 사건은 길러룸이 밀즈에게 어느 사회에나 계급이 있으며, 이 계급에 따른 상하관계가 있는데 자기가 그의 상전임을 주지시켰던 훈계이다. 밀즈는 이 훈계를 무시한데다 기득권층이 기층민의 신분상승 욕구와 시도를 억압, 방해할 뿐만 아니라 국가권력도 기득권층을 적극적으로 옹호한다는 사실을 간과한다. 그는 이 간과로 기득권층과 국가권력에 현명하게 대처하지 못하기 때문에 결정적인 시기에 신분상승을 시도했다가 실패하고, 기회의 나라 미국으로 건너간다.

밀즈는 직접 상면한 적이 없는 지주가 죠지 4세에게 자기를 4년 동안 그 사람의 이웃에 살았던 농부로 소개하는 편지를 가지고 가서 왕을 왕궁이 아니라 안전가옥에서 배알한다. 그는 이 배알을 계기로 하여 자신의 신분상승을 시도했다가, 뜻밖에 왕의 오해로 뜻을 이루지 못한다. 그들이 만났을 때, 왕은 프랑스에서 주창되고 있는 사회계약설과 인권사상으로 야기된 왕권에의 도전, 더욱이 이 도전을 가열시키는 정치적 선동, 소요, 반항 때문에 불안감에 휩싸여 있다. 그래서 그는 왕이 이런 불안감으로부터 해방되어 평온과 안정을 회복할 수 있도록 최선을 다하는 마음과 노력이 신하의 도리라고 생각한다. 그러나 왕은 그를 첩자로 오해하기 때문에, 그들의 대화는 평행선을 긋는다.

> "너는 벼락 출세한 야심가가 아니냐?"하고 왕이 물었다.
> "폐하, 아닙니다. 저는 아니라고 맹세합니다."
> "너는 틀림없이 그런 자이다. 너는 사악하고 야비한 반란자들 중의 한명이다."
> "제가요? 이 *남루한 옷* 때문에요?"
> "영리한 위장이다."
> "저는 폐하의 가장 충실한 신하입니다."
> "나의 가장 성실한 추종자?"라고 왕이 교활하게 힐문했다.
> "폐하, 왜 이러십니까?"
> "자 자, 너는 어리석지 않다. 너는 첩자이다." (343)
>
> "You're some upstart pretender, ain't you?" His Majesty said.
> "No, sir. I swear it."
> "Yes you are. You're one of those wicked, wretched claimants."
> "Me? In *these* rags?"
> "A clever disguise."
> "I'm your loyalest subject."
> "My closest follower?" the King asked slyly.
> "Sir?"
> "Come come, you're not stupid. You're a spy."

그는 지주가 그 사람이 3년 전에 작고한 사실도 모르고 잘못된 정보에 의존하고 있다고 믿는 왕의 이런 오해를 받아 외교사절로 친서를 지닌 고위사자와 함께 터키에 파견된다. 왕의 친서 저의는 터키황제가 그를 살해하도록 하려는 데 있다. 그의 이런 의도는 그가 왕권, 즉 국가권력에 도전하고 반항하는 사람들을 결코 용납하지 않겠다는 강한 의지를 암시한다. 이 암시는 기득권층을 대변하는 왕이 기층민의 신분상승 욕구와 의지를 가능한 한 억압하려는 의식과 대책을 노골적으로 표출한다.

이런 상황에서 밀즈는 쓸데없는 소개장을 들고 출세하기 위해 런던(London)으로 가서 죠지 4세를 배알하고, 뜻밖에 오해를 받아 터키로 추방당해, 터키왕의 근위보병(Janissary)으로 강제 징집당한다. 이 근위보병부대는 잔인하기로 유명한 정예군으로 국민의 공포 대상이다. 이 부대의 훈련 지옥을 극복한 장정은 부대원이 되고, 훈련 중 사망한 나약자는 경고용 본보기로 전시된다. 이처럼 가혹한 훈련을 견디고 이겨낸 부대원들은 매우 엄격한 금욕생활을 해야 하는 "노예들"이다. 그는 이런 훈련의 심신의 고행과 고통에다 죠지 4세의 자기 제거음모와 터키왕의 미숙한 대응을 간파하고도, 자신의 신분에 변화를 가져오기 위해 체력이 아니라 충성심에 의존하여 이렇게 자랑스럽게 부대원이 된다: "그는 자신의 강한 충성심의 근원을 이해하고, 그 근원을 42대 위 선조에게 포울런드의 숲속에서 방자한 귀족(길러룸)에 의해 천명된 이상한 저주에 귀결시켰다 . . . 그는 근위보병이 된 것이 자랑스러웠다. 고난, 수치, 그리고 정예군의 겸손을 자랑했다. [. . .] 간난신고의 주인공이고, 악과 난폭의 거물"(378, 389). 그는 부대원으로서 혁혁한 무공을 세워, 부대의 신화적 존재로 부상한다. 그러나 그는 전투에서 생포되었다가 포로교환으로 생환하는 치욕을 당한다. 이 치욕 때문에, 그는 지금까지 받았던 모든 훈장들을 불태워버리고, 메들들을 땅에 묻어버린다. 그는 근위보병 생활에 큰 오점을 남긴다.

밀즈는 근위보병 생활에서 이런 치욕을 감수해야 하는 데다, 이 정예군이 국가방위보다는 오히려 국민을 억압하는 데 혈안이 되고 있음을 인지한다. 또 한때는 정예군이 국가를 무력화시키고 온갖 행패를 멋대로 부리는 사조직으로 전락하기도 했다는 사실을 지실한다. 게다가 그는 이제 군인으로서 살생 제일주의보다도 생명 존중과 보존을 더욱더 중요시한다. 그래서 그는 친구와 함께 부대를 이탈해서 왕궁의 후궁거처로 피신하여, 세탁물을 관리하는 환관으로 위장한다. 그는 우두머리 환관으로부터 이런 의미심장한 주장을 듣는다: "어느 조직이 되었든 그 본질은 사리추구 원리에 바탕을 두고 있다. 후궁에서 모든 여자의 본래 적은 여자이다. [. . .] 모든 [나이 든] 여자는 처녀들을 질투한다"(440). 이제 그는 자신의 실존이 다른 사람들의 사리추구에 의해 조종당하고 결정되어 왔음을 깨닫는다. 그는 거세당해 환관이 되고 싶지 않으므로 우여곡절을 겪고 왕궁에서 나와 영국대사관으로 피신한다. 그곳에서 그는 대사로부터 죠지 4세는 자기와 같은 신하를 더 이상 필요로 하지 않는다는 발언을 듣는다. 따라서 그는 대사의 주선으로 미국행 선박에 승선한다. 결국 그도 신분상승에는 실패하지만, 그 상승시도에 따른 위험을 극복하려고 "여기에 반대하고 저지하는 기득권자의 집중포화를 빗나가게 함으로써 그의 의표를 찌른다." 이렇게 하면서 그는 "밀즈가문의 시조처럼 다른 사람들의 행동에 그저 반응하려 하지 않고 오히려 [독자적으로] 행동을 개시함이 얼마나 위험한가를 잠깐 체험하고, 가족의 신분을 일시적으로 상승시키려는 시도가 얼마나 지난한가를 [몸소] 배운다."[16]

2부는 60대손 밀즈가 부인, 루이즈(Louise)와 함께 누워있는 장면으로 시작된다. 그는 미국사회에서 빈곤에서 비롯되는 처절함과 쓰라림을 평생동안 이렇게 뼈저리게 느끼면서 생존하고 있다: "당신은 이 나라(미국)에서 가난함이 무엇이고 어떠한가를 이해합니까? 나는 개인적으로 알고 있다. 나는 평생동안 가난했다. 나는 언제나 빈곤했고, 내 선조들도 그랬다. 밀즈가문의 기원은 첫 십자군이 참전했던 시대로 거슬러 올라간다. 나는 [밀즈가문이 왜] 가난했는가를 이해하지 못한다. 우리는 항시 존경받았지만, 언제나 가난했다." 더욱이 그는 이런 체험도 했다: "가난한 사람들에

16. Peter J. Bailey, *Reading Stanley Elkin*(Urbana: University of Illinois Press, 1985), 200.

게 거의 모든 장소가 [낯설고 불안한] 외국이고, 나라 전체가 이웃이 아니라 치외법권이고 괴상하다"(48, 235). 그는 지금 세인트 루이스(St. Louis)에서 경제 사정으로 강제퇴거를 당하는 흑인가정의 가구를 집 밖으로 꺼내 운반하는 노동자로 실존하고 있다. 그는 법을 집행하면서 자기보다 더 못사는 사람들의 생활터전을 짓밟는 직업에 종사하고 있다. 그는 다른 사람들에게 마음의 큰 상처와 이루 말할 수 없는 고통을 주는 직업에 종사하면서도, 미안하고 서글픈 의식을 강하게 느끼지 않으므로 신분상승과 가난 극복을 시도하려고 최선을 다하지 않는다. 그는 선조 43대손과는 전혀 다른 삶을 살면서, 갑자기 자기는 구원받았다는 황당한 주장을 한다. 그러면서 그는 목사와 이런 대화를 나눈다.

"어떻게 당신은 구원받았습니까?"

"구원은 나와 하나님 사이에 있다"고 죠지 밀즈가 조심스럽게 말했다.

"그런 식으로 나에게 말하지 마시오. *어떻게*?"

밀즈가 말하기를, "잠자면서. 틀림없습니다. 나는 잠자면서 [구원 받았다고] 생각합니다. 당신은 무엇을 기대합니까? 구원은 사실이다. 잠자면서."

"언제?"

"나는 언제인가를 기억하지 못합니다."

"당신은 세례를 받았습니까?"

"나는 세례를 받았다고 생각하지 않습니다. 나는 세례를 받았다는 생각이 나지 않습니다." [. . .]

"당신은 *기도합니까*?"

"물론 기도하지 않습니다." [. . .]

"당신은 〔쥐저스〕 크라이스트를 인정합니까?"

"크라이스트는 내가 알 바 아닙니다."

"당신은 믿지 않지 않습니까? 당신은 하나님을 믿지 않습니다."

"믿지 않습니다"고 밀즈는 대답했다.

"왜 당신은 부인에게 구원받았다고 말했습니까? 왜 당신은 나를 만나겠다고 동의했습니까? 당신은 세례도 받지 않았고, 기도도 하지 않으며, 교회가 당신에게는 아무런 의미가 없고, 〔쥐저스〕 크라이스트를 인정하지 않으며, 하나님도 믿지 않습니다. 당신은 죄가 많습니다. [그런데도] *구원받았다고*!" (68-69)

"How were you saved?"

"That's between me and the Lord," George Mills said mildly.

"Don't talk to me like that. *How*?"

"In my sleep," Mills said. "Sure. In my sleep I think. What are you looking at? It's the truth. In my sleep."

"When?"

"I don't remember when."

"Are you baptized?"

"I don't think so. Not that I recall." [. . .]

"Do you *pray*?"

"Of course not." [. . .]

"Do you accept Christ?"

"Christ ain't none of my business."

"You don't believe, do you? You don't even believe in God."

"No," Mills said.

"Why did you say that to your wife? Why did you agree to see me? You're not baptized, you don't pray, church means nothing to you, you never accepted Christ, and don't believe in God. You're thick with sin. *Saved*!"

이 대화에는 서로의 편견과 아집 때문에 단절만 있을 뿐이고, 서로 이해, 공감하는 의사소통은 전혀 없다.

이런 의사소통 불능은 밀즈가 "구원받았다"는 의미가 목사의 기독교적 견해와 부인이 강조하는 기도와는 너무나 상이하기 때문에 야기된다. 그가 구원받았다는 진의는 선조가 길러룸으로부터 받았던 저주 — 아무리 재능과 능력이 탁월한 후손도 하층계급 신분에서 벗어날 수 없다 —로부터 스스로 해방되었음을 상징한다. 다시 말하면 그가 구원받았음은 대대로 내려온 저주의 강박관념과 허위의식으로부터 자기만은 해방되었다는 자랑이다. 밀즈가문의 후손들은 1000년 동안 이 저주의 포로로 전락하여, 아무런 불평불만 없이 하층계급 신분으로 오로지 생명력에 의존하여 생존했다. 그러나 43대손 밀즈는 종교, 정치, 경제, 그리고 외부여건과 그 변화에 편승하여 기득권층에 도전하는 신분상승을 시도했다가 실패했다. 이 실패를 반면교사로 하여, 60대손 밀즈는 실존목적을 맹목적으로 기득권층에 반대, 도전하여 관념과 외부여건을 변화시키려는 의도와 시도보다는 오히려 허위의식으로부터 해방과 삶의 의미탐구에 두고, 그 목적을 이루려고 최선을 다한다. 60대손 밀즈가 엘킨이 창조하려는 소설주인공이다. 엘킨은 이 주인공을 창조하려고, 지금까지 밀즈가문 후손들이 외부세계와 빚었던 갈등과 마찰의 플롯개념 — 주인공의 소망과 주위환경이 그에게 강요하는 요구 사이에 드러나는 차이 —을 60대손 밀즈가 강조하는 자아발견의 플롯개념 — "주인공이 스스로 자기를 깨닫고 아는 상황에 세심하고 절대적으로 주의하려는 자발적 의식과 행위이다" —으로 바꾼다. 60대손 밀즈의 허위의식으로부터 해방과 삶의 의미탐구는 이런 플롯 변경을 바탕으로 2부의 열두 살 때의 삶, 3부의 그가 간병했던 암환자, 쥬디스 글레이저(Judith Glazer)의 죽음, 그리고 5부의 삶의 목적과 의의를 깨닫는 과정의 이야기로 구체화된다.

60대손 밀즈는 열한 살이 된 1930년대 공황기에 아버지가 큰 도시, 밀와키(Milwaukee)의 매서운 겨울 추위도 피하고, 막노동 일자리라도 구하려고 플로리더(Florida) 주의 공공건물, 학교, 그리고 도서관도 없는 캐서도거(Cassadaga)읍으로 이사한 사실을 잘 알고 있다. 그는 가족이 어떻게 이곳으로 왔는가는 생각이 나지 않지만, 아버지가 일시적으로 정신이 착란하여 아들이 이틀 동안 굶었고 아내는 임신했다고 거짓말을 하면서, 광장을 청소하고 있는 발이 쇠사슬로 묶인 죄수들에게 과일이나 과자를 가지고 있으면 달라는 구걸행위와 잠잘 곳을 찾으려고 허겁지겁했던 모습을 잘 기억하고 있다. 게다가 그는 아버지가 항시 한탄했던 밀즈가문의 저주 — "결코 출세하지도, 그들의 하층계급에서 벗어나지도 못하고, 케인(Cain)으로 낙인 찍힌 [숙명]"(137) —를 명심한다. 그러면서도 그는 선조들과는 달리 이 저주에 완전히 압도당하지는 않는다. 다행스럽게도 그는 심령술사들의 집단 거주지인 캐서도거에는 어른들만 있고, 자기가 유일한 소년이기 때문에 그들의 심부름꾼으로 일할 수 있다. 그래서 그는 어린 나이에 적은 금액이지만 저축도 했다. 더욱이 그는 열두 살 때 잘 알고 친해진 목사이면서 심령술사인 윅런드(Wickland)의 심령술을 통해 부모의 과거 삶에 관한 이야기를 들었다.

윅런드의 언급에 따르면, 아버지의 비참한 실존은 저주 때문이라고 하기보다는 오히려 그의 무능과 의지결핍으로 극복될 수 없었다. 아버지는 저주로부터 해방될 수 있는 능력이 항시 자신에게 있었다. 그의 선조들도 이런 능력의 소유자들이었다. 그러나 그는 해방되지 못했다. 그의 선조들도 그랬다. 이렇게 된 연유는 "그가 결코 해방을 원하지 않았다"는 데 있다. 그가 저주로부터 해방되려면, 에더퍼스(Oedipus)왕처럼 이렇게 도전했어야 한다: "코린스(Corinth)를 탈출하라. 한 남자를 죽이고 사랑에 빠져 결혼하라. 당신 자신에게 당신 양손이 묶여 있다고 말하라." 그는 당연히 그렇게 자주 들었던 가문의 저주에 도전했어야 함에도 불구하고, 이렇게 도피생활을 피동적으로 한다: "그는 유혹을 뿌리치고 큰 희망을 품지 않기 위해, 지하실에 숨어서 다른 사람들의 쓰레기를 기꺼이 짊어졌다"(180, 179, 177).

그는 가문의 저주에 종지부를 찍기 위해, 이런 도피생활을 하는 이유를 일방적으로 장차 결혼할 낸시(Nancy)에게 설명한다: "나는 자살하지 않을 것이다. 자살이 계획이 아니다. 계획은 내가 50여년 동안 숨어 살면서 일을 열심히 하여, 내 생애에 밀즈가문이 1000년 동안 이루지 못했던 신분상승의 도모와 성공이다." 그녀는 이 이유를 도저히 이해할 수 없어, 그에게 "당신은 무슨 일을 하려고 하느냐"고 물어본다. 그는 그녀의 질문에 "아무 일도 하지 않는다"고 대답한다. 그러자 그녀는 "당신은 미친 짓을 하려는 것처럼 들린다"고 반박한다. 그렇지만 그는 대응하기를, "미친 짓이 아니다. 느리게 한다. 매우 느리게 하면, 아무 일도 하지 않는 거나 매한가지이다"(170-171, 171). 더욱 넉살스럽게도 그는 그녀에게 자기는 결혼해서 후손을 가질 의사가 추호도 없다고 호언한다.

결국 그는 낸시와 결혼하더니, 그녀가 임신한 사실을 알고 여아가 태어나기를 원한다. 그는 지금도 밀즈가문의 저주를 믿고 있다. 그런데 낸시가 여아를 분만하면, 그는 저주를 피할 수 있다고 생각한다. 그러나 실망스럽게도 사내아이가 태어나자, 그는 별수없이 아이 이름을 죠지로 작명한다. 그는 이름을 빌(Bill)이나 스티브(Steve) 혹은 다른 이름으로 지을 수도 있고, 지(G) 자로 시작하더라도 길(Gill), 쟈일즈(Giles), 또는 그레그(Greg)로 작명할 수도 있는데, 자신의 저주에 대한 강박관념에 꼼작 못해 그렇게 할 수 없었다. 낸시도 이처럼 도전의지가 전혀 없는 남편의 영향을 받아 "저주의 피해자의 피해자가 된다." 더욱이 그녀도 밀즈가문의 저주 이야기를 전부 들어서, 자신도 그 이야기의 일부가 되었으므로 따분한 삶을 살 수밖에 없다. 그래도 그녀는 이런 실존을 극복하기 위해, 아들과 몸 안에서 자라고 있는 아이를 데리고 나가 남편과 별거하면서 자립생활을 할 계획을 세운다. 이 계획이 무산되는 와중에 딸을 사산하자, 그녀는 남편에게 이렇게 불만을 토로한다: "당신이 역사(밀즈가문의 저주 구술역사)에서 이탈하면, 설 땅이 없다고 생각한다. 이 생각 때문에, 당신은 나와 결혼했고, 우리가 아들을 죠지로 이름지어야 한다고 주장했다. 또 당신은 딸을 낳는다는 유혹으로 내 자궁을 성가시게 했다. 그렇다. 죠지, 당신은 내 자궁을 괴롭혀서, [저주에] 도저히 도전할 수 없는 밀즈가문 남자들의 1000년 역사를 결국에는 나의 시골소녀 생물학 [내 난자]에 대항시켰다. 이 대항이 우리 딸이 사산한 이유이다"(181, 194).

60대손 밀즈는 웍런드의 심령술 덕분에 자기 부모도 가문의 저주에 종지부를 찍고 싶은 의지를 가졌지만 실패했다는 사실을 인지한다. 다만 아버지는 저주에 대한 강박관념과 허위의식에 너무나 깊이 매몰되어 있었기 때문에 빠져나올 수 없었다. 다시 말하면 그의 저주로부터 해방되고 싶은 욕구는 고착될 대로 고착된 저주 구술역사에 압도당해 물거품으로 사라져 버렸다. 그의 저주 굴레의 실존에서 가장 큰 문제는 그가 비참한 현실에 도전하려는 의지 결핍보다는 오히려 강박관념의 응고와 고착에서 비롯되는 자아 위축과 독선 그리고 현실 오판과 도피에 있다. 아버지를 반면교사로 하여, 60대손 밀즈는 저주의 기반으로부터 해방되는 첩경은 사고의 유연성과 변화무쌍에 있다는 가장 중요한 사실을 깨닫는다. 그가 심부름으로

킨즈리(Dr. Kinsley)박사에게 전달한 편지에서 이런 실토를 읽는다: "나는 선과 악, 광명과 암흑, 그리고 천당과 지옥으로 양분되는 이원론에 결코 동의하지 않았다. 그러나 지금 나는 내 확신에 자신이 없다. 내 확신에 지각변동이 일어난 것이 아니고, 그 반대로 폭과 질이 더욱더 확장되고 고양되었다. 이제 나는 모든 철학과 사물을 믿고 [긍정하여 수용한다]. 킨즈리 박사, 당신 철학이 상상했던 것보다도 훨씬 더 많은 사상과 사물들이 있다. 그래서 '상상'이 효력이 있는 용어라고 나는 생각한다. [. . .] 논리는 아무 소용이 없다. 필요와 사랑의 요구가 [더 우선한다]." 게다가 그는 자기가 심령술로 본 누이동생이 "아이를 임신할 것이다"(102, 105, 196)는 말을 윅런드로부터 듣는다. 요컨대 그는 저주의 굴레로부터 해방되는 첩경은 현실과 삶에 대한 고정관념에서 벗어나 모든 사상과 사물들을 다각적으로 볼 수 있는 의식의 유연성과 변화무쌍 그리고 창조적 상상력을 바탕으로 실존하려는 데 있다는 생활철학을 터득한 인간으로 변신, 성숙하는 과정에 있다.

60대손 밀즈는 열두 살 때 가문의 저주를 극복하는 첩경은 고정관념과 허위의식으로부터 해방되는 데 있다는 깨달음을 바탕으로 성숙하기 시작하여, 50대에는 비록 노동자이지만 자기는 "구원받았다"고 자랑한다. 그는 강제퇴거당하는 흑인가정의 가구를 집 밖으로 꺼내 창고로 운반하는 노동자로 일하다가 일시 해고당한다. 이렇게 실직 중일 때, 그는 췌장암으로 6개월 시한부 인생을 사는 매우 부유한 가정의 딸이고, 곧 대학학장이 될 교수 부인인 쥬디스 글레이저의 간병인으로 고용된다. 그는 레이이트릴(Laetrile)치료(공인받지 못한 민간 항암치료)를 받기 위해 멕시코우(Mexico)로 가는 그녀를 동행한다. 그는 이 동행으로 인해 새로운 세계를 체험하며, 자아유폐와 아집에서 해방되고, 맹목적으로 강요받는 하층계급의 신분벽을 뛰어넘게 되며, 자기와 삶을 다시 정의하는 계기를 마련한다. 그는 외국 환경에 쉽게 익숙하지 못해, 자기 거주지를 분명하게 밝혀 말할 수 없는 일시적 혼란에 빠진다: "익숙하지 못함을 규명하기가 더욱 어려웠다. 그러지 못함은 그의 지평선 시계, 다시 말하면 평행선 안에서만 살았던 그의 생활 감각과 관계가 있었다. [그가 머물고 있는] 스유다드 화레스(Ciudad Juarez)는 삼면이 계곡, 다시 말하면 주위의 언덕과 산들의 짧게 잘리고 망그러진 굽이들 안에 들어 있는 건조 지역의 비(V)자형 계곡의 열린 쪽에 위치하고 있었다. 언덕과 산들은 경계표이고 이정표들이었다. 그 이상이었다. 또 언덕과 산들은 장관이고 거리가 멀다는 증거이고, 더욱이 숲속에 군인들이 일렬로 늘어선 대형[처럼 보여] 이국적이고 기이했다. [. . .] 그는 구름 한 점 없는 하늘 밑의 평지에서 살았었는데, 지금은 산속에 있었다. 그는 산 속에 있고, 평지에 없었다. 그래서 그는 환경이 크게 다른 두 곳에서 [동시에] 생존하고 있다고 생각했다"(247-48). 이처럼 그는 자기가 지금 어떤 지역에 있는가를 확실하게 알 수 없어, 자기를 단정적으로 정의할 수 없는 경우가 있다는 사실을 깨달았다. 이 깨달음은 그가 언제나 자기를 하층계급 출신자로 제약, 한정할 필요가 없는 경우와 때가 있음을 예시한다. 다시 말하면 그도 때와 경우에 따라서는 하층계급에서 뛰쳐나와 상류계급에 합류할 수 있는 가능성을 예시한다.

그는 지금까지 다른 사람들과 환경의 영향을 받아 자기도 모르게 벽을 쌓아 그 안에 자아를 유폐시켜, 제약했다. 따라서 그가 할 수 없다는 무능력과 하고 싶지 않다는 회피의식은 외부의 영향을 받아 축적된 고정관념과 허위의식의 산물, 즉 아집이다. 이 아집은 일격을 받는 계기가 있으면 와해된다. 그는 어머니를 문병하러 온 딸, 메어리(Mary)와 함께 시간을 보내기 위해 수영장에 간다. 수영복을 입지 않으면, 수영장에 입장할 수 없다는 말을 듣는다. 그래서 그는 부득불 수영복을 사야한다. 이때 그는 무심코 그녀가 골라준 수영복을 입겠다고 약속한다. 그런데 그녀는 그가 도저히 상상할 수도 용납할 수도 없는 노란 비키니 수영복을 고른다. 그는 그 수영복을 입을 수 없다고 그녀와 말다툼을 벌인다.

> "나는 이 수영복을 입을 수 없다."
>
> "당신은 아무런 부담감 없이 입을 수 있다. 이 수영복이 유행이다"고 메어리가 말했다.

"나는 입을 수 없고, 더욱이 입고 싶지 않다"고 밀즈가 거부했다.
"밀즈, 제발, *제발*. 수영복 색상은 *매우* 아름답다. *제발*, 입으라"고 메어리가 간청했다.
"나는 50이 넘었다"고 그가 투덜거렸다.
"나는 병원으로 돌아가고 싶다"고 메어리가 말했다. [. . .]
"나는 택시로 간다."
"자, 메어리. 가지 마라."
"나를 아씨라고 불러요."
"아씨, 가지 마라."
"[가지 않는다면] 당신은 노란 수영복을 살 거요?"
"아씨, 바로 살 게요"라고 밀즈가 대답했다. (290)

"I can't wear that."
"Sure you can," Mary said, "it's the style."
"I can't," Mills said. "I won't."
"Please, Mills," she said. "*Please*. It's *such* a pretty color. *Please*."
"I'm over fifty years old," he said.
"I want to go back to the hospital," Mary said. [. . .]
"I'll go in a taxi."
"Come on, Mary. Don't be like that."
"You call me Miss."
"Don't be like that, Miss."
"Will you buy the yellow bathing suit?"
"Yeah, sure thing, Miss," Mills said.

그는 착복할 수 있으리라고 상상도 못했던 수영복을 입는다. 이렇게 그는 메어리의 일격을 받아 자아유폐로부터 해방되어 아집을 버린다.

쥬디스는 멕시코우에서 영면하면서 간병인, 밀즈를 자신의 관 운구자들 중의 한 사람으로 지명한다. 그녀의 가족들은 신분상 이 지명을 받아들이고 싶지 않지만, 고인의 유언을 묵살할 수 없다. 그녀는 그가 시간이 없어 상류층의 운구에 걸맞는 복장을 준비할 수 없다는 사실을 잘 알면서도,

일부러 그를 운구자 명단에 넣는다. 그는 격식에 맞지 않는 복장을 하고, 관을 운구하면서 신분의 벽을 허문다. 그는 그녀에 대한 찬사를 들으면서 이런 생활철학을 명심한다: "환자(쥬디스)는 모든 사물은 의미를 가져야 한다고 요구했다. 그녀는 의미가 없는 사물에 관대하지 못했다"(314). 그는 이 생활철학을 자신의 실존에서 가문의 저주에 얽매이지 말고 의미를 끊임없이 탐구하라는 계시로 수용한다. 이제 그는 실존에서 가장 중요한 책임과 의무는 그 목적과 의미의 탐구에 있다는 철학을 터득한다. 따라서 그는 자연히 가문의 저주인 고정관념과 신분상승욕구, 즉 허위의식으로부터 해방된다. 이 해방이 그가 선조들과는 달리 독자적으로 거둔 큰 성과이고 "구원받았다"이다.

5부에서 그는 자기가 "구원받았다"는 선언에 대한 설교를 예고 없이 갑자기 교회에서 한다. 그는 이미 인간실존에서 돈, 신분, 그리고 지위가 전부가 아니라는 사실을 주지했다. 또 그는 이런 교훈을 들었다: "당신이 삶을 어떻게 사느냐는 당신 책임이다." 어느 일요일 오전에 그가 신도들과 예배를 보고 있을 때, 목사가 그를 알아보고, 그 자리에서 설교단으로 인도해서, 설교를 할 형제로 소개한다. 그는 너무나 갑작스러운 일이라 약간 불안하고 흥분한 데다, 생전 처음으로 마이크 앞에서 하는 자기 말이 금속성 소리로 크게 들려서 놀란다. 먼저 그는 자기를 자손대대가 노동자 계급으로 살아야 한다는 저주를 받은 죠지 밀즈가문의 60대손이라고 소개한다. 그의 선조들은 1000년 동안 이 저주를 숙명으로 받아들여, 삶을 체념하고 살면서도 끈질긴 생명력으로 지탱했다. 한 선조는 정치적, 경제적, 사회적 변화에 편승하여 신분상승을 시도했지만 실패했다. 그는 지금 노동자로 살고 있으며, 사회적 계급은 알지 못한다고 천명한다. 드디어 그는 장황한 자기소개에 지루해 하면서도 자기를 격려해주는 신도들에게 간증을 이렇게 한다: "나는 당신들을 속이고 있었다. 나는 구원받지 않았다. 나는 내 호주머니에 구멍이 있는 것처럼 인생을 허송했다. 인생의 목적은 매우 오래 살면서 중요한 의미를 발견하거나 대단한 일을 훌륭하게 하는 데 있다"(501, 518).

그의 설교 요지는 우리가 극한상황에 처해 있을지라도 삶을 체념해서도, 맹목적으로 사회에 반항해서도 안되며, 오로지 실존목적과 의미탐구에 정진해야 한다는 철학의 강조이다. 그는 선조들과는 달리 노동자 신분과 궁핍한 삶에 개의치 않고 삶의 의미를 궁리함으로써, 가문의 저주로부터 해방된다. 이 해방은 선조들이 끈질긴 생명력으로 지탱했던 저주스러운 삶, 다시 말하면 그들의 실존을 옭아매었던 고정관념과 허위의식의 극복이다. 그는 저주의 굴레로부터 해방되자, 이렇게 환호한다: “그것은 저주가 아니었다. 그것은 마법, 마술, 1000년 동안 잠자는 숲속의 미녀, 1000년 동안 살았던 운명이었다”(518). 요컨대 그는 자신의 해방을 바탕으로 신도들에게 실존에서 실체 없는 그림자에 얽매이지 말고, 진정한 목적과 의미를 탐구하면서, 극한상황에서도 삶을 체념하지 말고 생명력으로 지탱하라는 당부로 설교를 마친다. 그는 일부 신도들이 “아멘, 아멘”하는 소리를 들으면서, 그들을 경이의 눈으로 바라본다.

Ⅲ

앞에서 60대손 밀즈가 가문의 저주를 극복하는 과정이 논의되었다. 저주는 밀즈 가문의 선조가 11세기에 영주의 아들, 길러룸으로부터 들었던 매우 애통한 말 — 네 후손은 대대로 아무리 재능과 능력이 탁월해도 하층계급 신분에서 벗어날 수 없다 —이다. 밀즈가문 남자들은 신분과 계급의 벽이 두꺼웠다 할지라도 맹목적으로 이 저주를 숙명으로 받아들이고, 꿈과 희망이 없는 처절한 삶을 오로지 인내력과 생명력에 의존하여 지탱했다. 그들의 실존에는 저주에 대한 강박관념과 맹신만 있을 뿐이고, 삶에 대한 회의나 변화욕구, 더욱 의미탐구는 없었다. 그들의 생존은 저주의 마력에 완전히 압도당했다. 그러나 43대손 밀즈는 19세기에 정치적, 경제적, 사회적 변화에 편승하여 신분상승을 시도했지만 실패했다. 그의 실패 원인은 사회에 대한 맹목적인 도전과 반항에 있었다. 그는 신분상승욕구가 너무 앞서서 자신의 상승시도에 격렬하게 반대, 반항하는 세력이 있는 현실을 직시하면서 점진적으로 변화시키려고 하지 않았다. 그는 신분이라는 허위의식에 너무 빠졌다. 그래서 60대손 밀즈는 자신의 관심을 관념과 현실 그리고 도전과 반항보다는 오히려 삶의 목적과 의미탐구에 쏟는다. 드디어 그는 "인생의 목적은 매우 오래 살면서 중요한 의미를 발견하거나 대단한 일을 훌륭하게 하는 데 있다"고 깨닫는다. 그의 깨달음이 선조들의 실존을 제약하고 한정하면서 짓눌렀던 저주의 고정관념과 신분의 허위의식으로부터 해방되었음이다. 이 해방이 그의 "구원받았다"는 선언이다. 요컨대 그는 비록 신분이 노동자이지만 자유스럽고 주체적으로 실존목적과 의미를 탐구하려는 강한 의지의 소유자로 현현한 주인공이다.

이처럼 엘킨은 실존목적과 의미를 끊임없이 탐구해야하는 절대적 필요성과 중요성을 깨달은 소설주인공을 창조했다. 이런 이상적인 주인공을 창조했음에도 불구하고, 그의 소설들은 대중적 인기가 없었다. 그 이유는 두 가지 입장에서 규명될 수 있다. 하나의 입장은 독자들의 기대와 개념에 너무 앞선 그의 이런 소설창작 정의이다: "창작은 연필을 사용하고, 지우고, 종이에다 은유에, 이 은유를 한 번 지우고, 또 은유를 창조하는 문제이다."[17] 엘킨에게는 이런 창작이 최선의 방법이라고 할지라도, 일반 독자들에게 쉽게 수긍, 수용되는 창작법은 아니다. 특히 소설을 "우리의 가능성과 자유의 개념을 확장하려는 시도"[18]로 이해, 수용하려 하기보다는 오히려 정치, 경제, 사회, 그리고 종교의 궁극적 목적의 표현으로 확신하는 독자들에게는 약간 황당한 주장이다. 작가와 독자들의 소설창작철학과 기법에 큰 괴리가 있으면, 의사소통에 큰 문제가 생기기 마련이다. 이 괴리와 의사소통 가능의 문제는 작가의 능력이 탁월하여 독자들을 흡수하거나, 아니면 독자들의 이해력이 뒤따르거나에 의해 결말난다. 엘킨의 창작법은 시기상조하여 독자들의 큰 호응을 얻지 못했다.

또 하나의 입장은 학자들의 엘킨의 소설들에 대한 제각각의 상이한 분류와 평가이다. 그들은 자기 취향에 따라 그의 소설들을 유대인 미국소설,

---

17. LeClair, 111.

18. John Updike, *Odd Jobs: Essays and Criticism*(New York: Knopf, 1991), 87.

풍자소설, 빈정되는 해학(black humor)소설, 또는 포우스트모던 소설로 분류한다. 이런 일방적, 독선적 분류와 평가가 독자들에게 그의 소설들을 왜곡시켜 제대로 이해, 음미할 수 없게 할 뿐만 아니라 그들을 분열시키고 소설들에 대한 선입관을 조성하여 거부감을 확산시킨다. 또 이 분류와 평가는 소설의 기능 — 소설은 독자가 자연스럽게 솟아나오는 즐거움과 감동을 원천으로 하여 유발, 증폭되는 깨달음을 바탕으로 자아를 실현하려는 의식을 확장하는 견인차 역할을 한다 —을 마비시키는 독소이다. 더욱이 이 분류와 평가는 소설을 예술작품으로 이해, 음미하려는 독자들에게 가장 무섭고 치명적인 파괴력을 행사하는 적이고 방해물이다. 그래서 엘킨은 자기가 어느 분파의 작가로서가 아니라 예술을 사랑하고 예술창작에 전념하는 소설가로 평가, 대접받고 싶다고 고함친다. 그는 자신의 예술의 독특성을 이렇게 강조한다: "나는 나 자신을 정의할 수 없다. 나는 내가 창작하고 있는 소설을 어느 누가 창작하고 있는지 알지 못한다. 나는 누구도 창작하고 있지 않기를 희망한다. 나는 내가 창작하고 있는 소설을 창작하고 있기를 희망한다."[19] 요컨대 엘킨의 소설들 그리고 모든 소설과 예술작품들을 왜곡시키지 않고, 독자들에게 제대로 이해, 음미, 감상할 수 있는 기회를 제공하는 가장 좋은 방법과 첩경은 일방적, 독선적 분류와 평가를 자제하는 열린 마음과 의식의 확장에 있을 뿐이다.

---

19. Marc Chenetier, "An Interview with Stanley Elkin," *Delta* 20(February 1985): 16.

7

왈터 애비쉬:
답습과 이념보다는 도전과 탐구정신

I

왈터 애비쉬(Walter Abish, 1931-)는 가장 탁월한 포우스트모던 소설가들 중의 한 사람이다. 그의 소설은 그가 존경하는 작가들 — 도늘드 그리고 프레드릭 바털미(Donald and Frederick Barthelme), 새뮤얼 베키트(Samuel Beckett), 토머스 번하트(Thomas Bernhard), 로버트 쿠버(Robert Coover), 윌리엄 개더스(William Gaddis), 윌리엄 에이취. 개스(William H. Gass), 죤 혹스(John Hawkes), 죠우지프 맥얼로이(Joseph McEloy), 토머스 핀쳔(Thomas Pynchon), 빅터 세갈렌(Victor Segalen), 그리고 폴 웨스트(Paul West) —의 작품들과 비교될 때, 그 질 그리고 독자들에게 촉발하는 경이감과 흥분에서 대등한 위치에 있다.[1] 이런 위상은 그의 독창적인 소설철학과 창작기법 때문에 확보될 수 있었다. 그도 그 철학과 기법에서 종전 소설의 정수였던 진리의 표현과 현실의 반영을 부정하고, 상상력과 언어구사를 절대시한다. 또한 그는 독자의 기대와 예상을 뒤집어엎는 플롵(plot)과 주인공을 이렇게 창조한다: "애비쉬는 자신의 소설을 주인공이나 플롵

[1]. Julian Cowley, "Walter Abish," in *Dictionary of Literary Biography, vol. 227*, ed. James R. Giles and Wanda H. Giles(Detroit: Gale Group, 2000), 4.

에 대한 독자의 기대에 어긋나게 구성한다. 특이하게 플롯과 주인공 전개가 갑자기 중단되면서, 명쾌한 설명이나 '의미'를 찾으려고 하는 독자에게 고조되는 애매모호한 감정과 부수적 [실망감과] 불쾌감을 불러일으킨다."[2] 또 그의 철학과 기법은 사회에서 일반적으로 수용되고 있는 질서 개념의 전복과 의사소통의 본질적인 이해에 대한 불신을 전제로 한다. 그는 이런 철학과 기법으로 한번도 방문한 적이 없었던 독일을 소재로 하여 두번째 소설, *독일의 정체*(*How German Is It*, 1980)를 창작하여, 펜/포크너상(PEN/Faulkner Award)을 수상했다. 죤 바스(John Barth)는 "*독일의 정체*를 '내용에 대한 통념을 . . . 부정하면서 언어와 형식을 [크게] 부각시킨 소설'로 특징짓는다."[3] 이 논문은 그의 소설철학과 창작기법을 규명하며, *독일의 정체* 창작과 깊은 관련이 있는 출신과 성장배경 그리고 그 의도와 방법을 설명하고, 소설을 분석, 고찰한다.

애비쉬의 소설철학은 "만물은 항시 변화하고 있음에도 불구하고, 매우 이상하게 변화가 일어나고 있는 것처럼 보이지 않는다"[4]를 전제로 한다. 그는 우리 삶과 사회가 언제나 바람직한 변화의 소용돌이 속에 있어야 함에도 불구하고, 그렇지 않는 현실을 개탄한다. 그러므로 그는 소설이 우리 실존과 사회에 가능한 한 빨리 그리고 최대한으로 창조적 변화를 촉발하기를 고대한다. 그러면서 그는 이 변화의 바탕은 소설이 일으키는 주관적 깨달음과 의식개혁에 있어야지, 절대로 사회와 국가가 열광적으로 수용하거나 강요하는 객관적 진리에 있어서는 안된다고 역설한다. 왜냐하면 그는 "소설의 진의는 그 자체로 존재하지 않기 때문에, 오로지 독자의 반응과 감응으로 [체험되고] 현실화된다"[5]고 확신하기 때문이다. 따라서 그는 소

---

2. Larry McCaffery and Sinda Gregory, "An Interview with Walter Abish," in *Alive and Writing*, ed. Larry McCaffery and Sinda Gregory(Urbana: University of Illinois Press, 1987), 8.

3. Dieter Saalmann, "Walter Abish's *How German Is It*: Language and the Crisis of Human Behavior," *Critique* 26(Spring 1985): 105.

4. McCaffery and Gregory, 25.

5. Wolfgang Iser, *The Implied Reader*(Baltimore: Johns Hopkins University Press,

설의 본질을 이렇게 정의한다: "나는 소설은 그 자체를 탐구한다는 철학에 과거에도 매료되었고 지금도 그러고 있다 . . . 소설은 내부로 지향하면서, 실존 양상의 경상(鏡像)으로 스스로를 기호화하는 전개과정을 조정한다. 이 전개과정에서 화자는 자주 1인 2역을 하는데, 그 1역이 가끔 신뢰할 수 없는 역할, 다시 말하면 그가 보는 사물 그리고 사물을 보는 방법이 마땅히 수반하리라고 기대할 수 있었던 사건들의 논리적 귀결을 단절시킬 수 있는 역할이다. 소설이 그 자체를 탐구할 때, 또한 어떻게 관념들이 허구적 상황들에서 형성되는가를 탐구한다."[6] 이처럼 애비쉬의 소설철학의 요체인 변화는 플롯 전개에서 여러 사건들을 삽입함으로써 돌발하는 갑작스런 논리 단절과 상상력으로 활기를 띤다.

애비쉬는 플롯 전개에서 인과관계, 일관성, 그리고 연속성을 부정하기 위해, 주인공과 화자의 창조 과정에서 그 자신의 특이한 불신과 여기에 부응하는 언어구사를 창작기법으로 활용한다. 그는 주인공들도 실존에서 우리처럼 일관성도 없고 예측할 수도 없는 인간들이라고 믿기 때문에, 그들을 신뢰할 수 없다. 따라서 그는 주인공들에 대한 각별한 애정을 갖지 않을 뿐만 아니라 그들의 언행을 자신의 판단기준에 따라 평가하지 않는다고 이렇게 주장한다: "나는 내 작품에 등장하는 주인공들에 대한 적당한 열중이나 배려가 없다고 인정해야 한다. [. . .] 주인공들은 오히려 하나의 출발점이다. 그들은 몇 단어로 실존양상을 재빨리 띠게 된다. 그래서 나는 가능한 한 최소한으로 그 양상에 개입하려 한다. 주인공들의 행동들은 심리적 해석에 노출되어 있다고 나는 확신한다. 그러나 나의 창작과 독자에게 제공되는 정보는 그런 해석을 유발하지 않는다. 내가 이미 언급했던 것처럼, 화자는 실존하고 있을 때 반드시 신뢰할 수 있는 진술자가 아니다. 그의 사리사욕이 개재되어 있을 수도 있으므로, 그의 진술이 말 그대로 수용될 수 없다."[7] 요컨대 애비쉬의 주인공과 화자에 대한 불신이 이야기를

1974), 32.

6. Jerome Klinkowitz, "Walter Abish: An Interview," *Fiction International* 4-5(1975): 95.

갑자기 단절시키는 요인일 뿐만 아니라 역할을 한다. 따라서 그는 소설의 중심인물의 역할에 대해 이런 부정적인 견해를 피력한다: "중심인물이 소설 전개에 필수적이지 않다. *독일의 정체*에는 중심인물이 없다."[8]

그는 주인공과 화자에 대한 불신 때문에, 그들을 묘사할 때 언어를 애매모호하게 구사한다. 또 이야기를 갑자기 단절시키기 위해 언어의 논리적 구사를 기피한다. 그는 자신이 소설을 창작할 때의 언어 구사법을 이렇게 설명한다: "언어는 생생한 분위기의 조성과 '실재' 인물의 박진감 넘치는 창조를 촉진하는 '도구' 역할을 하지 않게 된다 . . . 언어는 또한 행동의 즉시성을 강렬하게 하지 않게 함으로써, 단어들과 그들이 의미하는 표현 사이의 좀 오해하기 쉬운 근사성을 축소시킨다."[9] 이처럼 그는 주인공들을 묘사할 때 그리고 그들의 언행을 기술할 때, 명확성보다는 애매모호함, 분명함보다는 불분명함, 한결같음보다는 변덕, 그리고 연속성보다는 단절을 선호한다.

그의 주인공과 화자에 대한 불신과 애매모호한 언어구사는 애돌프 히틀러(Adolf Hitler)의 만행이 용인되었던 독일사회와 그 구성원들에 대한 반발과 경종에 기인한다. 그 사회와 구성원들은 히틀러의 이런 황당한 주장을 그대로 수용했다: "히틀러의 이상화된 공상적인 미래관은 그가 국제주의, 민주주의, 그리고 평화주의와 동일시하는 유대인들이 없는 세계를 전제로 했다. 히틀러의 일관성은 매우 현저하다. 최후의 순간까지 히틀러는 자신의 성스러운 사명감을 확신하고, 두 가지 과업에 열중했다. 하나의 과업은 자신의 건축학적 환상, 다시 말하면 [광적] 자기 찬미의 형상화이고, 또 하나의 과업은 자기가 정복하려는 국가들과 국민들을 궤멸시키려고 위협하는 세균인 유대인들을 몰살함으로써 세계에 행복을 가져온다는 그의 서약이었다."[10] 애비쉬는 그 사회와 구성원들이 매우 성실하고 유별나

---

7. 앞글, 95-96.

8. Maarten van Delden, "An Interview with Walter Abish on *Eclipse Fever*," *Annals of Scholarship* 10(Fall 1993): 386.

9. Klinkowitz, 95.

게 법을, 더욱이 히틀러정부의 악법까지도 준수하기 때문에, 그들의 관습과 일상사에서 히틀러의 주장과 만행이 무비판적, 무의식적으로 용납, 수용되었다고 믿는다. 또 그는 그들이 그 악법을 준수하려고 양심과 본성을 저버리면서 유대인들을 적대시하고 잔혹하게 처형하는 행위로 귀결되었다고 굳게 믿는다. 더욱이 그는 그 사회와 구성원들은 준법정신이 매우 투철하기 때문에 법이 규정한 질서를 잘 지켰다고 확신한다. 그는 이런 확신 때문에, 그들이 지키는 도저히 용납될 수 없는 질서, 더욱이 미증유의 비극을 야기시킨 질서는 전복되어야 한다고 크게 고함친다. 그러면서 그는 그들의 질서의 새로운 개념이 정립되어야 할 뿐만 아니라 양심과 이성 그리고 판단력을 마비시키는 관습과 일상사도 재검토되어야 한다고 설파한다. 게다가 그는 그들이 이런 질서를 전제로 하여 일상생활에서 자연스럽게 했던 의사소통의 본질적인 이해를 불신한다. 그의 고백에 따르면, "나의 불신은 이야기의 흐름이 크게 의존하는 결정 요인이 되었다."[11]

II

애비쉬는 1931년 12월 24일에 오스트리어(Austria)의 비엔어(Vienna)에서 중류계급의 유대인 가정에서 태어났다. 그는 억압적인 가정 분위기로 인해 매사를 불신과 불확실성의 시각에서 바라보는 성격에 젖으면서 성장했다. 더욱이 그는 오로지 유대인으로 출생했다는 이유 때문에, 히틀러가 1938년에 오스트리어를 합병하자, 부모와 함께 따뜻한 삶의 터전을 강제로 빼앗기고 험난한 실존의 길로 들어서는 첫 단계로 프랑스로 도피할 수밖에 없었다. 그와 부모는 히틀러가 프랑스를 침공하기 며칠 전에, 거기를 떠나 중국 상해로 갔다. 그는 어린 시절에 그 도시에서 이렇게 참혹한 현장을 목격했다: "나는 [지금도] 등교 길에 그들의 부모가 가난해서 젖을 먹일 수 없어 신문지에 싸서 버린 이미 죽었거나 지금 죽어가고 있는 갓난

10. Walter Abish, *Double Vision*(New York: Knopf, 2004), 193.

11. Klinkowitz, 94.

아이들을 보면서 지나갔음을 상기할 수 있다. 나는 두 명의 중국 경찰관이 아직도 살아 있는 것처럼 보이는 신생아를 가지고 하는 축구 놀이를 보았음을 아주 생생하게 회상할 수 있다. 나는 내 친구들과 내가 이런 야만적 행위에 완전히 마비되었었기 때문에, 이 천인공노할 현장을 지금 말하고 있다. 아마 나는 우리 모두가 이와 같은 야만적 행위를 보지 않는 방법을 배웠었기 때문에, 그 행위가 주로 보이지 않았다고 부언해야 한다."[12] 그는 후에 두 경찰관의 야만적 행위의 동기를 규명해보려고 했다. 그 동기는 그들의 무력감에 대한 이상한 [변태적] 해독제인가, 아니면 기분 풀이인가? 그는 그 동기를 밝히려고 이렇게 심혈을 기울인다: "나는 그 동기를 이론화해보고, 심사숙고해본다. 때때로 동기는 단순히 하나의 결과이다."[13] 이처럼 애비쉬는 왜 야만적 행위가 언제나 세계 도처에서 반복되고 있을 뿐만 아니라 묵과되고 있는가를 규명하려고 최선을 다한다. 그러면서 그는 야만적 행위를 근절할 수 있는 대책과 방안을 모색하려고 심혈을 기울인다. 그는 이런 규명과 모색이 작가들의 가장 중요한 사명이라고 확신한다. 따라서 그의 소설창작 목적도 이 규명과 모색에 있다.

그는 공산당 정권이 중국 본토를 장악하기 직전이었던 1948년 12월에 부모와 함께 상해를 떠나 이즈리얼(Israel)로 갔다. 그는 거기에 도착하자 만 18세가 되었으므로 이즈리얼군에 자원입대하여 탱크부대에 배속되었다. 그는 군대생활을 하고 있던 어느 날 자기는 작가가 되어야 한다는 이런 계시적 순간을 체험했다: "나는 매우 갑자기 작가가 되겠다는 생각이 내 마음에 번개처럼 스쳤을 때, 람르(Ramle)에 주둔하고 있는 탱크부대의 2년째 병사가 되어 연병장을 가로질러가고 있었다. 그야말로 흥분의 순간이었다."[14] 그는 1951년에 제대하여 건축학을 전공하고 도시계획 전문가가 되었다. 1955년에 이즈리얼에서 도시 설계사로 활동하고 있던 미국여자, 세

---

12. 앞글, 97.

13. Abish, 96.

14. Walter Abish, "The Writer-To-Be: An Impression of Living," *Sub-Stance* 27(1980): 112.

실 겔브(Cecile Gelb)를 만나 결혼했는데, 그녀는 후에 매우 유명한 조각가와 사진작가가 되었다. 그는 1957년에 미국에 정착하여, 1970년부터 단편소설을 발표하기 시작했다.

애비쉬는 소설창작 목적을 일상적 관습의 답습과 독재권력으로 인한 자아상실과 야만적 행위를 고발하면서도, 소설집필을 재미로 한다.[15] 따라서 그는 소설창작에서 무엇을 표현하려고 하기보다는 오히려 어떻게 구성하느냐와 어떻게 언어를 구사하느냐를 더욱더 중요시한다. 그는 소설을 읽는 독자에게 무엇을 탐구하려고 하기보다는 오히려 어떻게 반응하느냐에 더욱더 지대한 관심을 쏟으라고 권유한다. 실제로 그는 *독일의 정체* 창작 목적을 이렇게 천명했다: "나는 *독일의 정체*를 집필할 때, 독자가 자신의 정서적 독일관을 투사할 애매모호하지만 중립적인 작품을 선보이려고 의도했다." 그는 이 소설에서 히틀러가 인류 역사상 미증유의 만행을 저지를 수 있었던 독일의 정치적, 경제적, 사회적, 문화적, 종교적 여건 그리고 국민들의 동조와 방관 의식을 설명하려고 하지 않았다. 그는 소설에서 시도하는 의미 탐구와 설명은 아무런 의미가 없다고 믿는다. 그러므로 그는 소설창작과 읽기에서 독자 반응의 다양화와 활성화를 이렇게 강조한다: "나는 *독일의 정체*가 불확실할지라도 다양한 반응을 유발하도록 시도했다. 나는 독자에게 자신의 독일에 대한 축적된 지식과 독특한 독일관을 소설에 접목시키라고 권유했다. 왜냐하면 독일 나라 밖에도 [독일사람이 아니더라도] 확고한 독일관을 갖고 있지 않는 사람이 [한 명이라도] 있느냐?"[16] 요컨대 애비쉬는 소설창작과 읽기에서 진리와 사실의 객관적 탐구와 설명을 무시하고, 주관적 반응의 유발과 극대화를 가장 중요시한다.

그는 *독일의 정체*를 창작할 때, 독일을 설명하려 하지 않고 독일에 대한 개개인의 반응을 유발하기 위한 자신의 처지와 대응을 이렇게 피력했다: "*독일의 정체*를 집필할 때, 나는 결코 독일에 가본 적이 없었을 뿐만 아니라 독일이 어떤 나라인지도 알지 못했다. 독일에 관한 많은 책들을 읽

---

15. McCaffery and Gregory, 17.

16. Abish, *Double Vision*, 34, 30.

었으며, 독일의 현실을 알아볼 목적으로 라이너 베르너 파스빈더(Rainer Werner Fassbinder)와 빔 벤더스(Wim Wenders)의 영화를 전부 보았다."[17] 그는 현재 독일에 있는 도시들과 똑같은 가상도시, 브럼호울드스타인(Brumholdstein)과 다른 도시들을 창조, 제시하기 위해, 구판 베이디커(Baedeker)와 미셸린(Michelin)의 독일관광 안내서에 있는 마을들과 작은 도시들을 면밀히 관찰했다. 그는 이 관찰을 바탕으로 언어와 상상력에 의존하여 도시들과 거주자들을 창조했다. 이 창조에 의지하여, 독자들은 "기호의 세계, 미국인에 의해 인식된 독일사회, 다시 말하면 '독일에 대한' 반응 유발을 의도하여 기호화된 이야기의 세계로 들어간다. 이 세계가 실제 독일사회는 아닐지라도, 독일사람들과 다른 나라 사람들에 의해 수용되는 독일에 대한 보편타당한 견해이다."[18] 이 견해가 또한 많은 다른 나라 사람들이 각자 자기 나라를 보는 시각이다. 본론에서 이 견해를 전제로 하여 *독일의 정체*가 분석, 고찰된다. 이 분석과 고찰은 애비쉬가 중심인물이 소설 전개에 필수적이기 않기 때문에 *독일의 정체*에는 중심인물이 없다고 주장했지만, 헬므스 하게나우(Helmuth Hargenau)와 얼리크 하게나우(Ulrich Hargenau)가 소설에서 중심인물 역할을 하고 있음에[19] 그 바탕을 둔다.

Ⅲ

*독일의 정체*의 분석과 고찰의 전제가 되는 애비쉬의 독일사회와 구성원들(다른 국가들과 국민들)에 대한 견해는 이와 같다: 그 사회와 구성원들의 삶에는 변화가 없었을 뿐만 아니라 지금도 크게 일어날 수 있을 것 같지 않다. 우리의 실존 자체가 변화이기 때문에, 우리는 자신과 다른 사람들의 삶에 그리고 사회에 끊임없이 창조적 변화를 일으키려고 최선을

---

17. Delden, 384-85.

18. McCaffery and Gregory, 8.

19. Delden, 387.

다해야 한다. 그럼에도 불구하고 독일사람들(다른 나라 국민들)은 실존에 절대적으로 있어야 하는 변화에 의식적, 표면적으로는 관심이 없다고 *독일의 정체*의 등장인물, 학교 선생인 앤어 헬러(Anna Heller)는 이렇게 주장한다: "지금 [우리 교실 창문] 아래 있는 거리는 내가 이미 지적했었던 것처럼 눈에 아주 익어 [언제나 똑같다]. 그러나 저 거리는 우리가 어제 보았던 거리와 다르며, 내일 볼 거리와도 같지 않다. 거리는 언제나 변화하고 있다. 다만 우리가 항시 변화를 예의 주시하지 않는다. 사실 우리는 변화를 [민감하게] 의식하지 않는다." 그러나 그들도 무의식적, 본능적으로 변화를 이처럼 갈망한다고 앤어 헬러는 역설한다: "우리는 실존에서 새롭고 상이한 사상을 도입하여, 새로운 사회를 창조하고 싶다."[20] 다만 그들은 자신들의 변화욕구와 갈망을 실현할 수 없는 여건 가운데서 실존했으며, 지금도 그러고 있을 뿐이다. 왜냐하면 독일사회의 기득권 세력은 변화를 부도덕, 불안정, 그리고 무질서로 간주하기 때문에, 그들의 변화 욕구를 용납하지 않았으며, 지금도 그런 경향이 있기 때문이다. 애비쉬는 한 대담에서 독일사회의 변화에 대한 무지와 공포증을 이렇게 피력했다: "내 확신에 따르면, 거터(Goethe)는 클라이스트 [하인리크 펀](Kleist Heinrich von, 1777-1811, 독일시인, 극작가, 그리고 소설가) [의 작품]을 불안정하다고 비난했다. 또 그는 클라이스트의 성공을 방해하는 일익을 맡았다. 아니나 다를까, 클라이스트는 거터가 옳았음을 입증하는 것처럼 그 후 바로 자살했다. 거터가 100여년 동안 독일 사람들의 문화영웅이 되었음은 조금도 놀랄 일이 아니다. [그런데] 이 문화 영웅은 무엇보다도 무질서(변화)를 두려워했으며, 질서(정체)를 도덕적, 합리적 발전과 동일시했다."[21]

이처럼 변화가 부도덕, 불안정, 그리고 무질서로 매도되고, 구성원들의 변화 욕구와 갈망이 용인되지 않고 억압되기 때문에, 그들이 변화에 깊은

---

20. Walter Abish, *How German Is It*(New York: New Directions, 1980), 119. 앞으로 이 작품에서의 인용문은 괄호 안에 쪽수만 표시함.

21. Jerome Klinkowitz, *The Life of Fiction*(Urbana: University of Illinois Press, 1977), 63.

관심을 쏟지 않는 사회에는 언제나 지배계층의 독재와 횡포 그리고 여기에 맹목적으로 반항하는 세력과 집단이 생기기 마련이다. 특히 변화가 활발하지 않는 사회에서는 독재자들과 그 반대자들의 이념이 선동적인 호소력을 갖고 있다 할지라도, 무조건 그것에 맹종하라는 강요와 강제가 더 무서운 공포이고 위협이다. 또 그런 사회는 오점과 치욕으로 점철된 과거를 성찰, 반성하려 하지 않고, 무조건 은폐하려 한다. 따라서 도전과 탐구정신을 바탕으로 하는 주체적 자아의 성찰과 성숙 그리고 열린 사회의 창조는 있을 수 없다. 예를 들면 변화가 없었고 지금도 없는 독일사회를 언어로 기호화한 *독일의 정체*에는 지배계층의 일방적 이념과 그 폐해 그리고 구성원들의 의식 마비와 거기에 따른 무관심이 잘 드러나 있다. 히틀러는 자신의 황당한 이상을 실현하기 위해 제정한 악법을 국민들에게 강제적으로 시행하고 준수시키려고, 그들의 투철한 준법정신을 악용했다. 그는 이 악용으로 그들의 양심과 이성 그리고 판단력을 마비시켜, 그들의 인권과 자유 유린, 더욱이 유대인 집단학살로 이어진 미증유의 만행에 그들이 무관심하고 침묵하게 했다. 국민들은 그의 철권통치와 야만적 행위에 속수무책이었다.

또 지금 지배계층은 서민들에 대한 인권, 자유, 배려, 그리고 사랑을 기반으로 하는 공동체 의식의 확장에는 전혀 관심이 없다. 게다가 이 계층은 모든 사회구성원들 사이에 반드시 있어야 하는 평등사상 그리고 상호인정과 존중 의식의 확산 필요성도 전혀 느끼지 않는다. 따라서 간난신고 끝에 수립한 민주정부를 전복하려는 극좌파 폭력단체, 아인치 집단(Einzieh Group)이 암약하고 있다. 그런데도 이 계층은 왜 좌파 폭력단체가 존립할 수 있는가의 여건을 규명하고, 그 대책을 강구하여 현실을 개선하려는 의지가 별로 없다. 오로지 이 계층의 한 대변자, 에이고운(Egon)은 자기 편의와 이익의 극대화를 위해 일방적으로 피지배계층에 단결을 강요하는 의미로 해석되는 조화의 위력 그리고 조화의 절대적 중요성과 필요성을 이렇게 역설한다: "나는 본질적 조화의 열렬한 신봉자이다. 다른 용어와 사상에 우선하는 조화. 바꾸어 말하면 나는 결혼제도가 상징한다고 언급되는 구속력보다는 오히려 나의 지젤라(Gisela, 그의 부인)에 대한 우정의 조화를 믿는다. 나는 우리 집에 충만해 있는 기본적 조화를 확신한다. 조화는 내가 새로운 시각으로 내 자신과 내 [삶]의 목적을 평가할 수 있는 능력의 원천이다. 부언하면 우리 사회의 본질적 조화는 내가 폭력주의자의 독일에 대한 위협 양상, 더욱이 위협의 전체적 양상을 파악할 수 있는 능력의 원천이다. [. . .] 신생 독일을 대변하는 상징이 기술될 수 있다면, 그 상징은 전체적 조화를 이루고 싶은 소원, 욕구, 더욱이 갈망이다"(130-31). 이렇게 변화가 용납되지 않는 사회의 질서는 지배계층의 위장된 질서로 실존의 활력, 동력, 생동감, 그리고 긴장감이 조금도 없는 무감각, 무기력, 그리고 정체로 얼룩진 사회 분위기이다. 또 이런 사회질서를 유지하려고 쏟아내는 지배계층의 일방적 말은 진실성, 사랑, 그리고 다른 사람에 대한 배려와 존중이 없기 때문에 매우 공허하고 위험하며 유해하다. 그래서 애비쉬는 소설창작에서 일반적으로 수용되고 있는 질서개념의 전복과 의사소통의 본질적인 이해에 대한 불신을 전제로 한다.

애비쉬가 이 전복과 불신을 전제로 하여 창작한 *독일의 정체*는 독일이라는 특정 국가에 대한 표면적인 악의나 비난이 아니라 지금도 여전히 독재자들의 강압통치와 횡포가 무자비하게 자행되고 있을 뿐만 아니라 이념을 맹종하는 폭력집단들의 무차별 살상과 파괴활동도 계속되고 있는 현실에 대한 통탄과 경고이고, 더욱이 이런 비극적 현실에 침묵하는 모든 사람들, 특히 예술가와 지식인들에게 두드리는 경종이다. 이 경종은 소설의 등장인물들의 언행 묘사를 통해 울려퍼진다. 그들은 끊임없이 자아를 변신, 성숙시키려 하지 않고, 자아를 세계에 친숙하도록 하여 안주하면서, 그 조직화 의도와 욕구에 순응하려는 피동적 현실 안주형 인간들이다.[22] 따라서 그들은 실존에서 도전, 탐구하려고 하기보다는 오히려 답습과 이념의 포로로 전락하려고 한다. 오로지 얼리크 하게나우만이 그들이 조성하는 무변화의 마비상황, 다시 말하면 실존 의욕과 활력을 마비시키는 무감각, 무관심,

22. Christopher Butler, "Walter Abish and the Questioning of the Reader," in *Facing Texts*, ed. Heide Ziegler(Durham: Duke University Press, 1988), 171.

정체, 강압, 질식, 무책임, 그리고 회피로 뒤엉킨 극한상황 가운데서 자아를 발견하려고 고군분투한다. 그의 "자신 안에서 그리고 조국의 과거와 현재 안에서 [시도하는] 자아탐구"[23]는 사건들보다는 오히려 애매모호한 언행으로 일관성도 없고 예측할 수도 없는 등장인물들과 빚는 불협화음의 관계에서 시작되지만, 사람들의 의식개혁과 거기에 따른 사회변화가 일어난다면, 어떻든 결실을 맺을 수 있을 것이다.

얼리크는 언론에 대서특필되었던 민주정부 전복 음모를 꾸민 아인치 집단과 연루된 재판에서 가문의 후광에다 자신과 이혼한 부인, 이 단체의 핵심 이론가이고 전략가인 폴러(Paula)에게 유리한 증언을 해서, 자기와 폴러는 방면되고 다른 조직원들에게 중형이 선고되도록 했다. 그는 이 때문에 생명의 위협을 느껴 6개월 동안 패리스(Paris)로 도피했다가, 귀국하여 고향, 위턴버그(Würtenberg)로 돌아온다. 그가 귀국해서 받은 첫 인상은 관습의 답습은 여전하고, 변화의 조짐은 없어 이렇게 실망한다: "확실히 깨끗함. 정성을 다한 깨끗함. 더욱이 투철한 질서의식. 마음 든든한 확실성. 시간 엄수. 거의 비정상일 정도의 시간 엄수. 그리고 물론 새로운 인상적인 건물. 파격적으로 참신한가? 거의 그렇지 않다. 상상적인가? 정말로 그렇지 않다. 그러나 이전의 어둡고 권위적인 중압감에서는 벗어났다. 바우하우스(Bauhaus)대학의 실험적이고 [전위적인] 건축설계로의 복귀인가? 유감스럽게도 그렇지 않다"(2-3). 그는 귀향해서 며칠 동안 호우텔에 머물었다가, 형 헬므스에게 귀향했다는 인사 전화를 한다. 형은 전화를 받으면서 매우 불쾌한 감정을 노골적으로 드러낸다. 얼리크는 생활철학과 방식이 전혀 다른 형을 별로 좋아하지 않는다. 형은 위턴버그가 배출한 매우 유명하고 탁월한 건축가로 이곳 우체국과 경찰서 건물에다 독일 여러 도시에 공장, 공항, 도서관, 그리고 사무실과 주택들을 설계했으며, "새로운 독일, 과거가 결코 존재하지 않았던 것처럼 과거를 [뇌리와 의식에서 완전히] 청산하는 새로운 사회의 건설 책임자를 상징한다. 헬므스는 매우 정력

23. Richard Martin, "Walter Abish's Fictions: Perfect Unfamiliarity, Familiar Imperfections," *Journal of American Studies* 17(1983): 238.

적이고 목적 지향적이며 노동관이 매우 확고하다. 그는 도덕이나 윤리 의식에 관심을 가지려 하지 않고, 오로지 성취 욕구만을 가장 중요시한다. 그는 기억과 [회고]없이 아주 잘 살 수 있다." 반면에 얼리크는 과거를 잘 기억하려고 하는 데도 망각하게 되는 건망증의 위험 경지로부터 벗어나려고 몸부림친다. 그는 소설가로 언어구사를 목적으로 실존하고 있는데, "그에게 언어는 사물들을 지시한다. [그가 구사하는] 단어들은 사물들을 매우 뚜렷하게 부각시킨다."[24]

헬므스와 얼리크는 위턴버그에서는 누구나 아는 귀족가문의 출신이다. 그들의 선친, "독일을 사랑했던 사람"(23), 얼리크 펀 하게나우(Ulrick von Hargenau)는 처음에는 히틀러 지지자였지만, 뒤에 그 정부를 전복하려는 음모에 가담했다가 처형당했다. 그가 1944년 8월 이른 아침에 총살 집행대에 의해 처형당할 때, 남긴 유언은 "독일 만세"였다. 얼리크는 이 유언을 가족으로부터 들었다. 히틀러정부를 전복하려다가 처형당한 선친은 최후 순간까지 동지들을 보호하기 위해 입을 굳게 다물었기 때문에 오늘날 국민들로부터 영웅으로 추앙받고 있다. 반면에 얼리크는 민주정부 전복음모에 가담했다가 동지들을 배신했기 때문에 비겁자라는 비난을 받고 있다. 게다가 그는 살해당할 위기에 직면했었을 뿐만 아니라 지금도 자기를 살해하겠다는 익명의 협박 편지를 계속 받고 있으므로 매우 불안하다. 그는 자신과 선친의 행동과 평가가 너무나 대조적이어서 깊은 고민과 번뇌에 빠져 시달리고 있다.

이런 와중에서 얼리크는 소설을 집필하고 있다. 그는 이미 출판했던 4권의 소설 — *지금이 마지막 기회이다*(*Now or Never*), *한 때 너무 많았다*(*Once Too Many*), *그 밖에 무엇을?*(*What Else?*), 그리고 *바로 그렇다*(*Exactly*) —과는 전혀 상이한 소설을 자신의 한 때 삶을 반성, 정리할 목적으로 쓰고 있다. 다시 말하면 아인치 집단과의 관계를 완전히 청산하면서, 거기에 관련되었던 모든 사건들과 정보를 뇌리에서 전부 지워버리기

---

24. Frederick R. Karl, *American Fictions 1940-1980*(New York: Harper & Row, 1983), 552-53, 553.

위해 쓰고 있다. 따라서 소설의 핵심주제는 그의 과거 정치적 관심과 연루가 아니고, 6개월 동안의 패리스 도피생활에서 큰 위안이 되었던 머리-진 필레나(Marie-Jean Filegna)와의 정사이다. 그는 그녀와 정사를 즐기면서도 사랑하지는 않는다고 수첩에 이렇게 기록했다: "나는 지금도 폴러 하게나우를 사랑하고, 머리-진 필레나를 확실히 사랑하지 않는다." 이처럼 그가 사랑하지 않으면서 하는 성행위는 "약간 만족스럽지 못한 정사, 결국은 성애적인 목적보다도 문학적 목적에 더 알맞는 정사 . . . 그의 도덕적 [약점과] 비겁, 우유부단, 주저, 무의무신, 간계, 그리고 교활을 입증하는 정사이고 . . . 폴러가 소지품들을 챙겨 집을 뛰쳐나가면서 그에게 퍼부었던 욕설과 비난의 전부이다"(26, 23). 더욱이 그도 머리-진으로부터 왜 이런 성행위를 하느냐는 질문을 받고, 타당한 답변을 할 수 없으므로 화를 버럭 내면서 도망친다. 그는 집필이 순조롭지 않을 때는 이런 정사를 바탕으로 소설이 완성될 수 있을까하고 계속 자문한다.

그러면서도 그는 소설을 완성할 수 있다고 자신한다. 왜냐하면 그는 소설을 이렇게 정의하기 때문이다: "소설은 반항과 폭동의 진행이 아니다. 소설은 인간행동 방식의 타당성을 인정하고 수용하게 하는 것처럼, 사회제도의 정당성을 인정해서 수용하게 한다." 그는 이런 정의에 걸맞는 창작기법은 언어구사에 의존한다고 믿는다. 그는 머리-진과의 정사를 소재로 소설을 집필하면서, "그의 뇌는 [소망과] 기대를 기술하기 위해 그의 수첩에 적혀 있는 단어들에 의존했다." 또 그는 대상을 기술할 때, 객관화하려고 최선을 다하면서 가능한 한 주관적 감정과 판단을 배제하려 한다. 따라서 이런 주장을 한다: "일반적으로 나는 나 자신과 묘사하려는 도시 사이에 상당한 거리를 둔 다음에야 도시에 대해 쓰고 싶다." 요컨대 그의 창작기법은 소설의 소재와 관련된 단어들이 스스로 다른 단어들을 끌어들이는 언어구사에 집중하면서, 소재에 대한 주관적 의도와 해석 그리고 설명을 최대한 배제하려는 데 그 바탕을 둔다. 그러므로 그는 이렇게 주장한다: "나는 [소설창작에서] 성명 발표를 믿지 않는다. 특히 그 성명들 중에서도 정치적 성명 발표를 믿지 않는다"(20, 51, 53).

그는 이런 소설 정의와 창작기법을 바탕으로 자신의 정치적 이념과 주장을 배제하고, 머리-진과의 정사를 소재로 한 소설 집필에 전념하기 위해 거처를 호우텔에서 아파트로 옮긴다. 그는 이혼하고 혼자 사는 자기를 형과 형수가 보살펴주려는 따뜻한 마음을 느끼면서도, 그들의 호의를 흔쾌히 받아들이려고 하지 않는다. 왜냐하면 그는 "실존은 신체에만 의존하지 않는다"(18)고 믿기 때문이다. 어느날 진지한 얼굴의 젊은 미국여자, 대프니(Daphne)가 그의 위층 빈방으로 이사올 때, 그는 그녀의 무거운 짊을 건물 안으로 날라준다. 그런데 3개월 후에 그녀는 그에게 미국으로 돌아간다는 편지와 방 열쇠를 남기고, 갑자기 사라진다. 이 정체불명의 미국여자는 지금도 아인치집단의 파괴활동에 깊이 관여하고 있는 폴러와 내통하면서, 그의 삶을 계속 주시하고 있었다. 그러면서도 그녀는 자기를 언스트 브럼호울드(Ernst Brumhold, 실존 인물이 아님) 철학교수의 지도를 받으면서 공부하고 있는 학생이라고 소개했다.

브럼호울드교수는 "헤이걸(Hegel) 이후의 독일의 가장 위대한 관념론 철학자이다." 그는 철학 연구의 전제를 자아탐구와 실현, 인간의 기본권과 자유의 존중과 확장, 그리고 공동체 의식의 활성화와 전파에 두지 않았다. 따라서 그는 "독일의 과거를 간접적으로 정당화하는 '명상 철학'을 연구한다는 [미명으로] 도덕적, 윤리적 탐구와 문제들을 기피했다."[25] 그 결과 그는 나치정권을 지지, 옹호하기 위해, 1930년대와 1940년대 초에 국민들의 새로운 질서에 대한 책임을 강조하는 무모한 강연을 부지기수로 했다. 그 강연 기조는 "인간 정신은 습관적으로 매사에 완벽한 기준들을 제정하도록 창조되어 있다"(48, 19)는 그의 신념에 있다. 이 신념이 독일사회의 객관적이고 획일적인 완벽한 질서, 완벽한 준법, 완벽한 법집행, 더욱이 완벽한 제거, 완벽한 소탕, 완벽한 청산의 지주이고 근원이다. 또 이 신념이 나치정권이 저지른 미증유의 학정과 유대인 학살을 옹호하는 학문적 기반이다. 이렇게 그는 학자와 지식인으로서 학문을 악용했고, 도덕적으로 비난

25. 앞책, 552.

받을 역할을 했다. 그랬음에도 불구하고, 그는 지금 위턴버그대학교에서 교수로 강의를 하고 있다. 그의 강의실은 언제나 학생들로 만원이다. 놀랍게도 그는 자연 그리고 홀로 즐기면서 사색하는 시간과 삶의 가치와 중요성을 이렇게 강조한다.

> 숲은 계속 우리에게 신호를 보낸다. 왜냐하면 우리의 가장 심오한 꿈과 욕망이 숲속에 자리잡고 있기 때문이다. 우리 [존재의] 근원과 [삶의] 목적을 재발견하기 위해, 더욱이 독일사회에서 이제는 볼 수 없는 삶의 순박함을 회복하기 위해, 우리는 숲에 의지한다. 우리는 등에 배낭을 지고 혼자 방랑하면서, 숲이 우리를 어디로 안내하고 있는지 모른 채 우연히 한 길을 가다가 또 다른 길로 접어든다. 그러나 우리는 우리의 본능과 기회가 행로를 지시해 주기를 기꺼이 바라고 있다. 또 우리는 활동[과 생활]에서 우리의 과거, 역사, 그리고 독일정신에 더욱더 정통해지고 있다고 확신한다. (167)

> The forest continues to beckon to us. For in the forest are located our innermost dreams and desires. In order to re-establish our roots and our purpose and return to a simplicity of life that can no longer be found in the German community, we turn to the forest. We wander off by ourselves, packs on our backs, haphazardously selecting one path, then another not knowing where the forest is leading us, but willing to let our instincts and chance dictate our journey and confident that in what we are doing, we are coming closer to our past, to our history, to our German spirit.

이처럼 그는 실존에서 자연, 독자적인 삶, 그리고 과거와 역사의 이해를 가장 중요시한다. 독자적인 삶과 역사 이해의 바탕은 깊은 자아성찰과 탐구, 뼈를 깎는 참회, 솔직한 고백, 그리고 거대한 꿈과 미래의 설계와 제시에 있다. 그런데 그가 자기 사후에 출판하기로 약속했던 대담이 드디어 발표되었을 때, 거기에는 이런 내용이 전혀 없고, 오로지 숲속에서 소박한 삶을 살았다는 변명만 나열되어 있다. 그래서 얼리크는 이 대담을 읽고 크게 실망한다.

그러나 신생 독일은 이런 브럼호울드교수를 추앙하는 의도로 더스트(Durst) 유대인 집단수용소 부지에 새로운 도시, 브럼호울드스타인(Brumholdstein)시를 건설한다. 이 건설 목적은 "오점이 있는 과거 부분을 현재의 새로운 독일 건설의 수면 밑으로 매장하고 싶은 충동"[26]에 있다. 헬므스가 이 새로운 도시의 설계와 건설에 핵심 역할을 하고 있다.[27] 이 설계와 건설의 요체는 처음부터 보는 사람에게 경이감, 이질감, 신비감, 그리고 기이하고 이상한 감정을 촉발하려는 데 있지 않고, 그저 일반화하려는 데 있을 뿐이다. 왜냐하면 일반화는 "변화를 무력화시키고, 시간상의 차이를 없이하여, 역사 감각을 마비시키기"[28] 때문이다. 그의 설계와 건설이 신생 *독일의 정체*성을 상징한다. 그래서 그는 독일 전역에 무수한 건물들을 설계, 건축하여 크게 성공한 건축가 겸 뛰어난 건축 강연자로 많은 사람들의 칭찬과 존경을 받고 있다. 그렇지만 그는 자기를 알려고도, 더욱이 다른 사람들을 배려, 존중하려고도 하지 않는다. 그러므로 그는 딸의 눈에는 이런 독선적이고 이기적 인간으로 보인다: "토요일과 일요일에 아버지는 몇 시간 동안이고 침대에 누워 계시기를 좋아한다. 오늘 나는 침대에서 새로운 도시를 설계하고 있다. 그는 말하기를, 내가 생각하고 있을 때 방해받기를 싫어한다. [그래서] 그는 명령하기를, 내가 생각하고 있으니 나가라. 한번은 그가 나에게 사람들이 말하는 모든 사실을 믿지 말라고 조언했다." 게다가 그의 주장에 따르면, "티비(TV)에서 일어날 수 있는 모든 사건은 또한 사람들에게 실제로 일어날 수 있다. [. . .] 삶은 연속극과 같다. [. . .] 사람들은 티비 연속극에서 본 언행을 모방하는 이상한 습성을 가지고 있다." 이런 주장을 하는 독선주의자이고 이기주의자인 헬므스가 브럼호울드스타인시가 주관한 브럼호울드교수 추도식에서 그의 철학의

---

26. Paul Wotipka, "Walter Abish's *How German Is It*: Representing the Postmodern," *Contemporary Literature* 30.4(Winter 1989): 505.

27. Maarten van Delden, "Walter Abish's *How German Is It*: Postmodernism and the Past," *Salmagundi* 85-86(Winter-Spring 1990): 186.

28. Wotipka, 508.

바탕은 "존재는 무엇인가"와 "사고는 무엇인가"(112, 113, 170)에 있다는 취지로 이렇게 연설한다.

> 한편으로는 우리가 우리의 존재 이해를 역사 이해, 다시 말하면 역사적 사건들의 특이성과 매우 뚜렷하게 구별할 수 없다 할지라도, 우리는 브럼호울드교수와 함께 의미의 탐구, 즉 존재의 형이상학적 탐구는 이 사건이나 저 사건이 아니라 . . . 보편적 역사, 다시 말하면 인간 의식의 역사와 연관되어 있음을 지실할 수 있다. 근본적으로 우리는 우리 언어가 선조들이 산 정상에 오르거나 숲속으로 들어가거나 힘든 여행을 하면서 보았던 사물들을 일별하게 해주기 때문에 독일사람으로 존재한다. 특히 이 시기에 이 사회의 건설은 이런 입장에서 이해되어야 한다. 우리는 [역사의] 험로를 헤쳐나왔다. 이제 뒤로 물러설 수 없다. 결과가 어떻게 되든, 브럼호울드교수는 우리가 우리 자신을 있는 그대로 알 수 있도록 해 주었다. (170-71)

> While on the one hand we cannot very well separate our understanding of existence from our understanding of history, from the specificity of historical events, we can comprehend with Brumhold that this search for meaning, this metaphysical quest for *Dasein* is not linked to this or that event, to one year or another . . . but to a universal history, a history of human awareness. Basically we remain German because our language permits us to glimpse what our ancestors saw when they climbed a mountain or entered a forest or undertook a difficult journey. The building of this community, especially at this time, should be understood in those terms. We have undertaken a difficult journey. There is no turning back. Whatever the outcome, Brumhold has enabled us to see ourselves as we truly are.

이처럼 헬므스는 가장 대표적인 신뢰할 수도 예측할 수도 없는 주인공이다.

브럼호울드스타인시가 설계, 건설되기 전의 더스트는 군인 막사들과 이중 삼중으로 친 철조망 안에 거대한 창고단지 그리고 철도역사만 있는 살벌한 장소였다. 그 막사들 안에는 테니스 코트들 그리고 장교들의 회식실과 오락실들이 있었다. 단지는 몇개의 구치소, 두개의 개스 오븐, 화장장, 몇개의 거대한 취사장, 제과소, 그리고 널려 있는 무수한 감시탑들로 구성되어 있었다. 철도역사는 비어 있어 황량하게 보였고, 녹슨 철로는 우거진 잡초로 덮여 있었다. 50년대 초에 단지는 어린이들에게 좋은 놀이터였다. 그들은 철조망이 잘려 있는 곳을 통해 단지 안으로 들어가 운동장에서는 축구를 했고, 건물 안에서는 밤이 새도록 놀았다. 어른들에게 건물은 그들이 필요로 하는 목재의 조달지였다. 이처럼 어린이들에게는 놀이터이고, 어른들에게는 목재 조달지인 단지는 과거에 강제노역장이었다. 얼마나 많은 수만명의 외국인, 재류 외국인, 전쟁포로, 정치적 억류자, 독일의 존립에 위협이 된다는 유대인들을 포함한 증오의 대상자들이 이 노역장에 있었는가를 누구도 알지 못한다. 이들은 대부분 유대인들이었다는 설도 파다하다. 유대인들은 기차로 수천명씩 이 단지로 이송되었다. 수송 열차에서 "살아 있음의 유일한 증거는 화물차의 작게 도려낸 창에 이따금 내밀기도 하는 공포에 질린 얼굴이었다. 그의 눈이 역장이나 지나가는 기차를 빤히 쳐다보는 사람들과 순간적으로 시선을 마주쳤다. 이따금 공포에 질린 얼굴의 남자나 여자는 입으로 한 단어나 여러 단어들을 만들고 있는 것처럼 보였다. 그 말은 '어디로'나 '언제' 혹은 '왜'였을 것이다"(78).

독일 역사상 이런 오점과 치욕의 장소인 더스트를 사람들의 관심과 기억에서 지워버리기 위해, 1956년에 이 단지를 정리하는 작업이 이렇게 시작된다: "거대한 불도우저들이 단지를 정지하러 왔고, 매우 긴 트레일러 화물차들이 와서 개스 오븐들과 다른 기계 장치들을 고철로 사용하려고 실어갔다." 게다가 유대인 학살 현장을 은폐하기 위해, 유대인 집단수용소였던 더스트에 신생 독일을 상징하는 새로운 도시 브럼호울드스타인이 건설된다. 이 도시건설은 독일사람들에게 이런 의의가 있다: "처음에 브럼호울드스타인시는 얼마쯤 확실성이 없고 성과가 의심스러운 건축 사업으로 과소평가되었다. 그러나 지금은 책에서 점점 자주 언급될 때마다 이 도시는 대단한 성공, 다시 말하면 독일역사와 독일사람들의 의식에 새로운 기원을 점차로 긋고 있다고 말할 수 있는 획기적 사업으로 각광받고 있다. 조만간 독인사람들에 의해 설계, 건설될 브럼호울드스타인시는 신생 독일을 계속 실현해 가는 일련의 유일한 청사진에서 확고한 위치를 차지할 것이다"(81, 78).

그러나 불행하게도 이런 기대를 무산시키는 사건이 불의에 일어난다. 학교 근처의 포장도로 일부가 갑작스런 폭우로 매몰되면서 파손된 하수구관을 보수하려고 땅을 파던 인부들이 공동묘지를 발견한다. 이 공동묘지가 사람들에게 큰 경악과 이상한 반응들을 일으킨다. 모든 사람들이 이 도시가 공동묘지 위에 건설되었음을 알고 크게 놀라면서, 어떤 사람은 그 묘지에 수백구, 아마 수천구의 시신이 매장되어 있다고 추측한다. 또 어떤 사람은 도로를 고치기 전에 공동묘지를 조사해야 한다고 주장한다. 상인들은 도로가 통제되어 고객들을 잃을까 걱정한다. 시장은 이 사건이 신문에 대서특필되지 않고 빨리 조용해지기를 고대한다. 학교선생 앤어 헬러는 수업시간에 변화의 중요성을 그렇게 강조했으면서도, 이 사건에 대해서는 이렇게 소극적으로 반응한다: "그녀는 공동묘지에 대해 말하고 싶지 않다고 말했다. 그녀는 전쟁 중에 많은 병사들이 전사하는데, 그런 비극은 매우 슬프다고 말했다." 공동묘지에는 집단수용소의 유대인들이 아니라 연합군 폭격으로 전사했거나 미군에게 사살된 독일병사들이 매장되어 있다고 말하는 사람도 있다. 따라서 "공동묘지에 있는 해골들은 독일사람들이라는 주장도 배제될 수 없다. 이 주장은 정말같지 않고 있을 법하지 않지만, 그렇다고 무조건 배제될 수도 없다"(138, 192). 이런 불확실한 상황에서 사람들과 시당국은 여기에 공동묘지가 어떻게 있었는가와 매장된 사람들의 신원이 누구인가를 밝히기를 꺼릴 뿐만 아니라 전혀 밝히려 하지 않는다. 그들과 시당국은 은폐하기에만 급급하고, 진상을 밝힐 의도와 의지는 추호도 없다.

그들의 이런 의도와 의지 결핍은 그들 스스로가 히틀러와 같은 독재자 못지 않게 이기주의, 우월의식, 자아도취, 타인무시와 부정, 그리고 공동체 의식의 부재에서 연유한다. 그들은 절대로 자신들이 독재자 같은 인간은 아니라고 믿고 실존한다. 그러나 그들은 자신에게 정직하려고, 역사로부터 배우려고, 자아를 탐구, 실현하려고 최선을 다하지 않을 뿐만 아니라 다른 사람들의 인권과 꿈을 인정, 존중하려고도 하지 않는다. 브럼호울드스타인시 거주자들은 주로 중류층으로 명문대학을 졸업하고 관리직과 전문직에 종사하고 있다. 그들의 최대관심은 자신들의 개인적인 삶과 그 문제들, 예를 들면 깨끗한 환경과 오염되지 않은 공기, 낮은 인구밀도와 범죄율, 더 좋은 의료시설과 혜택, 그리고 자녀들의 양질교육과 대책에만 있다. 또 그들은 이 도시가 큰 산들로 둘러싸여 있어서 겨울에는 스키를 즐길 수 있고, 다른 계절에는 낚시, 뱃놀이, 그리고 수영을 할 수 있는 최적지라고 믿고 매우 흡족해 한다. 게다가 그들은 수준 높은 공연과 영화를 감상할 수 있는 문예회관을 아주 적의하게 활용하면서 문화생활을 즐긴다. 그들의 이런 관심사와 여가활동 그리고 문화생활은 "대부분의 독일사람들이 달성하려는 [삶의] 목표이다"(79). 그들은 오로지 자신들의 이런 세속적 목표달성에만 열중하면서, 이웃 도시, 다므링(Daemling)에 살고 있는 노동자와 외국인들을 무시하고 싫어한다. 따라서 이 사람들과 어울리려고 하지 않는다. 그들의 더 큰 문제는 자신들의 우월의식과 편견 때문에, 자기 아이들을 독선적이고 비정한 인간으로 교육, 성숙시키는 데 있다. 이 아이들은 오로지 자기 계층 아이들만 친구로 사귀고, 다른 계층 아이들을 이렇게 따돌려 소외시킨다.

> 통학버스 운전사의 아이들도 또한 브럼호울드스타인시 학교에 다녔다. 다므링시에 사는 누구도 이 사실을 인정하고 싶어하지 않을지라도, 브럼호울드스타인 학교가 더 좋은 학교였다. 이 학교가 더욱더 잘 가르쳤다. 사실상 브럼호울드스타인 학교로 통학하는 다므링시 어린이들은 스스로 그곳 학교를 다니는 이웃 아이들보다 더 똘똘하다고 생각하는 것은 있을 수 있는 일이었다. 그러나 그들은 브럼호울드스타인 학교에서 집단으로 소외되었다. 그들은 인기가 없었다. 그들은 브럼호울드스타인 출신 어린이들이 하고 있는 놀이에 들어오라는 초대를 받지 못했다. 그러나 그들은 이 불공평을 일상 체험의 일부로 받아들여야만 했다. 그들은 더 이상 브럼호울드스타인 출신 어린이들의 호감을 사려고 하지 않았다. 그들은 결코 실현되지 않는 초대 받기를 포기했다. (120-21)

The schoolbus driver's children also went to school in Brumholdstein.

> Although no one in Daemling liked to admit it, the school in Brumholdstein was a better school. It provided a better education. As a matter of fact, it was quite conceivable that the children from Daemling who attended school in Brumholdstein considered themselves a cut above the kids in their own neighborhoods who went to school in Daemling. However, in Brumholdstein they remained apart as a group. They were not popular. They were not asked to join in the games the children from Brumholdstein were playing. But they had come to accept this inequity as part of their everyday experience. They no longer tried to be liked by the children from Brumholdstein. They had stopped waiting for the invitations that never materialized.

이처럼 중류층 이상의 사람들은 스스로 이기주의, 우월의식, 그리고 자아도취에 빠져 가난한 사람들을 무시하는 행위가 큰 반발과 반항을 촉발한다는 사실을 직시하지 못한다. 따라서 그들은 자기들도 모르는 반항세력을 키우고 있다. 요컨대 그들의 허위의식과 타인무시가 개인과 사회를 언제나 갈등과 폭력의 소용돌이 속으로 몰아넣는다.

기득권층의 이런 왜곡된 의식에 도전하는 두 주체가 있다. 하나의 주체는 개개인이고, 또 하나의 주체는 어떤 이념을 맹신하는 개인과 집단이다. 얼리크는 형의 권유를 받아 그가 설계, 건설하고 있는 브럼호울드스타인에 갔다가, 과거에 한때 자기 집 하인이었던 프랜즈 머츠(Franz Metz)를 만난다. 프랜즈는 다므링에 거주하면서 매일 버스로 브럼호울드스타인으로 통근하여 가장 좋고 비싼 식당, 플라우메(Pflaume)에서 웨이터로 일하고 있다. 그는 지금도 얼리크와 헬므스를 대할 때는 귀족 가명 앞에 쓰는 펀(von)을 생략하지 않는 매우 보수적인 인물이다. 그는 형제를 여전히 상전처럼 모신다. 게다가 그는 부인이 삶을 변화시키기 위해 직업을 바꾸거나 외국으로 이주하자고 간청할 때마다 그는 대꾸하기를, "내가 나의 자존심과 존엄성을 유지할 수 있는 유일한 길은 내가 매일 만나는 사람들(상류층 인사들)과 동등한 사람인가의 여부에 있다. 나는 그들과 대등한 사람이다 . . . 나는 웨이터이다. 그러나 나는 플라우메에서 일하는 웨이터이다. 그들은 나를 존경하고 신뢰한다. 더구나 나는 내가 이해하는 세계에서 직무를 수행하고 있다"(117). 이처럼 그는 매우 보수적이고, 모험을 기피하고 안정과 안주를 선호한다.

그렇지만 그는 기득권층의 허위의식과 역사 말살 시도에 도전한다. 그는 마음속은 사회주의자이지만, 무질서와 폭력에는 반대한다. 따라서 그는 "자신을 권위의 도전자 그리고 답습의 적대자로 알고 있다."[29] 그는 독일 역사의 가장 큰 오점과 치욕인 유대인 집단학살을 기억함으로써 역사적 교훈을 얻기 위해, 성냥개비를 아교로 붙이면서 더스트 유대인 집단수용소 건물 모형을 만들려고 한다. 이 모형을 정확하게 설계하기 위해, 도서관에 가서 직원에게 집단수용소에 대한 자료를 구해볼 수 있는가를 문의해본다. 그러나 직원은 그를 도와줄 수 있는 방법이 없다고 말하면서, 나가버린다. 그는 직원이 돌아오기를 기다리고 있지만, 직원은 나타나지 않는다. 그가 찾은 목록에는 오직 브럼호울드스타인, 철로, 그리고 집단수용소/독일만 적혀 있다. 그의 모형 작업은 자료가 아니라 그의 기분, 그가 읽은 것과 티비에서 본 것에만 의존한다. 그는 이런 방법으로 모형을 거의 완성한다. 그의 모형 완성은 이런 의미를 함축한다: "그가 하고 있는 작업은 그의 지인들에게 불확실감, 불신감, 당황감, 그리고 혐오감을 유발했다. 이 유발이 궁극적인 성취였다. 이 성취는 그가 마치 모든 혁명은 나쁜 취미의 요소를 공유하고 있음을 인정하는 것 같았다. 그의 경우에 나쁜 취미를 가지려 함은 혁명을 일으키려 함이었다"(158). 이처럼 이상하게도 그는 개인적 실존에서는 도전과 탐구정신이 약하지만, 그의 역사 사건에 대한 탐구열은 매우 강하고 집요하다. 그의 탐구열이 바로 역사 은폐와 사실 왜곡에 대한 억누를 수 없는 반발심이고 반항정신이다.

얼리크는 신생 독일의 풍요와 번영을 상징하는 에이고운과 지젤 부부의 뜻밖의 초대를 받아 휴양지인 동부 프리전 섬들(East Frisian Islands) 중의 한 섬에서 2주 동안 휴식하러 갔다가, 이념을 맹신하는 아인치집단의

---

29. Delden, "Walter Abish's *How German Is It*: Postmodernism and the Past," 180.

파괴활동을 직접 목격한다. 그의 전 부인, 폴러가 이 좌파집단의 핵심간부로 반정부활동을 주도하고 있다. 신생 독일을 상징하는 헬므스가 설계, 건축한 위턴버그의 우체국과 경찰서 건물의 일부가 다른 좌파집단에 의해 폭파당했다. 이 폭파로 우체국과 경찰서는 큰 손실을 입었다. 이제 또 폴러와 대프니(위턴버그에서 얼리크 아파트의 윗층에 살았던 정체불명의 여인)는 프리전 섬들과 육지를 연결하는 도개교(跳開橋) 관제실에 근무하는 고트프리드 뮈러(Gottfried Mühler)에게 노동자로서 당하는 수탈과 거기에서 파생되는 빈곤과 고난의 삶을 역설하면서 그의 분노를 자극한다. 두 여인은 그를 감언이설로 포섭하여 다리를 폭파시킬 음모를 꾸민다. 그는 그들의 사주를 받아 항시 다리를 순찰하러 오는 두 경찰관을 사살하고, 다리를 폭파시킨다. 마침 그때 얼리크는 건너편에 체재하고 있는 폴러와 대프니를 만나기 위해, 차로 다리를 건너려고 근처에 왔다가 폭파현장을 목격한다. 두 여인이 노동자를 위해서라는 명분으로 폭파한 다리 때문에 어민들만 큰 불편을 겪는다. 그들이 맹신하는 이념을 토대로 하는 도전과 반항은 사회에는 큰 혼란과 불편만을 그리고 노동자들에게는 엄청난 손실만을 초래한다. 그들이 자아와 실존목적을 탐구하지 않으면서 무모하고 저돌적으로 결행하는 도전과 반항은 역사를 바로 세우고 진실을 밝히는 데는 어떤 도움도 되지 않는다. 이런 도전과 반항은 개인과 사회에 백해무익할 뿐이다. 따라서 도전과 반항행위는 반드시 모든 사람이 마음속으로 탐구하고 싶은 그리고 긍정, 수용할 수 있는 실존철학과 목적에 부응할 때만 좋은 성과를 거둘 수 있다.

그러나 얼리크는 자신의 도전과 탐구정신을 바탕으로 실존철학과 목적을 정의하기가 어렵다. 왜냐하면 그는 지금 프랜즈의 가장 정의롭고 타당한 도전과 탐구정신은 전반적으로 무시되고, 폴러가 맹신하는 이념은 부분적으로 용인되고 지지받는 사회에서 살고 있기 때문이다. 게다가 그는 과거에 자아를 독자적으로 자립, 탐구할 수 없었던 여건, 다시 말하면 자신의 의지와 자유가 짓밟히는 가정과 학교 그리고 어두운 현실에 직면할 수 있는 용기의 부재 속에서 실존했기 때문이다. 그는 이런 억압적인 분위기

가운데서 유년기와 소년기를 보냈다: “우리 가족은 시계에 쥐여 살았다. 아침, 점심, 그리고 저녁 식사 시간이 몇 시로 정해져 있었다. 드디어 나는 초등학교에 갈 수 있는 나이가 되었다. 내 선생님들의 대부분이 남자였고, 전쟁 중에도 선생이었다. 그들은 자신들의 정치 신념을 바꾸지 않았다. 정말로 그들은 바꾸지 않았다. 내 추측에, 상당히 많은 선생님들이 마치 전쟁 결과로 하게나우 가문을 비난하는 것처럼 하게나우 이름을 싫어했다”(250). 이처럼 그는 그들의 증오의 대상이 되었다. 게다가 그는 일곱 살인가 여덟 살에 자기가 하게나우 가문의 자손이 아니라 사생아임을 알았다. 그는 자기를 속이고 하게나우 가문의 일원으로 계속 살았다. 왜냐하면 그는 자기 친아버지가 누구인가를 아는 것이 두려웠고, 더욱이 그 아버지가 전쟁 중에 어떤 역할을 했는가를 인지하는 것이 더욱 두려웠기 때문이다.

그는 이런 거짓 자아를 버리고 진실한 자아를 발견, 탐구하기 위해, 정신과의사 마건배취(Magenbach)를 찾아간다. 그는 의사의 최면술로 자신의 과거를 잊고 싶다. 그러나 그는 최면에 걸려 자신을 망각할 수 없다. 그는 이처럼 주체성이 강한 사람이기 때문이다: “기분 좋게 긴장이 풀려 편안함을 느낀 얼리크는 아마 그저 최면을 방해하고 싶지 않는 욕심, 아니면 의사를 즐겁게 해주고 싶은 욕망으로 그의 팔을 올렸다. 다른 이유가 없었다 . . . 그가 알기로 자기는 좋은 최면 상대가 아님을 확신했다. 그는 오른손을 경직되게 올려 인사하면서 눈을 떴다”(252). 그리고 그는 의사에게 이렇게 물어보았다: “오늘날 독일에서 누구라도 이유야 어떻든 오른손을 드는 것(히틀러식 경례)이, 그리고 모든 꿈들을 무산시키고 말살한다는 꿈(독재자의 허황된 야망)의 기억에 쇄도당하지 않는 것이 가능한가?”(252). 이 물음이 소설의 끝이다. 이처럼 얼리크는 개인의 자유와 자유스런 사회를 갈망하고 있다. 그는 갈망을 충족시키려고 최선을 다하려 한다. 따라서 그는 실존에서 답습과 이념에 압도당하지 않기 위해 도전과 탐구정신을 가장 중요시한다. 이 도전과 탐구정신의 바탕은 자아를 실현하고, 개개인의 가능성과 잠재력을 발휘하며, 그리고 공동체 의식을 확장하는 데 있어야 한다. 이 정신이 바로 그의 실존철학과 목적이다.

Ⅳ

지금까지의 *독일의 정체*의 분석과 고찰에 따르면, 두 집단의 첨예한 대립과 갈등이 해소될 기미가 전혀 없다. 하나의 집단은 히틀러와 같은 독재자와 그에 동조하는 기득권층으로 독선과 편견, 이기주의, 망상과 자아도취, 그리고 타인무시와 부정심리에 빠져 있다. 이들은 자아탐구와 사회변화에는 관심이 없고, 오로지 현상유지와 현실안주에 집착한다. 이들의 영향과 지배를 받고 있는 민초는 억압적인 질서일지라도 질서유지에 동참하고, 더욱이 악법일지라도 그 법에 복종한다. 그들은 준법정신이 투철하다. 또 그들은 실존에서 새로운 도전과 탐구보다도 규범의 답습을 더 선호한다. 또 하나의 집단은 기득권층에 반항하는 좌파세력이다. 좌파집단도 이념의 노예가 되어 독선적, 맹목적, 배타적이고, 더욱이 노동자들을 위해 투쟁한다고 하면서, 그들에게 큰 불편과 피해를 초래하고 있을 뿐이다. 이 두 집단의 공통점은 실존에서 답습과 이념에만 매달리려고 하고, 도전과 탐구정신에는 무관심하고 무감각하다. 따라서 두 집단은 자기 선전, 변명, 정의, 그리고 주장에만 열중하려고 하기 때문에, 상대방을 인정, 존중하려고 하지 않는다. 더욱이 개인의 개체성, 주체성, 자립정신과 의지, 가능성과 잠재력 계발과 발휘 욕구, 그리고 공동체 의식의 확장 욕망을 전적으로 부정한다.

애비쉬는 두 집단의 극단적인 대립과 갈등이 엄존하고 있는 신생 독일을 소재로 하여 *독일의 정체*를 창작했다(언어로 문자화했다). 그는 이 대립과 갈등의 원인을 규명하고, 현상을 설명하는 이론과 철학을 정립하려고 하지 않는다. 더욱이 그는 이 대립과 갈등을 해소하는 해답을 찾으려고 하지 않는다. 그의 변화에 바탕을 둔 소설철학에 따르면, 이 이론과 철학은 그 해소방법을 더욱 복잡하고 어렵게 한다. 왜냐하면 이 이론과 철학은 두 집단의 일방적 주장과 이념을 더욱더 심화시키고 고착시키면서, 두 집단의 상호이해와 대화를 불가능하게 하기 때문이다. 게다가 두 집단은 자아를 이렇게 고착된 주장과 이념에 유폐시키기 때문이다. 더욱이 두 집단은 자아 유폐에 깊이 빠졌으므로 자아를 탐구할 수도, 현실을 전체적으로 직시할 수도 없으므로 실존철학과 목적을 보편타당하게 정의하여 실천하고 달성하려고 최선을 다할 수 없기 때문이다. 따라서 애비쉬는 *독일의 정체*를 집필할 때, 어떤 이론과 철학도 전제로 하지 않았다. 그러므로 이 소설에는 두 집단의 대립과 갈등을 해소하거나 최소화하는 어떤 암시도 결론도 없다.

> *독일의 정체*에는 어떤 결론도 없다. 결론 없음이 내가 이 소설을 집필했던 이유이다. 결론 없음이 내가 독일을 [소재로] 선택했던 이유이다. 지금까지 누구도 "독일을 요약하는" . . . 필요성을 느끼지 않고 독일을 언급할 수 없거나 독일에 관한 글을 쓸 수 없기 때문이다. 독일에 대한 모든 사실은 설명을 필요로 한다. 물론 그 설명은 항상 거의 똑같다. 오로지 설명을 하기 위해 독일의 주제를 제시하고 있지 않나하고 나는 의심한다. 나에게 문학적인 도전은 [이런 설명의] 의무를 다하지 않으면서 독일에 관한 글을 쓰는 것이 어느 정도 가능한가를 알아보는 시도였다. 결말은 그 자체의 긴장을 완화시키는 설명을 인정하지 않기 때문에 극도로 긴장된다.[30]
>
> There is no wrapup to *How German Is It*. That's why I wrote the book. That's why I picked Germany. Because, to this day, hardly anyone can mention Germany, or write about Germany, without feeling the necessity to . . . "wrap up Germany." Everything German necessitates an explanation and, of course, it is invariably the same familiar explanation. I suspect that one brings up the subject of Germany only in order to arrive at the explanation. To me the literary challenge was to see to what degree it would be possible to write about Germany without fulfilling those obligations. The ending is highly charged because it is denied the explanation that will defuse it.

---

30. McCaffery and Gregory, 16.

이처럼 이론과 철학의 설명으로 두 집단의 대립과 갈등은 해소되지 않는다.

애비쉬는 이 대립과 갈등을 해소하는 첩경을 일반화와 획일화로 마음을 닫게 하는 이론과 철학에서가 아니라 독자의 정서적 반응, 다시 말하면 마음을 열어주는 변화에서 찾는다. 독자가 소설을 읽으면서 자연스럽게 느끼는 반응이 대립과 갈등을 해소하는 최선책이다. 왜냐하면 이런 반응만이 독자(사람들)의 의식변화와 개혁을 자연스럽게 촉발할 수 있기 때문이다. 이 의식개혁이 독자를 자아 유폐로부터 해방시킬 수 있다. 또 이 의식개혁은 독자를 답습과 이념의 노예로부터 해방시켜, 자신도 모르게 새로운 자아의 세계로 이끌어 갈 수 있다. 게다가 이 새로운 자아가 도전과 탐구정신을 바탕으로 새로운 사회를 창조할 수 있다. 애비쉬는 새로운 자아와 사회창조의 원동력은 우리가 항시 잘 알고 있는 세계에서 비롯된 무관심과 무감각 그리고 권태와 마비의식으로부터 깨어나 우리 자신을 생동감과 활력으로 용솟음치게 하는 미지의 세계를 탐구하려고 최선을 다하는 데 있다고 이렇게 주장한다: “더욱더 중요한 문제가 있다. 생소한 [미지의] 세계가 우리의 호기심과 관심을 불러일으켜 섬광으로 빛나게 하느냐? 이 세계가 우리 자신을 탐구하라는 그리고 우리 자신을 불가사의와 친숙하게 하라는 우리에게 간청하는 요구인가?”(120). 그는 이 요구에 가장 잘 부응하기 위해 한 번도 가본 적이 없었던 미지의 세계, 즉 독일을 소재로 하여 전적으로 언어와 상상력에 의존하여 *독일의 정체*를 창작했음을 우리는 깊이 음미해야 한다. 이런 종류의 소설창작과 읽기가 우리 스스로 선호한 실존철학과 실천의지에 따라 우리를 답습과 이념의 굴레로부터 해방시켜주는, 더욱이 의식개혁과 사회변화를 위한 도전과 탐구정신으로 고취시켜주는 가장 이상적인 방법이 될 수도 있기 때문이다.

8

윌리엄 케니디: 전인적 실존 의지의 구현

I

윌리엄 케니디(William Kennedy, 1928-)의 네번째 소설, *섬꼬리풀*(*Ironweed*)[1]은 열세개 출판사들이 하나같이 주인공이 부랑자인 데다가 그의 소설들이 잘 팔리지 않았다는 이유로 출판을 거절하는 수모를 낭했다. 그러나 솔 벨로우(Saul Bellow)가 1960년 프웨어터 리코우대학교(University of Puerto Rico)에서 자신의 소설창작연습을 수강했던 케니디의 능력을 높이 평가하여 바이킹(Viking)출판사에 이런 권유를 했다: "케니디는 바이킹사가 투자해야 할 그런 작가이다. [. . .] 나는 그를 도와주고 싶다. *빌리*(*Billy*)의 저자가 원고를 퇴짜맞아 출판사를 찾아다녀야 함은 수치스러운 일이다."[2] 벨로우의 도움으로 출판된 *섬꼬리풀*은 출판사들의 예상과는 달리, 저자에게 미국서평가협회상(National Book Critics Circle Award), 풀리처상(Pulitzer Prize), 그리고 머카서 연구비(McCarthur

---

1. 섬꼬리풀은 New York을 중심으로 남쪽으로는 Georgia, 북쪽으로는 Missouri, Illinois 그리고 Michigan, 서쪽으로는 Louisiana까지 분포되어 있으며, 꽃은 8월부터 10월까지 핀다. 풀명, ironweed는 줄기의 단단함과 강인함을 상징한다.

2. Kit Rachlis, "It's about Time: Part Two, William Kennedy, The Years That Were," *Boston Phoenix*, Section Three, 31 May 1983, 3.

Fellowship)[3]를 안겨주었을 뿐만 아니라 "그를 최근미국소설의 일류작가의 반열에 오르게 했다."[4] 또 이 소설은 절판되었던 *잉크를 가득 실은 화물차*(*The Ink Truck*, 1969), *렉즈*(*Legs*, 1975)[5], 그리고 *빌리 펠론이 가장 멋지게 이긴 게임*(*Billy Phelan's Greatest Game*, 1978)이 다시 출판되어 재평가를 받는 계기를 마련했다. 케니디의 이런 격찬과 각광을 받은 *섬꼬리풀*의 집필저력은 그의 탁월한 소설창작철학과 기법에 있다. 이 논문은 *섬꼬리풀*의 미국소설사적 의의 그리고 창작철학과 기법을 규명하고, 이 소설을 분석, 고찰한다.

*섬꼬리풀*이 미국소설사에서 차지하는 가장 큰 의의와 가치는 이 풀이 상징하는 단단함과 강인함이 몸에 베인 주인공 프랜시스 펠론(Francis Phelan)이 극한상황 가운데서도 생존을 넘어 전인적 인간으로 실존하려고 최선을 다하는 데 있다. 최근미국소설의 많은 주인공들은 어떤 혹독한 시련과 처절한 역경 가운데서도 삶의 패배자가 아니라 승리자가 되어 자아를 끊임없이 변신, 성숙시키려고 안달한다. 요컨대 그들은 무엇보다도 먼저 생존에, 그런 연후에 자아탐구와 실현에 지대한 관심을 쏟는다. 그러나 프랜시스는 이런 주인공들과는 달리, "육체적, 정신적, 심리적, 성적, 야구선수로서 직업적, 그리고 가족의 일원으로서 정서적 [측면을 모두 감안하면서] 실존하려고 항시 노심초사한다. 그는 당신이 어떤 인간이 도전받고 있다고 상상할 수 있는 모든 상황과 처지에서 [엄청난 시련과] 도전의 소용돌이에 직면하지만, [온전한 인간으로 일변도적이 아닌 다각적이고 충만

3. John D. and Catherine T. McCarthur Foundation이 자체적으로 탐문하여 업적보다도 장래가 촉망되는 학자와 예술가를 지원하는 연구비로, 일명 "천재"상이다. Kennedy는 연구비로 5년 동안에 264,000달러를 받았으며, 그 일부로 SUNY at Albany에 New York State Writers Institute를 창립하고, 국제적으로 저명한 작가들을 초빙하여 강연과 토론의 장을 열었다.

4. J. K. Van Dover, *Understanding William Kennedy*(Columbia: University of South Carolina Press, 1991), 80.

5. 1920년대 미국사회의 대표적 폭력배들 중의 한 사람인 Jack Legs Diamond의 중간 이름. 본명은 Jack Moran(1897-1931)이다.

한] 삶을 살려고 최선을 다한다."[6] 또 그는 그들보다도 더욱더 가혹하고 비참하며 비인간적 실존상황에서 살고 있다. 더욱이 그는 개개인이 자유의지로 생존하려는 인간의 염원과 욕구가 철저히 억압, 부정당하는 생활환경에서 헤매지 않으면 안된다.

그의 이런 실존상황이 1930년대의 올버니(Albany)를 무대로 하는 *섬끄리풀*의 배경이다. 이 당시 올버니 사회는 한 사람의 정치권력이 개개인의 사생활까지도 좌지우지했다. 그 사람의 정치권력은 너무나 막강해서, 개개인은 그 맹위의 피해자로 전락했다. 그렇지만 개개인은 알면서도 속수무책이었다. 이 정치권력이 개인에게 퍼붓는 횡포는 이렇게 극심하고 무자비했다: "정치권력이 개개인의 삶을 좌지우지했다. 정치권력이 당신을 옥죄지 않았다 할지라도, 당신은 옥죔을 당할 수 있음을 피부로 느끼고 있었다. [. . .] [정치권력이 어떤 사람에게 악평과 비난을 퍼부으면], 빌리 펠론(Billy Phelan)과 같은 사람은 갑자기 '나쁜 사람으로 낙인찍혀' 항시 다녔던 술집에서 술 한잔도 마실 수 없었다. 이 사실이 정치권력이 발휘한 맹위의 결과이다. 이렇게 통제된 올버니 사회에서 개개인은 완전히 종속적 존재이므로, 그의 자유는 전혀 고려되지 않았다. 댄 오우코늘(Dan O'Connell)[7], 혹은 *빌리 펠론*의 등장인물 팻시 매칼(Patsy McCall)이 도시를 완전히 장악하고 있었기 때문에, 모든 사람은 소처럼 끌려다니면서 공포에 떨었다."[8] 이렇게 폐쇄적, 억압적, 비인간적 분위기와 생활환경이 프랜시스의 삶의 터전이었다.

이처럼 탄압적 생활환경에서 과연 어떤 인간이 프랜시스처럼 전인적

---

[6]. Tom Smith, "Very Bountiful Bones: An Interview with William Kennedy," in *Conversations with William Kennedy*, ed. Neila C. Seshachari(Jackson: University Press of Mississippi, 1997), 207.

[7]. 5학년 때 초등학교를 중퇴하고 벽돌공으로 사회생활을 시작했지만, 1919년부터 1977년에 사망할 때까지 올버니의 민주당 지배조직을 장악한 막강한 정치력으로 올버니를 좌지우지한 정치지도자.

[8]. Larry McCaffery and Sinda Gregory, "An Interview with William Kennedy," in *Conversations with William Kennedy*, 36.

인간으로 실존하려고 감히 시도할 수 있을까, 그럴 수 없더라도 하여튼 시도해보려고나 할까? 우리의 인습적 사고와 의식과는 정반대로, 케니디는 이런 불가능하고 부정적 실존상황을 초월하는 소설주인공, 프랜시스 펠론을 창조했다. 그의 프랜시스 창조는 이런 소설창작과 주인공 창조에 대한 새로운 개념 때문에 가능했다: "당신은 소설창작에서 마음대로 불가사의한 세계를 창조한다. 주인공을 창조할 때 삶의 복잡성으로부터 해방되어야 한다."[9] 또 케니디는 이 창작과 창조의 밑바탕은 작가의 무의식에 있다고 이렇게 갈파한다: "나는 소설의 태생은 . . . 하나의 근원, 다시 말하면 무의식의 깊은 원천에 있다고 믿는다. [. . .] [따라서] 작가의 무의식의 근저가 그로 하여금 일찍이 들은 적도 본 적도 없었던 인간과 사회를 창조할 수 있게 해주는 힘의 원천이고 직관력이다."[10] 케니디의 소설철학에 의하면, 모든 인간의 무의식의 원천은 자신의 실존에서 절대적 욕구와 본능으로 생존하려는 그리고 성취하려는 염원과 의지에 있다. 이 염원과 의지가 모든 인간의 삶의 핵심이다. 그러므로 케니디는 이 염원과 의지를 구현하기 위해, 우리가 그런 실존은 거의 불가능하다고 생각하는 생활환경 가운데서 생존, 성숙한 소설주인공, 프랜시스 펠론을 창조했다.

그의 프랜시스 창조는 그가 소설창작에서 소재로 인과관계와 사실논리가 중요시되는 현실보다는 갑작스런 의식 변화와 깨달음이 촉발될 수 있는 영혼을 더욱더 선호하기 때문에 가능했다. 그는 이 소설주인공을 창조하여 이루려는 목적을 이렇게 소상하게 밝힌다: "내가 *섬꼬리풀*에서 시도하고 싶었던 의도는 어떤 인간의 현실을 도외시하고 그의 영혼을 탐구해보려고 함이었다. 당신은 프랜시스 펠론을 그가 언제나 자기는 지금 어디 있는가를, 그러면서도 자신의 과거 이력도 알고 있는 사람으로 간주할 수도 있다. 그는 자신의 깊은 내면에서 실존에 으레 따르는 의무와 그 회피 그리고 양심이 불러일으키는 갈등을 알고 있다. 그런데 더욱 깊은 내면에

9. Susan Agrest, "Tough Guy with a Golden Touch," 앞책, 114.

10. William Kennedy, *Riding the Yellow Trolley Car*(New York: Penguin, 1993), 5, 35.

는 그의 핵심이 있는데, 그는 거기에 자리잡고 있는 핵심을 분명하게 말할 수 있는 방법이 없다. 그도 이 사실을 알고 있다. 그의 영혼의 핵심, 다시 말하면 그의 실존의 언어로 표현할 수 없는 요소가 있다. 이것이 내가 암시해보려고 했던 대상이고, 우리는 자신에 대한 모든 사고와 사실을 결코 알 수 없는 굉장히 복잡한 존재라는 지각이다. 나는 이것이 나의 경우에도 마찬가지임을 안다. 프랜시스의 핵심은 내가 언제나 탐구해보고 싶은 대상이다. 이 핵심이 참으로 소설을 창작할 만한 가치가 있는 소재이고, 어떤 사람의 절대 중심이다. 물론 그 핵심에 접근하기가 매우 어렵고, 또한 접근할 만한 가치가 있는 핵심을 가진 사람을 찾기도 쉽지 않다."[11] 이렇게 케니디는 인간 영혼을 소설창작에서 가장 중요한 소재로 다루고 있다. 영혼은 우리 예상과는 전혀 다르게 실존에서 불가능을 가능으로, 또 있을 수 없음을 있음으로 돌변시킬 수 있다고 케니디는 믿기 때문이다.

이처럼 우리 예상을 완전히 뒤짚는 돌변은 현실에서가 아니라 상상세계에서 일어난다. 또 언어구사에 의한 현실의 모방과 재현에서가 아니라 상상세계의 창조에서 야기된다. 그래서 케니디는 위대한 소설은 "상상력과 언어의 융합체"[12]라고 주장한다. 그는 소설창작은 무에서 유의 창조라고 확신하기 때문에, 자신의 이런 소설집필철학을 과감하게 천명한다: "나는 소설집필을 시작할 때, 내가 일전에 결코 직면한 적이 없었던 사실들과 마주치기 시작한다. 나는 사실들을 상상적으로 창조하면서, 의도적으로 미지의 세계로 들어간다. 내가 내일 아침 백지 앞에 앉아 백지의 도전을 받음이 나의 삶의 목적이다. 내가 반드시 해야 할 사명은 나를 깜짝 놀라게 할 소재, 다시 말하면 내가 일전에 결코 해본 적도, 써본 적도, 바라본 적도, 들은 적도 없었던 일들을 발견하려는 시도와 노력이다."[13] 이런 시도와 노력은 오로지 언어로만 가능하다고 케니디는 강조한다. 따라서 그는 자신의

11. McCaffery and Gregory, 51-52.

12. Douglas R. Allen and Mona Simpson, "The Art of Fiction CXI—William Kennedy," in *Conversations with William Kennedy*, 185.

13. Peter J. Quinn, "William Kennedy: An Interview," 앞책, 90-91.

언어관을 이렇게 피력한다: "언어는 필요불가결이다. [. . .] 표현으로서의 언어, 정확성으로서의 언어, 그리고 삶 자체로서의 언어. 언어의 이런 기능이 나의 최대관심사이다. 언어가 이런 기능을 발휘하지 못한다면, 언어를 무시하라."[14]

지금까지의 논의를 바탕으로 본론은 *섬꼬리풀*을 분석, 고찰한다. 이 분석과 고찰의 초점은 소설주인공, 프랜시스 펠론이 우리의 예상과는 정반대로 어떻게 극한상황에서도 생존을 넘어 전인적 인간으로 실존하는데 성공했는가에 있다. 그의 실존은 모든 인간의 영혼이 염원하는 생존과 성취에 필수적인 배려, 희생, 신뢰, 애정, 그리고 존중을 삶의 가장 중요한 철학으로 인정, 실천하려는 주인공과 그의 주위 사람들의 강한 의지와 각고의 노력이 있었기에 가능했다. 케니디는 이런 의지와 노력의 결합체로 구현된 프랜시스의 성공적인 실존을 상상력과 언어를 융합하여 창조했다. 케니디의 프렌시스 펠론 창조는 그가 미국소설사에 큰 유산으로 남긴 자랑스런 업적이다. 본론은 어떻게 케니디가 이런 소설주인공을 창조했는가를 고찰한다.

II

*섬꼬리풀*의 주인공, 프랜시스 펠론은 약육강식의 사회에서 적자생존에 실패한 낙오자, 본의 아닌 실수로 22년 동안 처자식을 내팽개치고 떠돌아다니다가 쉬흔여덟 살에 고향으로 돌아온 무책임한 가장이고 노숙자이다. 그는 이렇게 무능하고 비참한 삶을 살면서도, 단단하고 강인한 육체와 정신의 소유자이므로 실의, 좌절, 절망, 그리고 패배감에 전혀 압도당하지 않는다. 우리 예상과는 달리, 그는 극한상황에서도 그저 생존에 급급하지 않고 주체적, 전인적 인간으로 실존하려고 최선을 다한다. 그의 전인적 실존은 신체적, 정신적 건강, 직업적 성취감, 성적 황홀감, 그리고 심리적, 정서

14. Kay Bonetti, "William Kennedy: An Interview," 앞책, 65-66.

적 안정감을 도모하려는 삶이다. 그가 이런 삶을 도모할 수 있는 잠재력은 다른 사람들과 함께 삶에서 언제나 인간관계를 따뜻함, 흐뭇함, 평등, 감동, 그리고 사랑으로 넘치게 하는 활력소인 배려, 희생, 신뢰, 애정, 그리고 존중을 삶의 가장 중요하고 소중한 철학으로 수용, 실천하려는 데 있다. 또 그 잠재력은 그가 아집, 편견, 맹신, 그리고 독선에 빠지지 않으려고 언제나 자기 자신을 성찰하려는 데 있다. 그의 이런 실천과 성찰이 그가 전인적 인간으로 실존하려는 염원과 의지를 실현시키는 원동력이다.

케니디는 프랜시스가 역경, 무능, 그리고 가책으로 몹시 시달리는 와중에서도 전인적 인간으로 실존하려는 강한 의지와 실천을 *섬꼬리풀*의 특이한 구성으로 탁월하게 구현했다. 이 소설의 구성 특징은 주인공이 고향으로 돌아와서 날짜로는 3일이지만 시간으로는 대략 46시간 동안 노숙자 생활을 하면서 직면하는 상황, 그때 떠오르는 회상, 그리고 자성의 투영에 있다. 주인공의 이틀 동안에 일어나는 사건들과 의식의 투영에서 그가 사회의 낙오자로 전락했던 사연과 전인적 인간으로 실존이 가능할 수 있게 했던 인연이 매우 간결하고 집약적으로 박진감이 넘치게 드러난다. 이 소설은 7장으로 구성되어 있는데, 1장부터 3장까지가 첫째 날인 1938년[15] 10월 31일(Halloween, 모든 성인의 날 전야)이고, 4장부터 7장의 중간까지가 둘째날(All Saints' Day, 모든 성인의 날)이고, 그 나머지 부분이 셋째 날(All Souls' Day, 위령의 날)의 새벽에 끝난다. 이 새벽에 주인공은 속죄하는 마음으로 자신의 일변도적이었던 삶을 깊이 자성하고 다각적으로 궁리하면서 노숙자 생활을 청산하고 집으로 돌아가려고 한다. 그의 속죄가 이 소설의 골격이고 요체이다.

그의 속죄는 공동묘지에서 타계한 사람들과 나누는 대화에서 시작된다. 그는 22년 전에 생후 13일 된 아들, 제럴드(Gerald)의 기저귀를 갈아주려다가 본의 아닌 실수로 아들을 방바닥에 떨어뜨려 숨을 거두게 했다. 아들

15. 1938년은 미국사회가 분명하고 확실하게 대공황에서 벗어나 희망이 보이는 미래로 지향하는 첫 해이다. Edward C Reilly, *William Kennedy*(Boston: Twayne, 1991), 73.

의 갑작스런 죽음에 너무나 큰 경악, 비애, 그리고 죄의식에 사로잡혀 무작정 집을 뛰쳐나갔다. 그는 엉겁결에 일어난 가정의 가장 큰 비극적 사건에서 자기 자신만 해방되기 위해, 모든 어렵고 힘든 일을 혼자 감당, 처리해야 하는 아내의 어깨를 너무나 무겁게 한 매우 무책임하고 비인간적인 인간이 되었다. 그는 이런 인간으로 전락하는 수치심도 갖지 않았다. 그러나 그는 22년 동안 떠돌아다니다가 처음 찾아온 아들 무덤 앞에 서서, 가족 유기에 대한 속죄를 하라는 아들의 목소리를 듣는다. 그의 이 목소리에서 비롯된 속죄행위는 플롵(plot), 사건과 행위들의 필연적 인과관계, 그리고 연대기적 순서를 부정하는 포우스트모던소설 창작기법으로 기술된다. 케니디의 언급에 따르면, “나는 *섬꼬리풀*을 속죄소설로 창작하기로 계획했다. [그러나] 이 소설은 속죄로 시작되지 않았다. 나는 소설을 집필하기 시작했을 때, 소설이 어떻게 대단원의 막을 내리지 않으면 안되는가를 알지 못했다. 그렇지만 나는 공동묘지를 배경으로 설정한 1장을 완성했을 때, [소설을 어떻게 끝내야 하는가를] 깨달았다. 이 공동묘지가 프랜시스가 죽은 사람들과 이야기하고, 태어난 지 13일 만에 숨을 거둔 아들, 제럴드와 말하는 장소이다. 공동묘지에서 나누고 있는 이 기적적인 대화가 프랜시스에게 불가사의하게 가족 유기에 대한 속죄행위를 감행하라는 책임감과 의무감을 강요한다.”[16] 그가 아들의 과실치사 이전에도 했던 가족 유기는 생존권을 쟁취하기 위한 일차원적 의식과 과격행위로 저지른 배신자 살인 때문에 불가피했다. 그는 약육강식의 사회에서 본의 아닌 살인으로 법망의 도피자로 그리고 과실치사로 방랑자로 극한상황에서 살면서도 생존을 넘어, 언제나 자신의 삶과 다른 사람들과의 관계에서 배려, 희생, 신뢰, 애정, 그리고 존중을 삶의 가장 중요하고 가치있는 철학으로 실천하려고 그리고 전인적 인간으로 실존하려고 최선을 다했기 때문에, 자성하고 속죄할 수 있으므로 노숙자 생활을 청산하고 가정으로 돌아가려고 한다. 그의 이런 삶의 이야기가 *섬꼬리풀*이다.

---

16. Rudy Nelson, "A Conversation with William Kennedy," in *Conversations with William Kennedy*, 224.

이 소설은 프랜시스가 동료 노숙자, 루디(Rudy)와 함께 이른 아침에 낡은 덜거덕거리는 화물차를 타고 성 애그니스(Saint Agnes) 공동묘지의 꼬불꼬불한 도로를 올라가는 장면으로 시작된다. 그는 이날 바로 올버니로 돌아온 것이 아니라 이미 와서 아버지 없이 홀로 장성한 아들, 빌리(Billy)도 만났다. 그는 허위로 선거인 명부에 등록하고 투표할 때마다 5달러를 받는다는 사실을 알고 부정투표를 하려고 돌아왔다. 스물한 번 투표하고 체포, 구금당했다가 빌리가 내준 보석금으로 풀려나와, 변호사에게 빚진 법정 변호 비용을 갚기 위해 공동묘지에서 무덤을 조성하는 작업을 하러 가는 길이다. 그는 "기지(機智)와 판단력이 있는 사람"[17]이므로 "죽은 사람들이 산 사람들보다도 이웃과 훨씬 더 평화스럽게 살고 있음을 알고,"[18] 그들을 부러워한다. 또 부귀영화를 누린 사람들의 크고 호화스런 묘에 비해 서민들의 초라한 묘를 보면서, 그들 모두가 타계한 후에는 아무 말 없이 똑같이 잠들고 있음을 알고, 자신의 아귀다툼으로 얼룩진 과거 삶에 대한 회한과 삶의 무상을 느낀다. 더욱이 그가 올버니에 전력을 독점 공급했던 거부, 아서 티. 그루우건(Arthur T. Grogan)의 신전 같은 묘를 바라볼 때, 갑자기 그의 뇌리에 우연히 같은 기차로 고향을 떠났다가 객사하면서 혼자 무덤으로 가고 싶지 않으니까 꼭 장지까지는 와 달라고 간청했던 한때 동료 야구선수, 스트로베리 빌(Strawberry Bill)의 외지에 있는 묘가 떠오른다. 그는 큰 묘를 원하지 않지만, 객지에 외롭게 묻히고 싶지도 않다. 고향에서 가족 옆에 영면하고 싶어한다. 그는 죽은 사람들의 평온과 삶의 무상을 실감하고, 자신의 과격행위, 비극적 실수, 무책임, 그리고 고독으로 점철된 과거 삶의 소란과 허무로부터 벗어나 현재의 평온과 안정 그리고 함께 사는 실존을 도모하려 한다.

이런 심정과 결의로 그는 반항적이었던 아들을 보고 얼굴을 찌푸리는 어머님과 그녀의 불편한 심기를 눈치채고도 미소를 머금고 아들을 유심히

---

17. McCaffery and Gregory, 52.

18. William Kennedy, *Ironweed*(New York: Penguin, 1987), 1. 앞으로 이 작품에서의 인용문은 괄호 안에 쪽수만 표시함.

살펴보는 아버님의 묘를 참배하고, 얼마 안되는 동전을 빼앗기면서 살해당한 두 동생이 자신의 남루하고 다 낡아빠진 옷과 신발을 쳐다보고 있음을 의식하면서, 아들 무덤에 처음 가지만 쉽게 찾는다. 그는 묘비에 1916년 4월 13일에 태어나 13일 동안 살아 있으면서 많은 사랑을 받다가 불의의 사고로 숨을 거둔 불행한 아이라는 요지로 새겨진 글을 읽는다. 그는 이렇게 눈물을 흘리면서 자신의 본의 아닌 실수로 그 비극적 사건이 일어났던 순간을 생생하게 기억한다: "프랜시스의 눈에서 눈물이 쏟아져 나왔다. 눈물 한방울이 신발 앞부분에 떨어졌을 때, 그는 무덤 앞으로 넘어지면서 풀을 움켜잡고, 자기가 손에 잡았던 기저귀를 생각했다. [. . .] 22년이 지났지만, 프랜시스는 지금 되살아나는 기억으로 그날의 모든 사건들을 보고 듣고 느낄 수 있었다. 그가 일을 마치고 전차 차고를 떠난 순간부터 킹 브레이디(King Brady) 술집에서 번트 던(Bunt Dunn)과 야구 이야기를 한 찰나까지 . . . 그의 기억이 아서 티. 그로우건과 스트로베리 빌을 [공수래공수거하는 인간으로] 동일시했을 때, 망각했던 심상들이 되살아나기 시작했다. 이제 기억은 눈으로 보는 것처럼 분명하고 선명했다." 그의 이런 기억은 그가 저지른 실수를 뼈저리게 뉘우치게 한다. 이 뉘우침으로 그는 자기 자신을 깊이 성찰하고 다른 사람들과 세계를 다각적으로 이해할 수 있는 인간으로 스스로 변신했기 때문에, 자신의 가족 유기 행위를 속죄하라는 제럴드의 이런 목소리를 경청할 수 있다: "속죄하려는 헌신적인 노력이 큰 결실을 거둘 때, 아버지는 저 때문에 죽고 싶은 마음을 버리게 되실 것입니다"(18, 19). 아들의 목소리가 그를 비극과 저주의 악몽으로부터 해방시켜, 그를 중심으로 다시 가족공동체를 공고히 다지는데 결정적인 역할을 한다.

아들의 목소리를 듣고, 프랜시스는 자신의 실존을 엄청나게 제약했던 일변도적 애통, 양심의 가책, 가족 유기, 정처없는 방랑, 그리고 노숙자 생활의 굴레에서 벗어나는 지름길은 속죄하는 데 있음을 깨닫는다. 속죄하려면 집으로 돌아가야 한다는 사실도 잘 안다. 더욱이 집으로 돌아갈 수 있는 여건도 좋아졌음을 느낀다. 그는 집에 오셔서 저녁 식사를 함께 합시다는 빌리의 초대를 받았다. 자신의 비극적인 실수로 아내, 애니(Annie)의 책망을 들을 것을 제일 두려워했다. 그런데 빌리의 말에 의하면, 애니가 자기를 한번도 비난하지 않았을 뿐만 아니라 22년 동안 누구에게도 자기가 범한 과실치사를 발설하지 않았다. 그는 애니의 깊은 마음과 애정 그리고 고결한 인품에 감탄한다. 이제 그는 집으로 돌아갈 생각과 마음을 다진다.

프랜시스는 공동묘지 일을 끝내고 루디와 함께 버스로 도시 중심가로 올 때, 자기가 몇년 동안 근무했던 시내 전차 차고지를 지나면서 9년 동안 피신생활을 하게 되는 원인인 살인행위를 회상한다. 1901년 근로자들이 생존권을 쟁취하기 위해 파업투쟁을 할 때, 그는 스물한 살의 과격하고 열성적인 노동조합원이었다. 동료들을 배신하고 직장에 복귀한 해럴드 앨런(Harold Allen)이 전차를 운전하려고 할 때, 그는 야구공 크기의 돌을 배신자의 머리에 명중시켜 그 자리에서 그를 즉사시켰다. 그는 자기를 추격하는 경찰관을 따돌리려고 필사적으로 도망쳐 달리는 유개 화물차에 뛰어올랐다. 얼마 후 그가 손을 붙잡아 화물차에 태우려고 온 힘을 다했으나 경찰관이 쏜 총탄을 등에 맞고 숨진 말 도적, 앨도 캠피오니(Aldo Campione)는 꿈을 이루지 못하고 너무 일찍 타계한 이민자였다.

프랜시스는 그를 구원하려는 자신의 필사적 노력이 너무나 허무하게 실패로 끝났음을 평생 동안 잊지 않고 마음의 깊은 상처로 명심한다. 그래서 그런지 앨도의 유령이 수시로 그의 눈 앞에 어른거린다. 이 유령이 어른거릴 때면 해럴드의 유령과 함께 또 하나의 유령이 꼭 나타난다. 또 하나의 유령은 한때 동료 노숙자, 로우디 딕 둘런(Rowdy Dick Doolan)이다. 이 사람이 술에 취해 기차 차고지에서 가까운 다리 밑에서 옷 속에 비장한 고기를 토막내는 큰 칼을 가지고 그를 공격해서, 그의 오른손 집게손가락의 3분지 2 그리고 코 일부를 잘라내자, 그는 공격자의 머리를 다리 교각에 힘껏 부닥치게 하여 살해했다. 이 유령이 그를 괴롭힌다. 그는 자기 의지와는 정반대로 피살당한 앨도를 보고 이런 진리를 깨달았다: "삶은 변덕과 어긋난 관계들로 가득 차 있다 . . . 필요한 순간에 도움을 주려는 손길은 아름답고 소중하다." 그의 회상이 끝나는 순간에, 루디와 그는 버스에서 모든 성인의 날 전야 깜깜한 6시에 내린다. 이 전야는 "은총은 적고, 오래 전에 그리고 갓 죽은 사람들이 무덤 밖으로 나와 활보하는 무법천지의 밤"(28, 29)이다. 이 밤은 프랜시스와 그의 주위 사람들의 삶이 비참, 무질서, 혼란, 무기력, 허무, 그리고 죽음으로 얼룩져 있음을 암시한다.

프랜시스와 루디가 저녁 식사를 하려고 감리교회 목사, 체스터(Chester)가 운영하는 무료 숙박과 급식소로 가다가, 그 건물 유리창에서 새어 나오는 불빛에 비치는 손발을 뻗고 누워 있는 사람을 본다. 프랜시스는 직감적으로 시체라고 단정하고, 시신이 자신의 삶의 일부라고 이렇게 생각한다: "뒷골목, 하수구, 그리고 도처에 있는 시신들이 자기가 언제나 보아야 하는 사물들의 일부였다. 다시 말하면 죽은 사람들이 실제로 하는 호칭(呼稱)기도였다"(29). 루디가 살아 있는 술 취한 여자노숙자, 샌드러(Sandra)라고 말하자, 프랜시스는 그녀의 왼쪽 신발이 없는 것을 보고 찾아다가 신겨주면서, 오늘밤은 영하의 기온에다 눈도 올 것 같으니 추위를 막아줄 건물 안으로 들어가야 한다고 타이른다. 프랜시스는 체스터 목사가 술 마신 노숙자는 절대로 수용하지 않는 철칙을 알기 때문에, 거기로 데려갈 수도 없다. 그는 이 목사가 생명, 사랑, 용서, 그리고 아량보다도 금주를 가장 우선시하는 아집과 편견을 도저히 이해할 수 없다. 그의 이해 불능은 이런 사실의 무지에서 비롯된다: 모든 사람들은 삶에서 가장 중요시해야 하는 이상과 가치는 개개인의 평등하고 안정된 생존보장 그리고 잠재력 계발과 발휘 극대화에 있다. 그들은 이런 보장과 극대화에 합의해야 한다. 그러나 유독 사회 상류층인사들은 독선적, 이기적, 폐쇄적 의식으로 말미암아 이 합의를 부정하려 한다. 가능한 한 빨리 그리고 조용하게 그들의 의식은 개혁되어야 한다. 그러면 이 합의는 긍정될 수 있다. 불행하게도 프랜시스는 그들의 허위의식의 큰 피해자로 전락했다. 이런 여건 가운데서도, 그는 인정스레 샌드러가 동사하지 않도록 하려면, 뜨거운 국물을 섭취시켜주어야 함으로 급식소에 가서, 목사 모르게 가져다가 억지로 그녀 입 안으로 넣는다. 또 그녀에게 담요도 챙겨준다. 그의 이런 배려가 있었음에도 불구하고, 그녀는 동사한다.

프랜시스가 식사를 끝내자, 그의 과거 술친구였지만 지금은 금주하면서 체스터목사를 보좌하고 있는 피 위(Pee Wee)가 한때 명성을 떨쳤던 가수 겸 작사자, 오스커 리오우(Oscar Reo)는 영락하여 술집, 금 도금한 새장(Gilded Cage)의 지배인이 되어 노래를 부르고 있다는 기사를 읽었다고 언급한다. 프랜시스가 우리의 오스커를 말하느냐고 묻자, 그는 그렇다고 대답한다. 두 사람은 이 가수와 뉴욕(New York)에서 일주일 동안 함께 술을 마셨다. 그러자 프랜시스와 9년 동안 동거하는 헬런(Helen)이 방송에 출연했던 오스커냐고 물으면서, 자기도 그의 노래를 즐겨 불렀다고 실토한다. 피 위가 가수인 줄 몰랐다고 말하자, 그녀는 자기도 노래를 불렀고, 피애노우도 연주했으며, 고전음악 교육도 받았고, 배서대학(Vassar College)에 한 학기 재학했다고 대꾸한다. 프랜시스가 오스커를 만나러 가야 한다고 우기자, 피 위가 2년 동안 술집에 간 적이 없다고 난색을 표했다가 결국 헬런, 루디와 함께 간다. 술집에서 오스커는 두 과거 친구를 알아보고 반기면서, 두 친구의 요구에 응해 "꽃다운 나이(Sixteen)"를 부른다. 그가 술로 허송세월을 했다 해도, 그의 노래실력은 지금도 대단하므로, 헬런은 감탄을 금치 못해 눈물을 흘리면서 "꽃다운 나이"는 자기도 아주 즐겨 불렀던 매우 아름다운 노래라고 자기 소감을 피력한다. 프랜시스에게도 그의 재주가 경외심을 유발한다. 오스커가 이런 재능을 가지고 사는 자신의 "삶은 큰 성공에도 불구하고 이루어지지 않는 희망이었고, 지금도 앞으로도 이루어질 수 없는 희망이다"(50). 그러므로 그의 노래는 생기와 활력을 잃으면서 시들해졌다. 그래서 프랜시스는 오스커의 재능과 실패한 삶과 아무런 관계가 없음을 도저히 이해할 수 없다. 그는 오스커의 실패한 삶에서 자신을 보고 있다. 그도 야구에서 어느 선수보다도 더욱더 뛰어난 기동력과 순발력을 가졌음에도 불구하고, 성공하지 못하고 사회의 낙오자가 되었다. 그의 야구선수로서 가장 화려했던 경력과 영광은 아마 애니가 보관하고 있을 글러브에 흔적이 남아 있을 뿐이다.

오스커는 헬런이 한때 연주회와 방송에서 활약했던 쟁쟁한 성악가였음을 알고 노래를 불러달라고 간청한다. 그녀가 거절하자, 여기서는 언제나 손님들이 노래를 부른다고 거듭 부탁한다. 그래도 그녀가 응하지 않자, 프랜시스는 초라한 모습과 남루한 옷 때문에 그러는 줄 알고, "당신은 여기 있는 사람들과 똑같이 보인다"(51)고 말하면서 그녀를 부추긴다. 꽃 한송이를 사서 그녀의 옷깃에 핀으로 꽂아준다. 드디어 그녀는 프랜시스의 입에 키스하고, "음악세계, 다시 말하면 그녀가 결코 떠나지 않았어야 할 세계로 다시 들어가는데 걸맞는 태연자약하고 우아한 자세로 무대로 올라가서," "그는 나의 친구야(He's Me Pal)"를 열창하여 손님들의 심금을 울린다. 프랜시스와 피 위도 감격해서 울면서 눈물을 흘린다. 우레와 같은 박수갈채를 받으면서, "헬런은 눈을 감았다. 눈물이 쏟아져 나오고 있음을 느꼈다. 기쁨에 찬 행복인지 아니면 숙명적인 슬픔인지 알 수 없었다. 어느 순간에는 행복과 슬픔이 한꺼번에 밀어닥쳐서, 슬픔이냐 행복이냐, 행복이냐 슬픔이냐의 차이가 없었다. 헬런의 삶에 변화는 일어나지 않았다"(54, 57). 헬런의 음악적 재능은 어머니의 속임수 때문에 사장되었고, 사랑은 믿었던 남자의 배신으로 슬픔과 절망의 늪에 빠져버렸다.

헬런은 올버니의 상류 중간층 가정에서 태어났다. 아버지는 딸의 뛰어난 음악적 재능을 감지하고, 앞으로 대가가 될 것이라고 믿고 열여섯 살 난 딸을 이렇게 격려한다: "헬런아, 너도 어느날 [베이토우번(Beethoven)과 데뷰시(Debussy)의 대작과 같은] 위대한 작품을 창작할 것이다. 사람들은 어느 인간이 지닌 잠재력을 결코 간파하지 못한다"(122). 그래서 아버지는 딸도 할머니가 밟았던 과정을 그대로 따라, 먼저 배서대학, 딸이 정말로 재주가 있는 것 같으면 패리스(Paris) 음악학교, 연주계, 그리고 세계무대로 진출시킨다는 계획을 세웠다. 할머니는 아들의 이 원대한 계획이 차질을 빚을 것을 예감하고, 손녀에게 죽을 각오로 음악에 열중할 의지가 있어야 한다고 강조하면서, 삶에서 우유부단으로부터 비롯되는 손해, 실패, 그리고 위험에 대해 경고하기를, "너는 우유부단으로 죽을 것이다. 우리가 전력을 다해 서로 사랑하면, 우리의 어리석은 작은 자아는 이미 죽었으므로, 우리는 죽음을 더 이상 두려워하지 않는다"(118). 불행하게도 헬런이 배서대학 신입생생활을 2개월 하고 있을 때, 아버지가 가산을 탕진하고 자살한다. 아버지는 유서에 재산의 반을 헬런의 학비로, 나머지 반이 부인과 아들 몫이라고 명시했다. 그러나 어머니는 아들을 법대 졸업시키려고, 딸을 속이고 대학을 중퇴시켜 아버지의 유지와 딸의 탁월한 잠재력을 사장시켜버린다. 헬런은 나중에 유서를 읽고 어머니가 간계를 꾸몄음을 알고, 어머니와 절연한다.

헬런은 학업을 포기하고, 열아홉 살부터 아서(Arthur) 피애노우 매장에서 일한다. 처음에는 악보를 팔다가, 이제는 고객의 수준에 알맞은 소품을 직접 연주하여, 고객을 매료시켜 피애노우를 구매하지 않을 수 없게 한다. 그야말로 수완이 비상한 판매원이다. 스물일곱 살에는 아서의 사랑의 포로가 된다. 매장의 작은 방 침대에 발가벗고 앉아, 아서가 연주하는 슈버트(Schubert) 가곡을 듣고 있으면, 벨리오우즈(Berlioz)가 말한 "오월에 솟는 해의 첫 빛"을 받아들이는 쾌감에 도취한다. 그녀는 "자기 몸에서 그의 정액이 흘러나오고 있을 때, 아서의 놀랄 만한 연주를 흠모하면서 경청한다. 일찍이 연주되었거나, 가창되었거나, 상상되었던 모든 음악을 멋지게 흡인하려고 열망한다"(126). 그러나 아서는 더욱 젊지만 음악은 전혀 모르는 여인과 즐기기 위해, 헬런의 영혼에 비장되어 있는 음악 잠재력을 무시하고 그녀를 버린다. 그는 그녀의 영혼과 육체를 아름답고 우아하게 세련, 정화시키자마자, 지옥으로 내팽개친다. 그래서 그녀는 자신의 생명력인 음악을 마음껏 만끽할 수 있을 거라는 꿈이 발아하지도 못한 씨앗으로 시들어버렸다는 실의와 절망에 빠진다.

헬런은 이렇게 자포자기에 빠져 있을 때, 뉴욕 술집에서 프랜시스를 만난다. 두 사람은 서로 올버니 출신임을 알자, 바로 사랑에 빠진다. 그가 키스하자, 그녀는 그의 혀를 빨아들인다. 그는 그녀 몸을 애무하면서, 나이에 비해 지금도 풍만하고 탄탄함을 느낀다. 그러면서도 그는 8개월 동안 여자 관계가 없었으므로, 불안감과 공포심 때문에 그녀와 관계를 가지려 하지 않는다. 두 사람은 병원에서 서로 아무 이상이 없음을 확인하자, 녹초가 될 때까지 성교를 마음껏 즐긴다. 그녀는 프랜시스에게 이렇게 속삭인다: "이 몹쓸 남자야, 당신이 내 그곳을 너무 비벼서 거기가 쑤신다. 이 몹쓸 남자야, 당신은 도저히 끌 수 없는 불길이다. 이 몹쓸 남자야, 당신은 나를 태운다. 나는 타서 까맣게 되었다. 이 몹쓸 남자야, 나는 재가 되었다"(97). 이때부터 헬런은 9년 동안 그의 아내가 되어 살면서, 임신했다가 유산한다. 두 사람은 경제적으로 안정된 삶을 살지 못한다.

헬런은 언제나 프랜시스에게 전적으로 의존한 삶을 산다. 그녀는 그가 실직하여 술타령할 때면 화가 나서 그를 버리고 떠나지만, 결국 그를 찾아간다. 그녀는 이런 일이 얼마나 자주 있었는가를 안다. 그러나 이번에 그를 떠나면, 결코 찾지 않을 작정이다. 그녀는 그가 가족에게 돌아가고 싶어하는 눈치를 알아채고, 그를 자기로부터 해방시켜주려고 한다. 더욱이 그녀는 그가 자기를 위한 구걸행위를 결코 하지 않지만, 그녀를 위해서는 구걸했다는 사실을 잊을 수 없다. 그녀는 자기를 이렇게 극진하게 사랑해준 프랜시스를 위해, 스스로 살신하려고 한다. 그녀는 자기 희생이 그를 위한 최선책이라고 확신한다.

> 그녀는 누구도 배신하지 않았다. 결국 그녀는 배신하지 않음을 가장 중요시한다. 그녀는 자기가 프랜시스를 떠나고 있다고 시인한다. 그러나 누구도 이 떠남을 배신이라고 말할 수 없다. 영국왕이 사랑하는 여자를 위해 왕을 포기했던 것처럼, 아마 사람들은 이 떠남을 자기 포기로 인정해야 할 것이다. 헬런은 자기가 사랑했던 남자를 위해 스스로 살신한다. [그녀가 이렇게 하는 의도는] 헬런이 그가 자유스럽기를 원하는 것만큼, 그녀가 자기 나름대로 언제나 자유스러웠던 것만큼, 두 사람이 함께 완전히 얽어매여 있었을 때도 자유스러웠던 것만큼, 그가 자유스럽게 존재할 수 있도록 하려는 데 있다. 헬런이 1933년에 아파 누웠을 때, 프랜시스는 그녀를 위해 거리에서 구걸도 마다하지 않았느냐? 물론 그는 전에 자기를 위해서는 결코 구걸하지 않았다. 프랜시스가 사랑하기 때문에 거지가 될 수 있었다면, 왜 헬런은 사랑하기 때문에 스스로 살신할 수 없느냐?(138)

> She never betrayed anybody, and that, in the end, is what counts most with her. She admits she is leaving Francis, but no one could call that a betrayal. One might, perhaps, call it an abdication, the way the King of England abdicated for the woman he loved. Helen is abdicating for the man she used

> to love so he can be as free as Helen wants him to be, as free as she always was in her own way, as free as the two of them were even when they were most perfectly locked together. Didn't Francis beg on the street for Helen when she was sick in '33? Why, he never begged even for himself before that. If Francis could become a beggar out of love, why can't Helen abdicate for the same reason?

이렇게 헬런은 프랜시스를 깊이 배려하여 자기를 희생하려고 결심한다.

헬런은 "그는 내 친구야"를 열창했던 술집에서 나와 피 위와 루디와 헤어지고, 프랜시스와 함께 잘 곳을 찾는다. 프랜시스는 그녀를 두 남자가 자고 있는 골목에 버려진 승용차에서 자게 하고, 자기는 바람막이가 되는 잡초 안으로 간다. 다음날 아침에 그녀는 프랜시스를 만나러 가지 않고, 성당에 가서 모든 성인의 날 미사에서 그를 위한 촛불을 켜고 그를 위해 기도한다. 그녀는 위종양으로 임박한 죽음을 예감하고, 프랜시스와 함께 투숙했던 값싼 호우텔로 간다. 가는 도중에 악기점에 들어가서 슈버트 음반을 황홀하게 듣고, 베이토우번 교향곡 음반을 훔친다. 이틀 분 숙박료를 지불하고, 종업원에게 맡겨둔 자기 가방을 방으로 가져다 달라고 부탁한다. 가방 안을 샅샅이 뒤져 거기 있는 물건들, 특히 프랜시스의 사물들을 보고, 만지고 진열해 놓고, 음반을 침대 한가운데에 베개로 기대 놓는다. 몸을 깨끗이 씻고 프랜시스 앞에서만 입었던 커모우너(kimono)를 입는다. 그녀는 마음껏 타고난 음악재능을 발휘하지 못한, 또 음악을 만끽하지 못한 아쉬움을 가슴에 품은 채 영면한다.

프랜시스는 일당을 받으려고, 아침 일찍부터 췌스터목사 소개로 마차를 타고 집집을 방문하여 고물을 사는 장수를 돕는 일을 한다. 그가 태어나서 자랐던 노동자 계층 거주지역으로 들어서자, 41년 전 어머니의 커트리너 도어티(Katrina Daugherty)에 대한 나쁜 감정과 행위가 생각난다. 어머니는 천주교 교리를 왜곡하여 수용하기 때문에, 삶을 부정적으로 보며, 임신을 목적으로 하지 않는 성행위를 죄악으로 간주한다. 그녀는 삶에 불만과 잔소리가 많아 아들과 애니와의 결혼을 반대했으며, 이웃 호화주택에 거주하는 커트리너를 험담한다. 더욱이 어머니는 커트리너 주택 단풍나무 가지가 담을 넘어오자, 담 밑을 파서 뿌리에 소금을 뿌려 나무를 고사시키려 한다. 어머니의 편견과 악의와는 정반대로, 커트리너는 처음에는 이웃의 오해와 증오의 대상이었지만, 건방지게 뽐내지 않고 겸손하고 아량과 인정이 많기 때문에 지금은 깊은 배려와 칭찬의 대상이다. 프랜시스는 신분의 현격한 차이에다 그녀의 부탁으로 정원수 가지들을 자르는 일을 함으로, 그녀를 경외와 소원함의 대상으로 상대한다. 그러나 커트리너는 프랜시스에게 모든 인간은 평등하다는 철학을 주지시켜, 실천하게 한다.

> "나를 마님이라고 부르지 마라. 마님은 너를 하인처럼 들리게 한다. 나를 커트리너라고 불러라."
> "저는 그렇게 할 수 없습니다."
> "너는 왜 할 수 없느냐?"
> "마님이 제가 커트리너라고 불러야 하는 것보다도 훨씬 더 익숙합니다."
> "그러나 커트리너가 내 이름이다. . . ." [. . .]
> "커트리너."
> "좋다. 이제는 커트리너, 제가 도와드릴까요? 라고 말하라."
> "커트리너, 제가 도와드릴까요?"
> "멋지다. 이제 나는 오로지 커트리너라고 불리어지고 싶다. 나는 그런 주장을 한다. 나는 너를 프랜시스라고 부를 것이다. 그 이름이 우리가 출생하자 주어졌고, 우리 세례가 그 이름을 재확인했다. [. . .]"(104)

> "Would you please not call me ma'am. It makes you sound like a servant. Call me Katrina."
> "I couldn't do that."
> "Why couldn't you?"
> "It's more familiar than I oughta get."
> "But it's my name. . . ." [. . .]
> "Katrina."
> "Fine. Now say: May I help you, Katrina?"
> "May I help you, Katrina?"

"Splendid. Now I want never to be called anything else again. I insist. And I shall call you Francis. That is how we were designated at birth and our baptism reaffirmed it. [. . .]"

이렇게 커트리너는 프랜시스에게 만인은 평등하다는 철학을 강조하면서, 누구나 이 철학을 실천하려고 최선을 다해야 한다고 역설한다.

더욱이 중년의 고독한 커트리너는 열일곱 살의 프랜시스를 유혹하여 관계를 갖는다. 그녀는 이 관계를 가짐으로 해서 자신의 정욕을 불태울 수 있는 열애의 대상을 그리워하던 욕구를 충족시킨다. 그녀의 욕구충족은 그녀가 이 순진한 젊은이를 자신의 무르익은 육체로 매료시켜, 그가 처음으로 맛보는 여자와의 신비한 체험을 만끽하게 함으로써 더욱 상승된다. 그녀는 이런 쾌감과 희열을 음미하면서 프랜시스에게 여자에 쏟는 "그 자신만의 사랑, 다시 말하면 어느 남자도 느끼지 못하는 사랑, 그와 같은 남자나 소년과 공유하지 못할 사랑에 대한 충동"(116)을 일깨워준다. 프랜시스는 이 충동을 억제할 수 없어 커트리너를 힘껏 포옹하여, 자신의 첫사랑의 깨끗한 정액을 그녀의 몸 안으로 쏟아 넣고, 어른으로 성숙한다.

프랜시스는 가족이 살고 있는 집 근처에 오자, 아들과 딸 생각으로 몸이 떨린다. 마차를 타고 더 이상 돌아다닐 수 없어, 지금까지 일한 대가를 받아, 일전에 아들의 저녁식사 초대에 대꾸한 대로 칠면조를 사들고 22년 만에 집으로 간다. 애니는 불의에 찾아온 그를 보고 매우 놀라면서도 아주 반갑게 맞는다. 그녀는 삶에서 가장 중요시해야 할 가치인 배려, 희생, 신뢰, 애정, 그리고 존중의 화신이다. 그녀는 이 가치를 자신의 생활철학으로 실천하여 이룩된 "프랜시스의 안정을, 궁극적으로 재생을 상징하는 가정의 여신이다."[19] 오로지 한 남편, 한 남자만을 섬긴다는 일념으로 22년 동안 가장 역할을 하면서, 딸을 출가시켰고, 가족 묘지를 장만하여 프랜시스를 가족의 일원으로 안장할 묘지도 정해 놓았다. 게다가 그녀는 딸이 아버지의 용서받지 못할 가족 유기와 뻔뻔한 귀가를 신랄하게 비난하자, 그를 이

---

19. Edward C. Reilly, *William Kennedy*(Boston: Twayne, 1991), 84.

렇게 적극적으로 옹호한다: "그는 우리를 찾아왔다. 방문이 그의 목적이다. 나는 이미 그에게 머무르고 싶은가하고 물어보았다. 그는 그러고 싶지 않다고 대답했다. 그가 머무르고 싶다면, 물론 그럴 수 있다." 그녀는 그가 머무른다면, 외손자, 대니 퀸(Danny Quinn)의 방을 두 사람이 함께 사용할 수 있다고 생각하므로 말하기를, "그 방은 아주 크고, 아침 햇볕도 잘 드는 방이다"(179, 171).

프랜시스는 애니의 거실로 가자는 요구를 고물장수 마차를 종일 타고 다녔기 때문에 옷이 더럽고 악취를 풍긴다고 완곡하게 거절하고, 부엌 의자에 앉아 창문 밖을 내다본다. 잔디가 깨끗하게 손질되어 있는 화단에는 꽃이 두개 피어 있는 져레이니엄과 사과나무가 있다. 아주 잘 가꾸어진 화단이다. 그는 지금까지 삶에서 무시, 간과했던 이 화단의 깨끗함, 잘 가꿈, 그리고 정돈과 질서에 상응하기 위해, 자신의 모든 잘못과 죄악들을 고백하지 않으면 안된다는 강한 충동을 느낀다. 그는 외부적 요인과 사정 때문에 집에 온 것이 아니고 자발적으로 귀가한 이유를 분명히 밝히고 싶다. 그는 자기가 헬런과 동거하고 있다는 말을 아들로부터 들은 애니에게 자신의 유일한 아내는 당신이라고 당당하게 말한다. 그는 자기가 여자는 지금까지 애니만을 사랑했고, 앞으로도 사랑할 거라는 심정을 토로한다.

> 제기랄, 애니, 나는 모든 사람과 모든 일을 다 놓쳤소. 나는 전혀 가치가 없는 인간이고, 과거에도 그랬소. 잠깐 기다리자. 일을 끝내자. 나는 일을 끝낼 수 없소. 나는 시작도 할 수 없소. 그러나 사정이 있소. 이런 처지에 대해 말할 사정이 있소. 나는 그 일을 시작하여 끝내야 했소. 매우 비참하게도, 나는 그 일이 헛수고로 끝났음을 알고 있소. 이런 표현을 용서한다면, 그 일은 똥구멍 단어들의 무더기로 인식하고 있소. 그 일은 내가 당신과 애들에게 깊은 상처를 주었던 무책임과는 비교가 안되오. 나는 그 일을 해결할 수 없소. 나는 집을 나간 지 5, 6개월 후에야 사정이 점점 더 악화되어 사태를 진정시킬 방법도 다시 돌아갈 방법도 없음을 알았소. [. . .] 그러나 애니, 들으시오, 나는 당신과 애들, 특히 당신을 사랑하지 않은 적이 한번도 없었소. 나는 이 말로 어떤 생색도 내려 하지 않고, 어떤 대가를 받으려 하지도 않소. 그러나 나는 여기 가구들이 지금까지 어디서나

> 보았던 어떤 가재도구들보다도 더 좋다고 생각하면서 돌아다녔소 . . . 식탁 위 내 건너편에 있는 당신 팔꿈치와 얼룩으로 더러워진 앞치마보다도 더 아름답고 소중한 자산은 없소. [. . .] (162-63)
>
> Jesus Christ, Annie, I missed everybody and everything, but I ain't worth a goddamn in the world and never was. Wait a minute. Let me finish. I can't finish. I can't even start. But there's somethin'. Somethin' to say about this. I got to get at it. get it out. I'm so goddamned sorry, and I know that don't cut nothin'. I know it's just a bunch of shitass words, excuse the expression. It's nothin' to what I did to you and the kids. I can't make it up. I knew five, six months after I left that it'd get worse and worse and no way ever to fix it, no way ever to go back. [. . .] But listen, Annie, I never stopped lovin' you and the kids, and especially you, and that don't entitle me to nothin', and I don't want nothin' for sayin' it, but I went my whole life rememberin' things here that were like nothin' I ever saw anywhere . . . and there ain't nothin' in the world like your elbows sittin' there on the table across from me, and that apron all full of stains. [. . .]

"애니, 나는 당신에게 해서는 안될 너무나 많은 잘못과 죄악들을 범했소. 사죄하는 마음으로 당신이 화단에 있는 흙, 잡초, 그리고 개 뼈를 먹으라고 요구하면, 흔쾌히 먹고 싶소." 그렇지만 그녀는 이런 따뜻하고 단정적인 말로 그를 용서한다: "나는 당신이 이미 그것들을 다 먹었다고 생각합니다"(177).

그녀는 이런 위로에다 잘 챙겨 두었던 프랜시스의 물건들로 그의 의식을 파멸 강박관념으로부터 생존 의욕으로 전환시키는 데 결정적인 역할을 한다. 대니는 외할아버지가 큰 구단(메이저 리그)의 매우 유명한 삼루수 선수였다는 이야기를 많이 들어서 잘 알고 있다. 그는 외할아버지로부터 공을 인커브로 던지는 법을 배우고 싶어한다. 그가 설명을 듣고 직접 공을 던지는 연습을 하려면 자기 글러브 말고 또 하나의 글러브가 있어야 한다. 프랜시스가 애니에게 자기가 썼던 글러브를 혹시 보관하고 있느냐고 묻자,

그녀는 다락방에 있는 트렁크 안에 당신 물건들이 다 있다고 대답한다. 그가 트렁크 뚜껑을 열자, 오랫동안 밀폐된 곳에서 나는 퀴퀴한 냄새가 방안에 퍼진다. 트렁크 안에는 열아홉 살 때 찍은 사진, 구단 모자, 최고 선수였던 그에 관한 많은 오려낸 기사들과 사진들, 특히 1911년 4할 2푼의 타율을 축하하기 위해 동료 선수가 서명해서 선물로 준 공, 그리고 22년 전에 입었던 양복과 다른 옷들이 있다. 그는 이 물건들을 보면서, 자신의 과거를 재구성, 천착한다. 그의 재구성과 천착에서 만감이 교차한다. 또 그는 이 재구성과 천착으로 자신이 실패자로 몰락했다는 강박관념에서 벗어날 수 있으므로, 아직은 파멸하지 않았다고 이렇게 공언한다: "그는 실패해서 몰락한 자기가 가족이 살고 있는 집에서 역사 속으로 다시 들어간다는 것은 불가능하다고 항시 믿었다. 그러나 그는 지금 이곳에서 파멸되었음을 아직도 모르는 자아의 만져서는 안될 물건들을 만지면서 재구성할 수 있는 시간의 둥지 안에 있다 . . . 프랜시스는 외관상으로만 그렇게 보일 뿐이지, 아직 파멸하지 않았다. [. . .] 프랜시스는 여전히 살아 있으므로 내일도 경기를 한다(삶에 도전한다)"(169).

프랜시스는 과거의 파멸 강박관념으로부터 벗어나 새롭게 삶을 시작하기 위해, 자신의 의식과 관심을 외부지향으로부터 내면세계로 이렇게 전환시킨다: "그는 자기가 이번에는 바깥쪽이 아니라 위쪽으로 올라가는 진통을 겪고 있음을 알았다. 그는 깃털이 등에서 커져가고 있음을 느끼면서, 곧 상상할 수 없는 지역으로 날아오르고 있다고 직감했다." 이제 그는 자신의 실존을 외부 사정에 의존, 결정하려 하지 않고, 생존과 성취 염원 그리고 공동체 의식에 그 바탕을 두려고 한다. 그러기 위해 그는 가족을 유기했던 무책임한 방랑자와 노숙자의 삶에 종지부를 찍어야 한다. 그는 이 종지부를 찍는 의식으로 목욕을 하고 옷을 갈아입는다. 그는 상징적으로 다시 세례를 받으려고 욕조에 물을 받아 몸을 담근다. 그는 자신의 과거와 죄악들을 씻으면서, "만사는 그 존재의 어느 순간에 은총을 입었다"고 깨닫는다. 자기도 이 순간에 은총을 입었다고 확신하고, 나비 넥타이를 맨 1916년대 멋쟁이로 거듭난다. 대니가 "외할아버지는 달리 보인다"

(163-164, 172, 173)고 감탄한다. 프랜시스의 이런 거듭남은 전적으로 애니의 배려, 희생, 신뢰, 애정, 그리고 존중이 있었기 때문에 가능하다.

이렇게 거듭난 프랜시스는 딸도 아버지에 향한 노여움을 풀고 애정과 사랑을 쏟는 화기애애한 분위기 가운데서 가족과 함께 저녁을 하고, 그들의 머무시라는 간청을 뿌리치고, 멋쟁이로 변신하여 10시에 집을 나온다. 그의 의식과 관심이 일변도적 외부지향으로부터 자성과 유연한 사고로 전환되었기 때문에, 그는 과거의 완고한 이념과 주의에서 비롯된 과격하고 맹목적인 투쟁의 무모성과 비실리성을 깨닫는다. 그래서 그는 자신의 실존이 외부에서 파생된 구호, 반항, 그리고 투쟁에 의해 좌우되어서는 안되며, 오로지 자신과의 치열한 싸움을 바탕으로 계획, 영위되어야 한다고 이렇게 주장한다: "이제 프랜시스는 자신의 사고와 행위가 수시로 상충함으로 자기와 싸우고 있음을 깨달았다. 그가 어쨌든 생존했다면, 그 생존은 어떤 사회주의적 신(철학) 덕택이 아니라 [삶의] 진리에 대한 명석한 두뇌와 확고한 판단력 때문에 가능했다 . . . 비결은 일단 인간이 생존에 전념한다면, 실존하면서 허위의식을 타파하고 군중심리와 극도의 무질서를 극복하여, 만사를 정상으로 하기 위해 사람들에게 인간이 할 수 있는 최선책을 제시하는 데 있다"(207). 요컨대 프랜시스는 자신의 실존을 외부 충동과 지향에 의존하려 하기보다는 오히려 본능과 염원이 갈구하는 진리를 바탕으로 탐구, 영위하려 한다.

그의 이런 탐구와 영위는 그가 삶의 실패자, 아니면 성공자로 단정하는 이분법적 사고를 탈피하기 때문에 가능하다. 그의 지금까지의 삶은 다른 사람들의 판단과 단정에 따르면 실패자요 낙오자이다. 그러나 그는 지금 자신을 그렇게 생각하지 않는다. 그래서 그는 자신의 삶을 회의적 사고를 바탕으로 이렇게 평가, 긍정한다: "프랜시스는 이제 이성에 그 근원을 둔 자신에 대한 어떤 결론도 결코 내릴 수 없다고 확신했다. 그러나 그는 자신이 사고할 수 없는 인간이라고는 믿지 않았다. 그는 자기가 알려지지 않고 알 수 없는 성질의 창조물, 다시 말하면 충동적이고 계획적인 행동의 균형이 결코 존재하지 못할 인간이라고 믿었다. [. . .] 과거의 그는 바로 누구도 자기 자신을 분명하게 정의할 수 없다는 신념을 옹호하는 전사였다. 그러나 여하튼 전사는 죄인들로부터 성자들을, 죽은 사람들로부터 산 사람들을 보호한다는 의미를 함축했다. 그리고 그는 확실히 전사였지 피해자는 아니었다. 결코 피해자는 아니었다"(216). 요컨대 그는 자신의 판단에 의하면 결코 피해자가 아니라 이념과 주의를 너무 믿고 사회에 맹목적으로 반항했던 투사였다.

프랜시스는 집에서 나와 루디와 함께 노숙자들이 모여 사는 "(난로 안의) 재 떨어지는 구멍, 묘지, 도망자 도시"라고 불리는 숲속으로 간다. 그는 집에서 가져온 샌드위치를 산모가 있는 가족에게 주고, 아들이 준 돈으로 산 술을 추위를 이기려는 노숙자들과 나누어 마시고 있다. 이때 불시에 노숙자들은 자기들을 제거하려는 재향군인회 회원들의 습격을 받는다. 루디가 머리를 야구 방망이로 얻어맞자, 프랜시스는 두명의 습격자를 제압하고, 혼자 설 수 없는 루디를 어깨로 부축하여 도망쳐 먼 도심지에 있는 병원으로 데려간다. 그는 고군분투하여 간신히 도착한 응급실 간호원에게 이 사람은 머리를 얻어맞아 걸을 수 없다는 사실을 알려준다. 그녀는 그의 맥을 짚어보고 청진기를 가슴에 대어보더니, 이 사람은 죽었다고 말한다. 그는 3시 15분에 병원에서 나와 헬런이 투숙하고 있는 호우텔로 가서, 그녀도 이미 숨을 거두었음을 확인한다. 이 날이 망자를 위해 기도하는 유령의 날이다. 그래서 그는 그녀의 타고난 음악적 재능을 마음껏 발휘하지 못해 상처로 얼룩진 영혼의 평온을 기원한다. 또 그는 어느날 그녀의 무덤에다 이런 비문 — "헬런 머리 아처, 출중한 여인"(208, 223) —을 새긴 비를 세울 것을 맹세한다.

프랜시스는 새벽에 호우텔에서 나와 남쪽으로 가는 화물열차에 올라탄다. 그때 자기와 함께 도망갔다가 객사한 동료 야구선수, 스트로베리 빌의 유령이 열차 안으로 들어온다. 이 유령이 그에게 이번에는 멀리 도망가지 말고, 애니가 침대를 준비하고 기다리고 있는 집으로 돌아가라고 타이른다. 그는 유령의 충고에 따르려고 함으로, 소설은 이렇게 끝난다: "대니의 방은 침대를 들여놓을 공간이 있다. 그 방에는 아침 햇볕도 잘 든다. 그 방은 아주 안성맞춤이다"(227). 그의 귀가는 그가 자기 자신을 성찰하고 속죄하여 지금부터 가장의 책임과 의무를 다하려는 각오에다 애니의 헌신적 사랑이 그 각오를 뒷받침하기 때문에 가능하다. 다시 말하면 그의 귀가는 그가 새로운 삶을 살려는 의지와 애니의 위대한 영혼의 결합체이다. 요컨대 그는 애니의 배려, 희생, 신뢰, 애정, 그리고 존중 덕택에다, 스스로도 극한상황 가운데서도 생존을 넘어 언제나 황소같은 체력의 신체적 건강, 자기와 싸우는 정신적 건강, 야구선수로서 잠재력의 최대한 계발과 발휘, 성적 황홀감의 만끽, 심리적, 정서적 안정을 도모하는 전인적 인간으로 실존하려고 최선을 다했던 주인공이다. 프랜시스는 미국소설사에 길이 남을 이상적 주인공이다.

Ⅲ

지금까지의 논의는 *섬꼬리풀*의 주인공, 프랜시스 펠론이 극한상황 가운데서도 생존을 넘어 신체적, 정신적 건강, 재능의 최대한 계발과 발휘, 성적 황홀경의 만끽, 그리고 심리적, 정서적 안정을 도모하는 전인적 인간으로 실존하려고 최선을 다하는 과정을 고찰했다. 또 이 논의는 그가 최선을 다할 수 있었던 결정적 요인은 그의 부인, 애니가 삶에서 가장 중요시하는 생활철학인 배려, 희생, 신뢰, 애정, 그리고 존중에 있다고 강조했다. 이 고찰과 강조에서 프랜시스의 사고와 행위는 상식적인 논리와 일관성에서 너무 이탈하여 매우 비약적, 파격적이고, 또 애니의 삶과 영혼은 너무 금욕적이고 고결하고 성스럽다. 그러나 이 고찰과 강조의 근거는 케니디의 소설창작철학과 기법에 있다. 케니디는 우리가 믿을 수도 상상할 수도 없는 두 주인공, 프랜시스와 애니를 무의식에서 창조한다. 그는 소설주인공 창조의 바탕은 무의식의 원천, 다시 말하면 개개인의 가치있는 생존 그리고 가능성과 잠재력의 최대한 계발과 발휘 염원과 의지에 있어야 한다고 주장한다. 그래서 그의 소설창작은 이 염원과 의지의 구현이고, 그 구현은 주인공의 의식에서가 아니라 무의식의 돈오돈수(頓悟頓修)에서 극치를 이룬다. 그러므로 우리가 프랜시스의 사고와 행위를 가능한 한 현실세계에 대한 의식을 전제로 하지 않고, 상상세계에 대한 돈오돈수의 견지에서 이해하려고 한다면, 위의 고찰과 강조도 더 쉽게 수용할 수 있을 것이다.

상상세계에 대한 돈오돈수는 케니디의 이런 문학 정의에 상응한다: "문학은 당신의 상상력의 확장이다."[20] 그는 삶에서 상상력의 확장을 가장 중요시한다. 왜냐하면 그는 상상력의 확장만이 우리가 실존에서 무한한 가능성이 있음에도 불구하고, 이 가능성을 전혀 모르며 심지어 부정하고 있다는 사실을 일깨워줄 수 있다고, 또 전혀 가능성이 없다 할지라도, 거기에도 가능성이 있을 수 있다는 신념을 촉발할 수 있다고 믿기 때문이다. 따라서 그는 문학의 위대한 힘은 우리의 불가능 패배의식을 가능 자신감으로 전환시키는 데 있다고 주장한다. 이 전환이 창조이고 큰 즐거움이다.[21] 또 이 전환에서 소설주인공은 극한상황 가운데서도 생존을 넘어 전인적 실존을 탐구, 실현한다. 이런 실존을 실현한 소설주인공이 바로 미국소설사에서 큰 위치를 차지할 *섬꼬리풀*의 프랜시스 펠론이다.

---

20. Quinn, 91.

21. Neila C. Seshachari, "Fire, Bones, Weeds, and Women: A Conversation with William Kennedy," in *Conversations with William Kennedy*, 264.

9

토머스 핀천: 실존목적 왜곡과 상실의 극복

I

토머스 핀천(Thomas Pynchon, 1937-)은 "가장 독창적이면서도 [독자를] 극도로 당황시키는 미국소설가들 중의 한 사람"[1]이라는 평가를 받는 작가이다. 그가 이렇게 이율배반적 평가를 받는 까닭은, 소설창작에서 사실주의나 모더니즘소설에서 엿보이는 철학과 기법을 부정하고, 플롯, 주인공, 구성, 문체 뿐만 아니라 그 밖의 다른 요소들을 기존 방식과는 전혀 다르게 활용하기 때문이다. 한편 그는 소설창작에 문학, 과학, 심리학, 역사, 종교, 그리고 영화에서 습득한 해박하고도 다양한 정보들을 독창적으로 이용한다. 나아가 그는 이 정보들 자체와 그것들을 체계화하는 방법들을 통합해서 상호연관시켜 평가한다.[2] 그리하여 그의 소설은 창작과정에서 문학지식 등의 여러 가지 정보들 자체와 그것들을 체계화하는 방법들이 복잡하게 엉클어진 융합체로 발전한다. 이 융합체를 통해 구현하고 있는 그의

---

[1]. Frank D. McConnell, *Four Postwar American Novelists: Bellow, Mailer, Barth, and Pynchon*(Chicago: University of Chicago Press, 1977), 160.

[2]. John O. Stark, *Pynchon's Fictions: Thomas Pynchon and the Literature of Information*(Athens, Ohio: Ohio University Press, 1980), 2. 174.

주인공들의 삶의 자세가, 비인간화된 사회에서도 자포자기하지 않고, 생명을 보존하고, 삶을 긍정하는 자아를 탐구하려는 모습을 보여주고 있기에 그의 소설은 절찬을 받고 있다. 또 그는 선배작가들 — 랠프 엘러선(Ralph Ellison), 노먼 메일러(Norman Mailer), 잭 케러왝(Jack Kerouac), 제임즈 죠운즈(James Jones), 제이. 디. 샐린져(J. D. Salinger), 그리고 솔 벨로우(Saul Bellow) —의 소설창작철학[3]을 적극적으로 수용하면서도, 자신만의 특이하고도 파격적인 창작기법을 구현함으로써, 후배작가들 — 돈 디릴로우(Don Delillo), 데이비드 포스터 왈리스(David Foster Wallace), 닐 스티번선(Neal Stephenson), 그리고 리쳐드 파우워즈(Richard Powers) —의 창작에 상당한 영향을 주었기 때문에 높은 문학사적 평가를 받고 있다.[4] 그런데 이 같은 큰 명성과 영향력에도 불구하고, 그는 자신의 소설창작철학과 기법을 천명하는 대담 같은 행위를 일체 하지 않을 뿐만 아니라 철저한 은둔생활을 하고 있어서, 그의 소설에 대한 연구는 오로지 독자의 반응에 의존할 수밖에 없다. 따라서 이 논문에서도 *비.*(*V.*, 1963)를 독자의 한 사람으로서 필자의 반응에 따라 고찰하고자 한다. 이 작품은 해마다 최우수 처녀작에 수여하는 윌리엄 포크너재단 처녀작상(William Faulkner Foundation First Novel Award)을 수상했지만, 너무나도 시대에 앞선 독창적 주제와 파격적인 기법 때문에 "'극도로 혼란스러운 비유'나, '지루한 익살' 그리고 지나치게 '해박한 지식'으로 과중한 부담을 안기는 소설, 혹은 '주요한 문체들의 난장판'이라는 혹평도 받았다."[5] 필자는 이 논문에서 *비.*를 "실존목적 왜곡과 상실의 극복"이라는 반응 논지로 분석하고 고찰한다. 그런데 우리가 이룩해야 할 실존목적의 결정과 달성은 다음과 같은

---

3. 소설창작철학은 자아탐구와 실현, 개인의 주체성과 독립성, 인간의 본능적 욕구 충족의 절대적 중요성, 그리고 공동체 의식의 확장을 절대시한다.

4. Thomas H. Schaub, "Preface to the Volume," in *Approaches to Teaching Pynchon's The Crying of Lot 49 and Other Works*, ed. Thomas H. Schaub(New York: Modern Language Association of America, 2008), ix.

5. David Seed, *The Fictional Labyrinths of Thomas Pynchon*(Iowa City: University of Iowa Press, 1988), 71.

인간의 정의를 전제로 해야 한다: "인간은 끊임없이 자기 자신을 탐구하는 존재 — 삶의 매순간마다 자기 존재의 조건을 검토하고 천착하지 않으면 안되는 존재라고 일컬어지고 있다. 인간생활의 진정한 가치는 이런 천착, 즉 인간생활에 대한 이런 비판적인 태도에 있다."[6]

이러한 인간의 정의에 입각해서 필자는 *V.*의 두 주인공, 허버트 스텐설(Herbert Stencil)과 베니 프러페인(Benny Profane, "속세에 얽매인 상황"[7]을 상징함)을 실존목적 왜곡자와 상실자로 규정하고[8] 이 소설을 분석하고 고찰한다. 스텐설은 선친이 1899년에 쓴 일기장에서 이런 구절을 읽게 된다: "비.의 배후와 내면에는 우리 중 그 누가 간파했던 것보다 더 많은 비밀이 있다. 누구냐가 아니고 무엇이냐, 다시 말하면 그녀가 무엇이냐의 [문제이다]. 하나님이시어 제가 일기장에서도 어느 공식 보고서에서도 그 답을 쓰라는 강요를 받지 않도록 해주시옵소서." 그는 이 구절을 읽기 전에는 잠을 삶의 최고 축복들 중의 하나로 여길 만큼 매우 나태한 삶을 살았다. 그런데 1945년에 이 구절을 읽은 후에는 비.의 정체 규명에 전력한다. 그런데 그는 삶에서 자아탐구가 아니고 개인 관심사인 비.의 정체 규명을 절대시함으로써, 자신의 실존목적을 왜곡시킨다. 이렇게 스텐설처럼 실존목적을 왜곡시키는 사악한 지배계층과 그 하수인들은 "인간성은 파괴의 대상"이라는 궤변의 포로로 전락하여, 정치에서는 침략자와 독재자로 그리고 인성에서는 이기주의자와 관능적 쾌락추구자로 돌변한다. 이들은 프러페인과 같은 선량하고 순박한 사람들을 실존목적 상실자로 타락시킬 뿐만 아니라, 다음과 같은 순수하고 간절한 소망을 무산시켜버린다: "평화. 베니, 우리 모두의 소망은 평화가 아니냐? [개인이 바라는]바로 작은 소망."[9] 그러나 이 사람들은 침략자와 독재자에 의해 본의 아니게 실존

---

6. Ernst Cassirer, *An Essay on Man: An Introduction to a Philosophy of Human Culture*(New Haven: Yale University Press, 1974), 5-6.

7. Paul Maltby, *Dissident Postmodernists: Barthelme, Coover, Phynchon*(Philadelphia: University of Pennsylvania Press, 1991), 133.

8. 허버트 스텐설을 탐구자로 보는 긍정적인 시각도 있다. Jerry H. Bryant, *The Open Decision*(New York: Free Press, 1970), 257.

목적과 소망을 상실했지만 이로 인해 자포자기하는 것이 아니라 오히려 자아를 고수하려고 안간힘을 쓴다.

필자는 그들이 자아 고수를 위해 안간힘을 쓰는 모습을 *V.*의 핵심주제로 전제하고, 스텐설과 프러페인 그리고 파우스토와 파올라 마이스트랄(Fausto and Paola Maijstral)에 얽힌 사건들과 거기에 관련된 사람들에 관한 이야기들을 분석하고 고찰한다. 이 이야기들의 구성에는 인과관계나 일관성, 혹은 연관성이란 거의 없고, 예상과 순서를 뒤엎는 파격적이고도 무질서한 뒤섞임과 의외의 탈선이 상당히 많다. 소설은 스물세 살의 해군 제대자 프러페인이 1955년 성탄절 전야에 버쥐녀(Virginia)주에 있는 해군기지인 노퍽(Norfolk)이라는 항구를 지나다가 옛날 단골술집에 들르는 장면으로 시작되어, 1956년 9월 어느 어두운 밤에 영국식민지인 몰터(Malta, 1814년부터 1964년까지 150년 동안 영국식민지였다)섬의 벌레터(Valletta)항구에서 우연히 만난 비버대학(Beaver College) 재학생이자 시인인 브렌더 위걸즈워스(Brenda Wigglesworth)의 손을 잡고 바다를 향해 계속 거리를 달려가는 장면으로 끝난다. 그러나 이 달리는 장면이 끝이 아니고, 스텐설의 선친 시드니(Sidney)가 1919년 대영제국 외무부의 첩보원으로서 몰터 사람들의 반항과 소요를 무마시키기 위한 임무를 수행하러 왔다가, 의외로 인간성을 회복하고 돌아가는 길에 해상사고로 고인이 되는 결어가 사실상 소설의 끝이다. 이 결어는 실존목적 왜곡자와 상실자들도 어떤 억압과 탄압 가운데서도 본래면목을 회복할 수 있다는 희망과 신념을 시사한다.

시드니는 "많은 노래들, 깃발들, 행진들, 문란했던 성관계들, 그리고 거칠게 내뱉었던 불만들"로 얼룩진 삶을 살아왔지만, 이제 예순 살의 나이에 제국주의정부의 하수인이 되어 벌레터에 입항하면서, 인간과 사회의 변화에 따라 자신의 삶과 능력도 한계에 다다르고 있음을 깨닫는다. 그리고 선장으로부터 들었던 이야기에서 터키(Turkey)황제의 절대 권력의 한계성과

---

[9]. Thomas Pynchon, *V.*(New York: Harper & Row, 1990), 53, 81, 16. 앞으로 이 작품에서의 인용문은 괄호 안에 쪽수만 표시함.

무상함을 그리고 동시에 생명의 소중함을 실감한다. 이로 인해 첩보원로서의 자신감과 사명감에 회의를 느끼면서 자연스레 아름답고 순수했던 어린 시절을 회상한다. 그는 이렇게 변화하여 자아를 성찰함으로써, "어떤 상황도 인간보다 더욱 낮은 차원의 사건들로 형성된다"고 말한다. 그것은 '상황이란 하나님처럼 그 자체의 논리와 정당성을 갖기 때문에 인간보다 우위에 선다'는 한 동료의 주장을 그가 수용할 수 없게 되었기 때문이다. 또한 그는 "이 세상에서 어떤 정치적 도덕관이 발굴[정의]될 수 있다면 [그것은] . . . 우리가 용납할 수 없는 서로 다른 이중 시각으로 이 세기에 생존을 영위하고 있다는 도덕관이다. 우파와 좌파, 온실과 거리, 우파는 오로지 과거 온실의 밀폐된 공간에서 생존하면서 활동할 수 있을 뿐이다. 반면에 좌파는 거리에서 민중 폭력을 선동하여 자신들의 목적을 달성하려고 한다. 그리고 미래의 몽상 세계에서 삶을 설계하고 있을 뿐이다"라고 일기에 쓴다. 그는 이들의 생활방식에 인간 실존에 절대적으로 중요하고 필요한 중용이 없음을 개탄한다. 한편 그는 비.가 버로니커 맹거니스(Veronica Manganese)로 변장하여 버니토우 무설리니(Benito Mussolini)를 위한 첩보활동을 하고 있는 현장을 목격한다. 비.는 20년 전 플로런스(Florance)에 있는 영국영사관의 긴 가죽의자에서 시드니를 유혹하여 임신해서, 아들 허버트를 출산했다. 그러나 그는 그녀와 모처럼 해후하게 되자, 자신의 임무인 첩보와 보고의 일을 제쳐두고 그녀와 함께 즐거운 시간을 보낸다. 이제 그는, "앞으로 정치는 점진적으로 더욱 민주화되어 비전문가인 민중의 수중으로 넘어갈 것이다" 그리고 "유럽의 지배계층 인사들이 더 이상 세계 정세를 좌지우지하지 못할 것이다"[10]는 확신을 갖고 있다. 따라서 그는 자신의 정보원이면서 이중첩자인 파우스토 마이스트랄(파올라의 아버지가 아니고 실은 할아버지임)의 만삭이 된 부인 칼러(Carla)가 과부가 되고 싶지 않다고 하소연하자, 소요가 일어나기 전에 정보원에게 이렇게 말한다: "[임무를 그만두고]가라. 당신과 부인 그리고 태어날 마이스트랄은 피의

10. Alan W. Brownlie, *Thomas Pynchon's Narratives: Subjectivity and Problems of Knowing*(New York: Peter Lang, 2000), 34.

목욕탕에서 나가라. [밖에 나오지 말고]집에 있어라"(468, 489, 458, 483, 491). 그는 제국주의를 옹호하는 비인간적인 역할수행자로부터 진정한 자아를 찾은 인간으로 변신하자마자 해상 사고를 당해 영면한다. 그의 갑작스런 횡사가 이 소설의 끝이다. 소설이 이렇게 끝남은 우리 서민이 지배계층의 횡포와 만행을 극복하고, 자아를 고수하고 탐구할 수 있다는 소망과 확신을 암시한다.

Ⅱ

이 장에서는 지배계층에 속한 실존목적 왜곡자들이 권력욕, 소유욕, 그리고 "성욕을 [변태적으로] 남용"[11]하여 극도의 관능적 쾌락을 추구함으로써 비열한 행위를 저지르게 되고, 그 결과 다른 계층 사람들의 인권을 유린하고 그들의 삶을 황폐화하고 있는 참상의 사례들을 고찰한다. 한편 이런 비극을 잘 극복해낸 몇몇 등장인물들의 쾌거를 동시에 고찰한다. 그 왜곡자들이 일방적인 이기심을 바탕으로 그들의 욕구를 충족하고자 강구하고 있는 최선책이 식민주의와 과소비적 충동에 대한 인위적 자극, 그리고 기술의 악용이다.[12] 먼저 허버트 스텐설이 전심전력을 다하여 그 정체를 밝히고자 하는 여인인 비.와 실존목적을 왜곡하면서 제국주의에 동조하고 있는 사람들을 살펴본다. 우선 그녀는 "우리 모두의 마음속에 자주 떠오르는 '전멸의 [공포와] 환상'이라는 경향을 항시 나타내는 20세기의 가장 뚜렷한 특징"[13]의 대변자이다. 이런 특징은 그녀가 처음에는 식민지를 개척하거나 확보하려는 제국주의국가의 하수인들과, 그리고 나중에는 독재자와 그 지지자들과 접촉하면서, 자신의 정체를 끊임없이 탈바꿈하다가 결국에는 신부로 남장한 사악한 성도착자로 살아가다 횡사하는 데서 여실히

11. Raymond M. Olderman, *Beyond the Wasteland: A Study of the American Novel in the Nineteen-Sixties*(New Haven: Yale University Press, 1972), 129.

12. Maltby, 131.

13. Olderman, 128.

드러난다. 이렇게 그녀의 삶이 비극으로 치닫는데 큰 영향력을 행사한 제국주의 하수인들과 독재자는 "인간성은 파괴의 대상"이라고 주장하면서, 무자비한 만행과 횡포를 저지른다. 그녀와 그들의 실존에 관한 이야기들은 연대순과는 무관하게 3, 7, 9, 11, 14장, 그리고 결어에서 기술된다. 그런데 의외로 하층계급의 직업인으로 분신한 허버트 스텐설이 3장에서 말하기 시작한 이야기가 그녀의 정체가 밝혀지는 단초가 된다. 그러나 그는 그녀의 정체를 탐구하면서도 그 탐구가 미완으로 결말나기를 갈망하기 때문에, 정체가 밝혀지려 하면 일부러 모르는 체한다. 따라서 그의 탐구는 이렇게 자가당착적이다: "탐구는 적어도 어떤 형태의 활동이다. 탐구가 아무리 무의미하다 할지라도, 그 활동은 자동적으로 추진되면서 그 자체의 이론적 근거를 제시한다. 그가 비.의 정체를 밝혀낼 수 있다는 가능성이 [그 자신에게] 가장 두렵다. 정체가 밝혀지면, 탐구의 활동은 끝나고, 그는 틀림없이 무력감에 빠지게 될 것이다. 그러므로 탐구는 그가 자신을 지탱하는 전부이므로 그 결실은 그에게 더욱 큰 낭패를 의미한다. 따라서 그는 탐구가 계속 미완으로 남아있기를 바란다."[14] 이처럼 그가 실존목적을 왜곡하면서 전심전력을 다하는 비.의 정체탐구는 그의 삶에 전적으로 무익하고 무의미할 뿐만 아니라 다른 사람들을 피곤하게 하고 절망케 한다.

그가 오로지 자기만족을 위해 전심전력을 다하여 정체탐구를 하고 있는 대상인 비.는 무정부주의자이자 연예관 예능인인 포펀타인(Porpentine)과 굳펠로우(Goodfellow)라는 두 사람의 대화 속에서 빅토리어 렌(Victoria Wren)으로 등장하고 있는데, 그들의 대화를 스텐설의 분신인 찻집 종업원이 엿듣게 된다. 그녀의 등장은 제국주의자들이 그들의 목표를 위해 행하는 온갖 음모와 조종과 횡포, 그리고 만행을 예시한다. 그의 또 다른 분신의 정보에 의하면, 그녀는 천주교신자로서 수녀가 되려고 한 수녀원에 들어갔지만, 결국 그 수녀원을 나와서 열여덟 살에 무정부주의의 동조자가 되었으며, 영국과 프랑스의 식민지 확장의 전초기지인 퍼쇼우더(Fashoda)

---

14. Don Hausdorff, "Thomas Pynchon's Multiple Absurdities," *Wisconsin Studies in Contemporary Literature* 7:3(Autumn, 1966): 263.

에서 그리고 전쟁 위기가 고조되던 1898년 카이로우(Cairo)에서 굳펠로우를 유혹하여 스스로 순결을 상실했다. 그녀는 그해에 영국의회에서 영향력이 막강한 의원인 아버지, 앨러스터 렌경(Sir Alastair Wren)과 동생 밀드리드(Mildred)와 함께 관광차 앨릭잰드리어(Alexandria)에 왔다. 그녀의 아버지는 포펀타인과 굳펠로우라는 두 무정부주의자의 암살 대상이다. 그녀는 식당에서 두 무정부주의자와 제국주의 지지자이면서 "인간성은 파괴의 대상"이라고 주장하는 봉고우-쇂츠버리(Bongo-Shaftsbury)가 서로 암투를 벌이고 있는 와중에서도 조용한 대화의 분위기를 조성하는 데 주도적 역할을 한다. 결국 포펀타인은 인간성을 옹호하려고 하기 때문에 봉고우-쇂츠버리에게 암살당한다. 한편 그들이 탑승한 앨릭잰드리어-카이로우 간 급행열차에서, 봉고우-쇂츠버리가 울고 있는 밀드리드를 달래기 위해 기계로 조종되는 기계인형을 보여주겠다고 자랑한다. 그는 그녀에게 옷소매를 걷어 올리고 자기 팔의 피부 속에 박혀 있는 전기 스위치와 전선을 보여주면서, 사람도 전기로 조종될 수 있다고 이렇게 말한다: "이 전선들은 내 뇌 속으로 들어가 있다. 스위치가 이렇게 차단되어 있을 때는 나는 지금처럼 정상으로 행동한다. 그게 반대로 열렸을 때는 — 모든 것이 전기로 조종된다. 간단하고 완전하게"(80-81). 이것은 지배계층사람들이 권력, 금전, 그리고 기술로써 다른 계층사람들을 마음대로 조종할 수 있음을 시사한다.

이 급행열차는 언제나 연착한다. 열차시간표는 승객과의 약속이 아니고 철도회사의 자의적 시간표에 불과하기 때문이다. 열차시간표는 "회사의 주주들, 다시 말하면 손익을 계산하는 업자들을 위해 있는 하나의 장난 행위의 표시였다. 열차는 시간표와는 다른 스스로 정한 시간에 따라 운행했다. 어느 누구도 열차의 운행 시간을 알 수가 없었다." 약자인 승객들은 철도회사의 이런 횡포의 제물일 뿐이다. 이런 서민 승객들 위에 군림하는 제국주의국가의 지도자들은 식민지 개척을 위한 이해관계에 따라 합종연횡하면서, 식민지 확보와 확장을 위해 원주민들과 그리고 경쟁국들과 전쟁을 할 수 밖에 없으며, 승리하기 위해 음모를 꾸미는 수많은 첩보원들을 동원할 뿐만 아니라 무자비한 만행을 자행한다. 예를 들면 너포울리언(Napolean) 군대가 1798년에 앨릭잰드리어를 점령했다가 영국군에 항복했을 때, 영국군은 이 도시를 완전히 고립시키기 위해 1801년에 도시 동쪽에 운하를 파서 바닷물을 끌어들여 호수를 만들었다. 제국주의국가인 영국의 지령에 따라 인간이 자초한 큰 홍수로 150개 촌락이 침몰되었다. 이때 열차 승무원인 유대인 왈더타르(Waldetar)는 자신이 기차에서 보고 있는 "공중에 빽빽하게 날아오른 물새들이 [그 마을들에 살았던] 농부들의 망령이라고 생각하고 싶었다"(77, 79). 이 농부들의 비명횡사는 제국주의국가들이 신봉하는 종교를 믿으며 문명화되었다고 자랑하는 지도자들이 이기적 목적과 편견으로 전쟁 중에 무자비하게 자행할 대량 살육을 암시한다.

이 암시와 깊은 관련이 있는 "비인간화의 세계적 음모가"[15]로 돌연 변신한 빅토리어 렌의 정신적 타락과 몰락 과정의 추적이 허버트 스텐설이 전심전력을 다하는 비.의 정체탐구이다. 이 추적은 소설의 구성에 따르지 않고, 그녀의 생활철학과 방식의 변화에 의존한다. 7장에서 그녀는 "보티첼리의 *비너스의 탄생*(Botticelli's *Birth of Venus*)에 구현된 여신처럼 생기있고 사랑스러운" 영리한 영국 처녀, "빅토리어 렌에서 비.로 일변"[16]한다. 그녀는 홀아버지인 앨러스터 렌경에게 부정한 남자관계가 들통이 나서, 그와 격렬한 언쟁을 벌이고, 작별 인사도 없이 가족과 헤어진다. 이제 그녀는 자칭 영국인의 굴레를 벗어버린 세계시민이라고 선언하고, 1899년에 십자가에 못 박힌 다섯 명의 영국군인이 조각된 상아로 만든 빗을 머리에 꽂고 플로런스에 나타나 시드니 스텐설을 유혹하여 성관계를 갖는 요부가 된다. 그녀는 사업가적인 기질과 능력이 있어서 열아홉 살에 플로런스에서 여러 남자들에게서 거머쥔 돈으로 자립하기 위해 작은 양장점을 차리려고 한다. 한편 그녀는 나름대로 확고한 정치적 신념을 가지고 있어서, 한때 자신이 동조했던 무정부주의자 뿐만 아니라 사회주의자와 진보주의자를

---

15. Maltby, 135.

16. David Cowart, *Thomas Pynchon: The Art of Allusion*(Carbondale: Southern Illinois University Press, 1980), 14.

타도의 대상으로 증오하기 시작한다. 점차 그녀의 의식이 위험할 정도로 극단에 치우치면서, 그녀의 생활철학과 애정의 변덕에 따라 선호하는 상대자도 이렇게 변화무쌍하게 된다: “그녀는 파리에서는 반유대주의자 이타그(Itague)와 민족통일주의자 스게라치오우(Sgherracio)와, 몰터에서는 이태리의 몰터 통치권을 선동하는 엔리코우 미지(Enrico Mizzie)와, 퓨메(Fiume)에서는 더눈시오우(D'annunzio)와, 서남 애프리커의 보호령에서는 버베리어(Bavaria) 출신의 독일군 중위 바이스만(Weissmann)과, 그리고 이태리에서는 버니토우 무설리니와 어울린다.”[17]

이처럼 그녀는 인간성, 인권, 그리고 개인주의를 부정하는 제국주의의 지지자로 돌변하여 그 반대자인 휴 고우돌핀(Hugh Godolphin)을 제거하기 위해 그를 배신하고 음모를 꾸며댄다. 영국 해군장교인 고우돌핀은 강한 의지와 성취욕의 소유자로서 온갖 난관을 극복하고 “화려한 꿈”의 세계인 베이수(Vheissu)와 “전멸의 꿈”의 세계인 남극 탐험을 실현한다. 그는 제국주의가 강조하는 동질화, 획일화, 집단화에 적극 반발하는 투철한 개인주의의 신봉자이다. 그는 자신의 개인적 견해를 이렇게 강하게 천명한다: “환각에 불과했다 할지라도, 결국 중요한 사실은 내가 보았던 대상이나 보았다고 믿는 대상이 아니었다. 핵심은 내가 생각했던 문제이다. 다시 말하면 내가 어떤 진리를 터득했느냐의 문제이다.” 마침내 그는 해군을 이탈하여, 여러 나라를 전전하며 도피생활을 한다. 그는 위급한 순간에 렌에게 도움을 청한다. 그녀는 그를 도와주겠다고 해놓고는, 바로 영국영사관에 가서 고우돌핀을 자기 집에 유인해 놓았다고 보고한다. 이렇게 음모를 꾸며 그를 배신하고 나서 그녀는, “수법이나 독재자의 특징[18]은 순전히 그 자체의 목적을 위해서 바람직하고 재미있는 현상이다”고 말하며, “그 수법이 도덕적 동기와 더욱 크게 분리되면 분리될수록 더욱더 효과적이다”고 확신한다. 그녀는 인간성을 포기하면서까지 제국주의 하수인의 역할을 열성적으로 수행한다. 요컨대 그녀는 “동과 서, 남과 북, 그리고 자연과 문명

17. 앞책, 18.

18. 앞책, 18. virtu를 이렇게 번역한다.

을 연결하는 신비스러운 지하 고리"[19]를 망가뜨리는 장본인이다. 그리하여 허버트 스텐설의 비.에 대한 정체탐구의 첫 단계에서 나타나는 바와 같이, "그녀는 아마 지엽적으로나마 제1차 세계대전 전의 몇 년 동안 모든 외교적 감각력들을 현혹시켰던 것처럼 보이는 국제적 대결전의 거대한 음모들이나 전조들 중의 하나와 관련되어 있었다"(206, 198, 155).

14장에서 스텐설의 비.에 대한 정체탐구의 두번째 단계에서 나타나듯, 빅토리어 렌은 1913년에 서른세 살의 비. 여사로 둔갑하여 파리에 나타나서는, 자신이 후원하는 전위무용단의 창작무용 작품인 *성폭행 당한 중국처녀들*(*Rape of Chinese Girls*)에서 주연 여자무용수로 등장하는 열다섯 살의 멜러니(Mélanie)와 동성연애에 빠진다. 멜러니는 반유대주의자인 이타그가 감독하고 연출하는 이 창작무용에서 몽고 침략군에 고문당해 죽으면서도 처녀성을 지킨 수펑(Su Feng) 역을 한다. 그런데 이타그는 이렇게 황당한 주장을 한다: "퇴폐주의(특히 성적 도착)는 인간성으로부터 이탈하는 행위이다. 우리가 더욱 크게 이탈하면 이탈할수록 비인간화된다. 우리는 비인간화되기 때문에, 상실해버린 인간성을 무생물과 추상적 이론으로 교묘하게 대치한다." 비.도 그의 영향을 받아 자신의 동성연애 상대자인 멜러니를 인간으로서가 아닌 오로지 성적 감정을 촉발하는 사물로 간주하고 상대한다. 따라서 두 사람은 "사랑의 대상으로 사람 대신에 사물을 활용하려고"[20]하기 때문에, 그들의 사랑에는 상호관심, 배려, 존중, 그리고 희생을 바탕으로 하는 격정적 행위는 없고 오로지 다음과 같은 응시만 있을 뿐이다: "비.는 의자에 앉아 침대에 있는 멜러니를 바라본다. 멜러니는 거울에 비친 자신을 응시한다. 거울의 영상은 아마 때때로 비.를 바라본다. 움직임은 없고 최소의 마찰만 있다. [. . .] 셋의 방식은 공상적, 상호적이었

19. Marcel Cornis-Pope, *Narrative Innovation and Cultural Rewriting in the Cold War and After*(New York: Palgrave, 2001), 116.

20. Catherine R. Stimpson, "Pre-Apocalyptic Atavism: Thomas Pynchon's Early Fiction." in *Mindful Pleasures: Essays on Thomas Pynchon*, ed. George Levine and David Leverenz(Boston: Little, Brown, 1976), 37.

다. 비.는 자신의 성적 감각 촉진제를, 멜러니는 거울과 일시적 평온, 즉 자기가 쾌락을 만끽하고 있음을 바라봐줄 다른 사람을 필요로 했다”(405, 409-10). 어느 날 멜러니의 공연 도중 그 작품에 구현된 동양주의에 대해 관객들이 격렬하게 항의하는 소란이 일어난다. 그녀는 이런 와중에서도 춤을 추다가 막대기의 날카로운 끝에 찔려 사망한다. 이 때 비.는 멜러니에 대한 인간으로서 느끼는 깊은 애정이 없기 때문에, 애도의 뜻을 표하는 한마디 말도 없이 실성한 이틀리의 인근지역 통합주의자 스게라치오우와 함께 파리에서 사라진다. 그 후 1919년에 그녀는 서른아홉 살의 버로니커 맹거니스로 변장하여 몰터에 거주하면서, 엔리코우 미지와 함께 이틀리의 국익을 도모하기 위해 “가장 무자비한 국제외교 계략에 열중할” 뿐만 아니라 자기 신체의 특정 부위를 무생물로 대치시키고 장식하여 “스스로 무생물이 되려고 한다.”[21] 예를 들면 한쪽 눈을 시계 모양의 홍채(虹彩)가 들어있는 의안으로 바꾸고, 배꼽에 별 모양의 새파이어(sapphire)를 박는다. 또 1920년에는 퓨메에서 이털리의 시인이자 투사형 군인인 더눈시오우와 교제한다. 그리고 1922년에는 뮤니크(Munich)에 거처를 정하고, 히틀러(Hitler)의 초기 지지자들과 의기투합하여 굳게 결속된 동지가 된다.

9장에서는 스텐설의 비.의 정체탐구의 세번째 단계가 그려진다. 커트 몬다우겐(Kurt Mondaugen)은 뮤니크공대를 막 졸업하자, 독일군부로부터 공전(空電)신호를 뜻이 통하는 암호로 해독하라는 임무를 맡고, 1922년에 서남 애프리커의 독일 보호령으로 간다. 그는 여기서 만나게 된 비.에 관한 이야기를 스텐설에게 반복하여 말한다. 몬다우겐은 반란을 일으킨 원주민들에게 포위당한 포플(Foppl)의 요새화된 농장에서 두 달 반 동안 갇혀 지내면서도 자신의 임무를 수행한다. 그는 히틀러 지지자인 바이스만 중위와 함께 뮤니크에서 이곳에 온 비.가 극한상황에서 분출하는 광적 행동과 침략군이 흑인 원주인들에게 저질렀던 만행들을 스텐설에게 설명한다. 스텐설이 각색한 이야기에 따르면, 그녀는 마흔 두 살에 이름을 비러 메러빙

---

21. Charles B. Harris, *Contemporary American Novelists of the Absurd*(New Haven, CT: College & University Press, 1971), 83, 84.

(Vera Meroving)으로 개명하고, 자기를 더욱더 정교하게 무생물화하면서, 변태적 성행위에 탐닉한다. 그녀는 의안을 자유자재로 빼고 넣을 수 있는 눈알로 만들었는데, 그 표면은 극히 작은 금들의 섬세한 그물로 덮여 있고, 그 안에는 목에 걸고 있는 가는 쇠줄에 달린 황금 열쇠로 태엽을 감을 수 있는 매우 정교하게 제작된 시계가 들어 있다. 그녀의 이런 기계적 신체변형은 병적 쾌락추구와 정신적 타락을 예시한다. 그녀는 가학성 겸 피학대 변태성욕자로 돌변하여, 바이스만중위의 가슴을 승마용 채찍으로 힘차게 계속 때리는 쾌감을 즐기면서 동시에 중위가 장갑 낀 손으로 자기 머리칼을 비틀면서 퍼붓는 음탕한 욕설을 만끽한다. 게다가 그녀는 전에 스스로 배신하여 밀고했던 남자이지만, 지금은 포플의 초대를 받아 머물고 있는 고우돌핀을 성적 쾌감의 대상으로 원한다. 그렇지만 그녀의 욕망은 오로지 향수적 관능에서 비롯되고 있기 때문에 강한 힘과 열정도 없고, 감동도 일으키지 못하는 메마른 기억에서 솟아나오고 있을 뿐이다. 이제 그녀는 고우돌핀과 서로 옷을 바꿔 입는 성도착자가 되어, 그가 코뿔소 가죽채찍으로 두 손이 철사로 묶인 흑인 원주민을 때릴 때, 그 흑인이 표출하는 극심한 고통을 보며 즐긴다.

몬다우겐은 전해들은 만행들의 실례를 계속하여 말한다. 로타르 폰 트로타(Lothar von Trotha)라는 독일의 한 장군은, 독일정부로부터 일찍이 중국과 동 애프리커에서 원주민을 섬멸하는데 발휘한 탁월한 재능을 인정받아, 독일 통치에 반발하는 허레어로우(Herero)족을 진압하라는 지령을 받았다. 그 장군이 1904년 8월에 허레어로우족 소탕 명령을 내리자, 독일군은 모든 방법과 수단을 총동원하여 남녀노소를 구별하지 않고 8만 명 원주민 중에서 6만 명을 학살했다. 그 장군은 부하들이 이런 만행을 서슴없이 저지르게 하기 위해, 금지된 성행위를 하면 아주 큰 쾌감을 느끼는 것처럼 금지된 살인도 죄악이 아니고 지극한 즐거움이라고 그들을 세뇌시켰다. 포플은 몬다우겐에게 그 장군의 세뇌로 살인의 공포로부터 해방되었던 감미로움을 이렇게 설명했다: "장군은 우리를 [살인의]공포에 사로잡히지 않도록 교육시켰다. [살인의 공포로부터 벗어나는] 갑작스런 해방감, 편한 마음, 그리고 쾌락을 말로 다 표현할 수 없다. 네가 이런 해방감, 편한 마음, 그리고 쾌락을 이해하면, 너는 생명의 가치와 존엄성에 대해 배웠던 그 기계적 암기 교훈들을 완전히 잊을 수 있었다"(253). 더욱이 이런 세뇌를 받아 선악을 구별할 능력을 상실해버린 어느 사병은 실존에서 자연스럽게 솟아나오는 쾌감의 순수성과 중요성을 이해하고 인정할 수 없었다. 그는 성적 쾌감과 살인할 때 느끼는 희열을 동일시했다. 그가 한 흑인 처녀와 성관계를 끝내고 그녀를 권총과 총검 중 어느 것을 사용하여 살해할까를 두고 머뭇거리자, 그 처녀가 미소를 지으면서 그 두 개를 다 가리키자, 그는 그 두 가지 도구를 사용하여 그녀를 살해한다. 또한 어떤 사병은 성욕을 충족시키기 위한 도구인 흑인 처녀들이 부족하여 한 여자를 여러 사병들이 공유해야 하는 상황에서, 한 여자와 성관계를 끝내고도 그 여자를 독차지하려고 그녀에게 수갑을 채워 자기 침대에 묶어 두었다.

몬다우겐은 자신이 목격한 비.의 변태성욕과 정신적 타락, 그리고 침략군의 만행들에 관한 이야기로 인한 충격으로 건강이 악화되어 혼수상태에 빠졌다가 겨우 깨어나 공전신호를 암호로 해독하려고 버둥거린다. 이때 바이스만중위가 그에게 암호 내용이 "세계는 상황의 전부이다"임을 일러준다. 이 암호는 루트빅 비트건쉬타인(Ludwig Wittgenstein)의 *논리-철학 논고*(*Tractatus Logico-Philosophicus*)의 명제로서, 그것은 지금까지 당연시되어왔던 진리의 초월성, 절대성, 그리고 전체성을 부정하고, 진리는 모든 사실들의 총체로 정의되어야 한다[22]는 철학이다. 이 철학은 시드니 스텐설의 이런 주장과 일맥상통한다: "어떤 상황도 객관적 사실을 지니고 있지 않았다. 상황은 오로지 어느 특정한 순간에 거기에 관여하고 있던 사람들의 마음에 각인되어 있을 뿐이었다. 이런 여러 마음들은 동종보다는 혼종의 총체나 복합체를 형성하는 경향이 있기 때문에, 상황은 필연적으로 세계를 오직 3차원으로만 보는데 익숙한 단 한명의 관찰자의 눈에는 4차원에서는 하나의 도표로 보였다." 따라서 이 주장은 몬다우겐의 마음에 각

---

22. J. Kerry Grant, *A Companion to V.*(Athens: University of Georgia Press, 2001), 139.

인된 변태성욕, 정신적 타락, 그리고 만행들은 어떤 객관적 사실들을 논리적으로 설명하는 인과관계나 추상개념, 혹은 역사발전 법칙의 결과가 절대로 아님을 역설한다. 그의 마음에 엄청난 상처를 남긴 비인간적 행동들은 "인간성은 파괴의 대상"이라고 신봉하는 실존목적 왜곡자들의 반인륜적 의식의 산물이었다. 왜곡자들은 자아를 탐구하지 않기 때문에, "사랑과 자아는 하나이고, 두 가지 중 하나의 발견은 두 가지 모두의 실현이다"[23]라는 철학을 이해하고 수용할 수 없었다. 그래서 왜곡자들은 인간을 사랑할 의지와 능력이 없으므로 오히려 인간을 파괴의 대상인 무생물로 간주하는 비인간적 의식의 노예로 전락하여, 전 세계에 퇴폐주의가 만연케 하는 데 기여하였다. 이러한 만연의 총체가 몬다우겐이 목격하고 들었으나 그대로 수용하기 어려운 인류의 비극적 상황이었다. 그는 이 상황은 퇴폐주의의 산물이라고 이렇게 정의했다: "퇴폐주의는 포플의 농장에 창궐했던 것처럼 유럽에도 틀림없이 창궐했던 정신 우울증이었다"(278, 189, 277). 요컨대 이 정의는 독자에게 인간이 어느 순간에 직면하는 어떤 비극적 상황이나 극한상황은 객관적 현실, 인과관계, 역사발전 법칙, 추상개념, 그리고 과학과 기술의 악용에 의해서 조성되기보다는 오히려 지배계층인사들이 허위의식의 포로로 전락하여 자행하고 있는 기행과 악행들의 총체임을 주지시켰다. 아울러 이 정의의 더욱 큰 의의는 퇴폐주의를 극복하는 첩경이 자아탐구, 불확실성, 그리고 미결정성을 바탕으로 실현되는 인간의 상호이해, 존중, 배려, 그리고 공동체 의식의 확장에 있음을 예시했다는 데 있다고 하겠다.

스텐설의 비.에 대한 정체탐구의 마지막인 네번째 단계(11장)에서, 그는 파우스토의 원고를 읽고, "제1차 세계대전과 같은 격변의 의인화된 화신"[24]인 그녀가 몰터의 수도, 벌레터에 1939년에 다시 나타나 사악한 신부로 변장하여 거주하다가 1943년에 독일공군의 폭격으로 예순 세 살에 사

---

23. Leo Buscaglia, *Love*(New York: Fawcett Crest, 1972), 96.

24. Shawn Smith, *Pynchon and History: Metahistorical Rhetoric and Postmodern Narrative Form in the Novels of Thomas Pynchon*(New York: Routledge, 2005), 33.

망했다는 사실을 인지한다. 이 원고는 파우스토가 자신의 실존에서 어떤 변화를 겪었는가를 고해(告解)하기 위해, 1937년부터 1943년까지의 일기를 편집하여 1956년에 완성한 회고록 초안이다. 그는 아버지로서 자신의 심정을 토로한 회고록 원고를 미국해군병사와 결혼하여 미국에서 살고 있는 딸 파올라에게 보냈는데, 스텐설은 어느 정신이상자 패거리들 모임에서 상면한 파올라로부터 이 원고를 입수하여 읽게 된다. 원고에 따르면 그 사악한 신부는 바닷가에 있는 한 별장에 거주하고 있는데, 아무도 그의 이름과 교구를 모르고 있다. 그 신부는 거리에서 아이들에게 교리와 실존에 어긋나는 설교를 한다. 그 신부는 혼전에 파올라를 임신한 엘러너 젬지(Elena Xemxi)에게 낙태를 권유한 적이 있음에도 불구하고, 여자 아이들에게는 수녀가 되어 "관능의 양극단, 다시 말하면 성교의 쾌락과 분만의 고통을 멀리 하라고 충고한다." 그리고 남자 아이들에게는 "몰터의 바위에서 정신력을 찾고 바위처럼 되라고 말한다. 또 그는 . . . 남자의 존재 목적은 수정(水晶)처럼 아름답지만 영혼이 없는 데 있다고 설교한다"(340). 이렇게 그 신부는 자신의 궤변으로 인간성을 부정하고 파괴하는 데에 열중한다. 파우스토는 엘러너가 공습으로 폭사했다는 비보를 접하고, 아무 의식 없이 어느 거리를 지나다가 아이들의 적의에 찬 외침을 듣고 한 파괴된 건물 지하실로 갔더니, 넘어진 기둥에 깔려 있는 그 사악한 신부 옆에 아이들이 모여 있는 것을 보게 된다. 한 여자 아이가 모자를 벗기더니, 그 신부가 여자라고 말한다. 한 남자아이가 여자는 신부가 될 수 없다고 소리 지르면서, 머리에서 상아 빗을 빼서 파올라에게 준다. 그 신부는 아이들에게 기둥을 들어 올려주거나 혹은 들어올릴 수 없으면 사람들을 불러달라고 부탁한다. 아이들은 그 부탁은 아랑곳하지 않고, 돈이 될 만한 그녀의 신발과 옷들을 마구 벗긴다. 한 소년이 그녀의 배꼽에 박혀있는 별 모양의 새파이어를 주머니칼로 빼는데 실패한 나머지 그것을 총검으로 파내자, 그 자리에 피가 고이기 시작한다. 또 다른 소녀는 의치 한 짝을 드러내고, 또 시계 모양의 홍채가 들어있는 의안을 빼낸다. 이렇게 사악한 그 신부의 신체 해체작업이 끝난다. 그러자 파우스토는 신부를 대신하여 기름 대신 그녀의 배꼽에서 흘러나온 피로 몸을 씻어주고, 그녀를 위해 기도한 다음에 자신의 죄를 속죄하기 위해 기도한다. 요컨대 그녀의 죽음은 "쇠퇴하는 유럽 지배계층의 [식민지] 통치력 종언의 상징"[25]이다.

스텐설은 원고를 읽고, 사실을 직접 확인하기 위해 파올라와 함께 찾아가기가 매우 두려운 벌레터로 출발하기로 한다. 그는 1945년부터 영국에서 시작한 비.의 정체탐구를 미국까지 와서 계속하지만 그녀와 둘이서만 벌레터에 갈 수가 없어, 그녀가 그 정신이상자 패거리들 모임을 통해 가까이 지내는 프러페인에게 통사정을 하여 간신히 동행 허락을 받아낸다. 힘든 여정 끝에 스텐설은 파우스토를 겨우 만났지만, 그에게서 오직 그녀가 사망했다는 말만 들을 수 있을 뿐이다. 파우스토는 그에게 이제는 그 건물 지하실을 찾을 수 없으며, 만약 찾을 수 있어도 거기에는 틀림없이 새 건물이 들어서 있을 것이라고 부언한다. 또 그 아이들의 얼굴을 전혀 기억할 수 없으며, 그녀에게서 나온 물건들의 행방을 알 수 없으니, 그에게 전당포나 골동품 상점을 뒤져보라고 조언한다. 그러면서도 파우스토는 그가 "훌륭한 교육을 받았고 특권계급에 속하면서도"[26] 다른 사람이나 사회 현실, 그리고 세계 변화를 전혀 의식하지 않으면서 오로지 비.의 종적 추적에 몰두하는 사람임을 보고서, 이런 평가를 내린다: "비.는 [그에게] 강박관념이고 . . . 그런 강박관념은 [언제나] 일정 온도이고 고요하면서 얼룩달룩한 장난감들과 자연스럽지 않은 꽃들로 가득한 온실이다." 이 평가에 따르면, 스텐설은 자신의 독선과 편견의 포로로 전락하여 오로지 왜곡된 실존목적 달성에 전념하면서, 다른 사람과 사회를 전혀 고려하지 않는 극단적 이기주의자이다. 이러한 평가에 걸맞게도, 그는 해몽술사이고 최면술사인 바이얼러(Viola)부인이 1944년에 그 의안을 가지고 갔다는 말을 듣고, 그녀를 만나러 스톡호울름(Stockholm)으로 떠난다. 떠날 때 그는 파우스토에게 이런 쪽지를 남긴다: "스톡호울름도 또 하나의 실마리에 대한 성과 없는 끝맺음이 되기가 십상일 거요. [무일푼인] 프러페인을 보살펴주시

25. Brownlie, 35.

26. 앞책, 18.

오. 스텐설은 이제 당신들 중 누구도 필요로 하지 않아요"(448, 451-52). 요컨대 그는 자신의 왜곡된 실존목적 때문에 자기 외에는 아무도 그리고 아무 것도 볼 수도, 느낄 수도, 생각할 수도, 이해할 수도, 인정하고 수용할 수도, 존중할 수도 없는 극도의 폐쇄적 인간이다.

지금까지의 논의에 의하면, 제국주의 지지자이고 퇴폐주의 추종자인 비.와 그녀의 정체탐구에 전념하는 극단적 이기주의자인 허버트 스텐설은 실존목적을 왜곡한 대표적 지배계층인사들이다. 이들은 서민의 인권을 유린하고 자아탐구와 실현을 억압한다. 앞에서 이들이 인권을 유린하는 실례들은 이미 논의하였으므로, 서민을 무생물로 변태시켜 실존목적 상실자로 타락시키는 사례를 베니 프러페인을 중심으로 고찰한다. 그는 스스로 순진한 바보(schlemiel)라고 믿는 자의식과 끊임없이 자신을 무생물화하려는 세계의 피해자이다. 그는 독립심, 주체성, 타인과의 공감대, 그리고 자제력이 없으므로, 언제나 "자신의 실체, 무생물들(자명종 시계, 구두끈, 원자탄 등)에 대한 굉장한 불안감, 그리고 다른 사람들과 어울리는 공포감 — 그의 생각에, 그들은 점점 자신들을 포위하고 있는 무생물들의 노예가 되어 오히려 그것들의 숭배자로 타락하는 것 같다 —의 함정에 빠져 있다."[27] 따라서 그는 무작정 여기저기 떠돌아다니며, 타인의 순수성과 진실성을 믿고 수용할 수 없으며, 더욱이 실존목적을 상실한 채 자신감과 도전정신이라고는 없는 "기계적 인간이다."[28] 이처럼 그는 목적의식과 성취의욕이 없기 때문에 해군에서 제대하고 1년 반 동안 도로보수 작업반 등을 전전하다가, 해직당하면 동부 해안을 오르내렸다. 그는 마침 1955년 성탄절 전야에 노퍽항구를 지나다가 과거의 단골술집에 들렀다가, 같은 전함에서 복무했으며 자신의 상관이었던 갑판장, 패피 호드(Pappy Hod)의 부인인 파올라와 해후한다. 호드는 벌레터의 술집에서 일하는 그녀와 만나 결혼한 후, 그녀를 큰 돈을 들여 미국으로 이민시켰다. 제2차 세계대전 직후 폐허가

---

27. McConnell, 166.

28. Richard Lehan, *A Dangerous Crossing: French Literary Existentialism and the Modern American Novel*(Carbondale: Southern Illinois University Press, 1973), 159.

된 벌레터 태생 여자들은 엄청난 생활고에 시달렸으므로, 그들은 미국 이민을 선망했었고, 이 일은 파올라에게는 대단한 행운인 셈이었다.

이런 행운아인 파올라는 호드가 자기에게 무심하고 냉담하게 군다는 이유와 또 다른 사소한 이유로 호드를 버리고 집을 나와 한 술집에서 일하다가, 프러페인을 만나자 그에게 의존하려고 한다. 그녀는 그에게, "당신이 제가 가지고 있는 것의 전부예요. 저를 보살펴주세요"라며 하소연한다. 이렇게 그녀는 다른 사람에게 의존하려고 하면서도, 자기 정체성 의식이 강해 그 술집에서 모든 다른 여종업원이 주인의 이름인 비어트리스(Beatrice)로 호명되는 상황에서도 자신의 고유명인 파올라를 고수한다. 더욱이 그녀는 인간이 무생물화되는 경향에 적극 반대하면서 인간성을 중요시하고, 자신의 지대한 관심을 인간, 주체성과 정체성, 그리고 삶의 터전에 쏟는다. 그녀는 다른 많은 사람들이 집착하는 재물에는 무관심한 편이다. 프러페인은 그녀를 부양할 수 없으므로 뉴욕(New York)으로 가서, 레이첼 아울글래스(Rachel Owlglass)를 찾아가라고 타이른다. 그는 그녀와 헤어지면서, "그녀는 좋은 여자이다. 그녀는 너에게 직장을 구해주고 거처도 마련해줄 것이다. 나에게 우리(프러페인과 아울글래스)는 사랑하는 사이냐고 묻지 마라. 그 말은 무의미하다"(18, 36)고 말한다. 그리하여 그녀는 자신이 선택한 실존에 도전하기 위해 그와 작별한다.

프러페인은 해군에서 제대했던 1954년 여름에 교통사고로 인하여 아울글래스를 알게 되었다. 그가 길을 건너는데, 그녀의 승용차가 그를 뒤에서 가볍게 들이받아 넘어뜨린다. 그가 생명 없는 물체가 자기를 죽이려고 한다고 생각하고 있을 때, 그녀가 드라이브시켜주고 싶으니 차에 타라고 청한다. 그녀는 차를 채석장에 세우고, 차에 있는 맥주 한 상자를 그와 함께 다 마신다. 그녀는 술이 취하자, 자신의 부유한 가정과 동부의 명문대학들에 다니는 남자친구들에 관한 이야기를 지껄인다. 그러다가 그녀는 갑자기 이런 가정과 대학들은 모두 가짜이고 환상이라고 푸념하면서, 이 채석장의 돌만이 진짜라고 우긴다. 그러면서 그녀는 순진한 바보인 그에게 자신의 친구가 되어 주기를 부탁하며, 또 자기가 알지 못하는 길과 지역들을 알려주는 편지를 써서 보내달라고 부탁한다. 그가 그녀를 자주 만나면서 친해짐을 느끼고 마침내 그녀를 사랑하고 있다는 생각에 빠졌을 때, 그녀가 차에 대고 하는 이런 말을 듣게 된다: "난 널 만지기를 좋아해. [. . .] 넌 내가 너를 운전하고 도로를 달릴 때의 내 기분을 아니? 우리 단 둘이 [달릴 때의 내 기분을 아니]? [. . .] 난 너의 그 이상한 버릇들도 다 알고 있어. 브레이크를 약간 왼쪽으로 당기는 버릇. 네가 흥분하고 있을 때, 매분 5,000회전 하며 몸을 떨기 시작하는 버릇. 네가 나에게 미치면 기름이 다 타버린다. 그렇지?"(28). 더욱이 그는 그녀가 왼손으로 힘이 다 빠질 때까지 기어전환장치를 애무하는 행위를 목격한다. 그는 그녀가 그것을 어루만지는 모양새를 보고, 어떤 어루만짐인가를 바로 직감한다. 이제야 비로소 그는 많은 사람들이 인간보다도 특정 사물을 더욱더 사랑하고 있는 현실을 자기만 모르고 있었다는 걸 깨닫는다. 이렇게 깨닫는 순간부터, 그는 "자신을 모든 사람 그리고 모든 사물과 절연시키려고 한다."[29]

이러면서도 그는 아울글래스와 그녀의 동숙인인 파올라가 어울리는 "현대의 퇴폐주의와 순전한 용장(冗長)의 상징"[30]인 정신이상자들 패거리들과 교유한다. 이 패거리들도 그처럼 실존목적을 상실하고, "한 활기 없는 모임에서 또 다른 무기력한 모임으로 돌아다니고, 스스로 무생물로 탈바꿈하면서,"[31] 관능적 쾌락에 탐닉하는 자기중심적 인간들이다. 특히 이들 중 몇 사람은 예술창작에서 자아탐구와 실현, 개인의 주체성과 독립성, 그리고 공동체 의식을 확장하는 정신을 구현하려고 하지는 않고, 오로지 자아도취적이고 독선적이며 퇴폐적인 작품제작에 열중한다. 예를 들면 퍼거스(Fergus)는 뻔뻔스럽게도 펜 정거장(Penn Station)의 남자화장실에 있는 칸막이를 노련한 다다이스트들(Old Dadaists)이 명명한 기성품

---

29. Michael H. Begnal, "Thomas Pynchon's *V.*: In Defense of Benny Profane," *Journal of Narrative Technique* 9,2(1979): 64.

30. William M. Plater, *The Grim Phoenix: Reconstructing Thomas Pynchon* (Bloomington: Indiana University Press, 1978), 226.

31. Olderman, 135.

(ready-made)으로 미술전람회에 출품한다. 그의 또 하나의 취미는 이런 기묘한 재주를 유감없이 발휘한 티비(TV) 감상법이다: "그[퍼거스]는 자신의 팔뚝 안쪽 피부에 장치해둔 두 개의 전극에서 신호를 받아 교묘하게도 잠의 깊이를 측정할 수 있는 스위치를 고안했다. 퍼거스의 의식이 일정 수준 이하로 떨어지면, 피부 저항이 증가하며, 미리 책정한 기준을 넘으면 스위치가 작동한다. 그러면 퍼거스 자신이 또 하나의 티비 수상기가 된다." 이처럼 그는 자신을 수상기로 탈바꿈시킨다. 또 다른 인물인 슬랩(Slab)은 이따금 폭발하는 충동으로 그림을 그리는데, 그는 자신을 긴장병적 표현주의자로 그리고 자기 작품을 전달 불능의 결정판으로 정의한다. 그는 입체파, 야수파, 그리고 초현실주의파 화가들을 모방하여, 전달 불능의 수많은 취즈 데이니쉬 그림들을 그렸다. 그는 이들 중에서 *취즈 데이니쉬 35호 (Cheese Danish #35)*를 스스로 평가하여, "이 작품은 긴장병적 표현주의에 대한 나의 반항이다: 내가 해결한 우주적 상징이 서구문명에 뿌리 깊이 구현되어 있는 십자가를 대신할 것이다"라고 호언한다. 이렇게 그는 자아도취에 빠져 예술의 전달과 공감기능을 부정하는 화가이다. 또한 마피어 윈섬(Mafia Winsome)은 소설가로 이런 특이한 창작철학 — "세상은 오로지 초인적 사랑에 의해서만 어떤 쇠퇴를 방지할 수 있다" —을 주장한다. 그런데 그녀의 초인적 사랑은 "하룻밤에, 아니 매일 밤 아주 많은 횟수의 격렬하지만 가학적이 아닌 포옹을 하면서 다섯번 내지 여섯번 하는 성교를 의미한다." 그녀의 5년 동안의 결혼생활 동안 그녀의 남편은 초인적 사랑이라는 면에서 그녀의 기대와 갈망을 절반도 충족시켜주지 못했고, 그리하여 그녀는 자신이 바라는 두 영혼의 융합이 이루어질 수 없어 매우 불행했다. 이처럼 그녀는 자신의 성욕과 성적 쾌감을 마음껏 충족시키기 위한 황당무계한 독선적 창작철학에 빠진 나머지 매우 불행하고 비참한 삶을 자초한다. 또한 이 패거리들과 일맥상통한 정신 소유자인 성형외과 의사, 쉰메이커(Shoenmaker)는 "아름다움은 영혼에 있지 않고, 매입될 수 있는데, [. . .] 내가 아름다움을 팔고 있다"(56, 282, 125, 47)고 강변한다. 나아가 그는 자신의 성적 쾌감을 극대화하기 위해, 여자의 신체까지도 강제

로 성형하려고 한다.

그러나 이 패거리들 가운데도 올바르고 이타적 정신으로 살려고 하는 선량한 사람들도 있다. 그중 하나인 아울글래스는 서슴없이 패거리들과 어울리지만, 가능한 한 그들과 멀리 하면서 자신의 인간성, 독립성, 그리고 자주성을 고수하려고 한다. 게다가 그녀는 궁지에 몰린 친지들을 정신적, 경제적으로 도와준다. 또한 파올라는 자립적 인간이 되기 위해, 아무도 눈치 채지 못하게 흑인으로 변장하여 며칠씩 할렘(Harlem)에 가서 루비(Ruby)라는 가명으로 창녀 노릇을 한다. 이런 자립정신 때문에, 그녀는 루니 윈섬(Roony Winsome, 마피어의 남편)과 흑인 재즈음악가인 머클린틱 스피어(Mclintic Sphere)에게 지대한 관심과 매력의 대상이 된다. 스피어는 그의 색서포운 연주를 통하여, "애프리카 민족주의의 정신과 반지성 그리고 상승세"를 구현하여, 음악의 "새로운 개념"을 정립했다는 그 패거리들의 절찬을 받는다. 그들은 그에게서 챨리 파커(Charlie Parker)의 화신을 보았고, 파커가 다시 살아났다고 열광한다. 그러나 그는 백인지배 사회에서 소외감과 절망감을 뼈저리게 느껴 의기소침해질 때면 파올라를 찾고, 파올라와 성관계를 하고 나면 다시 활달하고 적극적인 남자로 돌변한다.[32] 따라서 그녀가 "창녀는 인간이 아니다"고 자신을 경멸하자, 그는 그녀를 위로하고 격려하고자, "너는 인간이다. 루비, 너는 나하고 있을 때 인간이다"고 말한다. 더욱이 그는 그녀가 흑인으로 변장한 파올라임을 알고, 그녀에게 인간적인 여자가 되는 첩경이 이런 실천 — "상대방을 입을 다물고 사랑하며, 지극정성을 다해 모르게 도와주고, 냉정하면서도 성심성의껏 보살핀다"(60, 291, 365-66) —에 있다고 조언한다. 이처럼 그는 청중에게 깊은 공감과 감동을 불러일으키는 연주자이고, 상대방의 인품과 영혼을 있는 그대로 인정하며 존중하는 인격자이다.

프러페인이 파올라를 아울글래스 아파트로 보내고, 할 일이 없어 지하철을 타고 타임즈 스퀘어(Times Square)에서 그랜드 센트럴(Grand Central)

32. Seed, 81.

까지 오가면서 시간을 낭비하고 있을 때, 프웨르터 리코우(Puerto Rico) 출신 처녀 피나(Fina)가 그의 딱한 처지를 보고, 그를 도와주고 싶어 자기 집으로 가자고 울면서 청한다. 그녀의 아버지는 극빈자 수당을 수령하는 궁핍한 가장이면서도 그를 기꺼이 동숙인으로 받아들이고, 빈 방이 없으므로 욕실을 거처로 내준다. 프러페인은 바로 돈벌이를 하려고 악어사냥 명수인 그녀의 오빠 에인절(Angel)과 함께 하수구로 내려가서 악어를 사살하는 일을 시작한다. 뉴욕시의 수많은 아이들이 재미로 애완용 악어새끼를 사서 가지고 놀다가 싫증이 나자 변기에 버렸는데, 이 악어새끼들이 하수구에서 크게 자라더니 번식력이 강해 하수구 전역을 휩쓸고 다니는 무법자들로 돌변하자, 시당국은 악어들을 제거할 대원들을 모집한다. 그는 신입 대원이 되어, 평생 처음 엽총을 발사하여 생명체를 죽이는 일을 한다. 또 그는 악어 사냥을 하다가, 몰터에서 영국영사관의 하수인 역할을 하다가 1919년에 미국으로 온 영국인 신부인 페어링(Fairing)에 대한 희한한 이야기를 듣게 된다. 그 신부는 대공황기(大恐慌期)에 매일 18시간씩 급식소와 구제소를 오가면서 마음에 깊은 상처를 입고 절망에 빠진 사람들을 위로하다가, 어느 순간 쥐들이 뉴욕시를 지배할 거라는 생각에 빠진다. 그래서 그 신부는 볼터모 교리문답책(Baltimore Catechism), 성무일도서, 그리고 나이트(Knight)의 *현대 선박조종술*(*Modern Seamanship*)을 가지고 하수구로 내려가서, 한쪽 둑에다 은신처를 짓고, 성의를 이불로 그리고 성무일도서를 베개로 삼고 지하생활을 시작한다. 그는 쥐들을 개종시켜, 자기가 지상의 후계자들의 정신적 지도자가 되려고 한다. 또 그는 하수구에 흐르는 물에 영원한 축복과 몇 번의 불제(祓除)기도를 하여, 이 물을 세례할 때 성수(聖水)로 사용하려고 한다. 그는 매일 식량으로 쥐 세 마리를 잡아먹는다. 그는 쥐들에게 설교하면서, 그 궁극적 목표는 평화라고 강조한다. 그러나 신부는 자기가 살기 위해 세례 교인들, 즉 쥐들을 죽였으며, 수녀가 되고 싶다는 버로니커로 호칭되는 쥐와 성관계를 가졌다. 그는 하수구 생활을 일기장에 남겼는데, 일기장은 배티컨 도서관(Vatican Library)의 접근 금지 구역에 보관되어 있다. 뉴욕시 하수구과에 근무했던 옛 직원이 그 일기장을 읽고, "아마 일기들은 침몰하고 있는 배에서 탈출할 최선책을 연구하고 있다"(120)고 논평했다. 프러페인은 그 이야기를 듣고, 이야기가 굉장히 과장된 것 같지만, 이야기가 사실이냐 아니냐는 전혀 문제가 되지 않는다고 반응한다.

그가 악어 사냥이 끝나버려 실직자가 되자, 피나는 그에게 새 직장을 구해주려고 한다. 그러나 그가 그녀의 호의를 받아들이지 않자, 그녀는 실망한다. 게다가 그는 그녀가 욕실에 발가벗고 누워서, "베니, 나는 처녀야. 난 베니가 내 첫 남자가 되어주기를 원해"(145)라고 하소연 하지만, 그녀의 이런 간절한 소원을 들어주지 않는다. 이는 그가 언제나 자신을 과소평가하기 때문에, 그녀의 순수성과 진실성을 이해하고 수용하지 못하기 때문이다. 나아가 그가 그녀를 부양할 책임을 지게 될까 두렵기 때문이다. 그가 그녀의 뜻을 거절한 뒤에, 그녀가 불량배들에게 성폭행당하는 현장을 목격한다. 이제 그는 그녀 집에 갈 수가 없다.

그는 아울글래스의 소개로 인간연구협회(Anthroresearch Associates)의 야간 수위로 취직한다. 그는 밤에 세 번씩 연구실을 순찰하고, 실험장비들을 점검하는 일을 한다. 그는 여기서 현대인에게 가장 필요하고 유용하면서도 가장 큰 비극을 유발하는 방사능과 교통사고를 상징하는 두 개의 인조인간과 상면한다. 하나는 쉬라우드(shroud, synthetic human, radiation output determined의 두문자어)이고, 다른 하나는 쇼크(shock, synthetic human object, casualty kinematics의 두문자어)이다. 두 인조인간은 현대인들이 자신들을 정신적으로 승화시키려고 최선을 다하지 않으면서, 기계적으로 확장한 부정적이고도 비극적인 결과를 보고 인류 발전과 진보라고 착각하는 대표적 실례들이다.[33] 쉬라우드는 방사성 낙진 결과와 영향을 측정할 목적으로 제작되었다. 오늘날 쉬라우드의 역할은 매우 중요하다. 인간이 18세기에는 시계와 같은 자동장치로서, 19세기에는 뉴튼(Newton) 물리학이 아무 이견 없이 수용되고 나서 열역학에 대한 연구가 활발하게 진

---

33. Joseph W. Slade, *Thomas Pynchon*(New York: Peter Lang, 1990), 99.

행됨에 따라 열기관으로서, 20세기에는 "엑스선, 개머선, 그리고 중성자를 흡수하는 물체로서" 정의되기 때문이다. 쇼크는 자동차 사고의 결과와 후유증을 알아보려고 제작한 인체해부 모형이지만, 정말로 살아 있는 사람 같다. 프러페인은 어느 날 밤에 순찰을 돌고 오다가 쉬라우드 앞에 멈추니까, 쉬라우드는 그가 이해할 수 없는 이런 이상한 말을 한다: "당신과 모든 사람들이 언젠가 나와 쇼크 같은 인간이 될 것이다." 이 말을 듣고, 프러페인은, "너는 영혼이 없다. 그런데도 너는 어떻게 말할 수가 있구나" (284, 286)라고 반박한다. 그러자 쉬라우드가 그에게 영혼을 가지고 있다고 자랑하는 인간들이지만, 히틀러(Hitler)와 아이크먼(Eichmann)은 유대인을 대량학살 한 만행을 자행했음을 상기시킨다. 이 상기는 프러페인의 실존 의지, 인간성, 그리고 판단력이 약하고 의심스러움을 암시한다.

프러페인은 근무태만으로 인간연구협회에서 해고당한다. 그는 아울글래스의 적극적인 권유에도 새 직장을 구하려고 하지 않는다. 또 그는 다른 사람의 순수성과 진실성을 그대로 받아들이려고 하지 않을 뿐만 아니라 이타정신을 발휘하려고도 하지 않는다. 게다가 그는 강한 성적 욕망을 충족하고 싶어 안달하면서도, 여자가 자발적으로 성관계를 갖자고 하면 거절한다. 그는 자신의 오해와 오판 그리고 이기심 때문에 피나의 순수한 마음을 받아들이지 않아, 그녀의 삶에 큰 상처를 남겼다. 그가 파올라를 성폭행의 위기에서 구해주었을 때, 그녀가 감사하는 마음으로 자진해서 그에게 성관계를 갖고 싶다고 말하자, 그는 거절한다. 그는 누구든지 먼저 자기에게 호의를 보이고 의존하려고 하면 무조건 거부한다. 그러나 그도 아울글래스가 울먹이면서 간청을 할 때 부득불 그녀의 뜻에 따른다. 그녀가 침대에 누워서, "[베니] 이리와. 이건 무료야. 해주기만 하면 돼. 올라와. 내 것은 아주 좋아. 공짜야"라고 하소연하자, 그는 마지못해 올라간다. 그가 적극적으로 여자의 순수하고 진정한 마음을 받아들이지 못하는 까닭은 자신을 언제나 순진한 바보라고 믿는 자기 부정에 있다. 구체적 실례를 들면 "사람들은 변신, 성숙할 수 있다. 너는 그렇게 하려고 노력할 수 없었느냐?"라고 아울글래스가 말하자, 그는 이 말을 듣고 반박하기를, "나는 변하지 않는다. 순진한 바보들은 언제나 똑같다"(384, 383)고 말한다. 이처럼 그는 자신을 성숙시키려고도, 자신과 다른 사람을 사랑하려고도 하지 않는다. 그는 이런 의지가 없기 때문에 자신의 가능성과 잠재력을 계발하고 발휘할 수가 없다. 그러므로 그는 매사에 자신감을 가질 수 없어, 언제나 소극적이고 부정적 사고와 행동을 한다. 요컨대 그는 실존목적을 상실한 게으르고 메마른 이기적 인간이다. 동시에 그는 실존목적을 왜곡하는 가진 자들의 이기심, 농간, 횡포, 그리고 인권 유린의 피해자이다.

그러나 그는 마침내 자신의 이런 제약과 한계를 극복한다. 그는 허버트 스텐설과 파올라에게 속아 벌레터에 왔다가, 스텐설이 아무런 예고도 없이 떠나버리자 사고무친의 처지에 봉착한다. 이때 그는 친구들과 관광하러 왔다가 돈이 거의 다 떨어진 상태에서 혼자가 된 대학생이자 시인인 앵글로 우색선계 백인신교도 브렌더 위걸즈워스를 만난다. 두 사람은 어떻게 여기까지 왔으며, 이제 어디로 갈 것인가에 대해 서로 의견을 나눈다. 그리고 두 사람은, "여기는 미지의 장소이다. 우리는 아무 데도 가지 않으면서, 자신을 속여 어디로 가고 있다고 믿는다. 이런 믿음은 하나의 재주이고, 그 믿음에 반대하기는 쉽지 않아 반대란 거의 없으며, 반대한다 해도 그 반대는 억지 쓰기이다"라고 동의한다. 그리고 그녀가 그에게 경험을 통하여 많은 것을 배웠냐고 묻자, 그는 오래 생각하지도 않고 대꾸하기를, "나는 아무것도 배우지 않았다"고 답한다. 이제 그는 스스로 바보라고 맹신한 자아에 유폐된 나머지, 자신을 변신시켜 성숙하려고 노력하지 안했음을 깨닫는다. 그는 비로소 자신의 실존이 전적으로 편견과 독선, 나태, 충동, 이기심, 그리고 다른 사람의 순수성과 진실성의 거부에 의존했다는 부끄러운 자화상을 발견한다. 그는 이런 자아성찰을 통해 인간성을 회복한다.[34] 그리하여 그는 브렌더의 손을 꽉 잡고 갑자기 모든 불이 꺼진 벌레터의 밤거리를 함께 달린다. 프러페인과 브렌더는 "갑자기 완전한 밤으로 변한 거리를 계속 달렸다. [그들의] 활력이 그들을 몰터의 경계를 넘고, 지중해까지도 뛰어넘

34. 앞책, 105.

게 할 것이다”(453, 454, 455). 그에게 밤은 새벽이 다가온다는 광명을, 그리고 지중해를 뛰어넘음은 사고와 행동의 제약과 한계를 초월하는 자아성찰을 통한 변신과 성숙을 상징한다. 요컨대 그는 미미하지만 실존목적 왜곡과 상실을 극복한다.

실존목적 왜곡과 상실을 극복하는 최선책인 자아성찰은 파우스토를 통해 더욱 구체화된다. 그는 회고록에서 자아를 네 단계의 개인적, 사회적 상황변화를 바탕으로 분석하고 검토한다. 그는 첫 단계에서 장차 정치가와 기술자가 되고 싶어하는 두 친구와 함께 ‘37세대라는 앵글로우-몰티 시학파(Grand School of Anglo-Maltese Poetry - the Generation of '37)의 열성 회원이면서 동시에 큰 포부와 야망에 도취한 탁월한 대학생으로서 장차 신부가 되기를 꿈꾸고 있다고 자기를 소개한다. 그는 두번째 단계에서는 자기가 혼전에 본의 아니게 엘러너 젬지와 가졌던 성관계에서 전혀 예기하지 못했던 딸 파올라가 탄생함과, 제2차 세계대전이 발발함과, 그리고 독일과 이틀리공군이 대대적인 공습을 감행함을 기술한다. 세번째 단계에서 엘러너가 공습으로 사망했다는 비보를 들은 일과, 사악한 신부의 비극적 영면 현장의 목격한 일, 그리고 무자비한 폭격으로 폐허가 된 도시와 그 황량한 잔해들로 인해 울분과 비통함을 느낀 일들을 설명한다. 네번째 단계에서는 스스로를 ’37세대의 유일한 잔존 시인이라고 여기며 인간성 회복을 강조한다. 그의 네 단계의 자아는 분리되어 있지 않고, 서로 밀접하게 관련되어 있다. 이렇게 그는 자아를 분석적으로 검토한다. 그는 이 검토를 바탕으로 자기 자신, 그리고 자기를 압도하려는 사악한 인간, 사회조직, 그리고 퇴폐주의를 심오하게 인식하려고 한다. 따라서 그는 진실한 주체적 자아를 탐구하기 위해, 퇴폐주의를 극복할 인간성 회복의 방안을 강구하려고 한다.

그의 처음 세 단계의 자아는 인간을 타도의 대상으로 간주하는 제국주의와 그 추종자들이 일으킨 전쟁에 의해 그 존립이 철두철미하게 부정된다. 전쟁 중에 진리, 형이상학, 그리고 종교는 인간 실존에 아무런 의미가 없고, 오로지 사고, 사건, 그리고 상황들이 그것에 결정적인 역할을 한다.

공습 중에는 인간은 아무런 존재 의의가 없고, 나무, 건물, 교회, 그리고 동상들과 전혀 다를 바가 없다. 왜냐하면 이 모두가 폭격에 의해 순식간에 파괴되어버리기 때문이다. 파우스토는 이런 파괴력을 퇴폐주의로 이렇게 정의한다: "퇴폐주의, 퇴폐주의, 퇴폐주의가 무엇이냐? 오직 죽음을 향한, 차라리 인간성 부정을 향한 힘찬 전진이다." 따라서 그는 주장하기를, 우리가 일단 퇴폐주의의 함정에 빠지면, 거기서 빠져나오기가 무척 어렵다. 그래서 우리가 퇴폐주의의 포로로 전락하지 않으려면, 인간성을 회복해야 한다. 우리가 인간성을 회복하려면, 인도주의를 신봉하고 수호해야 한다. 그는 시인으로서 자신의 처음 세 단계의 부정적 자아를 극복할 수 있는 인도주의 수호의 최선책을 시와 시인의 정의에서 찾는다. 그는 시란 극한상황에서는 인간실존에 무력하고 무능한 진리와 형이상학에 불과한 것이 아니라 오히려 인간의 생명 지탱력이고 본능임을 이렇게 정의한다: "시는 천사들, 혹은 '잠재의식'과의 소통이 아니다. 시는 지구력, 생식기, 그리고 오감의 관문과의 소통이다. 시는 이 이상이 아니다." 시인은 "꿈에 매달려 생존한다." 그는 자신의 이런 시와 시인의 정의를 확신하기 때문에, 퇴폐주의가 만연한 상황에서도 파올라가 "단 하나의 주어진 심장과 편안하고 온전한 마음"(321, 318, 325, 314)을 가지고 실존하기를 갈망한다.

파올라는 자신의 의지와 아버지의 뜻에 따라 "편안하고 온전한 마음"을 가지고 살아가려고 결심한다. 그녀는 허버트 스텐설과 프러페인과 함께 벌레터에 왔을 때, 자기가 버렸던 남편인 패피의 전함이 기관 고장을 수리하려고 항구에 정박하고 있다는 소문을 듣는다. 패피는 자신이 자나깨나 정성을 다해 사랑했던 파올라의 버림을 받고, 거의 폐인이 되기 일보 직전에 있다. 그때 그녀가 전함 옆에서 그를 기다리고 있다가 만난다. 그녀는 그에게 잘 있었느냐고 인사하며, 그보다 먼저 미국에 돌아가서 "나는 노퍽의 집에 앉아 정숙하게 있으면서 물레질을 하고 있을 것이오. 당신의 귀가 선물로 뜨개실을 뽑고 있을 것이오"라고 말한다. 이 뜻밖의 선언을 듣고, 그가 생각해낼 수 있는 전부는 "나는 당신을 사랑한다"는 말 뿐이다. 그녀는 그의 입맞춤과 포옹을 거절하고 헤어질 때 그에게 말로 하는 약속보다도 더욱 강한 불가사의한 힘을 지닌[35] 상아 빗을 주면서, "포우커 놀음에서 이걸 잃지 말아요. 내가 오랫동안 가지고 있었으니까"(443)라고 말한다. 이제 그녀는 패피를 "입을 다물고 사랑하며, 지극정성을 다해 모르게 도와주고, 냉정하면서도 성심성의껏 보살피려고"한다. 요컨대 그녀는 퇴폐주의가 창궐하는 비인간화된 사회에서 "구세주가 있다면, 그녀가 바로 구세주이다." 더욱이 그녀는 "황무지에 새 활력을 불어넣을 여신의 강력한 후보자"[36]로 각광받을 인물이다.

Ⅲ

지금까지 필자의 반응 논지 — 실존목적 왜곡과 상실의 극복 —를 바탕으로 *비.*를 분석하고 고찰하였다. 이 소설의 시대적 배경은 제국주의국가들의 식민지 쟁탈전이 치열했던 19세기 말부터 제2차 세계대전이 종전되고 미국사회가 번영과 풍요를 구가하는 1950년대 중반까지이다. 제국주의국가의 지배계층인사들은 식민지 원주민들의 인권을 유린하고, 더욱이 살육까지 자행하면서 경제적 착취와 관능적 쾌락을 극대화하기에 혈안이 되었었다. 제국주의국가의 지배자들과 그 하수인들의 실천철학 — "인간성은 타도의 대상" —을 구체화한 대표적 인물이 비.이다. 그녀는 자아탐구를 철저히 포기하고, 오로지 자신의 이기적 욕구와 필요에 따라 실존하고 행동한 제국주의의 상징적 인물로서, 그리고 성도착상태에 빠진 남장 신부로서 자신의 생을 비극적으로 마감한다. 허버트 스텐설은 선친이 비.를 언급한 일기를 읽고, 바로 자신의 삶의 목적을 그녀의 정체 탐구에 두고서, 그녀의 추악한 과거 추적에 전념한다. 자아탐구를 포기한 채, 삶의 목적을 정치적 패권, 경제적 착취, 과학과 기술의 악용, 그리고 사리사욕과 쾌락의 극대화에 두고 있는 지배계층인사들은 우리를 실존목적 상실자로 전락시킨다. 실존목적 상실자들은 자아와 존재 의의를 완전히 망각하고 생존하기

---

35. Plater, 180.

36. Slade, 91, 80.

때문에, 그들의 인간성은 메마르고, 자립의지는 약하다. 게다가 이들은 매우 이기적이며 독선적이고, 동시에 관능적 쾌락을 탐닉하면서, 다른 사람을 전혀 존중하거나 배려하지 않는다. 베니 프러페인과 정신이상자 패거리들은 이들의 대표적 인물들이다. 또 이들 중 몇 예술가들은 가짜 예술을 진짜로 착각하고 창작에 열중한다. 그러나 프러페인은 스스로 바보라고 맹신하는 자아에 유폐된 채, 외적 요인과 작용에 의해 본의 아니게 실존목적을 상실했다가, 자기는 삶에서 아무것도 배우지 못했다는 순간적인 깨달음으로써 자아를 성찰하고 인간성을 회복한다. 그가 이루려는 인간성 회복은 파우스토의 자아 분석과 검토 그리고 인도주의 신봉과 수호 의지에 의해 더욱더 구체화된다. 그는 인도주의를 수호하는 최선책을, 극한상황에서 인간 실존에 아무런 희망과 용기를 불러일으킬 수 없는 무력하고 공허한 진리와 종교에서가 아니고, 인간의 생명력을 지탱하고 본능을 충족시키는데 크게 도움이 되는 시의 정의에서 모색한다. 그리하여 그는 시를 "생명 지탱력, 생식기, 그리고 오감의 관문과의 소통이다"고 정의한다. 또 그는 이 시의 정의를 바탕으로 딸 파올라가 비인간화된 사회에서도 "단 하나의 주어진 심장과 편안하고 온전한 마음"을 가지고 긍정적이며 낙관적이고도 창조적 삶을 살아가기를 갈망한다. 파올라는 아버지의 이런 바람에 따라 자기에게 무관심하고 냉담하다는 이유로 스스로 버렸던 남편, 패피 호드를 다시 맞이하여 지극히 성심성의껏 보살피려고 한다. 요컨대 그녀는 인간성을 회복함으로써 다른 사람을 존중하고 배려하며 헌신적으로 사랑하는 여자로 변신한다. 그녀의 이런 변신은 "황무지에 새 활력을 불어넣을 여신"이 도래할 수 있음을 상징한다.

이처럼 실존목적을 왜곡한 지배계층인사들이 자신들의 이기적 목적을 달성하기 위해, 우리를 인간성이 메마른 실존목적 상실자로 전락시키려고 해도, 무위로 끝난다. 그들은 이런 목적을 달성하려고 우리를 세뇌시켜 자기들이 조작한 모형 안에 구속시켜 생존하도록 한다. 때로는 우리도 스스로 이런 제약과 한계를 극복할 수 없는 무능력자라고 맹신하고 자포자기 상태의 자아에 유폐된다. 그러나 우리는 자아유폐와 구속에서 벗어날 계기만 마련되면, 바로 자아를 성찰하고 인간성을 회복할 가능성이 있다. 따라서 우리는 아무리 엄청난 실존목적 왜곡과 상실의 소용돌이에 휘말려도, 프러페인, 파우스토, 그리고 파올라처럼 그 왜곡과 상실을 극복할 수 있다는 자신감과 용기를 스스로 고취시키려고 최선을 다해야 한다. 요컨대 필자의 반응 논지 — 실존목적 왜곡과 상실의 극복 —는 핀천에 대한 이런 긍정적 평가와 일맥상통한다: "핀천은 희망이란 황무지를 보고 가능성을 상상할 수 있는 능력에 있다고 암시한다."[37] 이 암시가 필자와 논문이 역설하려는 결론이다

---

37. Peter L. Cooper, *Signs and Symptoms: Thomas Pynchon and the Contemporary World*(Berkeley: University of California Press, 1983), 87.

10

토머스 핀천: 편집증에서 판단중지로

I

토머스 핀천의 두번째 소설, *제 49호 품목의 경매*(*The Crying of Lot 49*, 1966)는 "근년에 가장 정교하고 세련되게 창작된 소설들 중의 한 권"[1]이라는 절찬을 받고 있으며, 1967년에는 미국예술원의 리쳐드와 힐더 로우전솔재단 소설상(Richard and Hilda Rosenthal Foundation Award of the National Institute of Arts and Letters)[2]을 받은 작품이다. 이 소설은 "미국을 고발하면서도 미국에 잠재한 가능성을 탐구할 뿐만 아니라 언어를 경멸하면서도 언어에 잠재한 가능성을 탐구한"[3]걸작이다. 180쪽인 이 작품은 그 규모 그리고 내용과 기법에서 480쪽의 처녀작, *비.*(*V.*, 1963) 그리고 760쪽의 세번째 소설, *중력의 무지개*(*Gravity's Rainbow*, 1973)와 매우 대

---

1. Frank D. McConnell, *Four Postwar American Novelists: Bellow, Mailer, Barth, Pynchon*(Chicago: University of Chicago Press, 1977), 169.

2. 미국예술원이 전년에 출판된 소설들 중에서 중요한 업적을 이룩했다고 평가하는 소설에 수여하는 상이다. 이 명칭은 1976년에 American Academy of Arts and Letters로 바뀌었다.

3. Annette Kolodny and Daniel James Peters, "Pynchon's *The Crying of Lot 49*: The Novel as Subversive Experience," *Modern Fiction Studies* 19.1(1973): 81.

조적이다. 윌리엄 포크너재단 처녀작상(William Faulkner Foundation First Novel Award)과 최우수 미국소설상(National Book Award)[4]을 수상한 *V.*와 *중력의 무지개*는 두서가 없는 매우 복잡다단한 이야기들로, 19세기 말부터 20세기 중반까지를 시대적 배경으로 하고 있으며, 양차 세계대전과 같은 역사적 사건들을 기술한다. 두 소설은 이러한 기술을 통하여, 식민지 확보와 세계 제패라는 야욕의 편집증에 꼼작 못하는 서구 열강의 지배자들이 자행한 음모와 만행들 그리고 그들이 악용한 과학과 기술이 촉발한 인류의 실존위기와 그 극복 가능성을 제시한다. 이에 반해 *제 49호 품목의 경매*에서는, 1960년대 자유분방한 미국사회에서 풍족함과 안이함의 일변도적인 삶을 살고 있는 스물여덟 살의 중산층 공화당원인 여자주인공, 이디파 마스(Oedipa Maas)가 어느 순간 의외의 현실에 직면하게 된 뒤에 이룩한 변신과 성숙 그리고 여기에 관련된 남자들의 세계가 매우 간결하고 짜임새 있는 짧은 이야기로 구현되고 있다. 이 변신과 성숙은 민주주의와 공산주의, 선과 악, 부자와 빈자, 그리고 백인과 흑인을 엄격하게 구별했던 1950년대의 대학교육을 받은 이디파가 자신의 일변도적인 삶에 기적처럼 다가온, "다른 세계의 침입"[5](전혀 예상하지 않았던 의식변화)을 수용함으로써 일어난다. 이 논문은 "편집증에서 판단중지로"라는 논지로 작품을 분석하고 고찰하면서 주인공의 변신과 성숙의 실현과정을 논의해본다. 자유스러움과 평온함을 정도(正道)로 삼아 실존하고 싶은 그녀(우리)의 기대와 욕구는 권력을 장악하여 사리사욕을 도모하고 관능적 쾌락을 추구하려는 지배계층인사들의 편집증 때문에 여지없이 무산되어버린다. 이럼에도 그녀는 지금 이런 부정적 현실에 적극적으로 그리고 창의적으로 대처하려는 강한 의지나 어떤 계획도 없이 안이하고 메마른 일상적인 삶을 살고 있다.

---

[4]. 전미도서상(全美圖書賞)으로 번역되고 있는데, 이 번역은 미국사전의 정의를 제대로 전달하지 못한다. 이 명칭은 1949년부터 1979년까지 사용되다가, 1980년에 American Book Award로 바뀌었다. 그 정의는 "Any of several awards given annually since 1980 to an author whose book is judged the best in its category"이다.

[5]. Thomas Pynchon, *The Crying of Lot 49*(Philadelphia: Lippincott, 1966), 120. 앞으로 이 작품에서 인용문은 괄호 안에 쪽수만 표시함.

그녀는 이런 현실을 극복하기 위해, 독립심과 주체의식을 확장하려고 하기보다는 오히려 다른 사람에 의존하여 도움을 받으려고 한다. 또 현실을 유아론적 입장에서 성급하게 단정하려는 성향이 강한 편이다. 그렇지만 그녀는 의외의 현실에 직면하자 탐구와 회의 그리고 사랑을 바탕으로 대응하면서 점점 인생에 대한 깨달음을 얻게 되어, 의존심과 편집증을 초월할 수 있는 경지에 이른다. 드디어 그녀는 사물에 대한 인식과 분별에 있어서 그리고 행동하는 데 있어서 판단중지[6]를 수용하게 되고, 융통성, 유연성, 그리고 주체성이 강한 여인으로 성숙하여 현실을 있는 그대로 받아들이려고 한다.

Ⅱ

이디파는 자신의 실존에 대한 기대와 욕구가 지배계층인사들의 허위의식 그리고 자기부정과 소외로 인해 여지없이 무산되었기 때문에, 자포자기적이고도 절망적인 자아에 유폐되어, 무의미하며 자기중심적인 삶을 살 수 밖에 없다. 그녀는 삶에서 경이감이나 열정을 느끼지 못하기 때문에, 자신이 앞을 볼 수 없는 몹시 짙은 안개와 소나무숲 속에 갇혀 있다는 망상에 사로잡혀, 러펀즐(Rapunzel)[7]처럼 지배계층 남자의 도움으로 구원되기를 고대한다. 그리하여 그녀는 자기를 해방시켜줄 거라고 믿는 연인인 캘리포녀(California)주의 부동산 거부, 피어스 인버래리티(Pierce Inverarity)의 구원을 받지 못한 채 계속 탑 속에 구금되어 있다고 상상한다. 이처럼 스스로 자유스럽지 않다는 망상에 빠져 있는 이디파는 연인과 함께 여행간 멕시코우 시티(Mexico City)에서 스페인(Spain)출신 화가인 리미디오스 바로

6. 그리스 철학자, 피로우(Pyrrho)의 회의론에 입각해서 실존에 치명적인 확신과 단정 편집증에서 벗어날 수 있는 융통성과 유연성을 바탕으로 하는 매우 신중하고 조심스런 판단과 결정을 강조하는 의미로 사용한 낱말임. 우리 국어사전에도 있는 철학용어임.

7. 마녀에 의해 탑 꼭대기에 감금되어 있다가 젊은 왕자의 도움으로 구출되는 그림(Grimm)형제의 동화 속의 여자주인공.

(Remedios Varo)의 미술전람회에서 *흙색 천에 수놓는 소녀들*(*Bordando el Manto Terreste*)을 감상한다. 그림에는 "심장 모양의 얼굴들과 큰 눈들 그리고 금발을 가진 많은 가냘픈 소녀들이 있다. 그들은 원형 탑의 꼭대기 방에 구금되어 있는 죄수들이다. 그들은 주단에다 수를 놓으면서, 그 주단을 창문 틈새를 통해 공간으로 내보내, 절망적으로 공간을 채우려고 한다. 왜냐하면 지구상에 있는 모든 건물, 생물, 파도, 선박, 그리고 숲들이 그 주단 안에 들어 있기 때문이다. 그 주단이 바로 세상이다." 그녀는 그 그림을 보고 모든 굴레로부터 해방되고 싶은 자신의 기대와 욕구가 실현될 수 없음을 실감하고 슬프게 운다. 그러면서 그녀는 이렇게 절규한다: "피어스는 나를 구원하지 못했다. 탈출구가 없었다. 자기는 무엇으로부터 그렇게 도피하고 싶었던가?"(21). 그러나 그녀는 자립심은 없고 의존심만 강해 피어스의 도움을 받아 자유인이 되는데 실패하지만, 그의 유산의 유언 집행인으로 임명된다. 그녀는 이 사실을 그가 죽은 지 1년 뒤에 통보받는다. 역설적이게도 그녀는 연인이 생전에 자기를 구원하지 못했지만, 사후에 자신이 변신하고 성숙하는 데 결정적인 역할을 하고 있음을 점차 인지한다.

그녀는 스스로 탑 속에 구금되어 있다고 망상하는 자기를 구원하지 못하는 피어스와 결별하고 웬들 무쵸 마스(Wendell Mucho Maas)와 결혼한다. 편집증적 자아에 유폐되어 자포자기 끝에 무작정 해버린 그녀의 결혼은 이런 사랑을 전제로 하지 못하고 있다: "사랑은 한 인간이 다른 인간과 동등한 자격으로 정신적인 소통을 하면서 육체적으로 결합하는 능력이다."[8] 따라서 그녀는 결혼생활에서 원만한 의사소통과 황홀한 육체적 결합을 만끽할 수 없다. 그녀의 실존에는 놀라움이나 생기 그리고 활력은 없고 메마름, 지루함, 무기력 그리고 무의미만 있을 뿐이다. 그녀가 중산층 여성으로서 하는 일과는 플래스틱 식품 보존용기 판매를 촉진하는 주부들 모임에 참석하여 낮술에 취하고, 수퍼마트에 가서 비싼 치즈를 사면서 가벼운 음악을 듣거나, 큰 정원에서 자라는 방향성 식물에서 열매를 채취하고, 최신

8. Peter L. Abernethy, "Entropy in Pynchon's *The Crying of Lot 49*," *Critique* 14.2(1972): 18.

호 *과학적 미국인*(*Scientific American*)에서 서평들만 읽다가, 저녁식사를 준비하면서 직장에서 돌아올 남편을 위해 위스키에 레먼 소우더와 설탕을 혼합해 두는 것이 전부이다. 이러면서 그녀는 자신이 누구인가를 생각해보려고 하기보다는 과거에 일어났던 사건들을 회상하려고만 한다. 그녀는 일 년 전 어느 날 새벽 3시에 피어스가 전화를 걸어 목소리를 다양하게 바꿔가면서 자기를 괴롭혔던 일을 떠올려본다.

그녀가 감수해야하는 더욱 큰 괴로움과 고통은 남편의 일방적인 주장을 경청해야만 하면서 느끼는 무시감과 공포감이다. 그녀는 자신이 피어스 인버래리티의 유언 집행인으로 지명되었지만, 그것을 어떻게 집행해야하는가를 전혀 모르기 때문에 무쵸와 상의하고 싶어 안달한다. 그러나 그는 그녀의 심정과 의사를 전적으로 무시하고 자기주장과 감정만 표출한다. 그는 지방방송국인 케이시유에프(KCUF)에서 디스크 쟈키로 근무한다. 그는 상사와 마찰을 빚으면서 자신의 직업에 항시 양심의 위기를 느끼면서 이렇게 푸념한다: "오늘도 또 하나의 패배였어. [. . .] 에드, 나는 내 양심을 조금도 믿지 않아. 난 노력은 하지만 정말로 양심을 믿을 수 없어." 이렇게 의기소침한 남편을 위로하고 격려하기 위해 그녀는 "당신은 감수성이 너무 예민하다"(12)고 말하면서도, 그가 지나치게 이상주의적이어서 현실에 적응하지 못하고 있다는 공포감에 사로잡힌다. 게다가 그녀는 그가 과거의 악몽에 계속 시달리고 있기 때문에 매우 안타깝다. 그는 2년 동안 중고차 판매원을 하면서 자신보다 더 가난한 흑인과 백인들이 좀 더 나은 차와 교환하기 위해 가져오는 차들이 그 상태가 너무나 끔찍한 것을 보고, 그들의 비참한 삶에 연민의 정을 느끼면서 분노한다. 그가 보기에 그들은 실존에서 기본권을 박탈당해 아무것도 소망하지도 성취하지도 못한다. 그들의 실존은 사회적으로는 무이고, 수학적으로는 영이다. 이디파는 그가 이미 중고차 판매장을 2년 전에 떠나, 친구의 각별한 배려로 방송국에 근무하면서도 계속 그들의 비참한 삶으로 인해 내뿜는 분노심을 도저히 이해할 수 없다. 그녀는 그가 이러면서도 젊은 여자들에게 곁눈질하기 때문에 더욱 못마땅하다. 이뿐 아니라 그녀는, 한밤중에 전화를 걸어 잠을 깨워 중산층

주부들을 상대로 엘에스디-25(LSD-25), 메스컬린(Mescaline) 그리고 사일러사이빈(Psilocybin)과 같은 마약효과 실험에 동참하라고 강권하는 정신과의사인 힐레어리어스(Hilarius) 때문에 시달린다. 그녀는 의사로서 양심과 책임 그리고 의무를 포기한 채 경제적 이익만을 도모하는 그의 파렴치한 권유를 단호히 거절한다.

그녀가 이런 자아 유폐에서 벗어나 비극적 현실을 극복하는 변신과 성숙은 그녀가 유언을 집행하는 과정에서 인지한 비극적 사건들을 긍정적으로 수용함으로써 점차적으로 이루어진다. 그녀는 유언을 집행하기 위해 피어스의 경리 장부들과 기록들을 살펴보고, 동료 유언집행인인 메츠거(Metzger)변호사와 상의하려고 피어스가 독자적으로 설계하고 건설한 도시이며, 엘. 에이.(L. A.) 근처에 있는 샌 나시소(San Narciso)로 간다. 이 도시는 많은 사람들이 필요에 따라 모여들어 자연 발생적으로 생성되고 확장된 주거지가 아니고, 피어스가 광야에 인위적으로 건설한 기업 중심의 생활공간이다. 이디파의 샌 나시소 입성은 지금까지 편집증적이며 의존적이고 자기중심적으로 생존했던 그녀의 생활방식과 의식에 "다른 세계의 침입"을 상징한다. 이것은 그녀의 생활방식과 의식을 획기적으로 변화시키는 계기의 마련을 예시한다. 이제 그녀는 실존에서 놀라움과 경이감을 느끼며, 일차원적 의식에서 벗어나 현실을 다각적이고 객관적으로 직시하고, 사물의 이면에 있는 깊은 의미를 파악하며, 육체적 접촉과 결합을 통해 타인을 인정하고 지원하는 여인으로 변신하여 성숙할 수 있는 경지에 이른다.

일차원적이고 폐쇄적인 이디파의 실존에 돌변이 일어나는 계기는 그녀가 샌 나시소에서 의외의 세계를 보고 예상외의 체험을 함으로써 마련된다. 그녀가 획일적으로 건설된 주거지를 보고 느끼는 경이감과 메츠거변호사와 갖는 육체적 관계의 황홀경이 그녀의 일상적이고 자기중심적인 의식에 일격을 가해 변화를 촉발한다. 피어스가 거대 자본을 투자하여 주민들을 마음대로 지배하고 통제할 수 있도록 건설한 이 도시는 인위성과 획일성의 상징적 표본이다. 그녀가 언덕 아래를 내려다보니 황량한 갈색의 대지 위에 잘 재배된 농작물처럼 꼭 같은 모습의 집들이 끝없이 들쭉날쭉 들어서 있다. 그녀는 집들을 보면서 동시에 통제의 공포와 계시의 무한성을 이렇게 실감한다: “그녀는 건전지를 갈기 위해 트랜지스터 레이디오우를 열고 처음 회로망을 보았을 때를 상기했다. 집들과 거리들의 질서정연한 소용돌이가 . . . 회로망을 보았을 때의 의외와 경악으로 그녀를 엄습했다. [. . .] 두 개의 외형에는 은폐한 목적, 즉 전달하려는 의도의 상징적인 의미가 있었다. (그녀가 찾아내려고 했었다면) 회로망이 그녀에게 알려줄 수 있었을 정보는 무한한 것 같았다. 그녀가 샌 나시소에 들어서는 첫 순간에 어떤 계시의 섬광이 그녀의 이해의 한계를 넘어 번쩍였다”(24). 주택가를 벗어나자 작은 사무실들과 공장들이 있는데, 주소 번지가 70에서 80,000까지 있어서 그녀는 깜짝 놀란다. 이렇게 부자연스럽게 높은 숫자의 번지를 본 적이 없기 때문이다. 또한 그녀는 수마일 뻗친 담 위에 철조망이 처져 있고 일정 거리마다 감시초소들이 있는 항공우주산업의 거대 기업들 중 하나인 요요다인(Yoyodyne)공장을 보고서, 피어스가 창업했다고 자랑한 공장들 중의 하나임을 직감한다.

그녀는 “편집증 환자들”(Paranoids)이라는 재즈 동호회의 일원이 지배인으로 일하는 메아리 정원(Echo Courts)모우텔에 투숙한다. 그는 미국식 억양으로 말하면서도 노래는 영국식 억양으로 부른다. 그녀가 너무 의아해서 그에게 왜 그렇게 이상하게 노래하느냐고 묻자, 그는 지도자의 말에 따라 그런다고 대답한다. 이런데다 그녀는 자기를 만나러 온 메츠거변호사가 배우처럼 미남이어서 누군가가 자기를 놀리면서 괴롭히고 있다고 착각한다. 그러나 그녀는 곧 그가 어렸을 때 배우였고, 아역으로 *불명예제대자* (*Cashired*)에 출연했음을 안다. 그녀는 그와 포도주를 마시면서 티비에서 방영되고 있는 *불명예제대자*를 함께 본다. 그녀는 그로부터 막간에 광고되는 새로운 주택사업인 팬고소 라군즈(Fangoso Lagoons)가 피어스 사업의 하나라는 말을 듣는다. 그의 말에 의하면 이 사업은 호수의 한가운데에 떠 있는 사교장, 즉 동력선들의 사유 선착장들을 차례로 연결시키는 공사라는 것이었다. 그리고 이 사교장 주위의 호수 밑바닥에는 스쿠버 매니아들의 눈을 즐겁게 해주기 위해 세계 여러 나라에서 진귀품들을 가져다 깔아 놓았는데, 그 중에는 사람의 해골도 있다고 한다. 또 막간에 인기 있는 담배인 비컨스필드(Beaconsfield) 광고가 나오는데, 이 담배의 인기는 최상급의 사람 뼛가루로 필터를 만드는 데 있으며, 피어스가 그 필터 공장의 대주주라고 한다. 막간에 나오는 광고 전부가 피어스의 소유라는 것이었다. 그가 소유하지 않은 것은 하나도 없다고 한다. 더욱 놀랍게도 메츠거는 변호사 직업관을 설명하면서, "우리의 명성은 승소하는 탁월한 능력에 있다. 변호사는 법정에 들어서면 배심원들 앞에서 연기자가 된다"(33)고 말한다. 이렇게 이디파는 지금까지 몰랐던 새로운 사실들을 알고 놀란다.

그녀는 술에 취해 영화가 어떻게 끝나는가를 알아맞히는 옷 벗기 내기를 하자는 메츠거의 제의에 동의한다. 그녀는 욕실에 가서 가져온 옷들을 다 입고 거울을 보다가 쓰러지면서 세면대 위에 있는 헤어스프레이 통을 바닥으로 떨어뜨린다. 떨어진 통이 깨져 압축된 내용물이 분사되면서 바닥에서 빠른 속도로 튀어 날아다닌다. 놀라서 그녀를 보호하려고 급히 달려온 메츠거는 함께 바닥에 엎드려 머리를 숙인다. 그녀는 강타당할 것이 무서워 신음하면서 이빨로 그의 팔을 꽉 깨문다. 옷 벗기를 하다가 그녀가 욕실에 다녀오니 메츠거는 팬티만 입고 발기된 상태로 자고 있다. 그녀는 그를 깨우기 위해 키스하면서 옆에 눕는다. 그녀는 성적 쾌감에 점점 빠져들더니 바로 쾌감의 절정을 만끽한다. 드디어 그녀는 일시적이지만 그와 공감하고 융합할 수 있는 여인으로 변신한다. 이처럼 이디파가 체험한 경이감과 계시 그리고 성적 황홀감이 자아 유폐에서 해방되는 데에 결정적인 역할을 한다.

한편 이디파는 피어스 인버래리티의 상상불허의 막대한 재산을 정리하고 그가 자신을 유언 집행인으로 삼은 이유를 파악하고자 한다. 이 과정에서 그녀는 신비한 지하 사설우편 조직체인 트리스테로(Tristero)[9]의 존재를

9. Anne Mangel, "Maxwell's Demon, Entropy, Information: *The Crying of Lot 49*," in *Mindful Pleasures: Essays on Thomas Pynchon*, George Levine and David Leverenz(Boston: Little, Brown, 1976), 90. 또 Trystero로도 표기된다.

알게 되고 그것을 탐색하려고 한다. 이 탐색은 스스로 탑 속에 감금당해 있다고 망상하는 그녀에게 편집증에서 벗어나는 계기를 제공해 주는데 의의가 있다. 그녀는 탐색과정에서 지배계층인사들의 비행들을 듣고 목격하면서 사회를 더욱 깊고 넓게 이해하고 수용하게 되고, 자신의 일변도적인 의식을 다차원적으로 변화시키고 확장시킬 수 있다. 왜냐하면 트리스테로는 "의식의 다른 차원일 뿐만 아니라 의사소통에 있어서 더욱 순수하고 정확한 수단"[10]이기 때문이다. 그런데 "메츠거와의 정사(성적 황홀감)가 논리적으로 탐색의 시발점이다. 그래서 이 정사는 아마 그녀의 뇌리에서 사라지지 않을 것이다." 그리고 그녀는 탐색의 "큰 계시를 피어스가 수집하여 유산으로 남긴 우표들에서 얻을" 것이다. 왜냐하면 우표들은 "공간과 시간의 파묻힌 궤적들을 보는 통로가 되는 수천 개의 작은 채색된 창들이자, 큰 영양들로 가득 찬 대초원들이며, 서쪽 허공으로 항해하는 큰 돛배들이고, 히틀러(Hitler)와 같은 악마들이며, 일몰들이고, 레버넌(Lebanon)의 삼목들이며, 그리고 존재하지 않았던 우화적인 얼굴들"(44, 44-45, 45)이기 때문이다. 이와 같이 우표들은 그녀의 의식이 트리스테로 탐색 과정에서 창출할 수 있는 다양성, 융통성, 의외성, 돌변성, 불연속성, 그리고 미결정성을 상징한다. 이 상징이 그녀가 그 탐색 과정에서 큰 계시를 받아 변신하여 성숙할 수 있음을 예시한다.

그녀의 탐색은 단어의 지시를 그대로 읽는 고정관념에서 해방되는 시각, 다시 말하면 그 지시에 "다른 세계의 침입"을 전제로 한다. 그녀는 무쵸로부터 받은 편지봉투에 소인(消印)이 찍힌 우표 왼편에 있는 정부의 이런 광고문을 읽는다: "모든 음란 우편물을 당신의 접시닦이 우두머리에게 보고하시오(Report all obscene mail to your potsmaster)." 처음에 그녀는 potsmaster를 이해하지 못해 당황하다가 postmaster가 잘못 인쇄되었을 거라는 메츠거의 말을 듣고 안도한다. 이제 그녀는 단어의 지시에만 집착하는 의식에서 벗어나 큰 맥락에서 의미를 전체적으로 파악하려고 한다. 그

---

10. Kolodny and Peters, 86.

리고 그녀는 메츠거와 함께 엘. 에이.로 향하던 중 요요다인공장 근처에 있는 술집인 스코우프(Scope)에 들른다. 바로 그때 그녀는 자기와 메츠거를 보수단체인 피터 핑그위드 협회(Peter Pinguid Society)회원으로 끌어들이려 하는 마익 펄로우피언(Mike Fallopian)을 만난다. 이 협회는 미국과 소련의 대립을 역사적으로 당연시하여 국민들을 우파와 좌파로 구분하다가 극우단체를 좌파로 오인하기도 한다. 회원들은 창시자인 핑그위드의 주장에 맹목적으로 동조하여 산업자본주의에 반대한다. 왜냐하면 그들은 산업자본주의는 필연적으로 막스주의(Marxism)로 귀결되며, 둘 다 우리에게 다가오는 공포라고 믿기 때문이다. 이디파는 펄로우피언이 이런 편집증 — 자기는 산업자본주의에 반대하면서도 선악을 구별해서는 안된다 — 에 유폐되어 있음을 직감한다. 이때 어깨에 가죽 우편낭을 멘 젊은이가 나타나자, 봉급날을 맞아 술집에 앉아 있던 많은 근로자들이 우편물 배포라고 크게 소리 지른다. 젊은이는 계산대에 올라가서 이름을 호명하면서 봉투를 사람들에게 던진다. 펄로우피언은 양해를 구하고 그들과 합류한다. 메츠거가 안경을 꺼내 사람들 사이로 그 젊은이를 얼핏 보니, 그는 요요다인 휘장을 달고 있다. 이디파는 이것은 사내 우편배달일 거라고 말하고 나서 화장실에 갔다가 이런 낙서를 읽는다: "반드시 웨이스트(WASTE)사서함 739, 엘. 에이.를 통해서 커비(Kirby)와 연락하시오"(46, 52). 그리고 낙서 밑에는 소리가 나지 못하게 만들어진 우편나팔 그림이 있다. 그녀는 그 웨이스트에 큰 의문과 호기심을 갖는다. 그녀는 수첩에다 주소를 적고 그림을 그려 놓는다. 그녀가 자리로 돌아오자 벌써 자리에 돌아온 펄로우피언이 요요다인에는 사내 우편배달이 있으며, 자기는 미국의 사설 우편배달사에 관한 책을 저술 중이라고 말한다.

그녀와 메츠거는 "편집증 환자들"의 회원들과 그리고 그 연인들과 함께 팬고소 라군즈에 가서 재산을 점검하면서 하루를 보내려고 한다. 그들이 사교장으로 가기 위해 계류장에서 보우트를 타려 할 때, 메츠거는 변호사를 하다가 배우로 전향한 친구인 매니 디 프레소(Manny Di Presso)의 동승시켜 달라는 다급한 목소리를 듣는다. 프레소는 인버래리티를 상대로 뼈 대금청구 소송을 의뢰하고 자기에게 돈을 빌려달라고 조르는 범죄조직의 거물 토우니 재그와(Tony Jaguar)의 추적을 따돌리고 있는 중이다. 이 뼈들은 제2차세계대전 중에 이틀리(Italy)의 한 호숫가에서의 전투에서 전사한 미국 병사들의 유골인데, 토우니는 경제적 이익을 챙기려고 전사자들을 모독하는 파렴치한 행위를 서슴없이 자행했다. 그는 뼈들을 그 호수 밑바닥에서 수거해서 무역회사에 팔았다. 이 해골들은 팬고소 라군즈가 있는 호수의 밑바닥에 깔려 있었고, 그 중 최상급의 뼛가루는 담배 필터를 만드는데 사용되었다. 이 이야기를 우연히 엿듣게 된 한 소녀가 이렇게 탄성을 지른다: “이 모든 행위는 우리가 지난 주에 보았던 그 사악한 재커비언(Jacobean)의 복수극과 기성천외하게도 비슷하다”(63). 리쳐드 화핀져(Richard Wharfinger)의 *사자의 비극*(*The Courier's Tragedy*)에서도 호수 속으로 던져진 죽은 병사들의 뼈들이 인양되어 잉크 원료가 되는 이야기가 있다. 이디파는 도저히 믿을 수 없는 파렴치한 불법행위가 그 언젠가 실제로 자행되었음을 확인한다.

그녀는 메츠거와 함께 연극을 보러 간다. 연극이 시작되기 10년 전에 스쿠아무글리아(Squamuglia)의 사악한 공작, 앤젤로우(Angelo)는 권력장악과 영토확장 그리고 관능적 쾌락을 극대화하려고 온갖 음모와 권모술수를 꾸미면서 반인류적 악행들을 자행한다. 그는 인접한 파죠(Faggio)의 선량한 공작을 살해하고, 적자 니콜로(Niccolò)가 성년이 될 때까지 이복형인 서자(庶子) 퍼스콸리(Pasquale)가 섭정하도록 하려한다. 이 계획이 실패하자 그는 퍼스콸리와 공모하여 니콜로를 암살하려 하며, 또한 파죠 영토를 합병하려고, 자신의 성적 쾌락의 탐닉을 위해 상간하고 있는 누이동생이 퍼스콸리의 어머니임을 알면서도 그녀에게 아들과 결혼하라고 강요한다. 이런 사이에 파죠에서는 반란이 일어나서 퍼스콸리가 살해당하고, 무명의 저나로우(Gennaro)가 니콜로가 복위할 때까지 자기가 임시 국가수반이라고 선언한다. 마침내 앤젤로우는 죽은 줄 알았던 니콜라가 살아 있으며, 저나로우가 자기를 공격해 올 것을 알고 광란상태에 빠진다. 이제 그는 자기 부하도 믿을 수 없게 되어, 그동안 그렇게 거부했던 신성로마제국의 우편을 독점하고 있는 선과 택시스(Thurn and Taxis)가문의 사자를 데려오라고 명령한다. 그러자 그에게 복수하기 위해 사자로 위장하고 궁정 주변을 배회하고 있던 니콜로가 들어온다. 그는 저나로우에게 자신의 선의를 전하는 편지를 그 사자에게 준다. 니콜로는 그 편지를 지참하고 가면서 자기가 곧 복위하게 될 것을 알게 된다. 그러나 그는 도중에 온몸을 검정색 옷과 장갑 그리고 양말로 감싼 세 명의 괴한에게 피습 받아, 말 한 마디도 제대로 하지 못하고 "트-트-트-트-트 . . ."라는 소리만 내며 살해당한다. 그의 시신과 함께 발견된 피로 얼룩진 편지에는 앤졀로우의 고백이 있다. 앤졀로우는 파죠의 행방불명된 정예무사들을 살해하여 그 시신들을 호수 속으로 던졌고 후에 그들의 뼈들을 수거하여 숯을 만들었고, 이 숯으로 만든 잉크로 편지들을 썼다. 이 고백을 듣고 모든 사람들은 무릎을 꿇어 신의 이름을 축복하고 니콜로의 죽음을 애도하면서 스쿠아무글리아를 멸망시킬 것을 맹세한다. 한편 저나로우는 앤졀로우가 명기(名記)하지 않았지만 니콜로가 명기하려고 했던 트리스테로라는 이름을 밝히는 증언을 한다.

> 우리가 마지막에 선과 택시스로 알았던 그는
> 이제는 공작이 아니라 단검에 찔림을 주의한다.
> 그리고 금으로 한번 매듭지어진 나팔이 소리를 내지 않는다.
> 어떤 신성한 별무리라도 보호할 수 있을까,
> 한번 트리스테로와 밀약을 맺었던 사람을.
>
> He that we last as Thurn and Taxis knew
> Now recks no lord but the stiletto's Thorn,
> And Tacit lies the gold once-knotted horn.
> No hallowed skein of stars can ward, I trow,
> Who's once been set his tryst with Trystero.

이디파는 국가기관에 도전하는 트리스테로가 여전히 허공에 떠돌아다니고 있다고 생각한다. 이때 모든 전구들에서 불이 꺼지자, 트리스테로가 "어둠 속에 매달려 있으면서 이디파 마스를 당혹하게 하지만 지금은 스스로 그녀에게 행사(行使)할만한 힘을 발휘하지 못하고 있다"(75).

그녀는 연극을 연출하고 직접 저나로우 역을 수행한 랜돌프 드리블레테(Randolph Driblette)를 찾아가서, 그 연극은 정말 대단했다고 감탄하면서 대본을 보여 달라고 간청한다. 그러자 그는 그녀에게 대본은 누군가가 가져가버렸고, 자프(Zapf)의 헌책방에서 *재커비언 복수극들*(*Jacobean Revenge Plays*)을 찾을 수 있을 거라고 말한다. 그러면서 그는 연극의 진수는 대본에 있지 않고 영혼 속에 있다고 주장한다. 한편 그는 그녀가 연극의 진수를 감상하려 하지 않고, 대수롭지 않은 문제에 스스로 얽매는 태도를 이렇게 신랄하게 비난한다: "당신은 성경에 사로잡힌 청교도들과 꼭 같아요. 단어들, 단어들에 꼼짝 못하고 있어요. 이 연극의 존재는 . . . 대본에 있지 않고, 내 머리 속에 있어요. 나는 그 존재를 탐구하고 있습니다. 영혼을 형상화하기 위해. 단어들, 누가 관심을 갖습니까? [. . .] 진리는 이 머리, 내 머리 속에 있어요. 나는 천문대의 관측기사입니다. 망원경에 보이는 완전히 밀폐된 작은 우주는 내 입과 눈 그리고 때로는 다른 구멍들에서 창조되고 있어요. [. . .] 화핀져가 단어들과 이야기를 제공했어요. 나는 그것들에다 생명력을 불어넣었을 뿐이오"(79, 80). 그녀는 그의 비판을 수용하고, 다시 연락할 것을 약속하면서 그와 작별한다.

그녀는 앞으로 자신에게 "의식의 다른 차원일 뿐만 아니라 의사소통의 더욱 순수하고 정확한 수단"이 될 것이지만, 아직은 그녀가 그 정체를 정확하게 모르고 있으며, 더욱이 자신에게 그 위력을 발휘하지 못하고 있는 트리스테로와 직면한다. 그 후론 그녀가 보고 듣고 꿈꾸고 기억하는 전부가 트리스테로와 연계된다. 그런데 그녀가 트리스테로에 대한 자료와 정보를 수집하면 수집할수록 더욱더 많은 자료와 정보가 쏟아진다. 그리하여 그녀는 피어스 인버래리티의 유언을 집행하는 자신의 가장 중요한 책임과 의무는 유산의 창조적 의미를 파악하는데 있다고 믿는다. 그녀는 웨이스트 주소를 적고 소리가 나지 않게 만들어진 우편나팔을 그려 놓았던 수첩에 이런 심정 — 독자적으로 "나는 어떤 세계를 창조할 것인가?"(82) —라고 쓴다. 그리고 다소나마 무력감에서 벗어나려고 요요다인 주주총회에 참석한다. 총회가 끝나 공장을 견학하던 중 방향감각을 상실하여 헤매다가, 소리가 나지 않게 만들어진 우편나팔을 그리고 있는 스탠리 코우텍스(Stanley Koteks)를 보고, 그에게 자신을 주주라고 소개한다. 그러자 그는 그녀에게 회사가 사원이 연구하고 개발한 특허를 강탈하고 있다고 불평한다. 그는 이런 강탈이 개인의 연구 의욕을 억압하여 천부적 창의력을 말살시키는 주범이라고 회사를 성토한다.

이런 여건 가운데서도 죤 네퍼스티스(John Nefastis)가 자신이 발명한 기계의 특허를 가지고 있다고 코우텍스는 자랑스럽게 말하면서, 그 특허를 복사한 서류 뭉치를 그녀에게 보여준다. 그 뭉치 표지에는 제임즈 클럭 맥스웰(James Clerk Maxwell)의 초상화가 있는 상자가 보이고, 지붕으로부터 크랭크축(軸)과 속도조절 바퀴에 연결된 두 개의 피스턴이 나와 있다. 코우텍스의 설명에 의하면, 맥스웰은 요정[11]을 자명한 원리로 가정했다. 요정은 상자에 앉아서 다른 속도로 움직이는 공기 분자들 가운데서 빠른 분자와 느린 뷰자를 분류할 수 있었다. 빠른 분자는 느린 분자보다 더 많은 에너지를 가지고 있다. 당신이 엄청나게 많은 빠른 분자들을 한 곳에 집합시키면, 그곳이 뜨거워진다. 당신은 상자의 뜨거운 곳과 찬 곳의 온도 차이를 이용해서 열기관을 가동시킬 수 있다. 요정이 앉아서 분류를 하기 때문에 당신은 그 가동에 어떤 실질적인 역할을 하고 있지 않다. 그래서 당신은 열역학의 제이 법칙을 위반하고, 열을 거저 얻어 계속 움직이게 하고 있다. 이에 반해 네퍼스티스 기계는 당신의 노력을 요구한다. 당신이 상자에 있는 맥스웰의 초상화를 응시하면서 오른쪽이나 왼쪽의 실린더에 정신을 집중하여, 요정이 거기 온도를 높여주기를 원한다. 그러면 공기가 팽창하여 피스턴을 움직인다. 그런데 의식이 있는 예민한 사람만 이 일을 할 수 있다. 그의 설명을 듣고, 이디파는 맥스웰 요정이 기득권을 계속 향유하려는 보수주의자와 우파를, 그리고 네퍼스티스 기계는 실존에서 변화를

11. Maxwell's Demon을 지칭한다.

갈구하는 진보주의자와 반항하는 좌파를 상징하고 있음을 직감한다. 게다가 그녀는 그로부터 waste는 쓰레기가 아니고 W.A.S.T.E.(We Await Silent Tristero's Empire)의 두문자어라는 말을 듣는다.

이디파는 요요다인 공장에서 나와 팬고소 라군즈의 호숫가에 있는 청동묘비에서 이런 글을 읽는다: "1853년에 열두 명의 웰즈, 파고우(Wells, Fargo)[12]회사원들이 이상한 검은 제복을 입고 얼굴을 가린 한 무리의 무법자들과 용감하게 싸웠다. 우리는 이 사실을 현장의 유일한 목격자로서 상황을 알리고 바로 숨을 거둔 기마 우편배달부로부터 들었다. 또 하나의 유일한 단서는 희생자들 중 한명이 추적했던 흙 속에 묻힌 십자가였다. 오늘날까지 살인자들의 정체는 신비에 싸여 있다"(89). 그녀는 그것이 십자가였을까, 혹은 트리스테로의 머리글자 T가 아니었을까하고 상상해본다. 그렇지만 그녀는 묘비 내용이 너무 이상해서 미국의 사설 우편배달사를 집필하고 있는 마익 필로우피언에게 그것에 관해 문의했지만, 그에게서 모른다는 대답만 듣는다. 그녀는 코우텍스가 불안정한 삶을 살고 있는 사람들의 지하조직의 일원이라는 사실까지도 알고 있는 필로우피언이 그 묘비에 대해 아는 바가 없다고 한 대답을 도저히 납득할 수 없다. 이런 와중에 그녀는 한 양로원에서 아흔한 살의 소우스(Thoth)영감으로부터 너무나 놀라운 이야기를 듣는다. 그 영감의 할아버지는 포우니 익스프레스(Pony Express)회사[13]의 기마 우편배달부였는데, 어느 날 밤중에 자기를 공격하는 인디언들로 가장한 무법자들과 싸워, 그들을 살해하고 그들 중 한명의 손가락에서 금반지를 빼서 보관했다. 영감이 그녀에게 보여준 금반지에는 웨이스트(waste)라는 기호가 있다. 또다시 그녀는 의문에 사로잡힌다.

다행히 그녀의 의문은 우표수집가 젱기스 코헨(Jenghis Cohen)에 의해 다소나마 풀린다. 그는 우표수집 전문가인데, 메츠거는 인버래리티가 수집한 우표들의 감정을 그에게 의뢰하였다. 그는 인버래리티가 수집한 우표들

---

12. Henry Wells 와 William J. Fargo가 1849년부터 California주의 새 금광지로 쇄도한 광부들의 편의를 위해 1853년에 설립한 회사.

13. 1860년에 창립된 California주 행 기마 속달우편 회사.

중에서 1940년에 발행된 미국의 3센트 포우니 익스프레스 기념우표 한장을 그녀에게 보여준다. 그녀가 확대경으로 우표를 자세히 보니, 중앙에서 약간 오른쪽에 검은 빛을 띤 웨이스트 기호가 있다. 또 다른 오래된 독일 우표의 오른쪽 여백에는 선과 택시스가 새겨져 있고, 네 모서리에는 웨이스트 기호와 거의 같은 고리가 하나 달린 나팔 그림이 있다. 그의 주장에 따르면, 선과 택시스는 1300년부터 1867년에 비즈마크(Bismarck)에게 팔릴 때까지 유럽의 유일한 우편사업소였으며, 모서리에 있는 나팔은 소리가 나지 않게 만들어진 우편나팔인 것 같다는 것이다. 그리고 이 우표들은 전부 경매에서 고가로 팔리는 위조 우표들이라는 것이다. 이제 그녀는, "검은 복장, 침묵, 비밀. 그들이 누구였든 그들의 목적은 선과 택시스의 우편나팔 소리가 못 나게 하는 반항행위였다"(97)는 사실을 깨닫게 된다. 그녀가 그에게 자신이 지금까지 목격했던 그림과 글자에 관해 언급하자, 그는 지금도 국가기관에 도전하는 저항과 반항이 계속되고 있다고 단언한다.

이디파는 이런 이해하기 어려운 설명들을 듣고 심란한 마음으로 *포드 웹스터, 터너 그리고 화핀져 희곡집*(*Plays of Ford, Webster, Tourneur and Wharfinger*)에서 자신을 매료시켰던 구절 — "어떤 신성한 별무리라도 보호할 수 있을까/ 한번 트리스테로와 밀약을 맺었던 사람을" —을 찾아본다. 그런데 1957년에 출판된 *희곡집*을 그대로 복사한 *재커비언 복수극*들에 들어 있는 *사자의 비극*에 있던 그 구절이 여기에는 없다. 뜻밖에도 "한번 트리스테로와 밀약을 맺었던 사람들" 대신에 "앤젤로우의 탐욕을 한번이라도 제지했던 사람들"이라는 구절이 있다. 그녀는 *희곡집*의 각주(脚註)를 읽고, *사자의 비극*은 하나의 원본만 있지 않고 다른 각본들((사절판, 이절판 그리고 화이트채펄(Whitechapel) 판))도 있다는 사실을 인지한다. 자신을 매료시켰던 구절이 이 각본들이 아닌 다른 각본에 혹시 있지 않을까하고 생각해본다. 자세한 내용을 알아보기 위해 *희곡집*의 편집자인 에머리 보츠(Emory Bortz)교수를 만나러 버클리 교정(Berkeley Campus)으로 간다. 비록 그녀는 이미 영문과를 떠난 보츠교수를 못 만나지만, 자신이 순진하게 대학에서 받았던 반공교육의 흔적과 영향을 이제는 교내 어디에서도 볼 수 없어 깜짝 놀란다. 그녀는 학생들의 말소리를 듣고 있는 이 교정이 자살과 같은 과격행위로 격변을 촉발하여 정부를 전복시키고자 안달하는 극동 에이저나 래틴 어메리커(Latin America)에 소재한 대학이 아닌가 하는 착각이 들 정도로 무질서와 혼란의 도가니에 있다. 이런 분위기 때문에 그녀는 스스로 반정부 시위와 연좌항의 등에는 무관심하고, 오로지 *재커비언 복수극들*에 나오는 이상한 낱말이나 추적하는 전문가이고 기인이라고 자기를 정의한다. 요컨대 그녀는 연극의 여러 각본들이 존재할 수 있는 가능성과 대학 캠퍼스에서 느꼈던 격세지감 등을 체험하면서 자기 정의를 바탕으로 자신과 세계를 새롭고 다각적으로 인식한다.

또 그녀는 자신이 감수성이 예민하며 다른 사람과 의사소통도 잘 할 수 있는 여자인지 아닌지를 알아보려고 죤 네퍼스티스를 찾아간다. 그녀는 그에게서 이런 설명을 듣는다: "두 종류의 엔트러피(entropy)[14]가 있다. 하나는 열기관(열역학)과 관계가 있고, 다른 하나는 의사소통과 관련이 있다. [. . .] [맥스웰의] 요정이 . . . 그의 분자들을 뜨거운 것과 찬 것으로 분류할 때, 그 조직은 엔트러피를 상실한다고 한다. 그러나 여하튼 이 상실은 요정이 어떤 분자들이 어디에 있는가에 대해 얻는 정보에 의해 보상된다." 요정의 분류에서 파생된 확실성과 균일성 그리고 항상성은 의사소통을 일차원적으로 획일화하고 제한한다. 그런데 네퍼스티스는 "의사소통이 [실존의] 비결이다"고 주장한다. 그래서 그는 부정적인 동일성의 무질서를 야기하는 맥스웰의 요정을 보완하여, 의사소통에 도움이 되는 기계를 제작했다. 이 기계의 "요정은 감수성이 예민한 사람들에게 자신의 자료를 전달

---

14. 엔트러피가 열역학이론과 정보이론에서 정반대 개념으로 활용된다. "열역학이론에서 엔트러피는 밀폐된 조직 내에서 분자들의 혼란 상태, 다시 말하면 조직의 부분들에서 차이를 허용하지 않는 한결같은 무질서를 지시한다. 그러므로 최고 엔트러피는 동일성의 무질서를 야기시킨다. 정보이론에서 엔트러피는 부정적이기보다는 오히려 긍정적이다. 왜냐하면 무질서는 전달될 수 있는 잠재적 정보를 증가시키기 때문이다. 정보이론에서 최고 엔트러피는 다양성의 무질서를 촉발한다." Robert D. Newman, *Understanding Thomas Pynchon*(Columbia: University of South Carolina Press, 1986), 73.

하면, 그들은 본질적으로 반응해야 한다. [. . .] 그들은 에너지의 어마어마한 압력을 받아들여, 같은 분량의 어떤 정보를 반송해야 한다. 모든 것이 순환하도록 한다.” 그녀가 조금도 이해하지 못하겠다고 반응하자 그는, “엔트러피는 비유적 표현, 즉 은유이다. 엔트러피가 열역학의 세계와 정보흐름의 세계를 연결시킨다. 기계는 두 세계를 이용한다. 요정은 은유를 언어로 우아하게 할 뿐만 아니라 객관적으로 진실 되게 한다”고 부언한다. 그의 주장을 듣고 그녀는 자신이 기계에서 직접 반응할 수 있는가를 검사해보고 싶어한다. 따라서 그녀는 그의 지시에 따라 맥스웰의 사진을 보고, 실린더에 정신을 집중하면서 마음을 열어 요정의 계시를 받아들이려고 한다. 만약 그녀가 감수성이 예민한 여자이면, 한쪽의 피스턴이 움직일 것이다. 왜냐하면 “감수성이 예민한 사람은 다른 사람의 환상을 공유할 수 있는 인간”(105, 106, 107)이기 때문이다. 그러나 그녀가 15분 동안 정신을 집중했지만 어떤 움직임도 일어나지 않는다. 그녀는 너무 실망하여 울음을 터뜨리자, 그가 달려와서 그녀를 위로하면서 갑자기 성행위를 즐기자고 말한다. 그녀는 이 말에 너무 놀라 그 집에서 뛰쳐나온다.

이런 와중에서도 이디파는 트리스테로에 관한 몇 개의 사실들을 알게 된다. 트리스테로는 유럽의 우편사업을 독점했던 선과 택시스에 저항했고, 그 상징은 소리가 나지 않게 만들어진 우편나팔이었다. 그것은 1853년 이전 언젠가 미국에 등장해서 검은 옷을 입은 무법자들이나 인디언들로 가장하여 포우니 익스프래스와 웰즈, 파고우 우편배달부들과 혈투를 벌였으며, 오늘날도 캘러포녀주에서 빈민층과 소외계층 사람들의 통신수단으로 명맥을 유지하고 있다. 이러한 인지에도 불구하고 그녀는 트리스테로가 실제로 존재했는지, 아니면 피어스 인버래리티의 유산 정리에 너무 깊이 매달리다가 얽혀버린 자신의 추측 혹은 환상이었는지를 단정하지 못한다. 이러면서도 그녀는 트리스테로를 “‘계시,’ 즉 미국의 지배이념들을 대신할 다른 의미 세계의 약속”[15]으로 이상화한다. 그리하여 그녀는 트리스테로의

---

15. Paul Maltby, *Dissident Postmodernists: Barthelme, Coover, Pynchon*(Phladelphia: University of Pennsylvania Press, 1991), 137.

존재를 확인하기 위해 샌 프런시스코우(San Francisco)의 밤거리를 헤매고 다닌다.

그녀는 밤거리에서 관광객들에게 떠밀려 남자 동성연애자들의 주점으로 들어간다. 그녀는 이런 주점에 있어야 하는가에 심한 갈등을 느끼면서도, 트리스테로를 탐색하려면 더 큰 시련도 극복해야한다고 자위하면서, 자기가 남자라고 생각하고 술집에 앉아 있다. 그녀는 소리가 나지 않게 만들어진 우편나팔 모양의 핀을 옷깃에 달고 있는 남자를 보자, 생각할 겨를도 없이 바로 그를 트리스테로 회원으로 단정한다. 그러나 실망스럽게도 그녀는 그로부터 그 핀은 사랑에 빠진 익명의 사람(Inamorati Anonymous)을 의미하는 아이에이(IA)회원의 상징이라는 말을 듣는다. 그의 말에 의하면, "사랑은 최악의 중독이기" 때문에, 누군가가 사랑에 빠지려고 하면 그러지 않도록 도와주는 단체가 아이에이다. 아이에이 창립에 관한 그의 설명이 이어진다. 1960년대 초기에 요요다인공장의 간부사원이 아이비엠(IBM) 7084 컴퓨터 도입에 따른 사무자동화로 실직당한다. 그의 실직으로 아내가 가출하자 그는 자살하기로 결심한다. 그는 이런 중대사건을 독자적으로 결정할 수 없으므로 다른 사람들의 의견을 묻는 광고를 신문에 낸다. 일주일 동안 어떤 우편물도 받지 못했는데, 일요일 오후에 늙은 거지로부터 한 뭉치의 편지를 건네받는다. 자살 포기자와 실패자들로부터 온 이 편지들은 그가 살아야 하는 이유를 분명하게 제시하지 못하는 내용들이다. 그는 망설이다가 월남 스님이 정부정책에 항의하며 분신자살하는 장면을 담은 한 신문의 대서특필 사진을 보고, 편지들을 양복 주머니에 넣고 자동차에서 빼낸 휘발유에 불을 질러 부엌에서 분신자살하려고 한다. 마침 그때 아내가 자기를 해고시킨 상사와 함께 거실로 들어와서 성관계를 하면서 절정에 올라 신음한다. 그는 신음 소리를 듣고 갑자기 낄낄 웃기 시작한다. 두 사람이 그의 자살기도를 경찰에 신고하러 가자, 그는 목욕을 하고 양복을 빨래줄에 넌다. 그때 그는 양복 주머니에 있던 편지들에 찍힌 잉크가 휘발유에 녹아 하얗게 된 우표들에서 소리 나지 않게 만들어진 우편나팔을 보고, "신비의 기호이다"고 중얼거린다. 그는 경건하게 선언하기를, "나의 큰 실수는 사랑이었다. 오늘부터 나는 어떤 사랑도 하지 않을 것을 맹세한다 . . . 나는 이 목적 추구에 헌신할 [사회로부터] 격리된 단체를 창립할 것이고, 내가 분신자살하기 위해 사용하려 한 휘발유에 의해 드러난 기호가 그 상징이 될 것이다." 이디파가 설명을 듣고 나서 "그는 지금 어디 있느냐?"고 묻자, 그는 "웨이스트를 통해서 그에게 편지를 해보지 않겠소? 아이에이 창립자 앞으로"(112, 115, 116)라고 대답한다. 그가 화장실에 가더니 돌아오지 않자, 그녀는 "상호 격리 말고는 공유할 아무것도 없는 바로 그 익명의 사랑에 빠진 사람들처럼"[16] 극심한 외로움을 느끼면서 술취한 남자 동성연애자들로 가득 찬 그 주점에서 유일한 여자 손님임을 의식한다. 그녀는 지금까지 개인 차원에서 뼈저리게 느꼈던 외로움과 소외감을 산업사회가 만들어낸 비인간화 차원에서 실감한다.

이처럼 극도의 고독감과 소외감에 사로잡힌 채로 주점에서 나온 이디파는 싸구려 식당의 모서리에 앉아 있는 망명 중인 멕시코우의 무정부주의자인 헤수스 아라발(Jesús Arrabal)를 보게 된다. 그는 그녀를 알아보고 반가워 손짓하며 앉으라고 한다. 그녀는 그를 인버래리티와 함께 멕시코우의 마사틀란(Mazatlan)해변에서 만난 적이 있다. 그는 상상불허의 재력을 과시하는 인버래리티를 증오했으면서도, 그녀로부터 그가 고인이 되었다는 말을 듣고 불쌍한 사람이라고 애도한다. 그러더니 그는 그녀에게 무정부주의는 혁명을 선동하지 않고 기적을 일으키려 한다고 이렇게 주장한다: "우리(무정부주의자들)는 대부분의 시간을 [다른 사람들과 함께] 평화스럽게 공존한다. 그러나 우리가 호소하여 [행동하면] 격변이 일어난다. 우리가 증오하는 교회들처럼 우리도 또한 [현실과 동떨어진] 다른 세계를 갈구한다. [다른 세계란] 혁명이 선동자 없이 자발적으로 일어나며, 지도자의 통합 재능이 대중들을 힘들이지 않고 신체처럼 자동적으로 공동 작업에 참여하도록 독려하는 사회입니다"(120). 그는 이런 사회건설이 무정부주의자들의 염원이며, 그 실현이 바로 기적의 일으킴이라고 역설한다. 또한 그는

16. Thomas H. Schaub, *Pynchon: The Voice of Ambiguity*(Urbana: University of Illinois Press, 1981), 37.

사람이 다른 사람들과 "뭉쳐 하나되는 행위"[17]인 사랑을 바탕으로 서로 공고한 유대관계를 맺고 유지해야 함을 역설한다. 그런데 필자의 생각에는, 이러한 유대관계의 맺음과 유지는, 사람들이 독선, 아집, 권력욕, 명예욕 그리고 탐욕을 버리려고 최선을 다하면서, 상대방을 깊이 이해하고 배려하며 보살피려는 의식을 끊임없이 확장하려고 고심할 때만 가능하고 실현될 수 있다.

그녀는 식당에서 나와 아침을 맞은 거리를 걷다가, 바로 방으로 연결된 계단 위에 웅크리고 앉아 있는 한 노인이 전에 듣지 못했던 비탄의 소리를 지르는 것을 목격하는데, 그녀는 그의 손등에서 소리가 나지 않게 만들어진 우편나팔의 희미한 문신을 본다. 그녀는 순간적으로 그 문신에 매혹되어 노인을 향하여 삐걱거리는 층계를 올라가다가 세 계단을 남겨놓고, 그의 찌든 얼굴과 핏발이 선 눈에 겁이 나 걸음을 멈춘다. 그녀는 지금까지 자발적으로 다른 사람과 정신적 소통과 신체적 접촉을 시도한 적이 없지만, 이 순간 갑자기 노인을 보살피려는 마음이 내킨다. 그래서 그에게 자기가 도와드릴 일이 있느냐고 여쭈어본다. 그러자 그는 오래 보지 못하여 그리고 섬망증(譫妄症)으로 인하여 그 모습조차 가물가물한 아내에게 몇 해 전에 썼던 편지를 고속도로 아래에 있는 W.A.S.T.E. 우체통에 넣어 달라고 그녀에게 간청한다. 그때 이 노인보다 나이가 더 많은 다른 관절염환자 노인이 그녀에게 아내를 찾으러 간다고 어젯밤에 집을 나간 그를 계단 위로 데려와 달라고 부탁한다. 그녀는 그의 손을 잡고 계단을 올라가서, 그들의 방에서 너무나 초라한 옷가지와 소지품을 보게 된다. 그녀는 그에게 새 양복, 내복, 구두 그리고 먼 곳에 있는 아내에게 갈 차표를 사주어야 한다는 충동에 사로잡힌다. 이윽고 그녀는 길에서 페인트로 W.A.S.T.E.라고 쓰인 깡통에 한 아이가 편지들을 넣는 것을 보게 되자 그 노인이 대신 부쳐주기를 부탁한 편지를 그 깡통에 떨어뜨린다. 그녀가 거기서 기다리고 있으니까, 깡마른 한 젊은이가 정오쯤에 와서 편지들을 수거해간다. 이처

17. William M. Plater, *The Grim Phoenix: Reconstructing Thomas Pynchon* (Bloomington: Indiana University Press, 1978), 139.

럼 그녀는 자기중심에서 벗어나 노인을 사랑과 정성을 다해 보살피게 되고, 또한 노인들이 상호관심을 갖고 배려하는 모습과 더불어 트리스테로의 활동상을 직접 목격한다. 한편 그녀는 농아들이 마음대로 흥겹게 춤을 추는 무도장에서 무정부주의자의 기적을 이렇게 직접 체험한다: "이디파는 생각하기를, [춤추는데] 충돌이 심각한 방해가 될 때까지 무도회는 얼마나 오래 계속될 수 있을까? [많은 사람들이 멋대로 행동하면] 충돌이 일어나기 마련이다. [충돌을 예방하는] 유일한 대안은 어떤 상상이 가능한 음악의 최고 질서, 많은 리듬들, 동시에 맞춘 음조들 그리고 모든 짝이 예정대로 쉽사리 조화를 이루도록 창안한 안무 등등이다. [. . .] 그녀는 충돌이 일어나기를 기다리면서 . . . 상대방이 이끄는 대로 따라간다. 그러나 충돌은 일어나지 않는다. 그녀는 상대방과의 접촉 이외에는 어떤 마찰도 없이 신비스러운 일체감에 빠져 모든 사람이 춤을 멈출 때까지 30분 동안 춤을 춘다"(131). 이 체험은 산업사회의 가장 큰 악폐인 계층 간의 심각한 갈등과 대립 그리고 적대관계를 해소할 수 있는 방안을 찾을 수 있음을 암시한다. 요컨대 이 체험은 그녀가 자기중심에서 벗어나 다른 사람에 대한 배려와 사랑의 필요성과 중요성을 깨닫고, 그것을 실현하는 방법을 찾을 수 있음을 시사한다.

이렇게 이디파는 "의식의 다른 차원일 뿐만 아니라 의사소통의 더욱 순수하고 정확한 수단"인 트리스테로의 존재를 직접 확인했으면서도, 이 사실을 인정하려 하지 않는다. 왜냐하면 그녀는 트리스테로가 자신의 실존에 위협적이라고 생각하면서도, 그 이유를 알지 못하기 때문이다. 그래서 그녀는 힐레어리어스로부터 자신에 대한 확인이 하나의 환상에 불과하다는 말을 듣고 싶어 저녁에 그의 병원으로 간다. 그런데 진료실의 불은 꺼져 있고 총소리가 나서, 그녀가 급히 출입구로 달려가자, 간호사가 재빨리 문을 열고 그녀를 들어오게 하더니, 그 의사가 정신 이상이 되어 총을 쏘면서 진료실에서 문을 잠가 놓고 있다고 말한다. 이디파가 진료실 문 앞에서 그와 이야기를 하고 있을 때, 경찰들이 들이닥치려 하자 그는 문을 열고 그녀를 진료실 안으로 끌고 가 인질로 삼는다. 그러자 그녀는 그에게,

"당신의 사회적 책임을 똑바로 아시오, 현실 원칙을 수용하시오. 당신은 수적으로 열세이고, 그들(경찰들)은 우세한 화력을 가지고 있소"라고 말한다. 그는 그녀의 말을 듣고 체념하여, 제2차세계대전 중에 부컨왈드(Buchenwald)수용소에서 유대인들에게 이런 잔혹행위를 자행했다고 실토한다: "그들(독일군들)은 박절기(拍節器)들, 뱀들, 한밤중에 브렉트(Brecht) 연극 속의 짧은 장면들, 어느 신체 부위의 외과적 제거, 마술 전등이 비치는 환상들, 새로운 마약들, 보이지 않는 확성기들이 뿜어내는 무서운 소리들, 최면술, 거꾸로 가는 시계들 그리고 [괴상한] 얼굴들을 가지고 [죽은 거나 다름없는] 유대인들을 무자비하게 가학했다." 이 때문에 그는 전쟁이 끝난 뒤부터 이즈리얼(Israel) 첩보원이 자기를 체포하여 재판에 회부하기 위해 뒤쫓고 있다는 공포심에 극도로 시달리다가 결국 정신 이상이 된다. 그는 정신이상, 혼란 그리고 경찰과의 대치라는 이 와중에서도, 현실을 환상으로 간주하려 하면서 환상에서 벗어나고 싶어 자기를 찾아온 이디파에게, "환상을 소중히 간직하시오. [. . .] 어떤 환상이라도 소중히 품으시오. 왜냐하면 당신이 환상을 버리면, 당신은 이로 말미암아 다른 사람들의 추종자로 전락해버리기 때문이오. 그러면 당신은 실존을 부정하기 시작합니다"(136, 137, 138)라고 조언한다. 위기상황에 처해 있으면서도 자기를 변화시키고 싶지 않아 트리스테로의 존재를 수용하려 하지 않는 이디파에게 정신과의사로서 그는 자아 유폐에서 뛰쳐나와 자아를 직시하고 변화시키라고 충고한다.

그녀는 진료실에서 나와 방송국 이동중계차 안에서, 인질로 잡혀 있었던 당시의 소감을 묻는 무쵸의 질문에 끔찍했다고 대답한다. 그의 요구에 응해 그녀가 시청자들을 위해 진료소 안에서 일어났던 일들을 간략하게 요약해서 설명하자, 남편인 무쵸는 "에드너 마쉬(Edna Mosh)부인, 목격자 증언을 해줘서 감사합니다"라고 엉뚱하게 말한다. 그녀는 남편의 언행에서 이전과는 전혀 다른 이상함을 느낀다. 더욱이 그녀는 그의 상사로부터 이런 충격적인 말을 듣는다: "당신이 여기 없는 동안 웬들은 완전히 변해버렸습니다. [. . .] 직원들은 그를 엔(N)형제들이라고 부르고 있습니다.

그는 정체성을 상실해가고 있습니다 . . . 나날이 웬들은 자기를 포기하면서 여러 사람으로 변하고 있습니다. 그가 간부회의에 들어오면, 회의장은 갑자기 사람들로 가득찹니다 . . . 그는 움직이는 인간 조립품입니다"(140). 곧 그녀는 이 믿기 어려운 말을 사실로 받아들인다. 그녀는 남편이 혼자 있으면서 힐레어리어스의 마약효과 실험의 덫에 걸려 엘에스디를 복용하기 시작했음을 확인했기 때문이다. 이제 남편은 현실감각과 판단능력을 완전히 상실하여 중고차판매장의 악몽을 잊고 안락을 마음껏 즐기는 환각상태에 빠져 있음을 그녀는 직감한다.

설상가상으로 이디파는 남편과 작별하고 메아리 정원 모우텔로 돌아와서, 메츠거가 저지른 악행에 관한 매우 황당한 이야기를 듣는다. 그는 월등한 사회적 지위를 이용해서 재즈 동호회 회원인 서쥐(Serge)의 열다섯 살 배기 여자 친구를 유혹하여 결혼하려고 너배더(Nevada)주로 도망쳤고, 이에 서쥐는 극도의 실의와 좌절에 빠지고 마침내 실성하게 되었다. 이디파는 그가 오로지 자기만족과 쾌락을 추구하려고 힘없는 젊은이의 애인을 빼앗는 횡포를 저지른 데다, 인버래리티의 유언집행을 다른 변호사에게 위임함으로써 자신의 책임과 의무를 포기했을 뿐만 아니라, 이디파가 그래도 의미가 있다고 생각했던 상호신뢰와 부조를 무시하는 행위를 함으로써 그녀는 그에게 큰 환멸감을 느낀다. 게다가 그녀는 다음과 같은 더욱더 어이없는 말을 듣게 된다. 그녀는 보츠교수를 만나러 가다가 자프의 헌책방이 소실(燒失)된 것을 보고, 그 이웃 상점에 들어간다. 그 상점 주인은, 자프가 보험금을 타려고 상점에 방화를 했다고 한다. 그 상점 주인은 장사를 하려면 수요가 많은 상품을 선택해야 하는데, [요즘] 자신은 나치(Nazi) 십자기장의 수요가 많아 그것을 제조할 공장을 가지고 있으며, 그 주문이 밀려 직원을 더 많이 고용하고 있으며, 또 독일친위대 군복의 수요가 있다면, 그것도 만들어 팔려고 한다고 말한다. 이처럼 그 주인은 돈만 벌 수 있다면, 윤리의식, 국민감정, 국가, 교육 그리고 역사라는 문제는 전혀 고려하지 않는다. 이디파는 주변에 아무도 없을 때 주인에게 일격을 가했어야 했는데, 그러지 못한 자기를 겁쟁이라고 매도하면서, "이것이 미국이다. 너는 무조건 이익을 추구하는 풍토에서 살고 있다. 네가 그런 풍토를 방관하고 있다. 더욱이 그런 풍토를 조장하고 있다"(150)고 개탄한다. 그녀는 이런 비양심적이고 몰상식한 행위를 비난할 수도 응징할 수도 없는 자신의 무능력을 절감할 뿐이다.

그녀가 보츠교수에게 역사적 화핀져에 관한 논의를 하고 싶다는 의사를 표명하자, 그의 대학원 학생이 역사적 세익스피어(Shakespeare)와 역사적 막스(Marx)가 무슨 의미가 있느냐고 비웃는다. 보츠교수도 그의 의견에 동조하면서 고인이 된 그들보다는 그들이 남긴 언어가 더 중요하니, 화핀져의 대사를 하나 선택해서 논의하자고 말한다. 그녀가 "어떤 신성한 별무리라도 보호할 수 있을까/ 한번 트리스테로와 밀약을 맺었던 사람을"이라는 대사를 선택하고, 이 대사가 들어있는 *재키비언 복수극들*을 보츠교수에게 보여준다. 그는 자신의 *희곡*을 변조한 *복수극들*의 편집자가 배티컨 도서관(Vatican Library)에 소장된 *사자의 비극* 외설본을 어떻게 볼 수 있었을까하고 의아스럽게 생각한다. 그 자신도 외설본이 있다는 사실을 1961년에야 알았기 때문이다. 그녀가 연극을 보면서 이 대사를 들었을 때 외설적이라는 느낌이 조금도 없었다고 실토한다. 이에 그는 이틀 전에 태평양에 투신자살한 드리블레테가 연출한 연극은 대사 중심이 아니고 특이한 도덕성, 연극의 영성 그리고 저자의 역사의식을 바탕으로 하기 때문에 외설적인 단어도 그런 느낌을 드러내지 않는다고 논평한다. 그리고 그는 드리블레테가 *사자의 비극*의 판에 따라 대사가 다른 데도 굳이 트리스테로가 있는 대사를 선택한 것은 개인 심정의 토로인지 아닌지 단정할 수는 없다고 부언한다. 또 그는 조심스럽게 다음과 같은 언급을 덧붙인다. 로버트 스커범(Robert Scurvham)이 찰즈 1세(Charles Ⅰ)가 재위할 때 가장 순진한 청교도들의 종파를 창설했다. 그와 추종자들의 큰 문제는 운명예정설이었다. 그들은 운명예정설에 따라 인간을 두 종류로 구분했다. 한 종류의 인간은 그들처럼 하나님의 구원을 받았고, 다른 종류의 인간은 하나님을 거역하는 영혼이 없는 장님들이었다. 그들은 장님들을 동료가 아닌 혐오와 공포의 대상으로 간주했으며, 트리스테로가 장님들을 상징한다고 믿었다.

그들은 화핀져의 *사자의 비극* 대사에 트리스테로를 삽입하여 외설본을 만들었다. 그리하여 그 대사의 단어들에 집착하여 꼼짝 못하는 그들은 싫어하는 연극을 더 멀리 하였다. 이 같은 보츠교수의 언급을 듣고, 이디파는 50년대 대학에서 배웠던 작품들에 대해, 그 정치적, 사회적 배경을 등한시하면서 단어에만 매달리는 전통적 작품이해 방식에서 벗어나 단어와 작품을 역사적 맥락에서 더욱 깊고 넓게 이해하려는 방법을 모색하려 한다.[18] 또한 그녀는 드리블레테의 자살과 메츠거와 남편의 탈선행위로 이제 상의하고 의지할 대상이 없어졌음을 절감한다.

이제 그녀는 보츠교수의 도움을 받아 트리스테로를 탐색한다. 그녀의 탐색에 의하면, 1577년에 오린쥐(Orange)의 군주이며 신교도 혁명가인 윌리엄(William)이 천주교를 절대시하는 스페인과 신성로마제국 황제(Holy Roman Emperor)를 적대하여 9년 동안 싸운 독립전쟁에서 승리를 거두고 브러설즈(Brussels)에 입성한다. 그러자 광신적 캘빈교도들(Calvinists)이 노동자들과 민중을 대변하지 못하는 왕권을 전복하고 통치권을 장악하여, 레너드 1세(Leonard Ⅰ)가 독점했던 선과 택시스의 우편사업을 윌리엄의 열렬한 지지자인 오헤인(Ohain)의 영주인 얀 힌카트(Jan Hinckart)에게 일임한다. 이 조치에 허난도 와킨 디 트리스테로 이 캘러베러(Hernando Joaquin de Tristero y Calavera)가 이의를 제기한다. 그는 자기가 얀 힌카트의 사촌이고 오헤인의 직계영주로 그의 합법적 후계자가 되기 때문에 우편사업을 독점해야 한다고 주장한다. 그는 힌카트를 적대시하여 그를 네 번이나 암살하려 했으나 실패한다. 1585년에 왕정이 복고되자, 레너드 1세가 다시 우편사업을 독점한다. 이렇게 사태가 반전되자, 트리스테로는 자신의 특이한 생존전략을 우편제도에 도입한다. 그는 방랑하다가 불쑥 공식 행사장에 나타나 "상속권 박탈"을 주제로 연설한다. 그는 스스로 상속권 박탈자로 자처하고, 추종자들에게 반항을 상징하는 검은 마차를 타고, 마

---

[18]. C. E. Nicholson and R. W. Stevenson. "'Words You Never Wanted to Hear': Fiction, History and Narratology in *The Crying of Lot 49*," *Pynchon Notes* 16(1985): 92.

차에 소리가 나지 않게 만들어진 우편나팔을 부착하라고 명령한다. 그는 선과 택시스의 우편마차들을 은밀하게 공격한다.

한편 그녀는 도서관에서 트리스테로에 관한 자료들을 열심히 찾아보지만 큰 성과를 거두지 못하고, 다만 다음과 같은 사실만 알게 된다. 17세기에 선과 택시스 우편사업이 쇠퇴하기 시작하고, 이때, 트리스테로는 호전파와 보수파로 양분되는데, 보수파는 통신수단을 장악하면 모든 권력자들을 통제할 수 있다고 믿고, 선과 택시스와 연합하자고 주장한다. 그리하여 오랫동안 상속권을 박탈당했던 트리스테로가 유럽의 상속자가 되자고 그들은 역설한다. 그러나 양파가 타협에 실패하자, 선과 택시스도 그들과 협상하지 않고 독자적으로 존립하려 한다. 그러나 신성로마제국의 멸망과 함께 선과 택시스의 운명도 종말을 맞는다. 그런데 트리스테로의 보수파는 신성로마제국의 멸망을 사실로 받아들이지 않을 뿐만 아니라 프랑스 혁명을 일시적 광기로 인한 현상으로 보고, 선과 택시스가 곤경을 극복하도록 도와주자고 주장한다. 트리스테로는 또다시 양분되고, 결국 선과 택시스 지원 결의안은 부결된다. 보수파가 설 자리를 잃자 그 중 많은 사람들이 미국으로 이주한다. 그들은 사회의 비주류가 되어, 포우니 익스프레스와 웰즈, 파고우를 밤중에 공격하는 등 무법적인 활동을 일삼는다. 마침내 이디파는 아무리 노력해도 트리스테로에 관한 확실하고 정확한 정보를 얻을 수 없다는 걸 깨닫는다. 그녀가 그것에 대해 최선을 다해 탐색하면 할수록 오히려 회의에 빠지게 되고, 그녀가 알게 된 한 가지 틀림없는 사실은 트리스테로가 언제나 사회의 지하조직과 비주류로 존재했다는 것 뿐이다. 왜냐하면 이 정보수집과 파악에서 "그녀를 도와줄 수 있는 사람은 아무도 없기 때문이다. 이 세상에 아무도 없다"(171).

그런데 보츠교수, 메츠거, 코헨, 드리블레테, 코우텍스, 샌 프런시스코우의 문신이 새겨진 선원 그리고 자기가 보았던 W.A.S.T.E 우편배달원들 등 모두는 인버래리티가 자기를 당황시키거나 위협하거나 혹은 도덕적으로 향상시키기 위해 매수한 사람들이거나 아니면 그의 충성스런 부하들일 것이라는 생각을 그녀는 떨쳐버릴 수 없다. 왜냐하면 그녀는 "트리스테로에 접근하는 모든 길은 인버래리티의 유산으로 거슬러 올라갈 수 있다"고 확신하기 때문이다. 그러므로 먼저 그녀가 밝히려는 유산의 의미는 무엇이고, 유산은 트리스테로와 어떤 관계가 있는가를 규명할 필요가 있다. 그녀의 과거 애인은 애정과 사랑보다는 "광대한 토지를 소유하고 변화시켜 새로운 지평선을 만들어 내려 하며, [그 과정에서] 개인적인 적들을 만들게 될지라도 [오로지] 괄목할만한 성장률을 과시하려는 욕구"의 노예가 되어 있다. 그는 이 욕구실현의 비결은 좌고우면 없이 오로지 "계속 도약하는 데"에 있다고 확신한다. 또 그는 이 욕구 충족을 위해 독선과 아집 그리고 고독과 소외에 완전히 빠져 무자비하게 반대자와 방해물들을 제거하면서, 모든 사람들에게 일차원적 의식 — 일방성, 단일성, 동일성, 획일성 그리고 절대성 —을 강요한다. 그가 이런 방법으로 축적한 "유산이 미국이다"(170, 178)고 이디파는 정의한다. 그러므로 그는 유언에서 그녀를 유산의 상속녀로 지정했으면서도, 그 유산의 굴레에서 해방시키려고 한다.

그는 자신의 탐욕을 최대로 채우기 위해 인권을 무자비하게 유린하면서 민중을 빈민과 소외계층으로 전락시킨다. 이렇게 전락한 계층 사람들이 주로 트리스테로를 애용한다. 이들은 인버래리티 같은 지배계층과는 달리 서로 간에 관심, 배려, 애정, 그리고 사랑의 감정 전이를 바탕으로 의사소통하면서 돈독한 관계를 유지하고 강화하려고 한다. 이들을 위해 "트리스테로가 . . . 창조적으로 [실존에서] 무의미한 생활방식의 폐기와 놀라움의 촉발을 시도한다."[19] 그래서 인버래리티는 이디파의 영혼에 트리스테로를 침입시켜, 그녀의 의식을 개혁하려고 한다. 그녀의 이런 의식개혁이 바로 유산의 굴레로부터 해방됨이다.

그녀는 유산의 굴레로부터 해방되면서 미국사회에는 중용이라는 도가 없어졌음을 실감한다. 그녀는 이런 사실을 새롭게 상기한다: "그녀는 배척당한 중류계층사람들에 관해 자세히 들었다. 그들은 매우 더러운 사람들이어서 기피대상이었다. 과거에 그렇게 다양한 차이를 드러낼 기회들을 향유

---

19. Newman, 80-81.

했던 미국사회에서 어떻게 이런 일이 일어났는가?" 그녀는 미국사회의 중용의 부정은 지배계층인사들과 자신 같은 사람들의 이원론에서 비롯되었다고 이렇게 깨닫고 있다: "상형문자가 표기된 거리 뒤에는 초월적 의미가 있거나 아니면 그저 땅일 뿐이다. [. . .] 명백한 사실 이면에 또 다른 의미가 있거나 아니면 아무 의미도 없다. [. . .] 이디파가 심각한 편집증의 고양된 희열에 빠졌거나 아니면 트리스테로가 실제로 존재한다. 유산으로 물려받은 미국의 외형 너머에 어떤 트리스테로가 있었거나 아니면 바로 미국이 있었다 . . ."(181, 181-82). 그녀는 이원론이 미국인들을 대립과 반목으로 분열시켰을 뿐만 아니라 주류와 비주류로 양분하여, 미국사회가 상호소통, 관심, 배려, 그리고 이해가 불가능한 불모지로 황폐화되었음을 깨닫는다. 따라서 그녀는 미국사회에서 반드시 이원론은 극복되어야 하며, 그 길은 일차원적 의식의 근간을 이루는 단일성, 동일성, 획일성, 확실성, 절대성에 대한 맹신을 버리고 다양성, 차이, 융통성, 유연성, 불확실성, 상대성 그리고 회의를 전적으로 수용하는 데에 있음을 지각하고, 또 그것을 실행하기로 결심한다.

이때 그녀는 코헨으로부터 인버래리티의 위조우표들이 제 49호 품목으로 경매된다는 사실을 통보받는다. 또한 그녀는 "트리스테로가 존재한다는 증거인 우표를 외부인의 수중에서 회수하기를 원하는" 정체불명의 경매신청자가 직접 경매에 참여한다니, 이번 기회에 그가 누구인지 알 수 있을 것이라는 말을 듣는다. 그녀는 경매장에서 만난 코헨이 입찰하러 왔느냐고 묻자, 그녀는 "아닙니다. 나는 다른 사람들의 일에 참견하는 사람일 뿐입니다"고 대답한다. 그녀는 정체불명의 경매 신청자가 누구인지 알고 싶지 않다. 그녀는 의존과 이원론에 입각해서 조급하게 알고 단정하려는 편집증에서 벗어나 일시적으로 판단을 중지하고 사태를 있는 그대로 관조하고 싶을 뿐이다. 그녀의 이런 순수 의식이 소설의 끝이다: "경매인은 목소리를 가다듬었다. 이디파는 뒷자리에 앉아서 제49호 품목의 경매를 기다렸다"(176, 183). 드디어 그녀는 의존과 망상의 자아 유폐에서 해방되어 독자적으로 "자기가 누구인가를 탐구함으로써 [모든 사람들 그리고 세상과]

의사소통할 수 있는"[20] 여인으로 변신하고 성숙한다.

Ⅲ

이디파의 변신과 성숙 — 편집증에서 벗어나 일시적으로 판단을 중지하는 경지에 이름 — 이 우리에게 어떤 의의가 있는가를 규명해본다. 이 규명은 *제49호 품목의 경매*가 "미국을 고발하면서도 미국에 잠재한 가능성을 탐구한" 소설이라는 논평을 전제로 한다. 이 소설은 지배계층과 중산층인사들의 편집증으로 황폐화된 미국사회를 고발한다. 지배계층인사인 인버래리티는 독선과 아집 그리고 고독과 소외에 휩싸인 채 피지배계층사람들의 인권을 무자비하게 유린하면서 자신의 경제적 이익과 부의 축적 그리고 외형적 성취의 과시를 극대화하려는 욕구를 실현하려는 편집증에 꼼짝 못한다. 또 중산층에 속하는 이디파도 자기가 감금당해 있다는 망상에 사로잡혀 자아 유폐가 된 채 한때 애인이었던 인버래리티에 의해 구원되기를 고대하면서, 자기중심적인 실존에 만족하려는 편집증에 사로잡혀 있다. 그리하여 두 사람 모두 이원론의 노예로 전락하여 다른 사람들과 자연을 타도와 정복의 대상으로 간주하기 때문에, 다른 사람들과 의사소통과 화합 그리고 조화를 이룰 수 없다. 따라서 그들의 실존에는 다른 사람들과 "뭉쳐 하나되는 행위"인 사랑도 삶의 예지인 중용도 없다. 그러므로 그들과 같은 이런 인간형의 미국인들이 미국사회를 다양성, 유연성, 융통성, 불확실성 그리고 상대성이 인정되고 수용될 수 없는 황무지로 퇴행시키고 있다. 이 소설은 이런 퇴행 상황을 폭로하고 고발한다.

반면에 미국에 잠재한 가능성은 이디파의 변신과 성숙을 통해 구현된다. 그녀의 무의미하고 무기력한 일변도적인 삶에 기적 — 그녀가 인버래리티의 유언 집행인으로 지명되었다는 통보를 받음으로 "다른 세계의 침입" —이 일어난다. 그녀는 유언 집행을 위해 출타한 날에 인버래리티가

20. 앞책, 83.

인위적으로 건설한 기이하고도 거대한 도시를 보고 경이감을 느끼며, 밤에 메츠거와 갖는 성관계에서 황홀감을 만끽한다. 이 성적 황홀감이 그녀가 빈민층과 소외계층사람들이 애용하는 지하 우편제도인 트리스테로 — "의식의 다른 차원일 뿐만 아니라 의사소통의 더욱 순수하고 정확한 수단" — 를 탐색하는 계기가 된다. 그녀는 탐색하면서 삶에 대한 새로운 창조적 철학을 깨닫는다. 이 철학은 독립적인 실존, 탐구정신, 탐구 중의 회의, 연극의 문장보다는 영혼, 작품의 다각적인 이해와 "뭉쳐 하나가 되는 행위"인 사랑의 가치와 중요성을 강조한다. 그녀가 이 철학을 수용하려 할 때, 인버래리티도 자신이 비인간적이고 비양심적인 수단과 방법으로 축적한 유산의 상속녀로 그녀를 지정한 것을 취소하고, 그녀의 영혼에 트리스테로를 침입시켜 의식을 개혁하려고 한다. 그녀는 새로운 철학의 수용 그리고 인버래리티의 의도 덕택에 이원론에 입각해서 자기 본위로 매사를 단정하려는 편집증에서 벗어난다. 그러면서 일시적으로 판단을 중지하고 매사를 있는 그대로 관조하려는 의식을 실존에서 절대시하는 여인으로 변신하여 성숙한다. 따라서 우리는 "이디파를 통하여 의식[개혁과] 확장 그리고 사회와 언어에 내재한 의미들이 표출하는 가능성의 세계를 실감한다."[21] 이디파의 변신과 성숙에 대한 이러한 실감 그리고 그 지속과 확산이 미국에 잠재한 가능성이다. 우리가 이 가능성을 어떻게 확장하느냐의 방안 모색이 우리의 급선무이다. 우리의 올바른 삶을 위해 이 급선무의 중요성과 필요성을 재강조하는 것이 이 글의 결론임을 밝혀둔다.

---

[21]. Schaub, 41.

11

토머스 핀천: 인정, 수용 그리고 공존

I

토머스 핀천은 가장 "출중한 포우스트모던 미국소설가일 뿐만 아니라 혁신적이고 심오한 역사소설가"[1]로 명성이 높다. 이 명성에 걸맞게, 그의 다섯번째 소설 *메이선과 딕선*(*Mason & Dixon*, 1997)은 1990년대에 출판된 미국소설들 중에서 어느 소설도 필적하지 못하는[2] 가장 탁월하고 독창적인 작품이다는 평가가 지배적이다. 이 소설은 그의 이전 작품들에 비하면, 그 배경과 내용이 아주 특이하다. 처녀작, *비*.(*V*., 1963)와 세번째 소설, *중력의 무지개*(*Gravity's Rainbow*, 1973)는 식민지 확보와 세계제패를 노린 편집병자들이 자행한 만행들과 양차세계대전의 참상들을 고발한다. 두번째 소설, *제 49호 품목의 경매*(*The Crying of Lot 49*, 1966)와 네 번째 소설 *바인런드*(*Vineland*, 1990)는 1960년대와 1980년대의 개인의 인격과 소통 욕구 그리고 사회의 다양성을 존중하지 않는 미국사회를 개탄한다. 이에 반해 *메이선과 딕선*은 미국의 역사적 비극인 남북전쟁(1861-65)을

---

1. Shawn Smith, *Pynchon and History*(New York: Routledgc, 2005), 17.

2. Charles Clerc, *Mason & Dixon & Pynchon*(Lanham [MD]: University Press of America, 2000), 149.

발발시키는 결정적 요인이 된 남북을 구별하는 메이선-딕선 경계선을 그은 두 영국인 챨즈(Charles) 메이선(1728-1786)과 제러마이어(Jeremiah) 딕선(1733-1779)을 소재와 배경으로 사실과 상상력을 융합하여 창작된 "포우스트모던 18세기 [역사] 소설"[3]이다. 핀천은 이 소설에서 메이선과 딕선이 1763년에 착수하여 1768년에 성공적으로 완료한 경계선 긋기를 사실성, 객관성, 그리고 정확성을 바탕으로 기술하지 않을 뿐만 아니라 그 사악과 후유증을 규명하지 않는다. 오히려 그는 포우스트모던 소설의 핵심요소인 상상력, 주관성, 부정확성, 애매모호성, 그리고 다의성을 기조로 메이선과 딕선의 출신과 성장배경, 기질, 종교, 그리고 직업이 아주 상이함에도 불구하고 서로 인정, 수용 그리고 공존한 우리에게 귀감이 되는 이상적인 실존을 소설의 화자, 영국목사 윅스 체리코욱(Wicks Cherrycoke)의 이야기를 통해 부각시킨다. 이 부각이 우리 실존에 절대적으로 중요하고 필요하다는 철학을 강조하기 위해, 논문은 "인정, 수용 그리고 공존"을 논지로 작품을 분석, 고찰한다. 이 분석과 고찰은 체리코욱목사가 두 사람이 매우 대조적이고 상이한 생활방식과 철학을 초월하여 서로 인정, 수용 그리고 공존하는 실존을 소설화하는 데에 핵심 역할을 하는 역사의 정의를 먼저 규명한다.

그는 우리의 통념과는 대조적으로 역사를 정의한다. 역사는 과거 사실들의 정확하고 객관적인 기술도, 일관성과 전체성 그리고 진리를 기본으로 하는 탐구와 해석도 아니라고 그는 주장한다. 그는 스스로 과거 사실들에 관한 지식이 불확실하고, 더욱이 사학자가 진리를 탐구하면서 "진리가 어떻다고 주장하면 진리로부터 버림받는다"고 믿기 때문이다. 따라서 그는 역사를 이렇게 정의한다: "사실들은 변호사들의 장난감에 불과하다. [. . .] 역사는 연대기도 아니며 . . . 기억도 아니다. 왜냐하면 기억은 사람들의 몫이기 때문이다. 역사는 한 사람의 진실성을 찬양할 수 없는 것 만큼 다른 사람의 능력을 미화할 수 없다. [. . .] 역사는 획일적인 연결의 연속도

[3] Gary Thompson, "Pynchonian Pastiche," in *Thomas Pynchon: Reading from the Margins*, ed. Niran Abbas(Madison [NJ] : Associated University Press, 2003), 162.

아니다. 하나의 파손된 연결이 우리 모두를 파멸시킬 수 있기 때문이다. 역사는 오히려 오직 목적지가 같은 기억의 심연으로 자취를 감추는 길고 짧고 약하고 강한 선들(이념, 종교 그리고 제도 등등)의 굉장히 무질서한 엉킴이다." 그의 역사는 엉킴이라는 정의는 중국과 인도사람들이 "몰아의 경지에서 실현하는 만물과의 완벽한 융합"[4]을 상징한다. 또 엉킴은 "역사는 현재를 생존할 가치가 있도록 조성하는 미래에 대한 욕구를 창출한다"[5]를 암시한다. 그는 이 엉킴으로 역사(시간)와 인간의 삶을 과거, 현재 그리고 미래로 구분하지 않고 하나로 통합한다.[6] 또 엉킴은 인간이 시간과 지역에 따라 달리 생존했던 공간도 같은 시기의 동일 장소로 간주한다. 더욱이 엉킴에는 다른 인종, 계급, 체제 그리고 종교의 사람들을 차별하는 격리, 수단 그리고 제도가 없음으로 모든 사람이 자연처럼 하나로 융합되어 있다. 이 엉킴의 궁극적인 목적은 모든 사람이 실존에 있기 마련인 분열, 대립 그리고 갈등을 부추기는 경계를 최대한으로 초월하여 자연과 조화를 이루면서 공존하려는, 또 꿈, 기대 그리고 보람으로 가득찬 미래를 지향하는 현재를 최선을 다해 창조하려는 의식의 확장에 있다.

체리코욱목사는 이런 의식을 확장하려고 매우 대조적인 두 사람, 메이선과 딕선이 일단 경계선을 긋는 목표를 달성하기 위해 서로 인정, 수용, 협력 그리고 공존했던 그들의 삶과 의식 그리고 여기에 관련된 사건들을 메이선에 더 큰 비중을 두고 이야기한다. 이 설화의 본질과 형태는 객관적인 창작철학과 기법이 아니라 화자의 주관적인 이념, 선택, 호감 그리고 기호에 의해 결정된다. 체리코욱목사는 합리주의자로 가장한 지배계층의

4. Thomas Phynchon, *Mason & Dixon*(New York: Henry Holt, 1997). 350, 349, 10. 앞으로 이 작품에서의 인용문은 괄호 안에 쪽수만 표시함.

5. Justin M. Scott Coe, "Haunting and Hunting: Bodily Resurrection and the Occupation of History in Thoms Pynchon's *Mason & Dixon*," in *The Multiple Worlds of Pynchon's Mason & Dixon*, ed. Elizabeth Jane Wall Hinds(New York: Camden House, 2005), 148.

6. Theophilus Sàvvas, "Pynchon Plays Dice: *Mason & Dixon* and Quantum History," *Literature & History*, 20.2(2011): 54.

탐욕, 횡포 그리고 만행을 고발하려다가 패배한 이상주의자이다. 따라서 그의 이야기는 그가 비록 이상주의자로서 좌절, 실의 그리고 절망의 늪에 빠져 있지만 자신의 이런 불굴의 삶과 정신에 바탕을 두고 전개된다: "화자는 계몽운동(Enlightenment)의 산물이고 폐기물이다. 그는 하층계급을 옹호하려는 의지와 신념 때문에 조국에서 추방당해 정신적 방랑자로 떠돌면서도 '영국문화가 식민지 확장을 도모하면서 방기해버린 평화와 신성의 중요성'을 탐구하고 있다"[7] 또 이야기의 소재가 되는 메이선과 딕선은 자아를 탐구하려 하지 않으면서 임무수행에만 급급하여, 맹목적으로 계약에 매달려 최선을 다했다가 결국 회의에 빠져 자괴할 뿐만 아니라 다른 사람들의 비난과 괄시를 받는다. 체리코욱목사는 1786년에 메이선의 장례식에 참석하지 못했으므로 늦게 그의 묘소에 참배하려고 필러델피어(Philadelphia)에 온다. 그는 미국이 독립전쟁에서 승전가를 울린 뒤에 사람들의 사소한 말다툼이 큰 갈등과 대립으로 표출되고 있으며, 물심양면의 크고 작은 상처가 계속 고통과 혼란을 야기시키고 있음을 목격한다. 그래서 그는 이런 고통과 혼란에 대응할 요량으로 성탄절 전야에 부유한 누이동생집의 안락한 응접실에서 여러 청자의 신랄한 비판과 반박을 감수하면서, 그들 모두를 만족시키는 메이선과 딕선에 관한 이야기를 시작한다. 청자들은 누이 동생, 그리고 그녀의 소년 쌍둥이, 이들의 누나, 피아에게 무기를 팔아 거부가 된 매제, 그의 비누공장 소유주와 변호사인 두 남동생, 변호사의 대학생 아들과 딸, 그리고 허풍선이고 오보에 연주자인 또다른 누이 동생이다.

그가 이야기하는 메이선과 딕선은 매우 대조적이다. 메이선은 도시 출신으로 내성적인 성격에 상처까지 해서 우울증에 빠진 비관적인 천문학자이고 "신비적인 가능성을 믿는 경향이 있는"[8] 영국국교도(Anglican)이며

---

7. Marcel Cornis-Pope, *Narrative Innovation and Cultural Rewriting in the Cold War and After*(New York: Palgrave, 2001), 138.

8. Samuel Cohen, "*Mason & Dixon* & the Ampersand," *Twentieth Century Literature* 48.3(2002): 278.

포도주 애호가이다. 반면에 딕선은 농촌 출신으로 여유있는 외향적, 낙관적인 측량기사이고 이성적인 퀘이커교도(Quaker)로 맥주를 즐겨 마신다. 이런데도 두 사람은 지배계층 인사들이 경제적 이익을 극대화하기 위해 자행하는 횡포와 만행에 분노하면서, 이들의 무시, 학대 그리고 억압의 대상인 노예들을 동정하고 부조하려 한다. 그들은 이런 부조정신을 전제로 상대의 인격, 능력 그리고 재능을 있는 그대로 인정, 수용하여 공존하려 하며, 또 모든 사람이 이렇게 되는 사회를 갈망한다. 그들이 경계선 긋기에서 서로 그리고 다른 사람들의 의견과 능력을 인정, 수용하여 협력하고 공존할 수 있었던 18세기 미국사회에 관한 설화가 바로 소년 조카가 그에게 요구한 미국에 대한 이야기이다.

이 773쪽의 3부로 구성되어 있는 설화는 체리코욱목사가 역사의 정의는 엉킴이고 "불확실성이 예수의 본질이다"(511)는 개인 철학을 바탕으로 1부의 들은 이야기와, 2부의 목격한 현장과 그리고 3부의 이루고 싶은 소망과 상상력을 융합한 산물이다. 그는 1장부터 25장까지의 1부("위도와 출발")에서 다른 사람들이 메이선과 딕선에 관해 말하는 이야기를 들은 내용을, 26장부터 73장까지의 2부("미국")에서 두 사람을 동행하여 미국에서 목격한 소재를, 그리고 74장부터 78장까지의 3부("마지막 통과")에서 다시 미국에 온 메이선의 의도를 소설화한다. 그는 내용, 소재 그리고 의도를 두서없이 매우 복잡하고 지리멸렬하게 이야기한다. 그가 이렇게 이야기하는 목적은 과거를 충실하게 재현하려 하지 않고 "현재를 생존할 가치가 있도록 조성하는 미래에 대한 욕구를 창출하려" 하기 때문이다. 그의 이야기에서 "과거는 현재의 필요에 따라 재창조되고 있어 마치 과거사에 대한 통찰력으로 창작된 대본과 같으며, 또 하나의 예언이 실현된 뒤의 보고서와 같다."[9] 그러므로 그의 이야기는 우리에게 이런 지대한 영향력을 발휘한다: "우리는 20세기의 18세기 근원과 20세기가 18세기를 재창조하는 방법을 동시에 이해할 수 있다."[10]

---

[9]. Michael Wood, "Pynchon's *Mason & Dixon*," *Raritan* 17.4(1998): 123.

[10]. Sàvvas, 54.

우선 독자의 이해를 돕기 위해 3부를 간략하게 요약하면, 1부에서 메이선과 딕선은 1761년에 희망봉(Cape of Good Hope)에 가서 금성의 태양면 통과(Transit of Venus)를 관측한다. 이 관측이 두 사람의 첫 성공적인 공동작업이며, 그 정확성으로 높이 평가받는다. 두 사람은 귀국해서 이 평가로 영국학술원(Royal Society)의 추천을 받아 펜설베이녀(Pennsylvania)와 메럴린드(Maryland)의 식민지 통치자 펜(Penn)가문과 캘버트(Calvert) 가문의 서로 양보 없는 강한 소유욕과 부정확한 지적도로 인한 오랜 토지 소유권 분쟁을 해결하는 "논리적이고 틀림없는 명백한"[11] 경계선을 긋는 계약에 서명한다. 2부는 메이선과 딕선이 1763년에 미국에 도착하여 계몽운동의 과학과 기술, 즉 천문학과 측량술을 함께 응용하여 오랜 분쟁을 해결하는 경계선 긋기에서 상대의 의견과 능력을 인정, 수용하여 상호협력하면서 공존하는 과정을 기술한다. 그들은 경계선이 "혼돈에 질서를 가져오고 [. . .] 미신의 암흑으로부터 합리주의의 광명으로 지향하는 인류 발전의 확실한 전조"[12]라고 확신하고 긋기에 착수한다. 그러나 경계선은 "사악으로 이끄는 도관"(701)으로 둔갑한다. 동서로 펜설베이녀와 메럴런드의 경계를 확정한 메이선-딕선 경계선은 미국을 노예를 물질적 존재로 소유하려는 남부와 정신적 존재로 해방시키려는 북부로 양분시켜, 타협이 있을 수 없는 극단적인 대립과 전쟁으로 치닫게 한다. 3부에서 영국으로 돌아온 메이선과 딕선은 1769년에 각자 다른 장소에서 금성의 태양면 통과를 관측한다. 딕선이 1779년에 타계하자, 노쇠한 메이선은 가족과 함께 1786년에 필러델피어에 다시 와서 곧 영면한다.

II

체리코욱목사가 들은 바에 의하면, 메이선은 제빵업자의 아들로 태어

11. Samuel Thomas, *Pynchon and the Political*(New York: Routledge, 2007), 19.

12. Donald J. Greiner, "Thomas Pynchon and the Fault Lines of America," in *Pynchon and Mason & Dixon*, ed. Brooke Horvath and Irving Malin(Newark: University of Delaware Press, 2000), 78.

나 아버지의 가업승계 기대와 소망을 저버리고 천문학에 열정을 쏟는다. 딕선도 은사, 윌리엄 에머선(William Emerson, 1701-1782)이 종강한 후에 학생들과 한담하면서 네 인생 목표는 무엇이냐는 질문을 받고, 그의 전망에 크게 어긋나 바보짓이라는 질책을 받으면서도 독자적 판단과 장래를 근거로 선택한 측량기사가 되겠다고 고집한다. 이처럼 두 사람은 자아 고수와 실현을 실존목적으로 정하고, 목적 달성에 최선을 다하려고 한다. 그러나 메이선은 지배계층인사들이 정치적 권력과 경제적 이익을 극대화하려고 극악무도하게 비리, 횡포 그리고 만행을 자행하기 때문에 고수와 실현에 많은 제약과 한계가 있음을 실감한다. 이런데다 그는 딕선의 이런 말 — "우리는 당신의 보이지 않는 경쟁자들에게도 보이지 않는 세력들에게 이용당하고 있다" —도 듣는다. 그래서 메이선은 실제로 자신의 실존에서 독자적 선택권이 축소되어 거의 없음을 이렇게 절감한다: "[우리에게] 단 하나의 운명만 없다면 [우리는] 오히려 굉장히 많은 가능한 선택들 중에서 하나를 택할 수 있다. 그러나 우리가 되돌릴 수 없는 시간을 지나 우리에게 일어났던 사건들을 심사숙고할 때마다 [우리의] 선택 폭은 계속 작아진다. 마치 렌즈가 시야의 대기권에 있는 모든 빛을 흡수하여 하나의 초점으로 축소시키는 것처럼"(73, 45). 메이선의 이런 절감 그리고 그 극복방안 모색, 다시 말하면 주체성, 불확실, 애매모호, 회의 그리고 변화무쌍을 전제로 하는 개개인의 자아고수와 실현 그리고 자유 신장이 이 소설의 핵심 주제일 뿐만 아니라 우리의 당면과제이다. 우리는 이 핵심 주제와 당면과제를 바탕으로 "20세기의 18세기 근원과 20세기가 18세기를 재창조하는 방법을 동시에 이해할 수 있다." 또 우리는 이 이해에 힘입어 과거, 현재 그리고 미래를 창조적 실존의 계기로 통합하여 한꺼번에 활용할 수 있다.

다행히 메이선이 천문학에 쏟는 열정은 큰 결실을 맺는다. 그는 영국천문대장이고 수석천문학자인 제임즈 브래들리(James Bradley, 1693-1762)의 지도를 받으면서, 학문을 연마하여 그를 보조하는 경지에 이른다. 영국학술원은 그의 실력을 높이 평가하여, 그를 금성의 태양면 통과를 관측하는 책임자로 동남아에 소재한 수마트러(Sumatra)섬의 벤쿨린(Bencoolen)

에 파견한다. 딕선은 측량기사이지만 많은 밤에 은사가 소지하고 있던 좋은 망원경으로 금성을 비롯한 행성과 달의 분화구들을 관측한 적이 있다. 또 동향인 죤 버드(John Bird, 1709-1776)가 고안한 천문기구를 차용하여 별들을 관측하고 측정하는 기술을 연마한 적도 있다. 그는 에머선과 버드의 추천을 받아 메이선의 조수로 임명된다. 딕선은 메이선에게 보낸 서신에서 겸손하게 천문학의 지식은 빈약하지만 최선을 다해서 지도편달을 받겠다는 의지를 표명한다. 그러나 메이선은 그가 농촌 출신이라고 무시하고 서신을 바로 내팽개치지만, 곧 후회하고 자괴하면서 지금까지 누구도 가르쳐본 경험이 없지만 어느 때고 질문하면 성심껏 설명하겠다는 답장을 보낸다. 더욱이 그는 딕선을 처음 대면하고 자신의 선입견과는 달리 그가 촌스럽지 않음을 금방 알아차린다. 그의 깊은 배려와 딕선의 겸손과 학구열이 두 사람을 이렇게 굳게 결합시킨다: "결정적인 순간에 메이선도 딕선도 상대를 실망시키지 않았다. 두 사람은 순간적으로 서로 눈빛이 마주치면 지체 없이 상조했다"(42). 두 사람의 이런 상호존중과 배려 그리고 협력은 지배계층인사들의 무자비한 타인 억압과 부정과는 매우 대조적이다. 또 두 사람의 꿈, 열린 마음, 아량 그리고 이상 선호는 그들의 지나친 권력, 이익 그리고 현실 집착과 폐쇄된 의식과 대척적이다.

메이선과 딕선은 1761년 1월에 전함에 승선하여 수마트러로 항해하던 중에 함장으로부터 프랑스해군이 벤쿨린을 점령하고 있기 때문에 거기로 갈 수 없고, 상부로부터 명령이 하달되면 네덜런즈(Netherlands)가 먼저 식민지로 쟁취한 희망봉으로 간다는 말을 듣는다. 메이선은 거기서는 금성의 태양면 통과를 누구도 관측할 수 없다고 혼자 중얼거린다. 설상가상으로 전함은 프랑스군함의 공격을 받아 본국으로 회항한다. 바로 메이선과 딕선은 영국학술원에 다른 지역에 가서 관측하고 싶다는 의사를 전달한다. 그러나 학술원은 이런 상황에서도 그들에게 계약 대로 수마트러에서 관측하라고 강요한다. 두 사람이 강요를 수용하여 다시 승선한 전함은 더 큰 군함의 호위를 받으면서 항해하지만 결국 포기하고, 희망봉에 있는 케잎 타운(Cape Town)항에 정박한다. 그들도 별수없이 여기서 하선하여, 네덜런즈에서 이민온 사람 집에 거처를 정한다. 그들은 여기서 평생 처음 백인들이 동물처럼 부리는 흑인노예들을 보고, 인격과 인간성을 박탈당한 노예가 존재하는 현실을 받아들인다.

메이선은 “지옥의 식민지들 중의 하나”(71)인 이곳 백인들이 이방인과 괴물로 보이는 현실에 아직 적응하지 못해 정신이 혼란스러운데 흑인여자노예로부터 황당한 일을 당한다. 그는 딕선이 외출하여 혼자 자고 있다가 갑자기 침대에 뛰어든 흑인여자노예로 인해 잠에서 깨어난다. 그녀는 무턱대고 그에게 백인여자주인의 요구에 부응하기 위해 그와 관계를 가져야 한다고 사정한다. 그녀는 그에게 말하기를, “나는 당신을 좋아해서가 아니라 백인인 당신의 애를 임신해서 출산해야한다. 혼혈아는 시장에서 비싼 값에 팔린다. 그래서 주인은 나와 다른 여자노예들에게 무조건 백인남자들의 욕정을 자극하여, 관계를 갖고 임신하라고 강요한다. 그래서 나의 관심은 오로지 당신의 하얀 피부에 있을 뿐이다.” 그가 말을 듣고 크게 분노하여 누구도 여자에게 감정도 사랑도 없이 임신만 하라고 강요할 권리를 가지고 있지 않다고 말하자, 그녀는 주인의 명령에 절대 복종하지 않으면 안 된다고 대응한다. 이처럼 자유인과 백인들에게는 보이지 않고 그녀의 동료들은 당연시하는 가혹한 학대와 탄압을 받는 노예의 사고와 행동에는 현격한 차이가 드러난다. 그녀가 남자와 갖는 관계에서 가장 중요한 목적은 애정과 욕구충족이 아니라 노예로서의 충실한 역할수행에 있다. 메이선은 이 사실을 간파하지 못하지만, 딕선은 간파할 수 있다. 그만의 이런 능력은 스스로 타인을 존중하고 이해하려는 의지와 실천에서 솟아나온다. 그는 퀘이커교도로서 핍박받는 흑인노예와 유색인종에 깊은 관심을 쏟으면서, 그들의 음식과 음악에 본능적으로 매료된다. 그는 편견과 부담없이 타인종과 그들의 생소한 이질적 문화를 있는 그대로 인정, 수용하려고 최선을 다한다.

메이선은 “지옥의 식민지들 중의 하나”인 희망봉에서는 어느 누구도 금성의 태양면 통과를 관측할 수 없다고 혼자 중얼거렸지만, 딕선과 함께 6월에 날씨가 좋지 않은 다른 지역들에서 이루어진 부분적 관측에 비해 탁월한 전체적 관측에 성공한다. 이 관측 목적은 금성이 태양의 가장자리에 들어서서 가로질러 나갈 때까지의 시간을 계산한 뒤 삼각측량법의 원리를 이용하여 태양시차(Solar Parallax)와 태양과 지구간의 거리를 정확하게 측정하는 데 있다. 이 측정이 달력제작과 항해술에 결정적인 역할을 한다. 메이선과 딕선은 구름 한점 없는 하늘에 검은점(금성)이 황금원반(태양) 위를 가로지르려고 태양-금성-지구가 일렬로 늘어서는 광경을 본다. 또 그들은 금성과 태양 사이에 일어나는 완전 접합의 네 순간을 목격한다. 처음 두 순간은 금성이 태양 안으로 들어설 때 일어난다. 금성이 태양의 가장자리에 들어서는 외부 접합이 있고, 작은 검은 점이 큰 황금원반 안에 있는 내부 접합이 일어난다. 다음 두 순간은 나갈 때 일어나는데, 이번에는 내부 접합이 있고 나서 외부 접합으로 이어진다. 그들은 이 네 접합이 일어나는 동안의 시간을 대략 다섯 시간 반으로 계산하여 기록한다. 더욱이 그들은 일주호(日週弧)의 짧은 순간에 태양의 표면에 비친 지구의 크기를 관측한다. 그들은 이 성과를 가장 권위 있는 천문학 학술지, *철학회보* (*Philosophical Transactions*)에 보고하려고 한다. 이처럼 그들은 천문학과 그 연구에 획기적인 공헌과 업적을 남긴다. 이러고 메이선은 10월에 헐레너(Helena)섬에서 다른 별들을 관측하기 위해 딕선과 함께 케잎 타운을 떠난다. 그들은 이 섬에서도 백인들이 상행위를 하는데 흑인노예가 꼭 필요하기 때문에, 노예를 가혹하게 통제하려고 단두대를 만들어 놓은 현실을 목격하고 착잡한 심정에 휩싸인다.

메이선의 이런 공헌과 업적의 저력은 항시 자기를 억압하는 현실에서 벗어나 자기를 필요로 하는 장소에서 자아실현에 매진하려는 강한 의지와 실천에 있다. 그가 태어난 시골에는 주민들의 상호배려와 협조는 없고 시기, 악의 그리고 반목만 난무한다. 집안에는 아버지의 제분과 제빵에 종사하라는 가부장적 명령만 있다. 그는 이렇게 자기를 질식시키는 분위기에서 탈출하여 자유세계로 도망가고 싶어한다. 그의 도피욕구는 그만의 반발심과 반항심이 아니고 누구에게나 있는 본능이다. 그는 케잎 타운에서 자신의 삶의 매순간을 철저히 통제하려는 군부대를 피해 가족을 달구지에 태우고 북쪽으로 이주하려는 백인농부 이야기를 듣는다. 농부 말에 의하면, 자신과 다른 농부들이 군부대의 가혹한 탄압을 받으면 산(자연)의 유혹을 뿌리치지 못해 안정된 사회를 버리고 황야로 이주한다. 메이선도 자유의지로 아버지와 주거지를 탈출하여 런던(London)에서 천문학 연마에 몰두한다. 드디어 그는 자신의 재능과 능력을 필요로 하는 적기에 희망봉에서 유감없이 발휘한다.

메이선의 재능과 능력 발휘에 매우 중요한 역할을 하는 2년 전에 타계한 아내, 리베커(Rebekah)의 혼령이 있다. 그녀는 그에게 두 아들, 윌리엄(William)과 독터 아이적(Doctor Isaac)을 남겨두고 홀연히 세상을 떠났다. 그는 상처 후에 발작한 정신이상으로 갑자기 망망대해를 항해하고 싶어 안달한다. 그는 이성을 믿는 과학자이면서도 "신비적인 가능성"을 신뢰한다. 따라서 그는 자신이 곤경과 위기에 처해 있을 때 그녀의 혼령이 나타나서 자기에게 위로와 도움을 주기를 기대한다. 그는 딕선에게 고백하기를, 그녀를 도저히 잊을 수 없어 극심한 우울증에 빠졌는데 미지의 세계인 수미트리로 항해하면서 병을 완화시킬 수 있었다. 특히 항해 중에 그녀의 혼령을 보고 많이 회복한다. 그래서 그는 아내를 사모하는 마음이 간절하여, 타계 2주년에는 온종일 철야하면서 식음을 전폐한다. 더욱이 생전에도 그는 그녀의 도움을 받아 교구 교회가 해마다 5월 1일에 주최하는 치즈만들기 축제를 구경하다가 달구지에서 굴러 떨어지는 4톤의 거대한 치즈에 압사당할 위기의 순간에서 벗어난다. 이 뿐만 아니라 그는 그녀의 격려와 지원을 받아 자신을 강요 그리고 악의와 반목으로 질식시키는 가정과 시골을 탈출하여 기회의 땅인 큰 도시, 런던에 정착한다. 그는 여기서 탁월한 학자의 지도와 편달을 받아 자신의 천부적 천문학 재능을 마음껏 계발한다. 그는 이 재능으로 희망봉에서 금성의 태양면 통과를 완벽하게 관측한다.

그는 이렇게 성공적인 관측을 딕선과 함께 완수하고 귀국하지만, 학계의 뜨거운 반응도 받지 못할 뿐만 아니라 직장도 구하지 못한다. 그의 후견인이었던 제임즈 브래들리 영국천문대장이 타계했기 때문이다. 더욱 안타깝게도 영국사회는 메이선과 딕선의 뛰어난 재능과 능력을 있는 그대로 인정, 활용하려고 하지 않는다. 따라서 그들의 실존에는 이제 어떤 가능성도, 더욱이 잠재력을 발휘할 기회도 없다. 그런데 이때 미국은 두 영국식민지 통치자간의 오랜 토지소유권 분쟁을 해결하는 펜설베이녀와 메럴런드의 경계선을 그을 인재를 구한다. 이 인재는 별들의 관측을 토대로 위도와 경도를 측정하면서 경계선을 확정하는 임무를 수행해야한다. 영국학술원은 메이선과 딕선을 이 임무수행의 적임자로 추천한다. 두 사람은 별도리가 없어 경계선 긋는 계약서에 서명한다. 그러나 이 계약이 메이선의 가족, 특히 두 아들에게 큰 충격과 실망을 남긴다. 그의 누이동생은 과거에 영국천문대에 근무했던 그가 지금은 직장을 구하지 못한다는 말을 들은데다 여전히 본의 아니게 아버지 역할을 할 수 없게 하는 현실에 그리고 미지의 세계인 미국에서 직면할 모험과 위험에 대한 걱정과 불안감에 큰 충격을 받는다. 또 그의 두 아들은 지금까지 고모의 보살핌을 받다가 이제 아버지의 따뜻한 보살핌과 사랑을 기대하다가, 자기들을 그대로 두고 홀연 떠나는 그에게 크게 실망한다.

체리코욱목사가 목격한 바에 의하면, 메이선과 딕선은 1763년 11월에 필러델피어에 도착하여, 지배계층 가문의 권력과 횡포에 저항하는 민중의 지도자를 열망하는 벤져먼 프랭클린(Benjamin Franklin, 1706-1790)을 약국에서 조우한다. 핀천은 체리코욱목사의 벤져먼 프랭클린과 죠지 와싱턴(George Washington, 1732-1799) 이야기를 통해 미국 건국의 핵심정치가들을 미화하는 초인적 능력과 인격, 계몽주의가 창도하는 이성과 인간해방 그리고 서부개척이 촉발하는 기독교문화 발전과 교리전파 신화를 고착시키는 관념을 무산시키려고 프랭클린과 와싱턴을 풍자한다. 체리코욱목사의 프랭클린 이야기는 근검절약, 자력갱생 그리고 입신출세를 상징하지 않고, 죽음, 자본주의, 과학 그리고 산업화를 교차시키면서, 미국의 과거회고와 미래 전망을 동시에 시도한다.[13] 프랭클린은 미국인이면서 영국학술원

13. Smith, 152.

회원이고 졔주이트(Jesuit) 천주교수도회[14]를 불신한다. 그는 캘버트가문이 천주교를 믿어 자녀들을 천주교 고장인 유럽(Europe)학교에서 교육시키는데, 거기 교사들 중 한명이 딕선의 동향인이고 은사인 윌리엄 에머선의 친구임을 알고 있다. 그래서 그는 딕선이 캘버트가문과 연계되어 있을거라고 의심하면서도, 그와 메이선을 찻집으로 초대하여 자기가 직접 고안한 악기, 아모니커(Armonica)를 연주한다. 그는 "회전하면서 발판을 조절하는 방식으로 연주를 시작하여 물통에 수평으로 있는 많은 유리잔들의 가장자리를 적시더니, 오르간의 건반을 두들겨서 모든 잔의 젖은 가장자리를 움직여서 기묘할 정도로 거슬리게 울리는 음조를 만들어낸다. 종소리들이 속삭일 수 있고, 멜로디들이 사라질 수 있고, 그 혼들이 지상에서 떠돌고 있다면 . . . 유령들이 유령춤을 추었다면, 이런 음악은 감정을 억제하고 있는데 유리잔들이 깨어져 조각조각으로 일시에 쏟아져 나오는 찰나에 필요할 것이다." 이렇게 우리의 예상을 완전히 뒤엎는 인간으로 변신한 프랭클린은 메이선과 딕선에게 죠지 와싱턴을 한번 만나보라고 권유한다. 그러더니 그는 "중국과 졔주이트의 연합은 기독교계에 몽골족이나 무어족의 [침략보다도] 훨씬 더 큰 위협이 될 것이다"(273, 288)고 주장한다. 결국 그는 두 사람이 경계선 긋기에서 풍수지리설의 큰 도전을 받을 것을 예시한다.

메이선과 딕선이 만난 죠지 와싱턴은 정직, 인권 그리고 자유를 상징하는 미국정치가가 아니고 "미국 제국주의의 실용적 측면을 구체화"[15]하는 대담하고 저돌적인 서부개척자이다. 그는 서부개척을 억제하는 영국정부에 반기를 들고, 미국인들은 기회와 사정이 허락하면 어떤 대가를 치르더라도 원주민들과 싸우면서 서부를 개척해야 한다고 주장한다. 더욱이 그의 역설에 따르면, 미국인들은 앨리게이니(Allegheny)산의 정상을 이제 넘지 못할 장벽으로 포기하지 말고 서부로 진출해야 한다. 그들이 계속 진출하면 자신들과 원주민들 사이에 경계선이 생기기 마련이고, 그러면 더 깊은

---

[14]. 1534년에 Ignatius of Loyola에 의해 창립되었으며, 결의론(決疑論), 양의성, 궤변 그리고 술책이 교리의 기본이라고 비난받는 교파.

[15]. Smith, 155.

숲속으로 진격해야한다. 그들은 온힘을 다해 숲을 개간하여, 야만적인 원주민 땅에 문명의 등불을 밝혀야한다. 요컨대 그들은 암흑과 무질서에 광명과 질서를 초래해야한다. 이렇게 원주민들에게 적대적이지만 그는 다른 백인들처럼 흑인문화에 매료된다. 그러면서도 그는 위선적으로 그 문화를 인정, 수용하려고 하지 않는다. 그와 백인들은 "흑인노예들이 가르쳐준 춤을 흥겹게 추면서도 다른 백인들 앞에서는 그런 춤이 있다는 소문을 들었던 것처럼 딴전을 부린다." 그러나 그는 스스로 흑인문화의 영향을 받고 있음을 이렇게 자인한다: "펜설베이녀 사람들은 나에게 내가 흑인처럼 말한다고 알려준다. 그들은 우리(버쥐녀 사람들)가 흑인노예들에게 둘러싸여 있어서 부지불식간에 그들의 언어 그리고 더 함축적으로 그들의 생활방식 속으로 빠져들고 있다고 생각한다. 자 와서 내 흑인하인, 거셤(Gershom)이 만든 매우 탁월한 작품인 물주전자를 보시오"(275, 276). 이 뿐만 아니라 그는 하인이 가져온 대마초를 흡연하면서, 메이선과 딕선에게 권한다.

메이선과 딕선은 이처럼 이전의 고착된 관념과는 전혀 다른 인상을 지닌 프랭클린과 와싱턴을 만난 뒤에 경계선 긋기에 착수한다. 그들은 우선 펜설베이녀와 메럴런드 식민지가 파견한 감독관들과 많은 사람들이 지켜보는 가운데서 필러델피어의 최남단 지점에 있는 시더거리(Cedar Street)에 천체관측소를 설치한다. 그들은 별들을 관측하여 앨골(Algol), 커펠러(Capella) 그리고 다른 위도 별들의 천정(天頂)거리의 평균치를 산출하여, 최남단 지점의 정확한 위도를 산정한다. 그리고 같은 위도에서 더 먼 서쪽에다 다음 관측소를 설치한다. 그들이 이렇게 관측에 열중하고 있는 12월 하순에 갑자기 기이하게 조용한 도시의 분위기에 놀라 알아보니 이틀 전에 랭커스터(Lancaster)마을에서 야만적인 백인들이 원주민 남자, 여자 그리고 어린이 26명을 전원 몰살했다는 비보를 듣는다. 순간 그들은 희망봉에서 목격했던 사악한 백인들의 야만행위를 회상하면서, 그때나 지금이나 백인들이 왜 이런 잔혹행위를 자행하는가를 도저히 이해할 수 없다. 희망봉과 미국의 이런 백인들은 그들 자신의 가장 사악한 꿈을 실현하려는 야만인들일까하고 그들은 가정해본다. 반면에 체리코욱목사는 이런 백인들의 만행은 그들의 자유이다는 견해를 이렇게 피력한다: "오늘날 우리에게 그처럼 무분별하게 신성시되는 단어 *자유*가 그 당시에는 인간의 가장 사악한 권리, 다시 말하면 우리가 원하면 누구라도 살인할 수 있는 권리를 함축하는 의미로 수용되었다"(307).

특히 딕선은 사악한 백인들의 야만적 행위에 엄청난 충격을 받아 시간, 즉 역사 인식에 획기적인 변화를 자초한다. 그는 은사, 윌리엄 에머선의 글에서 "시간은 보이지 않는 공간이다"는 문장을 읽은 적이 있다. 그는 청춘, 자신감, 순수성 그리고 활력이 넘치던 그때 시간은 무한한 가능성과 잠재력의 보고라고 확신한다. 이처럼 자신만만하던 그도 연륜이 깊어져서 프랭클린의 이런 경고 ― "나는 우리의 가장 큰 문제를 시간(역사)으로 이해한다" ―를 경청한다. 그는 이 경청으로 자신의 경계선 긋기와 미국사회가 앞으로 이루 말할수 없는 시련, 간난신고, 반목, 갈등, 대립, 적대 그리고 분열에 직면할 것임을 예감한다.[16] 더욱이 그는 야만적인 백인들이 원주민들을 학살했다는 비보를 듣고 토로하는 메이선의 이런 심정 ― "내가 우려한 것처럼 미국에서 시간은 지옥을 둘러싸고 흐르는 도도한 강이다"(326, 287, 346) ―을 듣는다. 딕선은 사악한 백인들의 만행으로 인해 자신의 기대, 순수성, 활력 그리고 인간애를 상실당하고, 무기력, 좌절 그리고 암흑 속으로 침몰한다. 이처럼 한 인간의 아집, 독선, 탐욕 그리고 사악은 선량한 사람들의 착하고 성실하게 보람있는 삶을 살려는 의지를 무력화시키고 박탈하는 주범이다.

이처럼 메이선과 딕선은 비인간적인 백인들의 잔인성에 크게 분노, 실망한다. 그들은 이 분노와 실망으로 지금까지 의존했던 존재의의와 가치인 상호인정과 존중 그리고 생명의 존엄성에 큰 의구심과 회의를 느낀다. 그러면서도 그들은 경계선 긋기를 계속한다. 그들은 이듬해 1월에 북극성에서 남쪽으로 필러델피어의 최남단 지점과 동일 위도에 있으면서, 그 지점과 정서로 31마일 떨어진 존 할런드(John Harland)의 농장에 천체관측소

16. 이 경고를 "시간에서 인간의 한계는 결국 공간에서 즐거운 가능성을 감소시킨다"로 해석하는 견해도 있다. Greiner, 79.

를 설치한다. 그리고 이 농장에서 정남으로 15마일 떨어진 장소에 또 하나의 관측소를 세운다. 이 관측소가 서경의 시발점 표시가 될 것이다. 그러면 농장의 관측소가 필러델피어의 남쪽 경계의 위도와 경도를 알려줄 것이다. 2월 말까지 필러델피어의 최남단 지점을 통과하는 위도권의 남쪽에 천문관측 도구 섹터(sector)가 356.8야드로 설치된다는 사실을 알 수 있을 만큼 정확하게 자신들의 위도를 파악한다. 3월에는 북극성에 의존해서 자신들의 경도를 고수하면서, 나무꾼들에게 원시림을 자르고 할런드의 농장에서 정남으로 15마일 떨어진 앨릭잰더 브라이언트(Alexander Bryant)농장까지 시야를 폭 8야드로 트이게 하라고 명령한다. 4월에 브라이언트 농장에서 전나무가지와 기포수준기(氣泡水準器)를 이용하여 남쪽으로 정확하게 15마일을 측정하여, 자신들의 새 위도를 발견하고 다시 북쪽으로 위도를 재측정한다. 6월에 드디어 자신들의 위도 39°43′17.4″를 발견하고, 체서픽(Chesapeake)만과 대서양 사이에 있는 델러웨어(Delaware)반도의 중간 지점에 접선(tangent line)[17]을 긋는다. 그리고 이 중간 지점에서 북쪽으로 낸티코욱(Nanticoke)강까지의 거리를 측쇄(測鎖)로 잰다. 이제 그들은 펜가문과 캘버트가문의 토지소유권 분쟁을 해결하는 경계선의 위도 시발점을 델러웨어반도의 중간지점으로 확정한다. 그들은 두 식민지의 감독관들이 이 시발점에 동의하자, 메이선-딕선 경계선을 그으려고 원시림을 잘라 시야를 8야드로 트이게 하면서 서부로 나아간다. 드디어 그들이 착수했던 천체관측과 토지측량이 좋은 결실을 맺자, 메이선이 딕선에게 말하기를, “당신이 나를 전적으로 신뢰하는 것처럼 당신의 가장 심오한 사상과 지식을 나와 함께 활용하려 할 때마다, 나는 항시 당신에게 진심으로 감사하는 마음을 가졌소”(339).

메이선과 딕선은 서부에 매혹당한다. 왜냐하면 그들에게 “가상 공간으로서의 미국 서부는 소망과 욕망, 가설과 허구 그리고 추측과 가능성의 공간”[18]이기 때문이다. 그들은 자신들이 갈망하는 이런 공간에서 영국사회가

17. 이 접선이 토지소유권 분쟁을 해결하는 결정적 요소이다. 식민지에는 이 접선을 찾을 수 있는 인물이 없어, 메이선과 딕선이 초청받고 와서 문제를 해결한다.

강요하는 실존 제약과 한계에서 탈출하여 자유스럽게 가능성과 잠재력을 십분 발휘하면서 생존할 수 있을 거라고 믿는다. 거기에는 아직 사회조직이나 지배문화가 없기 때문에 "토지가 측량, 구획되지 않아 값이 산정되어 있지 않고 많은 사람들에게 알려지지 않아, 그곳은 가정적인 소망들, 다시 말하면 실현될지도 모른 여러 소망들 — 지상의 낙원, 젊음의 원천, 프레스터 존(Prester John)의 왕국 그리고 구세주의 천국 —의 작은 씨앗의 터전으로 안성맞춤이다." 그래서 메이선과 딕선은 이 새로운 공간을 보면서 "영국은 잠을 자면서 꿈을 꾸느냐? 미국이 영국의 꿈의 [대상]이냐?"고 생각한다. 그러나 이 공간에 사람들이 정착하면, "가정(법)은 선언(문)으로 바뀌고, 가능성들은 통치수단에 알맞는 단일성으로 축소되고, 성스러운 영역은 그 경계지에서 차례로 이탈하여 우리의 삶터이고 우리의 절망인 인간 세상으로 돌변한다"(345). 그러면서 메이선과 딕선이 열망하는 새로운 공간의 꿈과 자유는 무산되어버린다. 그들의 꿈과 자유가 무산되는 까닭은 사람들이 독재와 탄압에 맞서 모든 수단과 방법을 총동원하여 자유를 쟁취하지만, 일단 자유가 쟁취되면 그 결실을 다른 사람들과 공유하려고 최선을 다하지 않기 때문이다. 다시 말하면 인간이 "자신을 자유롭게 하는 것 그리고 그렇게 자유로워진 자아의 소유권(자아탐구와 실현 그리고 타인 인정과 존중 의지)을 주장하는 것은 전혀 별개의 문제"[19]로 간주하기 때문이다. 특히 자유를 쟁취하여 혜택을 누리는 특권층과 지배계층인사들이 자기고집, 만족, 목적 그리고 이익추구에 급급하여 "자유의 목적은 다른 사람들을 위해 자유를 신장하려는 의지와 실천이다"[20]는 철학에 무관심하고, 더욱이 무감각하기 때문이다.

메이선과 딕선은 자신들의 서부의 꿈은 무산되지만, 이미 서명한 계약서 대로 펜가문과 캘버트가문의 감독관들이 동의한 위도 상의 시발점으로

---

18. Brian McHale, "Mason & Dixon in the Zone, or, A Brief Poetics of Pynchon-Space," in *Pynchon and Mason & Dixon*, 44.

19. Toni Morrison, *Beloved*(New York: Knopf, 1987), 95.

20. Bernard Malamud, *The Fixer*(New York: Dell, 1971), 259.

부터 두 가문의 토지소유권 분쟁을 해결하는 폭 8야드의 경계선을 그으면서 서부로 나아간다. 그들은 이 나아감에서 때로는 악천후 가운데서 관측하고 측량해야 하는 촉박감, 긴장감 그리고 불안감을 극복해야하는 상상불허의 시련, 다시 말하면 "완벽한 종사(縱射)[의 표적이 된 상황]에서 1초도 지나지 않는 초조함, 측쇄가 지금부터 연결되어야 하는 조급함 그리고 모든 미지의 돌발사를 감내해야하는 암담함을 절감하고" 감수해야한다. 이 뿐만 아니라 그들은 정착민들의 반발을 무마시키고 수습해야한다. 그들은 직선으로 서부로 향하는 경계선을 그으면서 본의 아니게 정착민들의 토지와 주택을 둘로 쪼개, 그들의 삶의 터전을 송두리째 망가뜨린다. 그래서 정착민들에게 막대한 경제적 손실 뿐만 아니라 가정을 파탄시키는 정신적 혼란과 심적 갈등을 야기시킨다. 예를 들면 한 정착민의 주택이 하루아침에 느닷없이 경계선으로 양분되자, [너무 경악해서 정신을 잃은] 부인이 외출하고 돌아온 남편에게 울먹이면서 갑자기 묻기를, "여보 우리는 어느 지역에서 결혼했지요? 하! 그가 멍청하게 입을 크게 벌리는 꼬락서니를 보아라. 그는 [집이 둘로 쪼개져 있음을 보고 혼비백산하여] 금방 결혼식 장소를 기억할 수 없기 때문이다. [한참 후에 남편이 대답하기를 우리는] 절대로 메럴런드가 아니고 펜설베이녀에서 결혼했소. [그러자 부인이 말하기를] 어! 지금부터 제가 집의 이쪽에 있으면, 메럴런드에 있으므로 법적으로 당신의 아내가 아니오. [그러면] 당신의 권위에 더 이상 순종할 의무도 없소. 그렇지 않은가요?"(444, 446-47). 경계선 때문에 신성한 가정을 파탄시키는 이런 황당한 비극이 일어난다. 메이선과 딕선은 전혀 예상하지 않았던 비극적인 돌발사들을 살벌한 분위기 가운데서 무난하고 조용하게 처리하면서, 경계선을 긋고 나가 정착민 지역을 넘어, 용기와 모험심 그리고 두려움과 공포심을 동시에 불러일으키는 미개지에 다다른다. 그들은 이제 자신들이 처음 들어갈 원주민들의 땅, 즉 미개지 앞에 서 있다. 이런 여건에서도 메이선이 계속 경계선을 그으려 하자, 딕선이 반발한다.

딕선은 집요하게 경계선 긋기에 매진하려는 메이선에게 항의하기를, 이 긋기를 진행하고 있는 "우리는 바보들이다. 우리는 경계선을 그어서는 안된다. [. . .] 우리는 또다시 이용당하고 있다. [. . .] [우리] 과학자들은 쇠망치가 집이 무엇인지 알지 못하는 것처럼 도구들이 무엇인지 모른 채 다른 사람들의 단순한 도구들에 불과할 뿐이다." 그는 이처럼 강한 반발심을 표출하면서도 "암흑 속에 낙원을 건설한다"[21]고 확신하는 메이선을 포기하지도 배신하지도 않는다. 오히려 그는 자기를 언짢아하면서도 포용하는 메이선의 이런 주장 — "우리는 계약서에 서명했다" 그러니 "우리의 의무를 성실하게 이행합시다"(478, 669, 479) —을 인정한다. 그는 메이선의 사리 판단을 수용하고, 그에게 일시적으로 반항했지만 이제는 협력한다. 그는 다른 사람들과의 관계에서 개인적으로 일시적 불만, 혐오감, 적대감, 반발심, 그리고 반항심에 압도당한다 할지라도, 약속이행과 공적 업무처리에서는 그들과 상호협조하려고 한다. 요컨대 그는 실존에서 가능한 한 개인감정을 자제하고, 포용정신을 발휘하여 상호존중과 협력을 가장 중요시하려고 한다.

메이선과 딕선이 합심하여 미개지에서 경계선을 긋고 있는데, 갑자기 풍수의 대가, 중국인 쟁(Zhang)선생이 나타난다. 그는 천주교의 절대적 선만을 일방적으로 강조하면서 음양의 조화를 중요시하는 동양철학의 광신적 반대자, 재퍼조우(Zarpazo)신부가 감독하는 제주이트대학(Jesuit College)을 탈출하여, "기(氣)의 흐름을 재는 나침반"[22]에 의존하여 캐너더(Canada) 국경을 넘어 미국 남쪽으로 오다가 메이선과 딕선을 조우한다. 그는 그들의 경계선 긋기가 풍수에 크게 어긋남을 알아차리고, 당신들 정신이 나갔냐고 그들을 이렇게 비난한다: "경계선은 . . . 사기(邪氣)의 도관으로 작용한다. 실패, 가난, 치욕 그리고 배신을 불러오는 참으로 나쁜 바람을 상상해보시오. 모든 불운이 그 바람 안에 있소. 당신들이 일찍 체험했던 가장 사나운 폭풍우의 몇배나 되는 위력으로 밤낮 부는 바람 말이오." 그러자 메이선이 반박하기를, "누구도 폭 8야드의 경계선 안에서 살려고 하지 않소. 사람들은 자기 집을 경계선 이쪽이나 저쪽에 신축할 것이

21. Sàvvas, 56.

22. Cornis-Pope, 143.

오. 경계선은 어디까지나 경계선에 지나지 않소." 이 반박에 대응하여, 그는 자연을 파괴하는 메이선에게 이런 힐난을 퍼붓는다: "경계선이라고! 이 경계선 말고 자연에 원래 있는 경계선들, 예를 들면 해안선, 산 능선과 정상 그리고 강둑들은 땅 안에 있는 용을 존중합니다. 그리고 이 용에서 나온 경치는 그 형태를 유지합니다. 땅에 [인위적으로] 경계선을 긋는 행위는 용의 살에 칼로 상처를 입혀 긴 뚜렷한 흉터를 남기는 . . . 악행이오. 어떻게 큰 화를 피할 수 있겠소?" 그는 서구사회에서, 특히 미국에서 풍수를 부정하는 두 사람의 어리석은 행위를 목격하고 개탄한다. 그러면서도 그는 경계선을 긋는데 큰 장애가 되는 숲에 불만을 토로하는 메이선을 이런 실례를 들어 깨우치려고 한다: "애덤(Adam)과 이브(Eve)는 나무에서 열매를 따 먹고 인간이 되었다. 부처는 나무 밑에 앉아 있다가 득도했다. 뉴튼도 나무 밑에 앉아 있다가 떨어지는 사과를 맞고 만유인력을 발견했다. [. . .] 나무들은 문제가 되지 않는다. 숲은 암흑의 동인이 아니다. 그러나 아마 당신의 경계선은 큰 [역사적] 문제가 될 것이오. [. . .] 왜냐하면 경계선을 긋는 일, 특히 . . . 사람들을 차별하는 직선을 긋는 행위는 가장 직접적으로 잔인하게 나쁜 역사를 만들기 [때문이오]." 이렇게 그는 최선을 다해 두 사람을 깨우치려고 하지만 헛수고로 끝난다. 그들이 깨닫지 못하는 까닭은 풍수 뿐만 아니라 다른 측량 기사의 이런 주장 — "기왕의 경계선과 담장이 없는 온전한 공간이 측량기사를 기다린다"(542, 615, 586) —을 이해, 수용할 수 없기 때문이다.

메이선과 딕선은 고집스럽게 서쪽으로 서스퀴해너(Susquehanna)강을 건너고 앨리게이니산을 넘어 233마일의 경계선을 그으면서 나아가 거의 4년의 악전고투 끝에 오우하이오우(Ohio)의 여섯 부족 원주민들의 전사의 길(Warrior Path)에 다다른다. 그들은 자기들을 따라온 원주민들, 즉 모우혹(Mohawk)족의 완강한 저지 때문에 이 길을 넘어 서부로 더 이상 전진할 수 없다. 이 길은 "과학이 인정하지 않는 위력을 가지고 있다고 알려진 남북을 연결하는 [신비의] 대로"[23]이다. 그래서 원주민들도 건널 수 없는 성스러운 경계선이다.[24] 그래서 원주민들은 대로를 마치 자기들이 보는 흐르는 강물로 간주하여, 대로가 방해받지 않는 흐름을 계속하기를 원한다. 원주민들은 메이선과 딕선이 경계선을 그어 대로를 절단함은 강을 가로지르는 댐을 건설하는 것과 같다고 생각하기 때문에, 그들의 월경을 결사 반대한다. 지금 원주민과 영국인, 특히 메이선의 실존철학의 차이가 그들 사이에 큰 충돌과 화근을 불러일으키려고 한다. 예를 들면 메이선은 시간과 거리를 오로지 숫자로 계산하지만, 원주민들은 그렇지 않고 삶의 체험으로 직감한다. 메이선은 별들을 오직 객관적으로 관측하기 때문에, "당신(메이선)은 별들을 살피고 있지만, 별들은 당신을 보지 않는다." 반면에 원주민들이 별들을 보고 있으면, 별들이 "우리(원주민들)에게 결코 갑자기가 아니고 자주 동시에 다가온다." 또 메이선은 천문학을 자연을 파괴하는 실용 목적과 도구로 활용하는데 반해, 원주민들은 자연에 순응하는 삶을 사는 이런 실례가 있다: "별들이 당신(메이선)에게 당신이 길을 내려면 어디에 내야 하는가를 알려주는 것처럼 땅과 강은 우리(원주민들)에게 우리의 길들은 어디로 가야 하는가를 알려준다"(651, 675). 메이선은 원주민들의 실존철학과 저항의지를 일방적으로 부정하고, 무조건 전사의 길을 넘어 경계선 긋기를 강행하려고 한다. 그러자 다른 인종과 문화를 인정, 수용하려는 딕선이 그의 강행을 제지한다. 결국 그도 딕선의 의사를 존중하여 자신의 무모한 의도를 포기한다. 요컨대 두 사람의 상호인정과 수용이 큰 비극을 방지한다.

메이선과 딕선은 경계선을 서부로 더 이상 그을 수 없으므로 동부로 돌아온다. 이제 그들은 자기들을 희망봉과 헐레너섬을 거쳐 미국으로 파견한 영국 지배계층인사들의 하수인이었음을 스스로 깨닫는다. 이 인사들은 권력과 경제적 이익을 극대화하기 위해 다른 사람들의 인격, 존엄성 그리고 인권을 무자비하게 유린하면서도 양심의 가책을 조금도 느끼지 않는다. 그들이 인권을 탄압하는 대상이 서민들, 특히 그들 중에서도 인간이 아닌 재산으로 간주하는 흑인노예들이다. 메이선과 딕선은 그들의 탄압과 수탈

23. Cohen, 275.

24. Cornis-Pope, 145.

욕구에 응해 본의 아니게 미국에서 흑인노예 소유를 가능하게 하는 지역을 조성하는 경계선 긋기에 협조한다. 지금 두 사람의 깊은 자성에 따르면, "노예들. 우리는 희망봉에서 매일 양심의 가책도 없이 노예들과 함께 살았고, 더욱이 헐레너섬에서는 무자비한 마음으로 살았으며, 지금 또 다른 식민지, 미국에서 노예 소유자와 해방자들을 구별하는 경계선을 긋고 있다. [. . .] 우리는 노예들의 시중을 받았고, 경계선의 남쪽 가정에서 시중을 받으면서 [사양하지도] 반대하지도 않았다. 경계선은 어디서 끝나는가? 경계선 안에서 어디를 가나 우리는 도처에서 탄압자와 노예들을 보아야 하는가? 미국은 우리가 탄압자와 노예들을 보지 않았어야 할 유일한 장소였다." 그들은 자성하면서 자기들이 그은 경계선이 결국 "사악으로 이끄는 도관"으로 둔갑되었음을 비탄한다. 그러면서도 그들은 미국에서 희망의 씨앗을 본다. 희망봉과 헐레너섬과는 달리 미국에서 노예들은 자유인이 될 기회를 포착할 수 있기 때문이다. 메이선은 이런 징후로 자신을 위안하면서, "미국에서 나의 쉴 새도 없이 밀고 나아갔던 경계선 긋기는 이렇게 끝난다"(692-93, 705)고 정리하고, 1768년 9월 11일 딕선과 함께 영국행 배에 승선한다.

3인칭 전지시점의 이야기에 의하면, 메이선과 딕선은 각자의 실력, 재능 그리고 의견을 서로 존중하고 협력하여, 경계선 긋기 임무를 성공적으로 수행하고 귀국한다. 그러나 그들의 귀국은 영국학술원의 큰 반응도 따뜻한 환영도 받지 못한다. 영국학술원은 그들의 탁월한 실력과 업적을 인정, 수용 그리고 활용하려고 하지 않기 때문이다. 특히 학술원의 이기적, 독선적, 폐쇄적인 고위 회원은 오로지 사적 목적으로 그들을 이용하려고만 하기 때문이다. 그들은 1768년 12월 15일 학술원 회의에 참석하라는 통보를 받고, 큰 기대감에 들 떠 회의에 참석한다. 자신들이 미국에서 직접 천문학과 측량술을 활용하여 위도와 경도를 측정하면서 그은 경계선, 거기에 따른 어려움과 시행착오의 개선과 보안방법 그리고 앞으로 활용방안에 대한 보고를 하고, 이에 대한 활발한 논의와 토론이 있을 거라고 기대한다. 그런데 그들은 의외로 각자 다른 지역에 가서 금성의 태양면 통과를 관측하라는 명만 받는다. 그들은 또 별들을 관측하기 위해 연옥이나 다름없는 오지로 떠나야 한다. 게다가 메이선은 스코트런드(Scotland)의 산들을 조사하라는 과제도 떠맡는다. 영국학술원은 그들에게 계속 하수인 역할을 하게 하면서도, 그들이 그렇게 되고 싶어하는 정식회원으로 받아들이지 않는다. 그들이 회원이 못되는 이유는 실력과 업적이 회원자격에 미달되어서가 아니라 출신성분이 비천하기 때문이다. 더욱이 메이선은 하수인 역할의 수고비가 없을 때는 고향에 내려가서 생계를 꾸리기 위해 닥치는 대로 노동을 해야한다. 그래서 그는 이따금 자신의 실력을 유감없이 발휘할 수 있었던 미국을 이렇게 회상한다: "이상하게 나는 아침에 잠이 깨면, 내가 미국에 있다고 생각한다"(721). 요컨대 메이선과 딕선은 자신들의 학문실력을 인정, 수용하지 않는 영국의 학문풍토와 잠재력과 가능성을 발휘할 수 없게 고사시키는 사회구조에 좌절한다.

딕선은 노스 케잎(North Cape)에 가서 금성의 태양면 통과를 관측하고, 낙향해서 낚시하면서 소일한다. 그러면서도 그는 이런 진리를 터득해서 명심한다: "땅 요면(凹面)에서 모든 사람은 다른 사람을 향하게 되어 있다. 모든 사람의 도끼들은 한곳에 모아진다. 적어도 이렇게 서로를 인정하도록 되어 있다. [상호인정이] 어떻게 행동할 것인가에 대한 전적으로 상이한 규칙들이다." 그러나 매우 유감스럽게도 그의 상류계층인사들은 이 진리를 무시하고 부정하려고 안달한다. 그는 이런 안달에 속수무책이라고 체념하고 은둔한다. 설상가상으로 갑작스런 어머니의 작고가 그의 마음의 깊은 상처에 슬픔과 아픔을 더 가중시킨다. 이렇게 좌절과 절망의 삶에서도 그가 버틸 수 있는 힘은 메이선과 나누는 정담과 비록 실현되지는 않지만 작은 꿈이다. 그는 메이선에게 말하기를, 결혼하여 "우리는 부부로 미국에 갈 것이"고, 거기서 "와싱턴, 프랭클린, 셸비(Shelby) 측량기사 그리고 다른 친구들을 방문하고, 서부에 이상적인 거처를 찾고"(741, 751, 753) 싶다. 그는 소망을 이루지 못한 채 통풍으로 고생하다가 1779년에 타계한다.

메이선은 여름에 그를 만날 작정을 하고 있다가, 갑자기 그의 사망 소식을 듣고 온종일 이루 말할 수 없이 괴로워한다. 그는 장례식에는 못가고,

나중에 묘지를 참배한다. 그는 허심탄회하게 이야기할 수 있었던 동료마저 잃은 슬픔과 고독을 이겨낼 수 없다. 그는 학문 연구도 할 수 없는 처지에 삶의 유일한 낙의 대들보를 또 잃었기 때문이다. 그는 아무리 정상적인 삶과 활동을 하려고 해도 할 수 없다. 그래서 그는 이런 절망적인 삶을 단념하고, 깊은 상념에 잠겨 새로운 세계를 모색한다.

메이선은 자신의 실력과 잠재력을 사장시키는 영국의 사회구조와 학문 풍토 그리고 인생과 학문을 의논할 동료의 타계에서 연유하는 쓰라린 고독감을 뒤로 하고, 미국에 다시 가서 삶의 새로운 전기를 도모하려고 한다. 그는 1786년에 영국을 떠나기 전에 자기가 그렇게 열망했던 영국학술원 회원은 못되었지만, 프랭클린이 주선하여 미국학술원 회원(Fellow of the American Society)이 된 것이 자랑스러워 전처 "리베커의 묘비에다 자기 이름을 쓰고 F. A. S.(미국학술원회원의 두문자)를 적었다. 이 두문자가 그에게 최상을 의미한다. 나는 당신을 놀라게 해주고 싶다." 묘비에다 이런 글을 남기고, 대가족 — 두 아들 윌리엄과 독터 아이적, 재혼한 부인 메어리(Mary) 그리고 그녀가 생산한 아들 다섯과 딸 하나 —을 이끌고 필러델피어에 도착하여 여독으로 쓰러진다. 병상에서 프랭클린을 재회하고, "우리의 성경은 우주이다"고 설파하고 영면한다. 메어리는 자기 애들을 데리고 영국으로 돌아가고, 윌리엄과 독터 아이적은 미국에 체류하여 미국인이 된다. 소설은 윌리엄이 선언하는 이런 문장으로 끝난다: "우리는 거기(미국)로 갈것이다. 우리는 거기서 살 것이다. 우리는 거기서 낚시할 것이다. 그리고 당신(아버지)도"(761, 772, 773). 이 끝남이 또한 췌리코욱목사가 두 어린 조카의 요구에 응해 말하기 시작한 미국에 대한 이야기의 끝이다.

Ⅲ

췌리코욱목사의 두 어린 조카가 듣고 싶은 이야기의 미국은 딕선이 좌절과 절망에 빠져 있으면서 동경하는 공간이다. 비록 그의 꿈은 무산되지만, 그가 꿈에서 혼자서가 아니라 결혼하여 부인과 함께 가서 이상적인 거처를 찾고 싶어한 희망의 땅이다. 메이선도 자신을 지탱해주는 학문연구도 할 수 없고 친구도 저승으로 떠난 절망 상태에서 새로운 삶의 전기를 도모하려고, 온가족을 이끌고 찾아간 기회의 땅이 미국이다. 또 미국은 그가 영국에서는 학문실력이 미달해서가 아니라 출신성분 때문에 학술원 회원이 될 수 없었지만, 능력과 업적을 있는 그대로 인정받아 미국학술원 회원이 된 공정과 평등의 땅이다. 더욱이 미국은 윌리엄이 자발적으로 아버지와 형과 함께 가서 거주하고 싶은 이런 소망과 결실의 땅이다: "우리는 거기로 갈 것이다. 우리는 거기서 살 것이다. 우리는 거기서 낚시할 것이다. 그리고 당신도." 부모 없이 두 고모 밑에서 성장한 윌리엄은 미국에서 자립 가능성을 발견한다. 요컨대 두 어린 조카가 듣고 싶은 이야기는 "관계, 결합, 그리고 가능성을 강조하는 미국에 대한 새롭고 희망찬 설계이다."[25] 다만 핀천의 이야기는 오늘의 조직화, 계층화된 미국을 말하지 않고, 식민지 시대에 변화무쌍, 불확실성, 유연성 그리고 관용과 아량 기풍이 팽배하여 개개인의 가능성과 잠재력 발휘 그리고 신분상승이 가능했던 사회를 상징한다 다시 말하면 이 이야기는 오늘날 우리 모두가 열망하는 열린 사회의 창조에 최선을 다해야 함을 시사한다.

열린 사회 창조의 지름길은 모든 구성원이 각자의 실존에서 가장 중요한 자아탐구와 실현 의지를 인정하고 수용하여 화목하게 공존하려고 최선을 다하는 데 있다. 부언하면 그 첩경은 모든 구성원이 각자의 인격, 존엄성 그리고 인권을 존중하고, 잠재력과 재능 발휘의 균등한 기회를 제공하며, 그 발휘에 대한 객관적인 평가와 합당한 대가를 받는 사회기풍 조성에 전력을 다하는 데 있다. 그러나 유감스럽게도 오늘날 세계 어디에도 이런 사회기풍이 조성되는 기미는 전무하다. 왜냐하면 어떤 사회, 어떤 국가의 지배계층인사들 전부가 자신들의 이기적, 독선적, 폐쇄적 지배논리로 서민들을 착취하고 억압하기 위해, 서민들의 그런 사회기풍 조성 의지를 짓밟아버리기 때문이다. 오히려 그들은 서민들의 자아탐구와 실현, 사회변화와

25. Cohen, 265.

개혁 그리고 잠재력 계발과 발휘욕구를 억압하여, 그들의 실존을 무의미, 무기력, 무력감, 소외감 그리고 공허감의 소용돌이 속으로 빠지게 한다. 그들의 이런 횡포와 탄압에 대응하여, 핀천은 *메이선과 딕선*에서 그들의 허위의식을 폭로, 고발하여 개혁하려고 한다. 그러기 위해 그는 이 소설에서 메이선과 딕선 중심의 이야기들과 여기에 관련된 사건과 사실들을 기술하는 전통적 역사소설 창작기법을 지양하여, "20세기의 18세기 근원과 20세기가 18세기를 재창조하는 방법을" 활용한다. 그는 오늘날 지배계층 인사들의 독선적, 폐쇄적 지배논리의 근원이 인간을 도외시한 계몽운동의 이성과 과학 만능주의에 있다고 갈파한다. 그리고 이 논리의 극복방안을 18세기 미국사회 기풍이었던 변화무쌍, 불확실성, 불확정성, 유연성, 역동성, 잠재력 발휘, 신분상승 가능성 그리고 상호협력에서 모색하여, 메이선과 딕선을 실례로 제시한다. 요컨대 이 소설의 요체는 우리 모두가 실존에서 인종, 종교, 이념 그리고 체제가 아무리 상이해도 서로를 인정하고 수용하여 평화스럽게 공존하려는 의식 확장을 절대시한다. 이 절대시가 논문의 결론이다.

12

돈 디릴로우: 깨달음과 의식개혁

I

돈 디릴로우(Don DeLillo, 1936-)는 "포우스트모던 미국소설가들 중에서 가장 흥미있고, 가장 재능있는 작가"[1]라는 격찬을 받기도 했다. 그렇지만 그는 1971년에 처녀작, *미국에 관한 문헌*(*Americana*)을 신보이고, 계속 열정적으로 소설들을 창작, 출판했으나, 1985년에 여덟번째 소설, *요란한 잡음*(*White Noise*)[2]을 내놓을 때까지 큰 주목과 각광을 받지 못했다.

---

1. Frederic Jameson, "review of *The Names*," *Minnesota Review* 22(Spring 1984): 119.

2. 이미 발표된 논문들의 필자는 이 소설을 *백색 소음* 혹은 *하얀 소음*으로 번역하고 있는데, 이 번역어가 의사소통을 가능하게 하는 어떤 의미를 창조, 전달한다고 믿고 있을까? 이 번역은 미국사전에 있는 "white noise"의 정의를 전혀 참조하지 않고 맹목적으로 직역하지 않았을까? 그 정의를 보면, 1. 단조로운 소리: a steady, unvarying, unobtrusive sound, as an electronically produced drone or the sound of rain, used to mark or obliterate unwanted sounds. 2. 불규칙한 소리: random noise with a uniform frequency spectrum over a wide range of frequency이다. 부언하여 의사소통에 아주 큰 문제와 혼란을 야기하고 있는 두개의 번역어의 실례를 들어보면, "intersubjective"가 "간주관적(間主觀的)"으로 번역되고 있는데, 미국 사전의 정의는 "comprehensible to, relating to, or used by a number of persons, as a concept or language"이므로 "상호공감하는"으로 번역하면 어떠할까? 또 "postcolonial"이 "탈식

그러나 그는 *요란한 잡음*으로 그 해의 최우수 미국소설상(American Book Award)[3]을 수상했으며, 이런 찬사와 극찬을 받았다: "돈 디릴로우는 요즈음 토머스 핀쳔(Thomas Pynchon)과 윌리엄 개더스(William Gaddis)와 함께 미국소설의 기상천외한 영역을 탐구하여 의심할 여지없이 가장 대담하고 독창적인 소설을 창작하는 정예 작가군의 일원이다. 사실상 디릴로우는 이 소설로 핀쳔과 개더스와 동등한 대열에 합류하게 되었으며, 더욱이 상상력의 발랄함, 변화무쌍, 그리고 활달함에서는 그들을 능가했다는 평가를 받게 되었다."[4] 이 찬사와 극찬은 디릴로우가 곧 세계적인 작가로 인정받게 될 것임을 예고하는 단서가 되었다. 그는 1997년에 열한번째 소설, *어두운 세계*(*Underworld*)를 출판하고, 2년 후에 소설 주제로 억압적인 사회에서 인간의 자유를 줄기차고 과감하게 표현, 신장하려는 작가에게 수여하는 지루설럼상(Jerusalem Prize)[5]을 수상했다. 디릴로우를 수상자로 선정한 심사위원들은 "그의 작품을 '지난 반세기 동안 개인과 국민의 자유를 억압하는 가장 교묘한 조직과 수법들을 파헤치겠다는 불굴의 투쟁[정신]으로 정의, 평가했다.' [. . .] 디릴로우 작품이 주제로 개인의 자유를 표현하고 있다고 [주장하는 이유는] 그가 그처럼 철저히 개인의 주체성이 오늘날의 보도매체, 전자영상, 그리고 소비욕구에 의해 억압, 왜곡되고 있는 수단과 방법을 자진해서 독자적으로 파헤치려 하기 때문이다 . . ."[6] 디릴로우는

민주의의"로 번역되고 있는데, 그 정의는 "of or pertaining to the period following a state of colonialism"이므로 "식민지 시대 이후로"가 정확한 번역이 아닐까?

3. 전미도서상(全美圖書賞)으로 번역되고 있는데, 이 번역도 미국사전의 정의를 제대로 전달하지 못하고 있다. 그 정의는 "any of several awards given annually since 1980 to an author whose book is judged the best in its category"이다. 이 상은 미국출판사연합회가 수여하는데, 1949-79에는 그 명칭이 "National Book Award"였다. 그러므로 최우수 미국소설상이 더 타당하고 정확한 번역이 되지 않을까?

4. John W. Aldridge, "*White Noise*: Dark soundings of modern life," rev. of *White Noise*, by Don DeLillo, *Chicago Tribune*, 13 January 1985: 31.

5. 1963년에 제정된 문학상으로 원명은 "The Jerusalem Prize for the Freedom of the Individual in Society"이며, 2년마다 지루설럼 국제도서전에서 수상자에게 수여된다. 첫 수상자는 영국철학자 Bertrand Russell이었다.

*요란한 잡음*에서 개인과 국민의 자유를 가장 교묘하게 유린하는 주범인 오늘날의 보도매체, 전자영상, 그리고 구매충동과 욕구를 "요란한 잡음"으로 은유화하고 있다. 이 소설의 화자이며 주인공인 잭 글래드니(Jack Gladney)는 "요란한 잡음"의 피해자가 되어 진실한 자아를 탐구, 실현하려고 하지 않는다. 따라서 그는 지나친 아집, 자아도취, 편견, 위선, 불안, 그리고 공포에 빠져 자유 ― "자유는 모든 인간으로 하여금 전적으로 새로운 삶, 다시 말하면 자신이 살고 있는 사회와 전세계를 위해 전적으로 새로운 삶을 살 수 있도록 해주는 원동력이다"[7] ―를 실현시키려는 의지가 조금도 없는 삶을 살고 있다. 이 논문에서 이렇게 독선적, 부정적이고 불안과 공포에 휩싸인 생활을 영위하면서도, 그가 이 비극적 실존으로부터 해방될 수 있는 첩경, 다시 말하면 어떻게 자유 실현과 구가의 원동력인 깨달음과 의식개혁의 계기를 마련하는가를 규명해본다.

이 규명의 전제는 글래드니의 허위의식을 조장하면서 자유를 교묘하게 유린하는 "도처에 편재해 있는 요란한 잡음"[8]의 본질을 밝히는 데 있다. 그 본질을 밝히기 위해서는 먼저 시각과 청각을 결합시키고 있는 두 단어 ― white noise ―가 분석되어야 한다. 나쁜 의미로는 죽음을 상징하는 흰색은 단색으로 시각을 단조롭게 하면서 획일화시킨다. 소음은 귀를 매우 불쾌하고 혼란스럽게 하면서, 정신을 흐르고 어지럽게 한다.[9] 이렇게 우리 의식을 획일화시키면서 사고력과 판단력을 마비시키는 요란한 잡음은 우리를 특정 인물과 체제의 하수인, 주구, 혹은 노예로 전락시키려고 안달한다. 예를 들면 독재자의 통치철학과 그 실천방법으로는 전제주의와 그 목

---

6. John N. Duvall, "Introduction－From Valparaiso to Jerusalem: DeLillo and the Movement of Canonization," *Modern Fiction Studies* 45.3(Fall 1999): 563.

7. Nicolas Berdjaev, *The Realm of Spirit and the Realm of Caesar*, trans. Donald A. Lowrie(New York: Harper & Row, 1952), 105.

8. Don DeLillo, *White Noise*(New York: Penguin, 1986), 310. 앞으로 이 작품에서의 인용문은 괄호 안에 쪽수만 표시함.

9. Timothy Aubry, "*White Noise* Generation," *Critical Matrix* 12.1-2(Fall 2000-Spring 2001): 149.

적달성을 위한 무자비한 탄압과 그럴듯한 선동이 최적이다. 오늘날 미국경제의 가장 두드러진 특징인 후기 자본주의는 자본가의 최대이윤 추구와 그 달성 방법으로 다국적 기업과 소비심리를 극도로 자극, 충동시키면서 필요 이상의 소비욕구를 극대화하는 영상매체를 가장 교묘하게 활용한다.[10] 이처럼 미국사회와 다른 사회의 요란한 잡음은 우리가 최대관심을 자아탐구와 실현, 삶의 가치와 향상, 그리고 공동체 의식에 절대로 두지 못하게 하면서, 오로지 소비욕구를 최대한으로 충족시킬 수 있는 재력, 그 재력 소유와 축적의 수단과 방법, 그리고 사회적 출세와 지위에 쏟도록 한다. 요컨대 요란한 잡음의 의도와 목적은 우리를 주체적, 다차원적 의식의 확장자가 아니라 맹목적, 일차원적, 폐쇄적 의식의 복종자와 추종자로 만드는 데 있다. 이런 의도와 목적에 반기를 든 디릴로우는 *요란한 잡음*에서 우리의 개체성과 주체성을 박탈하고 있는 미국 소비문화의 교묘한 수법을 폭로, 고발하면서, 이 수법으로부터의 독립, 그리고 정체성과 인간성 회복을 촉구한다.

우리의 독자적인 사고력과 판단력을 마비시키고 의식을 획일화시켜, 우리를 자의적으로 조종하고 농락하는 교묘한 수법의 주범은 후기 자본주의사회에서 그 위력을 유감없이 발휘하고 있는 대중매체의 영상과 가상(假像, simulacrum)이다. 그중에서도 특히 매우 교묘하고 기발한 기법과 기술로 형상화된 영상과 가상을 탁월하게 표현, 전달하는 티비(TV)는 우리에게 이렇게 부정적이고 악의적인 역할을 하기도 한다: "티비가 우리를 감시하면서, 우리를 소외시키고, 우리를 조종한다."[11] 우리가 일단 이런 영상과 가상의 포로가 되면, 사물을 있는 그대로 볼 수도 없을 뿐만 아니라 보려고도 하지 않으면서 기호만을 읽는다. 또 원본, 진품, 그리고 현장을 보려고 하지 않고, 복사품, 모조품, 그리고 영상물을 소유하려고만 한다.

---

10. Cornel Bonca, "Don DeLillo's *White Noise*: The Natural Language of the Species," *College Literature* 23.2(June 1996): 31.

11. Jean Baudrillard, *Simulacra and Simulation*, trans. Sheila Faria Glaser(Ann Arbor: University of Michigan Press, 1994), 30.

그 대표적 실례가 *요란한 잡음*에 있는 "미국에서 사진이 가장 많이 찍히는 헛간으로 알려진 관광명소"(12)이다. 관광객들은 현상에 도착하기 전에 여러 번 관광안내판을 보고 읽는다. 따라서 그들이 현장에 오면 그 유명한 헛간을 자세히 관찰하려 하지 않고, 오직 사진 찍기, 그리고 엽서와 슬라이드 사기에 열중할 뿐이다. 그들은 광고와 그 최면에 빠져 제정신이 아니다. 글래드니는 그들의 이런 행위에 대한 대중문화학과(공식 명칭은 미국 환경학과) 객원강사 머리 제이 시스킨드(Murray Jay Siskind)의 매우 소상한 이론과 주장을 듣는다.

> 아무도 헛간을 보지 않는다. [. . .] 일단 당신이 헛간에 대한 광고안내판을 읽고 나면, 헛간 구경은 불가능해진다. [. . .] 우리는 여기에 하나의 영상을 포착하기 위해서가 아니라 계속 보존하려고 왔다. 모든 사진은 마음을 매료시킨 분위기를 더욱 강하게 각인시킨다. 잭, 당신은 그 분위기를 느낄 수 있습니까? 형언할 수 없는 위압감의 축적. [. . .] 여기에 와 있음은 일종의 정신적 항복이다. 우리는 오로지 다른 사람들이 본 사물들만을 보려고 한다. 과거에 여기 왔었고, 앞으로 올 수천명의 사람들. [. . .] 이 헛간이 사진 찍히기 전에는 어떤 모습을 하고 있었는가? [. . .] 이 헛간은 어떤 모습이었고, 다른 헛간들과는 어떻게 다르고, 이디가 비슷했는가? 우리는 이미 관광안내판을 읽었고, 다른 사람들의 촬영과 그 장면을 보았기 때문에, 이런 문제들에 대해 대답할 수 없다. 우리는 매료된 분위기에서 벗어날 수 없다. 우리는 그 분위기의 일부이다. 우리는 지금 여기에 있다.(12-13)

> No one sees the barn. [. . .] Once you've seen the signs about the barn, it becomes impossible to see the barn. [. . .] We're not here to capture an image, we're here to maintain one. Every photograph reinforces the aura. Can you feel it, Jack? An accumulation of nameless energies. [. . .] Being here is a kind of spiritual surrender. We see only what the others see. The thousands who were here in the past, those who will come in the future. [. . .] What did the barn look like before it was photographed? [. . .] What was the barn like, how was it different from other barns, how was it similar to other barns? We can't answer these questions because we've read the signs, seen the people snapping the pictures. We can't get outside the aura. We're part of the aura. We're here, we're now.

이처럼 우리는 후기 자본주의사회가 매우 교묘하게 조장하는 상품구매 충동과 필요 이상으로 극대화하는 소비욕구 충족의 영상과 가상에 일단 매료되면, 그 충동과 욕구충족의 포로로 전락하게 된다. 이렇게 전락하게 되면, 우리는 자의든 타의든 극도로 왜곡된 의식의 소용돌이 속에서 실존할 수밖에 없다.

불행하게도 이렇게 과도한 소비욕구 충동 그리고 그런 충동과 왜곡된 의식을 조장하는 전자영상의 노예로 전락하여 개체성, 독자성, 존엄성, 그리고 마음의 안정과 평화를 상실해버린 글래드니는 군중 속의 우리, 다시 말하면 일상적인 우리를 상징한다. 그는 아집, 자아도취, 불안, 그리고 공포의 소용돌이 가운데서 살고 있다. 이런 고통, 고뇌, 그리고 고난의 생활을 영위하면서, 우리를 상징하고 있는 그에게 따뜻한 위안과 격려가 절대적으로 필요하다. 디릴로우는 절망적이고 비극적 실존에 그 극복의 꿈, 희망, 위로, 용기, 그리고 의지를 용솟음치게 할 수 있는 유일한 힘은 오로지 소설에 있을 뿐이라고 갈파하면서, 소설을 이렇게 정의한다: "내 생각에 소설가는 이런 절망을 극복하려고 한다. 이야기는 적어도 이론적으로는 위안이 될 수 있다. 소설가는 현실의 장벽을 뛰어넘으려고 시도할 수 있다. 독자는 저쪽에 하나의 구원의 진리, 다시 말하면 우리가 결심하게 되었다는 의식이 있다고 [믿는] 한 자진해서 그와 함께 그 도약을 감행한다. [. . .] 또 내 생각에 소설은 역사를 그 혼란으로부터 초월시킨다. 소설은 이 초월을 빈 공간들을 메우는 약간 피상적인 방법으로 실현할 수 있다. 그러나 소설은 또한 우리가 우리의 일상생활, 즉 현실생활에서 체험하지 못하는 균형과 주기적 반복을 실감하도록 해주는 더욱 심오한 방법으로 [그 기능을] 다할 수 있다."[12] 그는 자신의 이런 소설철학을 바탕으로 *요란한 잡음*의 주인공, 글래드니의 꽉 막혀 답답했다가 서서히 열려 환해지는 삶에 관한 이야기를 창작했다.

---

12. Anthony DeCurtis, "'An Outsider in This Society': An Interview with Don DeLillo," in *Conversations with Don DeLillo*, ed. Thomas DePietro(Jackson: University Press of Mississippi, 2005), 64.

디릴로우는 *요란한 잡음*에서 우리를 상징하는 글래드니의 비극적 실존을 극복하는 이야기 — "요란한 잡음은 언제나 있기 마련이지만, 그 잡음에 주의하면 주의할수록, 그 잡음은 [점점] 없어진다"[13] —를 하고 있다. 우리는 이 이야기를 들으면서, 우리의 일상생활에서 가장 크게 의식해야 하는데도 그렇지 않아 매우 자주 망각하는 개체성, 독립성, 존엄성, 자신감, 그리고 성취감을 삶의 최고가치로 인식, 수용해야 하며, 더욱이 "소설은 우리의 가능성과 자유의 개념을 확장하려는 시도"[14]라는 철학을 실천하려고 최선을 다해야 한다. 그러기 위해 우리는 디릴로우의 이런 주장을 경청해야 한다: "가장 탁월한 독자는 인간 가능성, 다시 말하면 인간 행위에서 [상상적으로] 있을 수 있는 거대한 영역에 가장 많이 열려 있는 사람이다. 오늘날의 삶이 너무나 환상적이고 기상천외여서 성공적으로 소설화될 수 없다는 주장은 거짓이다. 가장 성공적인 작품은 [독자에게] 더욱더 많은 요구와 주문을 한다."[15] 우리가 이 주장을 수용하려고 최선을 다할 때만 *요란한 잡음*을 더욱더 심오하게 이해할 수 있다. 그 이해의 깊이와 폭에 따라, 우리는 독선적, 폐쇄적, 아니면 개방적, 창조적 인간이 된다.

지금까지의 논의가 본론에서 수행할 *요란한 잡음*의 분석과 고찰의 바탕이 된다. 이 소설의 화자이며 주인공인 잭 글래드니는 "요란한 잡음"의 부산물, 즉 왜곡된 의식 때문에 아집, 자아도취, 그리고 공포에 극도로 시달리고 있다. 그러나 그는 결코 이런 의식에 압도당한 패배자는 아니다. 따라서 그는 자신의 삶을 허위의식, 수동성, 그리고 공포로부터 각성, 대담성, 그리고 동정과 사랑으로 변화시킨다. 이런 획기적 변화의 가능성을 상징하는 두 개의 전조가 있다. 하나의 전조는 소설이 죽음을 상징하는 가을에 시작되어, 부활의 계절인 봄에 끝난다. 또 하나의 전조는 어린 아들 와일더(Wilder)가 소설 시작에서는 세발자전거에 까딱도 않고 앉아 있다가,

---

13. Aubry, 165.

14. John Updike, *Odd Jobs: Essays and Criticism*(New York: Knopf, 1991), 87.

15. Robert Harris, "A Talk with Don DeLillo," in *Conversations with Don DeLillo*, 19.

끝에서는 자전거로 집 근처의 차들이 질주하는 고속도로에 진입하여 무모하게 돌진하는 돌출행동을 하다가 이웃 사람들의 도움을 받아 무사히 귀가한다. 요컨대 이 소설의 요체는 주인공의 이런 변신과 성숙이다.

II

*요란한 잡음*의 시작은 화자 겸 주인공이며 미국 중서부의 전형적인 대학 도시에 소재한 등록금이 상당히 비싼 사립대학의 히틀러학과(Department of Hitler Studies) 학과장인 글래드니가 가을학기 개강에 맞춰 학생들이 기숙사에 입주하려고 차에 소지품들을 가득 싣고 교정에 도착하는 광경을 목격하는 장면이다. 이 장면은 그에게 개성과 차이를 불용하는 획일주의를 상징한다. 그가 보기에, 학생들의 소지품들이 다 비슷하고, 고가품들도 상당히 많다. 그는 그들의 소지품들에서 개개인의 개성이나 특징을 하나도 발견할 수 없고, 오로지 동질성과 획일성만을 느낄 뿐이다. 더욱이 그는 자녀들이 이런 사립대학에서 공부할 수 있는 재력을 가졌음을 뽐내는 부모들의 표정에서 그들만의 이런 자아도취, 자만심, 의기투합, 그리고 단결심을 재빨리 간파한다: "부모들은 햇빛에 눈이 부신데도 [그늘을 찾지 않고] 사방에 [비치는] 자신들의 [자랑스러운] 자태를 보면서 자동차 옆에 서 있다. [. . .] 그들은 다시 젊어질 수 있다는 자신감과 공동체 의식을 피부로 느끼고 있다. [. . .] [특히 차를 운전할] 아버지들은 시간을 계산해보면 갈 길이 너무 멀지만 서둘지 않으면서 어버이로서 이루어낸 큰 성과, 즉 [삶과 생명의] 보험 액수와 기간을 크게 늘렸음을 암시해주는 업적에 아주 만족해 한다. 여기 길게 늘어서 있는 스테이션 왜건(station wagon)들은 . . . 부모들에게 그들은 정신적으로 굳게 결합한 동지들의 집합체, 다시 말하면 하나의 국민, 하나의 국가임을 가르치고 있다"(3-4). 글래드니가 자신의 이런 느낌과 간파를 피력하는 의도는 자기도 그들과 한패임을 공언하려는 데 있다.

그의 이런 공언은 그가 경제적으로 풍요한 중산층의 일원이며, 히틀러의 독재철학에 깊은 관심을 쏟는 일차원적 학자임을 암시한다. 그가 경제적으로 풍족하여 자신의 소비욕구를 최대한으로 충족시키면서, 과학과 기술의 눈부신 발전이 안겨준 혜택들을 마음껏 누리고, 사회적 신분과 명성에 따른 존경과 안락으로 충만한 삶을 즐기면 즐길수록 더욱 오래 살고 싶은 욕망은 더욱더 커지고 강해진다. 그래서 그는 죽음은 인간의 숙명이라는 엄연한 사실을 인정, 수용하려 하지 않는다. 더욱이 그는 "자신의 죽음에 대한 예리한 지각이 삶에 솔직함, 다시 말하면 우리의 인간 유한성 거부로 인해 보통은 매몰되어버리는 '만물에 대한 무한한 경이감'을 느낄 수 있도록 해주는 필수적인 준비단계를 만들어준다"[16]는 진리를 터득하지 못한다. 그러므로 그는 죽음의 공포에 이렇게 시달린다: "나는 죽음[에 대한 공포로] 식은 땀에 흠뻑 젖어 깨어났다. 나 자신의 엄청난 공포에 속수무책이었다. 내 영혼이 멈췄다. 나는 침대에서 일어나, 벽과 계단 난간들을 붙잡고, 집안을 돌아다니려는 의지도 힘도 없었다. [게다가] 내 정신을 가다듬고, 몸을 다시 활발하게 움직이면서, 사회생활을 과거처럼 다시 할 의지도 힘도 없었다. 땀이 옆구리로 줄줄 흘러내렸다"(47). 그래서 그는 이 죽음의 공포로부터 해방되고 싶어한다.

그 해방의 한 방법이 그가 스스로 친근감과 동질감을 느끼는 계층의 사람들과 한패가 되어 개체성과 주체성을 가진 개인으로서 실존하려 하지 않고, 군중 속으로 함몰하려는 집단의식이다. 그는 이런 철학을 믿는다: "[내가] 군중 속에 있음은 [나로 하여금] 죽음을 의식하지 않게 한다. 군중으로부터 떨어짐은 홀로 죽음에 직면하여, 혼자 죽는다. 이런 이유 때문에 군중이 가장 중요하다. 사람들은 군중을 이루기 위해 여기 모인다"(73). 그는 맹목적으로 이 철학을 실천하는 삶을 살고 있다. 또 하나의 방법은 그가 히틀러를 맹신, 숭배하는 데 있다. 저자의 설명에 따르면, 그의 이런 맹신과 숭배는 히틀러의 상상을 초월하는 미증유의 만행과 그 참혹함에서 연유한다: "히틀러가 저질렀던 만행은 너무나 극악무도해서 글래드니는

16. Michael Valdez Moses, "Lust Removed from Nature," in *New Essays on White Noise*, ed. Frank Lentricchia(Cambridge: Cambridge University Press, 1991), 80.

스스로 그 만행 속으로 사라질 수 있으므로 자신의 작은 공포는 그 극악무도와 히틀러의 기행에 의해 압도당해버릴 것이라고 자위한다. 그는 우리가 유명인사들을 평하는 것처럼 히틀러는 생존보다도 더 중요할 뿐 아니라 죽음보다도 더욱 강하다고 생각한다."[17] 따라서 그는 자신을 히틀러, 그리고 그의 독재정치와 선동의 소용돌이 속으로 침잠시키면 시킬수록 죽음의 공포로부터 더욱더 멀어진다고 확신한다. 또 그는 히틀러에 의존해서 삶의 의지를 굳게 하고, 존재 의의를 확장하며, 사회적 명성과 학문적 업적을 이루려고 한다.

그래서 그는 히틀러의 보호를 받아 죽음의 공포로부터 벗어나기 위해, 그가 "절대악의 화신"[18]임에도 불구하고, 1968년에 학장의 승인을 얻어 대학에 히틀러학과를 신설한다. 이렇게 그는 자신의 개인적인 목적달성과 이익추구를 위해, 학문의 보편적, 합리적 가치와 목적을 묵살해버린다. 그는 21년 동안 혼자 학과장이고 교수이면서도 북미에 유일한 이 학과를 미국뿐만 아니라 전세계에서 가장 활발하고 명성있는 히틀러 연구의 중심지로 육성했다. 그러므로 그는 대중문화학과의 객원강사이고 유대인인 시스킨드로부터 이런 찬사를 듣는다: "당신은 히틀러에 관한 연구목표와 과제를 확립했다. 당신은 그 목표와 과제를 창시하고 개발해서, 당신 분신으로 삼았다. 미국 중서부에 소재한 어떤 대학의 어느 교수도 축어적으로나 은유적으로 당신의 연구 방향에 동조하지 않고서는 히틀러를 언급조차 할 수 없다. 이 학과가 [연구의] 중심지, 즉 의문의 여지가 없는 근원이다. 그는 이제 당신의 히틀러, 다시 말하면 글래드니의 히틀러이다. [. . .] 나는 당신의 연구성과에 감탄한다. 그 성과는 탁월하고 통찰력이 있으며, 기절할 만큼 너무나 선진적이었다. 그런 성과는 내가 엘비스 [프레슬리](Elvis Presley) [연구에서] 거두고 싶은 욕망이다"(11-12). 그가 이런 격찬과 칭찬에 자기 딴에는 대단한 자부심을 느끼고 있지만, 다른 학자들은 그를 자

---

17. DeCurtis, 71.

18. Paul A. Cantor, "Adolf, We Hardly Knew You," in *New Essays on White Noise*, 39.

유인문주의의 이상을 모멸하는[19] 사이비 교수라고 혹평한다.

그가 이런 혹평을 받는 이유는 그의 연구와 관심이 히틀러의 독재와 만행의 정치적, 경제적, 사회적 원인규명, 그 후유증 치유와 극복, 그리고 재발방지책에 있지 않고, 전제주의의 정치적 선동, 그리고 그 매력과 효과에 집중되고 있기 때문이다. 또 그 연구와 관심은 히틀러의 성장배경, 악마적 성격, 미증유의 잔학행위가 가능했던 풍토, 그리고 동조자와 방관자들의 의식구조에 있지 않고, 후기 자본주의사회가 대중 그리고 그들의 소비심리와 욕구를 교묘하게 조종하려는 독재적 수단과 방법을 은근히 강구하려는 데 있기 때문이다. 따라서 그는 히틀러 강의의 초점을 "패쉬스트(fascist) 전제정치의 끊이지 않는 대중적 매력에 대한 역사적 배경, 이론적 탐구, 그리고 원숙한 통찰력의 연마에"(25) 맞추고 있다. 그는 이 강의를 더욱 효과적으로 하기 위해, 학생들에게 보여줄 영화의 필림을 직접 편집한다. 이 필림은 이런 장면들로 구성되어 있다: 나치당 전당대회, 운동선수들과 산악인들의 대규모 시가행진, 무수한 대중집회, 괴벌스(Goebbels)의 선동연설을 듣고 운동장 밖으로 나온 수만명의 열광적인 군중이 떼를 지어 함성을 지르고 있는 거리의 인파, 강당마다 셀 수 없을 정도로 걸려 있는 국기들, 영안실 앞에 놓인 많은 화환들과 전사자들의 훈장들, 대공포들, 그리고 군중이 부르는 노래에다 외치는 고함, 환호, 규탄, 그리고 비명들. 이처럼 그는 개개인의 개체성과 주체성을 매몰시키는 군중에 깊은 관심을 쏟는다. 또 군중이 맹목적으로 날뛰다가 소수의 독재세력에 너무나 쉽게 부화뇌동하는 역사적 현실에 더욱더 큰 흥미를 느낀다. 요컨대 그의 이런 관심과 흥미는 그가 스스로 자기는 의존적이면서도 권위적, 외향적이면서도 내성적, 활동적이면서도 소극적, 활발하면서도 소심한 인간임을 암시한다.

다른 교수들의 눈에는 그가 히틀러학의 대단한 대가로 보이지만, 자신은 그렇게 생각하지 않으므로 매우 소심하고 의기소침하여, 자기대학에서

---

19. Mark Conroy, "From Tombstone to Tabloid: Authority Figured in *White Noise*," *Critique* 35.2(Winter 1994): 100.

주최한 히틀러학 국제학술회의에 9개 국가와 17개 주로부터 참석한 교수들과의 대면을 피하려 한다. 이 교수들은 출신 국가와 지역이 아주 다양함에도 불구하고, 이런 공통 특징을 가지고 있다: "그들은 쾌활하고 열성적이며, 웃을 때는 줄곧 침을 뱉고, 유행에 뒤진 의복과 검소 그리고 시간 엄수가 몸에 배어 있었다. 또 그들은 사탕을 좋아하는 것 같았다"(274). 그의 개회사는 이번 학술회의의 의의와 앞으로 수행해야 할 연구방향과 과제에 대한 제언이 아니라 히틀러의 어머니, 동생, 그리고 개에 관한 한담이다. 그의 개 이름은 울프(Wolf)인데, 이 단어는 영어와 독일어에 드물게 있는 동일의미의 낱말이라고 그는 언급한다. 회의 참석 교수들도 밤에는 히틀러에 대한 농담들을 하면서 카드놀이에만 열중하지만, 그는 자기가 너무나 무지하고 초라하다고 스스로 단정하고 이렇게 행동한다: "그는 자신의 거구, 명성, 교수 정복, 그리고 검은색 안경에도 불구하고 절망적인 열등감에 사로잡힌다 . . . 그래서 그는 수치심을 감추기 위해 [학술회의 개최기간 동안] 연구실에 칩거한다."[20] 그의 이런 행동은 자아탐구 의지와 주체성은 없고 오로지 다른 사람에게만 의존하려는 타성과 위선에서 비롯된다.

그는 히틀러학과를 신설할 때, 학장이 그의 이름 잭 글래드니는 강한 힘이 없으니 제이. 에이. 케이.(J. A. K.) 글래드니로 개명하라는 조언을 받고, 즉각 거기에 따른다. 또 학장이 히틀러학을 강의할 때는 언제나 교수 정복을 입고 검은색 안경을 쓰라는 충고를 듣고, 아무런 이의없이 그 충고를 받아들인다. 나중에 안경을 벗으라는 부인의 말을 듣고, "나는 검은색 안경을 쓰지 않고는 히틀러를 강의할 수 없다"고 그는 푸념한다. 왜 할 수 없느냐는 부인의 질문을 받고, "나는 안경이 필요하다. 그 필요가 전부이다"(221)고 그는 대답한다. 또 그는 대학 컴퓨터센터의 과거 교수로부터 이런 말을 듣는다: "잭, 나는 당신을 대학 밖에서 한 번도 본 적이 없었다. 안경도 쓰지 않고 교수 정복도 입지 않으니까 당신이 달리 보인다. [. . .] 당신은 전혀 다른 사람이다. [. . .] 당신은 아주 순진하게 보인다"(82-83).

20. Ted Billy, "The Externalization of the Self in American Life: Don DeLillo's *White Noise*," *Journal of Evolutionary Psychology* 19.3-4(August 1998): 281.

게다가 그는 독일어를 전혀 모른다. 히틀러학 국제학술회의의 개회사를 독일어로 하기 위해, 그는 극비리에 독일어 개인 교습을 받는다. 이러면서도 그는 히틀러에 관한 논문을 써서 권위있는 학술지에 발표할 뿐만 아니라 최소한 1년간 독일어를 수강하지 않는 학생들에게는 히틀러학 전공을 불허한다. 요컨대 그는 의존과 위선의 명수이다.

이렇게 의존적, 위선적 인간인 글래드니의 복잡한 가족관계와 주택이 부유층 거주지역에 있음은 이 문장에 잘 표현되어 있다: "배베트와 나 그리고 과거 부부관계에서 가졌던 우리 아이들은 이전에 깊은 계곡이 있는 숲속이었던 조용한 거리의 끄트머리에서 살고 있다"(4). 그는 세번 이혼하고 네번째 부인 배베트(Babette), 어머니가 다른 자기 아들 열네살 된 하인리크(Heinrich), 아홉살의 딸 스테피(Steffie), 지금 부인이 데리고 온 열한살의 여아 더니스(Denise), 그리고 세살의 남아 와일더(Wilder)와 함께 큰 문제없이 풍족한 생활을 하고 있다. 이 복잡한 가족관계는 그의 권위적, 자아도취적 성격에서도 비롯된다. 멀리 떨어진 역에서 탈선한 화물열차에 적재한 탱크(tank)에서 분출된 유독개스가 그의 도시 지역으로 이동하면서 확산되고 있으므로 피난해야 한다는 아들의 말을 듣고, 그는 이렇게 냉소적으로 반응한다: "내 신분이 대학교수만은 아니다. 나는 학과장이다. 나는 공중에서 확산되고 있는 유독개스를 대피해야 한다는 경고를 받아들이지 않는다. 그런 피난은 도시의 물고기 부화장들이 밀집해 있는 빈민지역의 이동식 주택에서 살고 있는 사람들이나 해야 할 자구책이다." 그는 자기가 가난한 사람들처럼 재난의 피해자가 된다는 가정도 상상도 할 수 없다. 또 이 복잡한 가족관계는 그의 이런 충동적, 망상적 기질에서도 연유한다: "나는 닥치는 대로 물건을 샀다. [. . .] 나는 사는 재미로 상품을 구입했다. 처음에는 살 의사가 조금도 없었던 물건을 보고 만져보면서 꼼꼼히 살펴보고 샀다. [. . .] [그러면] 나는 [자신에 대한] 평가와 자존심이 강해지기 시작함을 [느꼈다]. 나는 스스로 흡족하여, 나 자신의 새로운 모습을 발견하고, 잊었던 사람이 생존하고 있음을 알아냈다. 빛이 내 주위를 환하게 했다. [. . .] 내가 돈을 많이 쓰면 쓸수록 돈의 [가치와] 중요성은 작아지는 것처럼 보였다. 내가 지금 지출한 총액은 아무것도 아니었다. 이 총액이 장대비처럼 내 피부로 흘러내렸다. 사실 이 총액이 실존적 활력의 형태로 돌아왔다"(117, 84). 이처럼 그의 삶의 가치와 의의는 오직 신분, 재력, 그리고 과도한 소비에만 있다. 그의 이렇게 잘못된 인생관은 일상생활에서 타성이 되어버린 의존적, 위선적, 권위적, 자아도취적, 충동적, 망상적 성격의 총체에서 비롯된다.

그는 이런 일차원적, 폐쇄적, 부정적 성격으로 말미암아 자기 자신을 성찰하려 하지 않을 뿐만 아니라 전 부인들을 깊이 이해하고 포용할 수도 없었고, 더욱이 그렇게 하려고 하지도 않았다. 그래서 그는 세번의 이혼 사유가 전적으로 그들에게 있었다고 단정한다. 그들은 야위고 신경질적이며 "현실사회로부터 소외되고 있음을 느끼는 성향을 가졌으며, 첩보기관과 관련이 있는 자기 임무에 열중하기 때문에 극도로 긴장하는 여인들이었다." 반면에 배베트는 키가 크고 육체는 풍만하며 매우 가정적이고 현실적이어서 이복 형제자매를 잘 돌보면서, 가사를 매우 능률적으로 처리한다. 또 그녀는 강인하고 건강하며 솔직하고 사교적이어서 노인들과 맹인을 위한 자원봉사활동도 하면서, 매사를 긍정적으로 수용한다. 이러므로 그녀는 글래드니가 편안하고 안정된 삶을 영위할 수 있도록 협조해준다. 그래서 그는 그녀를 이렇게 찬양한다: "당신은 나의 정신력이고 창조적 생명력이다." 또 그는 그녀에게 자신의 과거를 전부 고백하면서, 이런 고백이 그녀에 대한 사랑을 더욱더 열렬하게 할 뿐만 아니라 자기 자신을 성숙시키고 있다고 확신한다: "배베트와 나는 서로 전부를 말한다. 나는 [나의] 전부를 말했다 . . . 숨김없이 털어놓는 고백은 자기 일신의 형식이고 보호자 책임의 의사 표시이다. 사랑은 우리가 상대방의 배려와 보호에서 신뢰받을 수 있을 만큼 강한 주체성의 계발을 가속화한다"(6, 199, 29). 따라서 그와 배베트는 서로를 깊이 배려하는 이런 대화를 나눌 수 있다.

> "나의 최상의 삶은 당신을 즐겁게 해주는 일이다"고 나는 말했다.
> "잭, 나는 당신을 행복하게 해주고 싶다."

"나는 당신을 즐겁게 해주고 있을 때 행복하다."
"나는 당신이 하고자 하는 일을 하고 싶다."
"나는 무엇이든 당신에게 가장 좋은 일을 하고 싶다."
"그러나 당신은 내가 당신을 즐겁게 하도록 허용해야만 나를 즐겁게 해준다"
고 그녀가 말했다.(28)

"What's best for me is to please you," I said.
"I want to make you happy, Jack."
"I'm happy when I'm pleasing you."
"I just want to do what you want to do."
"I want to do whatever's best for you."
"But you please me by letting me please you," she said.

이런 대화를 하고 있음에도 불구하고, 그들은 하나가 될 수 없다. 왜냐하면 그들은 사랑의 이런 정의를 모르기 때문이다: "사랑은 인간을 격리시키는 벽을 파괴하고, 인간을 결합시키는 힘이다. 사랑은 고독과 소외의 감정을 극복하도록 해줌과 동시에 자신의 본질적 자아에 충실한 인간이 되게 함으로써 본래의 자기를 보지함을 가능하게 해준다."[21] 배베트는 사랑의 올바른 정의를 알고, 그런 정의에 입각한 사랑을 실현하려고 최선을 다하지 않았기 때문에, 본의 아니게 글래드니를 배신한다. 이 배신의 근원은 그녀가 지대한 관심을 자아 탐구와 사물의 본질 이해에 두지 않고, 외부현상, 예를 들면 부유층 학부모들의 외모와 의복 그리고 죽음에 대한 생각에 쏟는 데 있다. 또 그 근원은 그녀가 확고한 주체성과 독자성을 바탕으로 융통성과 유연성을 발휘하지 못하면서, 이것이 아니면 저것이 좋다는 이런 이율배반적인 논리에 있다: "나는 어떤 것을 가지고 있으면서 기억하지 못하거나 어떤 것을 가지고 있지 않으면서 기억하지 못한다. 나의 삶은 이것이냐 저것이냐이다. 나는 보통 검이나 무가당 검을 씹는다. 나는 검을 씹거나 담배를 피운다. 나는 담배를 피우거나 체중을 늘린다. 나는 체중을

21. Erich Fromm, *The Art of Loving*(New York: Bantam, 1967), 17.

늘리거나 운동장 계단을 뛰어오른다"(53). 요컨대 그녀는 언제든지 타의에 의해 전혀 예측할 수 없는 방향으로 돌변하는 여인이다.

그녀는 이렇게 사랑의 올바른 철학을 실천하려고 하지 않으면서 이율배반적인 사고를 하는 삶을 살고 있다. 그녀는 이런 삶을 영위하는 와중에서 죽음의 공포에 이렇게 시달린다: "나는 죽음이 무섭다. 나에게 언제나 죽음이 엄습한다. [. . .] 잭, 죽음이 나를 괴롭힌다. 나는 죽음을 마음에서 지울 수 없다." 그녀가 죽음의 공포에 사로잡혀 속수무책일 때, 우연히 태블로이드(tabloid) 판 신문에 있는 광고, "죽음의 공포"를 본다. 이 광고에 매료되어, 그녀는 남편과 상의하지도 않고 자진해서 다국적 거대기업에서 죽음의 공포를 완화시키기 위해 극비로 개발하고 있는 향정신성 의약품, 다일러(Dylar)의 임상실험 대상자가 된다. 효능이 입증되지도 않은 약을 복용하면서, 그 임상실험에 관여하고 있는 남자와 불륜관계를 갖는다. 글래드니는 자기가 그렇게 믿고 사랑했던 아내의 배신 때문에 너무나 큰 충격을 받고 자신의 비애와 통분의 처절한 심정을 이렇게 토로한다: "나는 육체가 없다[고 생각한다]. 나는 하나의 관념이나 [실재가 없는] 자아에 불과하다. 나는 광대한 공간에 홀로 있다"(196, 198). 이 충격 때문에 자신의 존재 기반이 무너졌으므로, 그는 자기가 지금 여기서 신체를 뚜렷하게 의식하고 있는 인간이 아니고, 공중에서 실체없이 떠돌아다니는 유령이라고 생각한다.

이처럼 글래드니와 배베트는 자아탐구와 실현 그리고 주체성과 독자성에 관심을 쏟지 않으므로 서로를 굳게 결합시키는 사랑을 할 수 없다. 그러므로 그들은 함께 실존에서 지향해야 할 공동목표를 설정, 달성하려고 하지 않기 때문에, 자녀 교육의 실천철학을 정립, 제시할 수 없다. 따라서 그들의 자녀들은 "미국 가정에서 가장 큰 영향력을" 발휘하는 티비를 보면서 삶을 배울 수밖에 없다. 그런데 가장 큰 문제는 부모가 "텔러비젼이 인간 의식을 혼란, 마비시키는 [주범]이다"(51)는 사실을 심각하게 고려해서 합리적인 대책을 강구해야 함에도 불구하고, 그렇게 할 수 없는 데 있다. 어린이가 일단 방송매체에 세뇌당하면, 무조건 방송매체의 발표만 믿으려 하기 때문에 현실을 있는 그대로 수용하려고 하지 않는다. 이런 어린이는 현실감각을 상실해버렸기 때문에 현장에서 제대로 볼 수도 들을 수도 느낄 수도 없다. 지금 비가 내리고 있는데도, 아버지 차로 등교하는 하인리크는 레이디오우의 예보 — 오늘밤부터 비가 온다 —를 맹신하고 고집을 부리면서 현실을 이렇게 부정한다.

> "오늘밤부터 비가 온다."
> "지금 비가 내리고 있다"고 내가 말했다.
> "레이디오우는 오늘밤부터라고 예보했다." [. . .]
> "앞 유리를 보아라. 빗방울이 있느냐 없느냐?"고 내가 물었다.
> "저는 다만 아버지에게 레이디오우가 했던 예보를 말하고 있습니다."
> "레이디오우의 예보 때문에, 그 때문이 우리 감각의 확실성에 대한 믿음을 유보해야 함을 의미하지 않는다."
> "우리 감각이요? 우리의 감각은 정확할 때보다는 틀릴 때가 훨씬 더 많습니다. [. . .] 바로 아버지가 소리를 듣지 못하기 때문에, 그 때문이 소리가 저쪽에 없다는 확증을 의미하지는 않습니다. [. . .]"(22-23)
>
> "It's going to rain tonight."
> "It's raining now," I said.
> "The radio said tonight." [. . .]
> "Look at the windshield," I said, "Is that rain or isn't it?"
> "I'm only telling you what they said."
> "Just because it's on the radio doesn't mean we have to suspend belief in the evidence of our senses."
> "Our senses? Our senses are wrong a lot more often than they're right. [. . .] Just because you don't hear a sound doesn't mean it's not out there. [. . .]"

이처럼 현실과 감각을 긍정하는 아버지와 왜곡된 의식으로 현실 부정론자가 되어버린 아들 사이에는 의사소통이 가능한 대화가 있을 수 없다.

그러므로 배베트는 자녀들이 부모와 함께 일주일에 한번만 티비를 보는 가정 규칙을 정한다. 또 그녀는 온 가족이 연속 가정극을 시청하도록 해보려고 최선을 다한다. 그녀의 이런 노력은 가족의 강한 반발로 말미암아 헛수고로 끝난다. 가족은 연속 가정극보다는 재난 장면을 이렇게 더 좋아한다: "그녀는 우리의 반대 기세에 깜짝 놀랐다. 우리는 그녀의 의도에 반하여 조용히 가옥들이 바다 속으로 무너지는, 또 마을 전체가 뿜어나오는 용암 덩어리 안에서 딱딱 소리를 내면서 불에 타는 장면을 보고 있었다. 모든 재난은 우리가 더 많은 더 크고 웅대하며 파죽지세로 퍼지는 재난을 보고 싶어하도록 자극한다"(64). 우리는 재난이 티비에서 일어나고 있으면, 더욱 황홀하고 매혹적인 장면을 좋아한다. 일단 우리가 티비에 중독되면, 우리의 눈, 귀, 뇌, 그리고 신경계통이 무디게 됨으로 다른 사람들의 불행과 비극과 관련이 있는 더욱더 자극적인 장면들을 선호한다.

이런 재난 장면들을 선호하는 글래드니의 "가정은 세계에 대한 오보(誤報)의 요람이다. 가정생활에서 사실의 오류와 오해를 일으키는 어떤 것이 틀림없이 있다"(81). 따라서 그의 가족은 잘못 인지한 사실, 정보, 그리고 지식에서 비롯된 선입관, 편견, 아집, 그리고 독선 때문에 서로를 이해, 존경할 수 없다. 이 때문에 가족은 서로 원만한 의사소통을 할 수도 없고, 더욱이 하려고도 하지 않으므로 동문서답만 한다. 실례를 들면 가족이 대형 백화점들과 많은 상가들이 입주한 건물(mall)로 가고 있을 때, 더니스는 약국의 약품 대장에도 없는 정체불명의 약, 다일러를 가족 모르게 복용하고 있는 어머니가 매우 못마땅하므로, 그녀의 속마음과 반응을 알아보기 위해 심술궂게 이런 질문을 한다.

> "엄마는 다일러에 대해 무엇을 알고 계신가요?"
>
> "다일러는 스토우버즈 집에 기식하고 있는 흑인 소녀냐?"
>
> "그 소녀 이름은 다카이다"고 스테피가 대답했다.
>
> "다카는 그녀의 이름이 아니고 출신국가로, 애프리커의 서부에 있는 나라이다"고 더니스가 말했다.
>
> 배베트가 대꾸하기를, "수도는 라고우스이다. 일찍이 보았던 파도타기하는 사람의 영화 때문에 전세계를 여행하는 사람들이 들르는 도시임을 나는 안다."
>
> "*이상적인 파도* 나는 티비에서 이 영화를 봤다"고 하인리크가 말했다.

"그렇다면 그 소녀의 이름은 무엇이냐?"고 스테피가 물었다.

"나는 모른다. 그러나 영화 제목은 *이상적인 파도*가 아니었다. 이상적인 파도는 그들이 찾고 있었던 요동치는 물결이다"고 배베트가 말했다.

"사람들은 허와이이로 가서 일본으로부터 밀려오는 매우 높은 파도를 기다린다. 이 높은 파도는 종이접기로 형상화되는 그림으로 보인다"고 더니스가 스테피에게 말했다.

"그 영화 제목은 *긴 무더운 여름*이었다"고 그녀의 어머니가 말했다.

"*긴 무더운 여름*이 실은 테너시 어니 윌리엄즈의 연극이다"고 하인리크가 반박했다.

"어쨌든 네가 제목들의 판권을 취득할 수 없기 때문에 그 사실은 중요하지 않다"고 배베트가 강조했다.(80-81)

"What do you know about Dylar?"

"Is that the black girl who's staying with the Stovers?"

"That's Dakar," Steffie said.

"Dakar isn't her name, it's where she's from," Denise said. "It's a country on the ivory coast of Africa."

"The capital is Lagos," Babette said. "I know that because of a surfer movie I saw once where they travel all over the world."

"*The Perfect Wave*," Heinrich said. "I saw it on TV."

"But what's the girl's name?" Steffie said.

"I don't know," Babette said, "but the movie wasn't called *The Perfect Wave*. The perfect wave is what they were looking for."

"They go to Hawaii," Denise told Steffie, "and wait for these tidal waves to come from Japan. They're called origamis."

"And the movie was called *The Long Hot Summer*," her mother said.

"*The Long Hot Summer*," Heinrich said, "happens to be a play by Tennessee Ernie Williams."

"It doesn't matter," Babette said, "because you can't copyright titles anyway."

이처럼 그들에게 긴 대화는 있지만, 서로의 심금을 울리는 의사소통은 있을 수 없다. 왜냐하면 그들은 오로지 자기주장을 하는 데만 열중하고, 상대방의 의견과 주장을 경청, 수용하려고 최선을 다하지 않기 때문이다. 요컨대 그들 각자는 자신을 허위의식의 감옥 속에 유폐시키려고만 하기 때문에, 서로를 위한 창조적 삶과 미래를 상상, 설계하는 가족공동체 의식을 확장할 수 없다.

이렇게 왜곡된 자아의식에 유폐된 글래드니의 가족은 상호간에 끈끈한 유대감을 더욱더 공고히 하는 일체감을 느낄 수 없으므로 엄청난 고독감과 소외감에 휩싸인다. 이런 고독감과 소외감에 완전히 압도당한 채 생존할 수 없으므로, 글래드니가 "내 가족은 [한마음으로 고가의] 상품구매에 열중했다"(83)고 자랑하는 것처럼, 그의 가족은 과도한 소비욕구를 충족시키면서, 더욱이 필요 이상의 상품구매를 통해 겨우 실존의 위기와 파멸 요인으로부터 순간적으로 해방, 구원될 수 있다. 그러나 이런 소극적, 부정적 해방수단은 이 가족을 이렇게 더욱더 쓰라린 고독과 자아유폐로 몰아넣는다: "우리는 차 안에서 아무 말도 하지 않으면서 집으로 돌아왔다. 우리는 각자 자기 방으로 가서 혼자 있고 싶었다"(84). 이 가족의 이런 부정적 실존의 근원은 글래드니와 배베트의 스스로 극복할 수 없는 죽음의 공포에다 자아탐구와 실현 의지가 없는 데 있다. 또 그 근원은 이 두 사람이 삶에서 함께 지향해야 할 공동목표가 없기 때문에 자녀들을 한마음으로 뭉치게 할 수 없는 데 있다. 따라서 글래드니의 가족이 고독감과 소외감으로부터 해방, 구원될 수 있는 첩경은 부모가 죽음의 공포를 극복하고 창조적 자아를 탐구, 실현 하는데 필수적인 깨달음과 의식개혁에 있다.

그런데 가장 큰 문제는 글래드니와 배베트가 그 해방과 구원의 첩경을 깨달음과 의식개혁에서 찾으려 하지 않고, 날로 경이로운 발전이 거듭되는 과학과 기술에 의존하려는 데 있다. 죽음을 겸허히 수용하지 않고 지나치게 두려워하는 이 부부에게 새로운 괄목할 만한 "기술의 [발전에 대한 과신이] 그들이 죽음과 자기들을 나약하게 하는 공포로부터 도피할 수 있는 유일한 방법이다."[22] 그러므로 배베트는 이런 철학을 역설한다: "나는 매우 독창적인 사람은 아니지만, 사물들을 분석하고 구별하여 분류하는 방법을 알고 있다. 우리는 자세, 식음, 그리고 호흡까지도 분석할 수 있다. 당신은 세계를 분석하지 않고 어떻게 이해하느냐[?] [분석이] 세계를 탐구하는 나의 방법이다." 게다가 글래드니는 시스킨드가 자신의 기술에 대한 확신을 이렇게 피력하는 요지를 경청한다: "기술은 한편으로는 불사의 욕망을 키우고, 또 다른 한편으로는 우주 종말의 [징후를] 예고한다. 기술은 자연으로부터 절연된 욕망이다. [. . .] 기술은 생명을 연장하며, 병든 장기를 새 기구와 장치로 대체한다. 매일 새로운 장치와 새로운 기술. 분자의 고유 진동을 이용하여 전자파를 방출하는 장치(lasers), 분자증폭기(masers), 초음파진단(ultrasound). 잭, 기술에 당신 자신을 맡기시오. 기술을 믿으시오" (192, 285). 따라서 글래드니와 배베트는 죽음의 공포 완화 욕구, 더 나아가서 죽음을 겸허히 수용하지 않으려는 욕망을 스스로 과학과 기술의 경이로운 발전의 성과라고 과신하는 다일러로 충족시키려고 한다. 그러나 배베트는 다일러가 무용지물임을 직접 체험한다. 이럼에도 불구하고 글래드니는 히틀러의 권위와 군중에 의존하여 죽음의 공포를 극복할 수 있다고 확신하고 있다가, 유독개스에 잠간 노출되었기 때문에 다시 죽음의 강박관념에 사로잡히자 그 구원책으로 다일러에 매달리려고 안달한다. 글래드니와 배베트의 인위적 수명 연장과 불사약 갈망은 오늘날 모든 사회의 이런 공통적 특징이다: "우리의 현대사회 전체가 삶과 죽음을 [동일시하지 않고] 분리시키려는 그리고 죽음을 부정하고 제지하려는 시도에서 과거 시대보다도 훨씬 더 극성스럽다."[23]

그러나 글래드니가 아무리 과학과 기술의 경이적인 발전에 의존하여 죽음을 수용하지 않으려고 안달하여도, 그의 인명재천 철학을 부정하는 허황된 욕망과 의지는 좌절될 수밖에 없다. 마치 그가 유독개스가 자기 거주 지역으로 이동해오고 있는 데도 자신과 같은 신분층과 중산층 주민들은

---

22. Leonard Orr, *Don DeLillo's White Noise: A Reader's Guide*(New York: Continuum, 2003), 64.

23. Douglas Kellner, *Jean Baudrillard: From Marxism to Postmodernism and Beyond*(Stanford: Stanford University Press, 1989), 105.

대피할 필요가 없다고 강변하다가, 결국 대피 행렬에 들어갈 수밖에 없는 것처럼. 더욱이 그가 그처럼 기적적이라고 확신하여 의존했던 기술은 그에게 불안감, 반감, 불신감, 그리고 허탈감만 안겨준다. 그는 "치명적인 화공약품의 구름"이 몰려오기 때문에 별수없이 피난가는 도중에 2분 30초 동안 차 밖으로 나왔다가 "심계항진(心悸亢進)과 기시감(旣視感)"을 유발한다는 "신세대 유독 산업폐기물"(119, 116, 138)인 나이어딘 디.(Nyadene D.)에 노출된다. 이 개스의 10억분의 1의 미량도 쥐를 바로 치사할 수 있을 정도로 독성이 매우 강하며, 인체에서 지속할 수 있는 연한은 30년이다. 그러므로 글래드니는 이 개스가 자신의 생명과 수명에 어떤 나쁜 결과를 초래할 것이며, 어떤 효과적인 치료를 받아야 할 것인가를 알고 싶어 미칠 지경이다.

그가 이렇게 안달함에도 불구하고, 대피소 주재 의료 기술자는 컴퓨터에 그의 신체사항과 이력, 병력, 유전적 특질, 그리고 심리상태를 입력하더니, 모니터에 별로 반갑지 않은 큰 숫자가 나타난다고 그에게 알려준다. 그러면서도 그 기술자는 지금은 아무것도 확실하게 알 수 없다고 말하면서, 그에게 정상적인 생활을 영위하라고 조언한다. 그러나 그의 두번째 검사에서는 놀랄 만한 숫자가 나타나지 않는다. 따라서 그의 주치의는 이렇게 부정확한 검사를 신뢰할 수 없으므로, 그에게 큰 도시에 있는 최신식 시설과 장비를 갖춘 더 큰 검사실에 가서 정밀검사를 받으라고 권유한다. 그 검사결과를 통보받은 주치의는 그를 환자, 즉 인간으로 진료하려고 하지 않으면서, 컴퓨터에서 출력된 자료에만 관심을 쏟는다. 그러므로 그는 자기를 실험대상, 혹시 흥미대상으로만 간주하는 것 같은 주치의에게 대단한 혐오감을 품고, 이렇게 반항하면서 불안감에 떤다: "[내 주치의]는 나에게 말을 걸고 싶어하지만, 나는 멀리 하려고 벼르고 있다. 그는 나의 죽음이 어떻게 진행되고 있는가를 알려고 열심이다. 아마 흥미있는 사례이다. 그는 나를 한번 더 화상진료 블록에 끼우고 싶어한다. 그 블록에서 충전된 입자들이 충돌하고, 강한 움직임들이 일어난다. 그러나 나는 화상진료 블록이 두렵다. 그 자기장들과 컴퓨터로 처리되는 핵 맥박(고동)이 무섭다. 그 블록이 나에 대해 인지하고 있다는 느낌을 두려워한다"(325). 그의 혐오감, 반항심, 그리고 불안감은 이런 사실 때문에 유발되고 있다: "잭의 질병을 컴퓨터로 분석하는 작업, 즉 그의 죽음을 조정하는 기술적인 구조는 우리를 우리 자신으로부터 소외시키는 현실의 표현, 다시 말하면 삶의 [의미를] 전파하려고 하기보다는 죽음의 [공포를] 확산시키면서, 우리의 불행으로부터 이득을 도모하려는 상업적인 [요란한] 잡음의 또 다른 형식으로 판명된다."[24]

이처럼 글래드니는 과학과 기술에 의존하여 죽음의 그림자가 없는 삶을 안락하게 즐길 수 있다는 자신감을 상실해버린다. 따라서 그는 자신이 지금 죽음에 직면해 있다고 이렇게 토로한다: "나이어딘을 조금 들이마신 결과가 내 신체에 죽음을 안주시켰다. [. . .] 나는 몸 안에 죽음을 잉태시켰다. 내가 유독개스보다 더 오래 살 수 있느냐 없느냐가 문제이다. 그 개스도 자체의 수명을 가지고 있다. 30년. 그 개스가 직접 나를 죽이지 않는다 할지라도, 아마 내 육체에서 나보다 더 장수할 것이다. 나는 비행기 추락사고로 즉사할 수 있다. 그런 뒤에도 나이어딘 디.는 매장된 내 시신에서 무성할 것이다"(150). 이제 그는 죽음을 겸허하게 수용해야 한다. 그러기 위해서는 그가 죽음에 대한 인식을 바꾸지 않으면 안된다. 그는 지금까지 고수했던 죽음이 공포와 회피의 대상이라는 사상을 버리고 앞으로는 자아탐구와 실현의 근원이라는 철학을 깨달아야 한다. 이런 깨달음이 그의 삶을 획기적으로 변화시켜, 그의 의식을 허황된 욕망과 욕심, 위선과 아집, 신분과 금전 제일주의, 불안감, 그리고 공포심으로부터 해방시킬 수 있다.

그가 죽음에 대한 그릇된 인식을 바꾸는 데 결정적인 역할을 할 수 있는 깨달음과 의식개혁의 계기를 마련할 수 있도록, 두 사람이 그를 적극적으로 도와준다. 이 두 사람은 그의 고정관념과 확신을 서서히 와해시켜, 그를 깨달음과 의식개혁으로 이끈다. 한 사람은 그가 다일러의 성분 분석을 의뢰했던 화학과의 젊은 여자연구원, 위니 리쳐즈(Winnie Richards)이

[24]. Douglas Keesey, *Don DeLillo*(New York: Twayne, 1993), 146.

다. 그녀는 신경화학(neurochemistry)을 전공하기 때문에 다일러의 성분 전체를 정확하게 밝히지 못한다. 그는 학내에서 재기 발랄하다는 평판이 자자한 그녀가 그 성분을 밝혀줄 거라고 확신했다가, 크게 실망한다. 그러나 그녀는 다일러가 "흥미있는 기술적 제품," 또 "작은 경이적인 체계"라고 감탄한다. 그러면서 그녀는 그에게 우리 삶에서 가장 큰 비중을 차지하는 죽음의 중요성을 이렇게 강조한다: "나는 죽음에 대한 의식, 심지어 죽음에 대한 공포심까지도 놓치는 것은 대단한 잘못이라고 생각한다. 죽음은 우리가 필요로 하는 경계선이 아닌가요? 죽음은 삶의 소중한 본질, 즉 유한성을 일깨우지 않는가요? 당신은 스스로 최후의 운명, 경계, 혹은 한계를 의식하지 않고 있다면, 당신이 지금 하고 있는 어떤 일이라도 아름다움과 의미를 함축할 수 있느냐 없느냐를 자문하지 않으면 안된다." 더욱이 그녀는 죽음에 대한 경외감을 느낄 때 새로운 자아를 발견할 수 있다는 이런 주장을 역설한다: "이 투덜거리는 사람의 모습이 그처럼 깜짝 놀라게 할 정도로 이상하다면, 그 모습이 당신에게 당신 자신에 대한 참신한 의식, 즉 특이하고 무서운 상황 가운데서도 자아에 대한 생기있는 의식을 고취시킨다. 당신은 당신 자신을 새롭고 진지한 방식으로 인식한다. 당신은 당신 자신을 재발견한다"(187, 188, 228-29). 요컨대 그녀는 그가 공포와 부정의 대상으로 죽음의 문제에 집착하지 말고, 경이와 외경의 대상으로 접근하면 자기반성, 자기앎, 그리고 자아탐구와 실현의 원동력이 되는 죽음을 이해, 수용할 수 있다고 설파한다.

또 한 사람은 대도시 뉴욕(New York)을 버리고 이 작은 대학도시로 와서 매일 죽음, 내세, 그리고 우주를 깊이 생각하기 때문에, 이제는 사색하고 각오할 수 있는 인간으로 재생한 시스킨드이다. 그는 일상적, 규범적, 폐쇄적 사고의 굴레에서 벗어나 이방세계에도 깊은 관심을 갖는다. 그래서 그는 글래드니에게 티베트 사람들의 사생관을 이렇게 소개한다.

> 티베트 사람들은 죽음과 재생 사이에 과도적 상태가 있다고 믿는다. 죽음은 기본적으로 대기 기간이다. 곧 새 자궁은 영혼을 받아들일 것이다. 그 동안에 영혼은 출생하면서 잃어버린 신성의 일부를 되찾는다. [. . .]

> 티베트 사람들은 죽음을 죽음이라는 것으로 이해하려고 한다. 죽음은 사물들에 대한 애착의 끝남이다. 이 간단한 진리는 [우리가] 통찰하기가 매우 어렵다. 그러나 우리가 일단 죽음을 부정하지 않는다면, 평온하게 죽음을 수용할 수 있다 . . . 우리는 인위적으로 삶에도 죽음에도 집착해서는 안된다 . . . 내가 티베트에 관심을 보이는 다른 이유. 죽음이 티베트에서는 하나의 예술이다. 승려가 방 안으로 들어와서 앉더니 울고 있는 친족들에게 밖으로 나가 방을 밀폐하라고 이른다. 문과 창문들은 밀폐된다. 그가 챙겨야 할 일이 있다. 노래, 수비학(數秘學), 점성, 음송.(37-38)

> Tibetans believe there is a transitional state between death and rebirth. Death is a waiting period, basically. Soon a fresh womb will receive the soul. In the meantime the soul restores to itself some of the divinity lost at birth. [. . .]
>
> Tibetans try to see death for what it is. It is the end of attachment to things. This simple truth is hard to fathom. But once we stop denying death, we can proceed calmly to die . . . We don't have to cling to life artificially . . . Another reason why I think of Tibet. Dying is an art in Tibet. A priest walks in, sits down, tells the weeping relatives to get out and has the room sealed. Doors, windows sealed. He has serious business to see to. Chants, numerology, horoscopes, recitations.

또 그는 글래드니에게 노자의 이런 철학을 설파한다: "살아 있는 사람과 죽은 사람 사이에는 아무런 차이가 없다. 그들은 모두 생명력의 동일한 도관이다." 게다가 그는 환생을 굳게 믿는다. 그는 인간의 환생에 대한 확신이 예술에 반영되어 있다는 이런 철학을 글래드니에게 역설한다: "우리의 죽음을 초월하는 삶에 대한 열망으로부터 발원하여 창작된 위대한 시, 그리고 음악과 무용, 그리고 의식을 상상하시오. 나는 숨을 거두고 있는 사람과 이 철학을 논의하고 싶지 않겠지만, 이 예술작품들은 우리의 희망과 꿈의 당연한 발로이다"(150, 286).

이처럼 리처즈와 시스킨드는 글래드니가 죽음의 공포와 부정, 다시 말하면 죽음에 대한 잘못된 인식 때문에, 자신도 모르게 얼마나 의존적인 인간으로 실존했는가를 깨닫도록 하기 위해 최선을 다하려고 한다. 그들은 그가 권위와 군중에 의존함으로써 주체성, 개체성, 독자성, 그리고 독립성을 상실했으며, 더욱이 과학과 기술에 지나치게 의존함으로써 개인적으로는 고독감, 소외감, 불안감, 허탈감, 지나친 소비욕구와 구매충동, 출세와 금전 제일주의, 타인 무시와 부정 심리, 그리고 소극적 인생관에 압도당하며, 사회와 자연에는 전혀 예기하지 않는 비극적 돌발 사건들과 미증유의 재앙들을 유발한다는 사실을 각성하게 하려고 심혈을 기울인다. 왜냐하면 그들은 그의 깨달음과 의식개혁만이 그를 주체적, 사회적, 예지적, 창조적 인간으로 변신, 성숙시킬 수 있다고 확신하기 때문이다.

더욱이 시스킨드는 글래드니의 깨달음에 큰 장애요소인 왜곡된 의식을 개혁하는 과업에 선도적 역할을 한다. 왜냐하면 그는 의식개혁을 강행하면 강행할수록 깨달음은 더 높은 경지에 도달할 수 있다고 믿기 때문이다. 글래드니는 인간의 모든 구상과 시도는 나쁜 결과, 어떤 경우에는 비극적 결과로 귀결된다는 부정적 의식의 지배를 받고 있다. 심지어 그는 모든 예술작품의 플롯(plot)도 죽음으로 치닫고 있다고 믿는다. 그러나 시스킨드는 그의 이런 의식과 확신을 정면으로 반박하면서, 그를 일차원적, 독선적, 폐쇄적 의식으로부터 해방시키려고 최선을 다한다. 시스킨드는 이런 대화를 통해 그의 왜곡된 의식에 일격을 가하려고 한다.

> "구상과 시도는 살인이라고 당신은 주장하고 있다. 그러나 모든 구상과 시도는 사실상 살인이다. 우리가 이 사실을 알든 모르든, 구상하고 시도함은 죽음이다."
>
> "구상하고 시도함은 실존함이다"고 그가 말했다. [. . .]
>
> "우리는 우리 삶을 무질서 속에서, 지껄이면서 시작한다. 우리가 세계 속으로 뛰어들면, 하나의 모형을 형상화하려고, 또 하나의 계획을 수립하려고 한다. 이렇게 하려는 의지에 존엄이 있다. 당신의 전생애는 하나의 계획, 하나의 설계, 하나의 도표이다. 당신 생애는 실패로 끝난 계획이지만, 이것이 문제가 아니다. 구상하고 시도함은 삶을 긍정함이고, 모형과 통제를 탐구함이다. 사후에도 이 탐구는 계속된다. 장례식도 의식에서 그 계획을 실천하려는 시도이다. [. . .]"

"당신은 확신하느냐?"고 나는 물었다.

"구상하고 시도함, 어떤 일을 목표로 삼음. 시간과 공간을 구체화함. 이런 의도와 작업이 우리가 인간의식을 예술로 승화시키는 방법이다."(291-92)

"Plot a murder, you're saying. But every plot is a murder in effect. To plot is to die, whether we know it or not."

"To plot is to live," he said. [. . .]

"We start our lives in chaos, in babble. As we surge up into the world, we try to devise a shape, a plan. There is dignity in this. Your whole life is a plot, a scheme, a diagram. It is a failed scheme but that's not the point. To plot is to affirm life, to seek shape and control. Even after death. most particularly after death, the search continues. Burial rites are an attempt to complete the scheme, in ritual. [. . .]"

"Are you sure?" I said.

"To plot, to take aim at something, to shape time and space. This is how we advance the art of human consciousness."

이처럼 시스킨드는 지금까지 의존적, 소극적, 수동적 삶을 살았던 글래드니를 독자적, 적극적, 능동적 인간으로 변신시키기 위해, 그의 왜곡된 의식을 개혁하려고 안간힘을 쏟고 있다. 요컨대 그는 세상에는 두 종류의 인간, 죽는 사람과 살인하는 사람이 있는데 지금까지 죽는 사람이었던 글래드니를 살인하는 사람으로 변신시키려고 최선을 다한다. 그래서 그는 글래드니에게 "변화를 위해 살인하는 사람이 되라"(291)고 호소한다.

글래드니는 시스킨드의 이런 주장 — "이론적으로 폭력은 재생의 한 형식이다"(290) —을 듣고 살인자가 되려고 한다. 그의 결심은 그가 깨달음과 의식개혁을 바탕으로 지금까지의 의존적 의식과 수동적 실존에 종지부를 찍고, 주체적 자아를 탐구하면서 능동적 삶을 살겠다는 강한 의지의 표출이다. 또 이 결심은 그의 재생을 상징한다. 그는 리쳐즈로부터 들어서 다일러 임상실험 관여자, 윌리 밍크(Willie Mink)의 거처를 알았다. 그는 자기 부인을 정신적, 육체적으로 농락한 밍크를 완전범죄로 살해하고, 자신이 지금도 죽음의 공포에 떨고 있으므로, 이 공포로부터 벗어나는 데 필요로 하는 다일러를 훔칠 계획을 세운다. 이 계획에 따르면, 그는 안개가 자욱한 비오는 밤에 이웃집 차고에서 몰래 끌어낸 차로 고속도로를 달려 밍크가 머물고 있는 모우텔(motel)이 소재한 도시로 간다. 모우텔과 그 주변을 잘 살핀 다음에 차를 먼 곳에 주차시킨다. 모우텔로 걸어가서 밍크의 방으로 용의주도하게 들어간다. 통증을 가장 심하게 느끼도록 밍크의 복부에 권총을 세번 발사한다. 손수건으로 권총을 닦아 지문을 지우고, 고독한 남자의 자살로 위장시키기 위해 밍크의 손이 권총을 쥐고 있도록 한다. 거울에다 크레이온(crayon)으로 유서를 써 놓는다. 밍크가 소지하고 있던 다일러를 모두 챙긴다. 자기 거주지로 돌아와서 차를 차고에 넣고 집으로 걸어간다. 그러나 이 계획은 그가 심경의 갑작스러운 변화로 그의 의식을 타인 무시와 부정 심리로부터 인정과 존중 정신으로 전환시키기 때문에 성사되지 않는다.

글래드니는 자기 계획대로 밍크를 살해하려는 찰나에, 그가 다일러를 과잉 복용하여 말귀를 알아듣지 못하는 무분별한 인간으로 전락했음을 간파한다. 그가 밍크에게 "빗발치듯 쏟아지는 총알"(311)이라고 고함지르자, 밍크는 어떤 판단력도 대책도 없이 무작정 마루를 치면서 화장실 쪽으로 기어가는 비루한 행동을 목격한다. 그는 밍크가 이런 와중에서도 호주머니에 있는 다일러를 몽땅 꺼내 한꺼번에 입안으로 넣으면서 느닷없이 이렇게 중얼거리는 말을 듣는다: "나는 곧 해답을 가지고 돌아올 것이다." 그는 자신이 그렇게 의존하려고 했던 다일러가 인간 의식을 이처럼 마비시키는 무서운 파괴력을 실감하면서 밍크의 복부에 권총을 발사하자, 거기서 쏟아지는 붉은 피가 마루에 번진다. 그는 "밍크의 통증이 견디기 어려울 만큼 아주 심했다"고 쾌재를 부른다. 그는 손수건으로 권총을 깨끗이 닦은 다음에 밍크의 손에 쥐어주자, 밍크가 바로 방아쇠를 당긴다. 이 탄환이 그의 왼쪽 손목에 맞는다. 이 상처가 "반어적으로 그에게 삶을 새롭게 인식하는 계기를 마련해주었다."[25] 그는 자기 손가락 끝에서 떨어지는 피와 밍크 무릎의 피범벅을 거의 동시에 보는 순간에, 자기와 밍크는 하나의 공동운명체임을 깨닫는다. 그는 밍크가 아직도 생존해 있음을 알고 그를, 다시 말하면 지금까지 무시, 부정했던 다른 사람을 한 인간으로 이렇게 인정, 존중한다: "나는 처음으로 그를 사람으로 보고 있다고 생각했다"(312, 313). 따라서 그는 양심의 가책을 느끼면서 자연스럽게 솟아나온 동정심과 자비심 때문에, 한 손에 총상을 입었음에도 불구하고 밍크를 살리겠다는 일념으로 온 힘을 다해 그를 병원으로 데리고 간다.

글래드니가 치료를 받으려고 들어간 방 벽에 잭 케니디(Jack Kennedy) 대통령이 천국에서 교황 죤(John) 23세와 손을 맞잡고 있는 그림이 걸려 있다. 그는 자기를 치료해주는 수녀에게 묻기를, "오늘날 교회는 천국에 대해 어떻게 말합니까? 천국은 여전히 하늘에 있는 저 그림과 같은 옛날의 천국입니까?" 그는 당연히 그렇다는 대답을 들을 거라고 기대했는데, 의외로 수녀는 "당신은 우리가 바보라고 생각합니까?"라는 핀잔을 듣는다. 더욱이 그는 수녀의 이런 말을 듣고 더 놀란다: "당신이 천국에 대해 이야기하고 싶으면, 다른 곳을 찾아야 한다." 그는 수녀의 말을 반박하기 위해, 그러면 왜 벽에 저 그림을 걸어 놓았습니까? 하고 힐문한다. 그러자 수녀는 저 그림은 우리를 위해서가 아니라 다른 사람들을 위해서 걸어 놓았다고 이렇게 설명한다: "모든 다른 사람들. 우리는 여전히 독실한 신앙생활을 할 거라는 희망과 신념을 갖고 살고 있는 다른 사람들. 어느 누구도 진지하게 받아들이지 않는 사실들을 믿는 것이 우리 임무이다. 그런 믿음을 완전히 포기해버리면, 인류는 멸망할 것이다. 이 임무 때문에 우리는 여기 있다. 몇명 안된다. 옛날의 의식들과 옛날의 신앙심을 구체화하기 위해서. 악마, 천사, 천국, 지옥. 우리가 이런 종교적 사실들과 신념을 믿는 체하지 않는다면, 세계는 파멸할 것이다"(317, 318). 수녀의 이런 주장이 *요란한 잡음*의 절정을 이룬다.[26] 그는 자기가 지금까지 확신했던 성직자들의 언행에 대한 고정관념에서 해방되기가 쉽지 않지만, 수녀의 주장을 듣고 그 고

---

25. 앞책, 149.

26. Jesse Kavadlo, *Don DeLillo: Balance at the Edge of Belief*(New York: Peter Lang, 2004), 36.

정관념이 와해되고 있음을 의식하고 경악한다. 요컨대 그는 자신의 독선적, 일차원적, 폐쇄적 의식을 획기적으로 개혁할 계기를 가졌으므로, 그렇게 하려고 한다.

글래드니는 이런 깨달음과 의식개혁을 바탕으로 독선적, 일차원적, 의존적, 폐쇄적 의식으로부터 해방되어 주체성, 탐구심, 그리고 공동체 의식을 가장 중요시하는 인간으로 변신, 재생한다. 그는 사물의 본질을 이렇게 탐구하여 터득한다: "나는 비가 정말로 무엇인가를 처음으로 알았다." 그는 스테피가 자면서 무심코 말한 그 흔한 차종 이름, *도요다 셀리커*(*Toyota Celica*)를 듣고, 거기서 초월적 의미와 힘을 발견한다. 왜냐하면 그에게 "그 말이 [너무나] 아름답고 불가사의하며 아련히 떠오르는 경이감으로 황금빛이 되었기" 때문이다. 석양을 보면서 자연의 아름다움을 만끽한다. 또 삶에서 경이와 외경의 마음을 실감한다. 무엇보다도 그는 자신의 의식을 나로부터 우리로 확장한다. 그는 부인과 와일더와 함께 석양을 바라보면서, 세 사람이 하나가 되어 이런 외경과 불가사의에 빠진다: "이 따뜻한 저녁의 정기를 기술하기가 쉽지 않다. [. . .] 우리는 그 밖에 무엇을 느끼는가? 확실히 외경이 있다. 외경 그 자체이다. 이 외경은 지금까지의 외경 부류들을 초월한다. 그러나 우리는 경이감으로, 아니면 두려움으로 바라보고 있는지 알지 못한다. 우리는 무엇을 보고 있는지, 아니면 그것이 무엇을 의미하는지 개득하지 못한다"(310, 155, 324). 이처럼 그는 두 사람과 함께 무아의 경지에 있다. 이 경지가 그의 변신과 재생이다. 그는 이렇게 재생하여 자신의 자아탐구와 실현의지, 잠재력과 가능성, 공동체 의식, 주체성, 독립성, 융통성, 그리고 개방성을 말살하려는 후기 자본주의사회의 보도매체, 과도한 소비심리와 욕구 조장전략, 그리고 거짓 진리와 사실에 끈질기고 과감하게 도전하려고 최선을 다한다.

Ⅲ

지금까지의 논의는 *요란한 잡음*의 주인공, 잭 글래드니가 최근미국사회의 피해자, 다시 말하면 자신의 정체성과 다른 사람을 부정하는 독선적, 자아도취적, 폐쇄적, 소극적 인간으로 전락했다가, 깨달음과 의식개혁을 바탕으로 자기 정체성을 회복하고 타인을 존중하는 개방적, 적극적, 긍정적 인간으로 재생하는 과정의 고찰이다. 그가 이렇게 부정적 인간으로 전락했던 까닭은 최근미국사회가 거의 모든 사람들의 자아탐구와 실현의지, 잠재력과 가능성의 계발욕구, 개체성과 주체성, 그리고 공동체 의식을 빼앗는 가장 큰 주범이기[27] 때문이다. 후기 자본주의사회로 변천한 최근미국사회는 우리 삶을 "레이디오우, 티비, 그리고 태블로이드판 신문의 부정(不淨)한 삼위일체"[28]에 전적으로 의존하게 조종한다. 우리는 이런 부정한 삼위일체의 영향을 끊임없이 받고 있기 때문에, 일상생활에서 지대한 관심을 신분과 금전 제일주의, 상업방송이 자극하는 소비심리와 구매욕구, 그리고 자연에 거역하는 장수 욕망에 쏟으면서, 우리 의식을 마비, 왜곡시키고 있다. 이 왜곡된 의식에 압도당한 대표적 인간이 우리를 상징하는 잭 글래드니이다. 그는 자신이 이룬 신분과 재력에 도취되어 가정에서는 매우 독선적이다. 또 그는 자아도취에 빠져 더 오래 살고 싶은 욕망에 사로잡힌다. 그는 허황된 욕망을 충족시키려고 과학과 기술에 의존해보지만 결국은 배신감과 실망으로 끝난다. 더욱이 그는 학문의 보편성과 합리성을 부정하는 히틀러학에 몰두하여 그의 독재정치와 미증유의 만행, 그리고 대중에도 의지해보지만, 그 결과는 자신의 개체성과 주체성의 상실이다. 그는 왜곡된 의식에 압도당해 가정에서는 제대로 가장 역할도, 대학에서는 진리탐구도 하지 못한다. 요컨대 그는 매우 무능하고 소모적이고 비극적 삶을 살고 있다.

그러나 그는 비극적 실존으로부터 구원될 수 있다. 구원의 첩경은 깨달음과 의식개혁에 있다. 그는 신경화학을 전공하는 젊은 여자연구원, 리쳐즈로부터 죽음은 공포와 부정의 대상이 아니라 존재의 유한성을 일깨워주

---

27. Bruce Bawer, *Diminishing Fiction: Essays on the Modern American Novel and Its Critics*(Saint Paul: Gray Wolf, 1988), 253.

28. Keesey, 141.

는 삶의 소중한 본질이라는 철학을 듣는다. 또 그는 대중문화학과의 객원 강사, 시스킨드로부터 이런 진리를 경청한다: "삶과 죽음은 둘로 나뉠 수 없는 하나이며 죽음이란 삶의 또 다른 시작이다. 죽음은 삶의 온전한 의미가 반영된 거울이다."[29] 글래드니는 이 철학과 진리를 바탕으로 죽음에 대한 새로운 개념을 정립할 수 있다. 이 개념이 그의 깨달음의 경지를 깊고 넓게 하여, 그를 왜곡된 의식으로부터 해방시킨다. 게다가 시스킨드는 "구상하고 시도함은 삶을 긍정함이고, 모형과 통제를 탐구함이다"고 주장하면서, 그의 "죽음이다"는 고정관념을 와해시킨다. 더욱이 시스킨드는 그를 그의 지금까지의 삶을 상징하는 소극적, 수동적, 부정적 의식에 압도당한 "죽는 사람"으로부터 적극적, 능동적, 긍정적 의식을 고취하는 "살인하는 사람"으로 변신시킨다. 그는 스스로를 제약, 한정하는 의식으로부터 해방되었기 때문에, 자기 부인을 농락했던 다일러 임상실험 관여자, 윌리 밍크를 살해하려고 권총을 발사했지만, 결국은 죽이지 않고 총상을 입은 그를 살리려고 병원으로 데리고 간다. 더욱 다행스럽게도 그는 병원에서 수녀의 이런 말 — 자신을 위해서가 아니라 다른 사람들을 위해서 전통적인 신앙생활과 종교의식에 전념하고 있는 체한다 —을 듣고, 종교와 성직자에 대한 자기 편견과 고정관념에 경악하고, 이 잘못된 생각을 고친다. 그의 이런 깨달음과 의식개혁이 그를 비극적 실존의 근원인 왜곡된 의식, 다시 말하면 최근미국사회의 악폐로부터 해방시켰기 때문에, 그는 새로운 인간으로 재생한다. 이렇게 재생한 글래드니는 자기실존의 본질인 자아탐구와 실현의지를 실천하고, 잠재력과 가능성을 계발하며, 개체성과 주체성을 고수하고, 공동체 의식을 확장하려고 최선을 다한다.

우리를 상징하는 글래드니가 비극적 실존에서 해방되려면 삶의 목적을 자아탐구와 실현, 잠재력과 가능성의 계발, 개체성과 주체성의 고수, 그리고 공동체 의식의 확장에 두어야 한다. 그가 일단 이렇게 실존목적을 세우고 달성하려면, 자신의 강한 의지와 각고의 노력은 필수적이고, 또 왜곡된

---

[29] 소걀 린포체 지음, 오진탁 옮김, *티베트의 지혜: 삶과 죽음을 바라보는*(서울: 민음사, 2003), 32.

의식에 압도당하지 않은 사람들의 격려와 지원이 반드시 있어야 한다. 이 사람들이 어느 사회에나 가능한 한 많이 있어야 하는 작가들이다. 디릴로우는 작가를 이렇게 정의한다: "작가는 사회 밖에 존재해서 패거리와 영향으로부터 독립된 사람이다. 작가는 습관적으로 자기 정부에 반대하는 자세를 취하는 사람이다. 미국작가들은 우리가 지금 더욱더 저항해야 하는 제도와 조직의 일부가 되려는 그렇게 많은 유혹들을 받고 있다. 미국작가들은 변두리에서 살고, 가장자리에 서 있으므로 더욱 위태로워야 한다."[30] 요컨대 작가는 언제나 "레이디오우, 티비, 그리고 태블로이드판 신문의 부정한 삼위일체"로부터 독립해서 자기 정체성을 고수하면서 영혼을 정화하려고 최선을 다해야 한다. 이런 작가들만이 실존의 본질을 탐구하려는 독자들에게 깨달음과 의식개혁의 계기를 마련해줄 수 있을 뿐만 아니라 그들의 최후 보루가 될 수 있다.

디릴로우는 우리를 상징하는 *요란한 잡음*의 주인공, 잭 글래드니를 창조했다. 그의 글래드니 창조는 우리에게 큰 경고를 하면서, 매우 값진 교훈을 주고 있다. 우리가 자기 정체성을 탐구, 고수하려고 최선을 다하고 있지 않는 순간에 "레이디오우, 티비, 그리고 태블로이드판 신문의 부정한 삼위일체"의 포로로 전락하여 비극적 삶을 살기 시작하며, 계속 왜곡된 의식에 압도당한다. 우리가 왜곡된 의식으로부터 해방되는 첩경은 오직 깨달음과 의식개혁에 있다. 이런 깨달음과 의식개혁이 비극적 실존을 극복하는 계기를 우리에게 마련해준다. 이 계기를 통해 점차 왜곡된 의식으로부터 해방된다. 우리가 일단 해방에 성공하면, 다시는 포로로 전락하지 않기 위해 굳은 의지와 각고의 노력으로 자아탐구와 실현, 잠재력과 가능성의 계발, 개체성과 주체성의 고수, 그리고 공동체 의식의 확장에 전념해야 한다. 디릴로우와 그가 정의한 작가들이 우리의 전념에 가장 결정적이고 중요한 역할을 하며, 또 가장 큰 도움이 된다.

지금까지의 논의와 결론이 필자의 *요란한 잡음*과 디릴로우의 소설론

---

30. Ann Arensberg, "Seven Seconds," in *Conversations with Don DeLillo*, 45-46.

에 대한 고찰이다. 필자는 이 고찰을 하면서, 미국교수들의 이 소설과 그의 소설론에 관한 견해와 평가가 매우 상반적임을 알았다. 이 상반은 그들도 작품과 소설론 이해가 쉽지 않음을 시사한다. 필자는 이 작품을 이해하기가 매우 어렵다는 사실을 염두에 두고, 소설의 기능과 효용에 입각해서 가능한 한 전체적으로 파악, 기술해보려고 했다. 다만 이 파악과 기술이 필자의 기대와 의도대로 되었는지는 별개의 문제이다. 기대와 능력은 일치하지 않을 때가 많기 때문이다. 또 필자는 국내에서 이미 발표된 *요란한 잡음*에 대한 논문들을 읽고, 집필 시각에 상당한 차이가 있음을 알았다. 우리는 논문집필 시각의 차이가 반드시 있어야 함을 인정하면서도, 미국소설을 어떻게 이해, 수용해야 하는가의 공동의 장도 함께 만들어야 한다는 당위성을 유념하지 않으면 안된다.

이 공동의 장은 이런 소설철학에 그 기반이 있어야 한다: "소설의 탐구 대상과 목표는 [절대적] 진리가 아니고 실존이다. 실존은 이미 있었던 사건들이 아니고 [앞으로 있을 수 있는] 인간 가능성의 영역이다. 다시 말하면 인간이 될 수 있는 전부이고, 인간이 할 수 있는 전부이다. 소설가들은 이런 혹은 저런 가능성을 발견함으로써 실존의 설계도를 구상한다. 그러나 또 말하지만 실존은 '사회 속에 있음'을 의미한다. 그러므로 주인공과 그의 세계는 가능성으로 이해되지 않으면 안된다. [. . .] 소설가는 역사가도 예언가도 아니고 실존의 탐구자이다."[31] 우리는 이런 철학을 바탕으로 미국소설을 이해, 수용하려고 최선을 다해야한다. 우리가 최선을 다한다면, 미국소설을 더욱 긍정적, 창조적으로 활용할 수 있을 뿐만 아니라 우리 삶과 사회를 더욱더 낙관적, 실리적, 효과적으로 변화시킬 수 있다. 앞으로 미국소설의 이해와 수용은 소설의 본질은 삶의 긍정과 예찬에 있다는 철학에 그 바탕을 두어야 한다고 필자는 각별히 강조한다.

---

31. Milan Kundera, *The Art of the Novel*, trans. Linda Asher(New York: Harper & Row, 1988), 42-43, 44.

찾아보기

저자__**고지문**

전남대학교 영문학과 학사(1955-1962)
서울대학교 영문학과 석사(1962-1964)
University of Hawaii 미국학과 석사(1971-1972)
제주대학교 영문학과 전임강사(1964-1969)
전남대학교 영문학과 교수(1969-2002)
University of Wisconsin, Milwaukee
ACLS-Fulbright 교환교수(1981-1982)
University of South Carolina 방문교수(1990-1992)
University of Texas at Austin 방문교수(1996-1997)

현재: 전남대학교 영문학과 명예교수

〈저서〉
Major Themes in the Contemporary American Novel
(서울: 진명문화사, 1984; 신아사, 1999)
최근미국여성소설론과 작품세계: 굴레에서 자유로
(서울: 신아사, 1999)
최근미국소설론과 작품세계: 삶 예술 자아실현
(서울: 동인, 1994; 신아사, 2000)
최근미국소설의 핵심주제: 사랑 자유 정의
(서울: 신아사, 2001)
포우스트모던 미국 소설론과 작품세계: 언어 상상력 자아창조
(서울: 신아사, 2005)
최근미국소설 연구방법: 주체적 자아, 자유스런 삶 그리고 열린 사회의 창조를 바탕으로 [증보판]
(광주: 전남대학교출판부, 2011)

포우스트모던 미국소설론과 작품세계 2
언어 상상력 자아창조

인쇄 | 2013년 10월 25일
발행 | 2013년 10월 31일

저 자 | 고지문
발행인 | 지병문
발행처 | 전남대학교출판부

등록 | 1981. 5. 21. 제53호
주소 | 500-757 광주광역시 북구 용봉로 77
전화 | (062) 530-0571~2, **마케팅부** 530-0573
팩스 | (062) 530-0579
홈페이지 | http://www.cnup.co.kr

값 17,000원

ISBN 978-89-6849-057-6 (93840)

이 도서의 국립중앙도서관 출판시도서목록(CIP)은 서지정보유통지원시스템 홈페이지(http://seoji.nl.go.kr)와 국가자료공동목록시스템(http://www.nl.go.kr/kolisnet)에서 이용하실 수 있습니다. (CIP제어번호 : CIP2013022130)